JN104877

「二者択一」の思考を手放し、
多様な価値を実現する
パラドキシカルリーダーシップ

両立思考

Both And Thinking:
Embracing Creative Tensions to Solve Your Toughest Problems

著：ウェンディ・スミス、マリアンヌ・ルイス
監訳：関口倫紀、落合文四郎、中村俊介
訳：二木夢子

日本能率協会マネジメントセンター

BOTH/AND THINKING:
Embracing Creative Tensions to Solve Your Toughest Problems
by Wendy K. Smith and Marianne W. Lewis
Original work copyright © 2022 Harvard Business School Publishing Corporation
Published by arrangement with Harvard Business Review Press
through Tuttle-Mori Agency, Inc., Tokyo
Unauthorized duplication or distribution of this work constitutes copyright infringement.

ウェンディ

私の「陽」に対する「陰」になってくれているマイケルへ

マリアンヌ

模範を示してくれた父、スティーブ・ウィールライトへ

序文

やっかいな世界における両立思考の力

ますます複雑で不確かで曖昧になるこの世界で、一方を選ぶ択一（Either/Or）思考から、相反するものを成り立たせる両立（Both/And）思考に移行する機運はかつてないほど高まっている。見るからに手に負えないコンフリクト（葛藤、衝突、対立）や解決不能な難題が、いたるところにある。前進するための道はしばしば、異なる観点の特定と統合に見いだせる。長年の知人であるウェンディ・スミスとマリアンヌ・ルイスは、難題の背後に隠れているやっかいなパラドックスを解明し、前に向かう道を照らすために乗り出した。このふたりの才能ある研究者は、革新的な研究に基づいて、「緊張関係《テンション》」のもつ価値を提示する。私たちは緊張関係《テンション》によって相反する方向に引っ張られることに居心地の悪さを感じるものだが、ウェンディとマリアンヌは、緊張関係《テンション》に価値を置くことこそが、新しく、持続的で、クリエイティブな解決策の発見を手助けするための、決定的なマインドセットの転換であると示している。

なぜいま、両立思考が重要なのか

最近の新聞記事の見出しをざっと眺めるだけでも、緊張関係《テンション》が当たり前になっていることをあらためて認識できる。私たちは、あらゆるレベル――社会、組織、個人――で、昔からあるコンフリクトや新たに持ち上がるコンフリクトに日々取り組んでいる。まず、疫病の世界的大流行（パンデミック）が世界中の国を混乱させ、身体的、精神的、経済的な面で、生活に多大な影響を与えた。パンデミックの進行に伴って仕事と私生活のあいだの緊張関係《テンション》が高まり、いわゆる「大量離職時代」が起こった。多くの従業員が、給与アップ、柔軟な働き方、あるいはやりがいを求めて退職したのである。自然災害から、ミネアポリス市民ジョージ・フロイドの殺害事件まで、数々の重要な事件が起こり、人道上、そして地球環境上の共通課題に関する活発な議論を刺激した。しかし、こうした事件は、団結を促進するどころか、政治的分断をますます拡大させた。私たちの生活環境のサステナビリティを維持しながら、社会的な正義と公正、そしてすべての人にとっての経済的機会を確保することは、ややもすると不可能な夢のようにも思える。しかし、思慮深いビジネスリーダーたちは、この脆い地球環境をさらに汚す代わりに、環境を守るよう企業に呼び掛けている。その代表的存在が、本書でも紹介しているユニリーバの元CEO、ポール・ポルマンだ。しかしながら、進歩は遅い。私たちが直面する問題は、やっかいで、ひねくれていて、複雑で……そして多様だ。

ウェンディとマリアンヌは、パラドックスを「相互に依存しながら持続する矛盾」と定義し、これを理解することが問題解決に不可欠だと論じる。ふたりのアイデアを読めばきっと、あらゆるところにパラドックスが見えてくるだろう。私たちを相反する方向に引っ張る、対立する要求を発見するようになるだろう。たとえば、現在と未来、自己と他者、あるいは安定の維持と変化の希求といった要素のあいだの緊張関係《テンション》だ。パンデミックに対応しようとする国家指導者であっても、転換期の市場で俊敏性を発揮しようとする組織のリーダーであっても、キャリアの次の一歩に苦労する個人であっても、ウェンディとマリアンヌは緊張関係《テンション》を受け入れることを勧める。そうすることで、創造力が育まれ、あらゆる課題を乗り越えて発展していけるという。

ウェンディとマリアンヌと同様に、私も組織における学習とチーム結成に関する自身の研究で、境界を超える難しさを認めることを学んだ。知識や専門性を重視する環境における成功は、絶え間ない学習に加え、絶え間ないチーミングにもかかってくる。チーミングとは、さまざまな専門性、ステータス、距離を越え、人々とやりとりして協調することだ[原注1]（訳注：「チーミング」は序文著者エイミー・C・エドモンドソンの造語であり、これを解説した『ＴＥＡＭＩＮＧ』は『チームが機能するとはどういうことか』（英治出版、２０１４年）として上梓されている）。学習もチーミングも、ともに緊張関係《テンション》に満ちている。学習する際には、現在の知識を大切にしつつ、将来の新たなインサイトを培うためにアンラーニング（訳注：現在の知識やスキルを手放し、新しい知識やスキルを導入するための余地を作ること）をする必要がある。チーミングがうまくいくかどうかは、個人の貢献に加えて、各自のニーズや好みを集団の利益に包摂できるかどうかが重要である。このパラドックスが、学習とチーミングの両方を強力かつ困難にする。これらのパラドックスを乗りこなすのは、率直でいることのできる安全な対人環境なしでは難しい。私の調査に端を発し、何十人もの研究者や実務家によってさらに発展した研究は、心理的安全性（人々が安心して意見を口にし、自分らしくいられる環境）によってチームの学習効率が向上することを示している。[原注2] しかし、この心理的安全性の概念にも、パラドキシカルな緊張関係《テンション》が包含されている。傷つきやすさを前面に出すには、勇気が要るのだ。私は、勇気と心理的安全性を、同じ１枚の尊いコインの表裏と考えている。心理的安全性は、対人リスクを下げる環境について説明している。一方、リスクを取らなければならない個人には勇気が必要だ。なぜなら、自分の行動や発言が好意的に受け止められるか否かをあらかじめ完全に知ることは不可能だからである。アイデアを出して貢献したいが、他者に却下されるのを恐れる個人は、要するに身動きがとれなくなっている。身動きがとれなくなっているときには、私の発見によると口に出してみるのが有効である。つまり、緊張関係《テンション》に注目してもらうわけだ。そのようにして他者を会話に招き入れることが、緊張関係《テンション》をうまく乗り切って前進する道を見つけるために役立つ。

本書に惹きつけられるのは、直面するパラドックスを挙げるよりもさらに先を行っているからだ。ウェンディとマリアンヌは、パラドックスを乗りこなし、一見やっかいなパズルを創造力と可能性の源泉に変える方法を提案する。25年以上の研究に裏付けられたツールを提案し、これらのツールが統合的なシステムの中で連携して機能する様子を示す。ふたりのアイデアの秘めるパワーとエレガンスを考えれば、ふたりの提唱するパラドックス・マネジメントのＡＢＣＤシステムがこれから長年にわたってリーダーシップ開発コースで幅広く利用されるようになると、私は確信している。

この本に心が躍る理由

ウェンディに初めて出会ったのは、彼女がハーバード・ビジネススクールの博士課程に在籍していたときだった。私は幸いにも、彼女の博士論文の指導委員のひとりとなることができた。ウェンディは、

ＩＢＭの上級幹部がイノベーションを追求しながら既存の製品やサービスを維持した方法を研究する中で、パラドックスの考え方にたどりついた。ＩＢＭの幹部は、現在の収入源を適切に管理しながら将来の収入源を開拓する必要性を認識していた。この研究でパラドックスに着目することは理にかなっていたが、それはまたリスクも伴った。パラドックス（逆説）の概念は数千年前から存在し、また、１９７０年代から１９８０年代にはチャールズ・ペロー、アンドリュー・ヴァン・デ・ヴェン、マーシャル・スコット・プール、ロバート・クイン、キム・キャメロンなどの影響力のある経営学者が組織論の文脈でパラドックスを探究していたが、この潮流はしばらくの間ほぼ沈黙が続いていた。[原注3] それでも、ウェンディはこのアイデアにこだわった。

ウェンディにとって幸いなことに、マリアンヌもまた企業研究の分野でパラドックスを探求する道を大胆に進んでいた。そして、私にとって幸いなことに、私はマリアンヌにもかなり前に出会っていた。ハーバード・ビジネススクールの重鎮であったお父様の紹介である。マリアンヌは、哲学や心理学から得た長年のインサイトと、私たちが属する組織行動学分野の、成長中ではあるがまだ数が多いとはいえない論文群を統合し、パラドックスに関する革新的な論文を書き上げた。この論文は、一流論文誌の年間最優秀論文賞を受賞し、さらに幅広い学術的議論の端緒となった。

これらのアイデアに共同で取り組むことで、ウェンディとマリアンヌは並外れたチームとなった。まず、概念を学術的に追求し、パラドックスの基礎を説明する重要な論文を共同で執筆した。これは、非常に名声の高いある学術論文誌において、過去10年間で最も引用された論文となった。次に、ふたりは、パラドックスに関する基礎知識とその乗りこなし方を発展させテストするための研究を行った。また、ふたりの人生哲学に従って積極的に行動した、研究者、ビジネスリーダー、そしてパラドックスに関心のある個人をつなげるコミュニティを構築し、この分野の研究者向けの会議やシンポジウムも主催した。ここ10年の間に、パラドックス・マネジメントの本質に関するアイデアを土台に、世界中の学者から幅広い研究が出されるようになっている。さらに、ふたりは企業のリーダー、中間管理職、現場従業員と協力し、彼らから学ぶとともに、そのアイデアを用いて研究をさらに進めている。まとめると、ウェンディとマリアンヌはパラドックスを、研究と実務にきわめて重要なインパクトをもたらす概念へと前進させた。まさに現代に必要なインパクトである。

最後にウェンディとマリアンヌは、個人の課題と地球の問題の両方について、より創造力に富むサステナブルな解決策を可能にする方法として、両立（Both/And）思考の能力に焦点を当てる。前述のとおり、ジレンマを掘り下げると必ず、継続的な矛盾が見つかる。そのようにして見つかったパラドックスは人を苛立たせ、麻痺させるが、パラドックスが提示するクリエイティブな緊張関係《テンション》を受け入れることができれば、エネルギーとイノベーションの火付け役にもなる。本書に掲載されているツールや図は、まさにそれを実行するための貴重な指針となっている。ぜひ楽しんでもらいたい。

エイミー・C・エドモンドソン
ハーバード・ビジネススクール
ノバルティス寄附講座教授（リーダーシップおよびマネジメント）

まえがき

問題を困難にしているものは何か

私（ウェンディ）は、このまえがきの原稿を書いているあいだ、しょっちゅう邪魔をされていた。時はコロナ禍の真っただ中。自宅は賑やかだった。ロックダウンのあいだ、5人家族全員が仕事や勉強をなんとか済ませようとしていたからだ。

原稿を書いていると、食卓を挟んで座っていた当時9歳の息子が、用事や質問で何度も声をかけてきた。Zoomのパスワードが見つからない。ヘッドホンが故障した。中国の話をたくさん教えてほしい（これはちょうど息子が授業で中国文化を勉強していて、息子ぐらいの年齢のときに私が4カ月間住んでいたことを知られているからだ）。息子ともっと関わりたかったが、原稿を早く終わらせなければと焦ってもいた。仕事と私生活のあいだにこれまで築いてきたあらゆる境界は、完全に崩壊していた。

苛立ちが募るのが自分でもわかった。原稿はひどい出来だった（ちなみに、この章は何度も書き直した）。息子がZoomの授業を欠席したこともあった（私はがっくりしたが、息子は元気そうだった）。自分の仕事に関するニーズと息子の学校に関するニーズに引っ張られる、究極の綱引きの真っただ中にいるような気がした。

一方、別の都市に隔離されていた私（マリアンヌ）は、ビジネススクールの貴重な支援者との電話を切った後で、頭を抱えていた。電話口から不満が伝わってきた。副研究科長時代に、私は彼と提携し、新しいオナーズ・プログラム（訳注：成績優秀者のための特別プログラム）を設立した。10年が経過し、現在は3つのオナーズ・プログラムが運営されている。それぞれが当初は別の目的を果たすために設計されていた。

しかし、各プログラムは時が経つにつれ変化し、当初は明確だった目的の違いが曖昧になっていた。めまぐるしく変わる経営上の要求や学生からの要望に応えるには、ブランドの混乱や学内の非効率に対応しながら、イノベーションを起こす必要があった。

ビジネススクールの研究科長として、私は強い圧力に直面していた。6カ月間に及ぶ戦略計画プロセスの結果として、3つのプログラムの強みを統合してひとつのプログラムにすることにかなりのメリットがあると判定された。しかし、学生、卒業生、支援者はそれぞれのプログラムを大切に思っていた。私は、将来に向けたイノベーションと伝統の尊重のあいだで引き裂かれている感じがした。誰もが感情的になっていて、私も例外ではなかった。

俗に、研究《リサーチ》とは自分探し《ミーサーチ》だという。私たちは2人組だから、さしずめ「自分たち探し《ウィーサーチ》」だろうか。つまり、自分を最も試される問題に取り組むというわけだ。この観測は当たっていると思う。長年にわたる学問上の協力と友人関係の中で、私たちは仕事、私生活、そしてそれらの交差点にある多くの問題を互いに話し合ってきた。さらに、夜更かししながら、政治的二極化、気候変動、人種的不公正、経済的正義など、この世界を苦しめる大きな問題についていろいろと考えた。個人的な問題も、世界的な問題も、緊張関係《テンション》を喚起する。こうした経験をしているのは私たちだけではないことはわかっている。緊張関係《テンション》こそが私たちを人間らしくしている。そして、緊張関係《テンション》は人と人とをつなげるために役立つ。文学、哲学、心理学、社会学、組織論など、古代から現代までのさまざまな文章をひもとくと、持続的な緊張関係《テンション》は今も昔も変わらない人間の状態の一部だとあらためて実感する。

ここで少し、皆さんが直面した難題について考えてみよう。私たちと同様に、パンデミック中に育児の問題に直面したかもしれない。世界的なロックダウン期間中、社会的に孤立した気分にならずに健全な物理的距離を保つために苦労したかもしれない。新しい仕事に就くか否か、従業員を解雇するか否か、新たな構想に資金や時間を割くか否かを決断せざるを得なかったかもしれない。あるいは私たちと同様、戦略的意思決定の中でグループ、事業部、組織を率いるのに苦心したかもしれない。おそらく、皆さん自身が直面した問題を挙げるのにはそれほど苦労は要らないだろう。フォーチュン500社のCEOであっても、起業家であっても、マネージャー、親、学生、その他どのような立場の人であっても、私たちは皆、時には毎日のように手ごわい問題に向き合っている。その内容は、個人的な問題や組織全体の課題から、最も手に負えない地球規模の危機までさまざまだ。こうしたやっかいな問題には、心と頭のエネルギーの大部分を奪われる。

さて、自分自身に聞いてみよう。こうした問題はなぜこれほどまでに難しいのだろうか。問題を後から振り返ると、不安、疑念、結果論などが浮かんでくることが多い。解決策に至るまでの一歩一歩を詳しく覚えている場合もある。しかし、なぜその問題が大きな苦労を引き起こしたのかを理解できていることはめったにない。

最も手ごわい問題の背後には何があり、私たちはどのように対処できるだろうか――この問いは、数十年間にわたって私たちの研究の原動力となってきた。この問いに特に突き動かされるのは、人々が私生活や社会で直面している課題が実に広い範囲にわたるからだ。問題に対応するためのアプローチを改善できれば、もっと効果的で、創造力に富み、持続可能な解決策を創り出すことができる。

過去25年間に実施してきた研究では、自身にとって特に困難な問題をどのように理解して対応するかに顕著な違いがみられた。私たちはＩＢＭやレゴのような巨大企業から、スタートアップや社会的企業、さらにはＮＰＯや政府機関まで、多彩な組織を探求してきた。ギリシャ、カンボジア、とある極北の島など、さまざまな場所へ足を運んだ。組織にとって最も難しい問題に取り組む、あらゆる種類のリーダーから学んだ。また、日常の雑事から人生の岐路となる決断まで、さまざまな個人的問題に必死で取り組む人々の研究も行った。

状況にかかわらず、こうした問題が難しいのは、ジレンマ、つまり相反する選択肢が生まれるからだ。現在のキャリアに留まるべきだろうか、新しいチャンスに大胆に飛びつくべきだろうか。会社全体と個々の従業員のどちらにとってベストな行動を取るべきだろうか。自分自身に必要なことに集中して時間を使うべきだろうか、自分の用事は脇に置いて他の人のために時間を使えるようにすべきだろうか。私たちは緊張関係《テンション》を感じる。緊張関係《テンション》とは、対立の経験だ。ジレンマは心の中で綱引きのように作用し、感じた人間に対応を迫る。

多くの本ではこうした問題に対して、明確で納得のいく選択をするための重要な提案を行っている。しかし、選択に移る前に、まず考察を深めて問題の本質を理解しなければならない。研究の原動力となった中核的なテーマを考察する必要がある。緊張関係《テンション》、ジレンマ、そして最も重要な概念としてパラドックスへの理解が不可欠だ。まずは、これらの用語の定義から始めよう。

・緊張関係《テンション》（Tension）には、期待や要求が対立している、あらゆる状況が含まれる。緊張関係《テンション》があると、心の中で綱引きを感じる。「緊張関係《テンション》」は、表出しているジレンマと背後にあるパラドックスの両方を表す包括的な用語である。緊張関係《テンション》は善でも悪でもない。創造力をかき立て、サステナビリティを推進することもあれば、自己防衛機能や破壊につながることもある。そのインパクトは、対応次第で変わってくる。

・ジレンマは、それぞれの選択肢に別々の論理的解決策が存在するような、相反する選択肢を提示する。問題や課題がジレンマとして目の前に現れ、いずれかの選択肢を選ばなければならないという圧力を感じることがよくある。しかし、それぞれのメリットやデメリットを比較しようとするうちに、いつの間にか行き詰まっている。一方のメリットがそのまま他方のデメリットになる。逆もまた然りだ。明確で、正しく、長持ちする解決策を追い求めても、見えてこない場合も少なくない。しかも、いずれかの選択肢を選んだ場合、やがて溝に嵌まり悪循環に陥りかねない。

・パラドックスは、表出しているジレンマに隠れている、相互に依存しながら持続する矛盾である。ジレンマを詳しく検討し、より深いレベルで選択肢を探索すると、相反する力が潮の満ち引きのような循環の中にとらわれているのが見つかる。パラドックスは、矛盾を統合しているので一見して不条理に思える。しかし、さらに徹底的に調べると、競合する要求の包括的なシナジーを実現するロジックが明るみに出る場合がある。他の研究者は、同様の意味で「ポラリティ」（極性）や「弁証法」といった用語を使っている。私たちの研究では、豊富な研究実績に合わせ、その複雑で不思議な性質を反映させるために「パラドックス」という用語を使っている。

このまえがきの最初に触れたジレンマについて考えてみてほしい。私（ウェンディ）は、自分の仕事を進めながら息子にも注意を払うために苦労していた。このジレンマの背後には、仕事と私生活、自己

●緊張関係《テンション》

対立する、二者択一的な期待と要求を伴う状況。
緊張関係とは、表出しているジレンマと背後にあるパラドックスの両方を含む、包括的な用語である。

ジレンマ（表出している）

選択を迫られる、対立する選択肢。

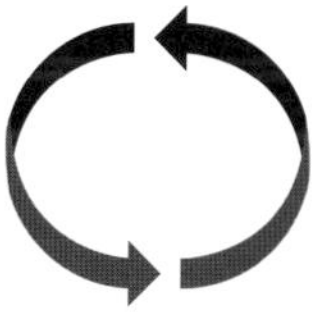

パラドックス（背後にある）

同時に存在し、長時間持続する、矛盾していながらも相互に依存する要素。

図I-1　緊張関係《テンション》の用語

と他者、規律と自発性、ギブとテイクといったパラドックスがある。どうすれば、息子の面倒を見ながらも、規律と線引きを保って自分の必要なことに集中できるだろうか。一方、私（マリアンヌ）は、ビジネススクールの重要な戦略改革を実現しながら、大切な寄付者や卒業生をサポートする課題に取り組んでいた。このジレンマは、オナーズ・プログラムを刷新するか否かの、二者択一の選択肢を提示した。しかし、ジレンマの背後には、過去と未来、安定と変化、集権化と分散化のパラドックスがあった。市場機会と運営上の必要性に対応しながら、大切にされている伝統とアイデンティティを尊重するにはどうしたらよいだろうか。

緊張関係《テンション》は私たちを相反する方向に引っ張る。そうすると、不快感と不安が生じる。私たちはこうした緊張関係《テンション》を、二者択一的な選択肢のあいだのジレンマと考え、いずれかを選びたい衝動に駆られる。しかし、ジレンマの背後にあるパラドックスは、単に対立しているわけではなく、相互に依存してもいる。パラドックスの対立する力は、互いを定義し補強する。自分優先と他者優先のパラドックスについて考えてみよう。自分が心身ともに充実していればいるほど、他者のために行動することができる。他者からのサポートがあればあるほど、自分自身は満たされる。同様に、集権化された強い中枢を持つ組織ほど、むしろビジネスユニットに必要な権限を分散させて上手にサポートすることができ、そういった組織であればビジネスユニットが中枢を上手に支えることができるといったことが起こる。このように競合する要求は、互いを補強しあうのである。

あるいは、安定と変化のあいだのパラドックスが、どれほど多くの私生活の課題の背後にあるかを考えてみてほしい。このままの道を行くべきだろうか、新しい道に挑戦すべきだろうか。私たちは、地に足をつけて集中するために安定を求める。しかし、目新しさ、冒険、成長のために、変化を模索する。

安定と変化は相反する概念ではあるが、絡み合ってもいるのだ。皆さんは自分自身、あるいは自身の組織に変化を起こそうと考えているだろうか。その場合に最適な開始点は、すでに存在している人やものを尊重することだ。あるいは、さらなる安定を求めているだろうか。そのためには、多少の変化が必要かもしれない。長期的に成長できるかどうかは、安定と変化のあいだの相互作用を受け入れられるかどうかにかかってくる。

対立しながらも相互に依存する関係はなくならない。永遠に持続する。自己と他者、過去と未来、安定と変化のあいだで対立する力に何度直面しても、同様の緊張関係《テンション》は再び出現する。表出しているジレンマの細かい点は異なっても、背後にあるパラドックスは変わらない。食卓で９歳の息子の前に座った瞬間は、仕事を持つ親として直面した何百回もの同様の瞬間と似通っていた。細かい経験は時とともに変わるが、すべての状況の背後には、仕事と私生活、自己と他者、ギブとテイクといった同様のパラドックスがあった。人はジレンマが表出しているとどちらかを選んで片付けたくなるものだが、背後にあるパラドックスは決して解決できない。

択一思考（Either/Or）から両立思考（Both/And）へ

両立思考を育むにはまず、表出しているジレンマの背後に隠れているパラドックスに注目する。次に、これらのパラドックスをより効果的に乗りこなすことを学ぶ。

パラドックスを乗りこなすことは、まず緊張関係《テンション》が諸刃の剣だと理解することから始まる。緊張関係《テンション》は私たちをネガティブな道に引きずり込む場合も、よりポジティブな道への推進力になってくれる場合もある。エネルギーの伝達形態としての波が生産力と破壊力の両方となりうるように、緊張関係《テンション》に関しても、制御できなくなって破壊や損害の原因になることも、うまく利用して創造力とチャンスの源泉になることもある。先駆的な研究者で社会活動家でもあったメアリー・パーカー・フォレットは、緊張関係《テンション》は自然で、避けられない、場合によっては価値のあるコンフリクトを表していると強調している。ここでコンフリクトとは、ゴール、要求、関心、見解の違いだ。フォレットはこうしたコンフリクトを、摩擦の性質を使って詳しく説明する。

> われわれは、コンフリクトは悪であるとして非難するのでなく、逆にコンフリクトをしてわれわれのためになるように働かせるべきである。どうしてそれができないことがあろう。機械技師が摩擦（friction）をどのように処理しているかみてみよう。もちろん、彼の第一の仕事は摩擦を取り除くことである。しかし、彼はまたその摩擦をうまく利用していることも事実である。ベルトによって動力を伝動するには、ベルトと滑車の間に生じる摩擦に頼らなければならない。列車を牽引するには、機関車の駆動輪とレールとの摩擦が必要である。あらゆる種類の研磨は摩擦によって行われる。バイオリンの音楽も摩擦によって出される。[原注4]

しかし、緊張関係《テンション》は不安の温床でもある。ジレンマを経験すると、二者択一的な選択肢が提示される。こうした選択肢に向かい合ったときに持ち上がる、答えの出ていない問いによって、不確実性がもたらされる。私たちは、不確実性に出会うと、そこから逃げ、もっと確かで安定した根拠を求めたくなることがある。アプローチを狭め、問いを詳しく検討し、択一思考を適用して選択肢を評価し、その中から選んでしまう。明確な選択を行うと不確実性が取り除かれ、短期的な不安は最小限に抑えられるが、創造力を抑え込み、持続可能性が高まる可能性も減じてしまうおそれがある。夕食でどこに行くか（ピザ屋か地元のバーか）といった日常的なことから、人生の一大選択（パートナーと結婚するか別れるか）まで、この種の択一思考はあらゆる場面で適用されがちである。リーダーが戦略上のジレンマ（グローバル市場に進出するか国内に留まるか）で択一思考を採り入れることもあれば、親が子供のための選択肢（託児所かベビーシッターか）で同様のアプローチを用いることもある。これらのジレンマは相互に排他的で、ひとつを採用するともうひとつを否定しているように感じられる。

　時によっては、択一思考が非常に有用な場合もある。意思決定の影響が最小限に留まり、時間や手間をかけて深掘りするに値しない場合は、明確な意思決定を下したくなることがある。夕食のメニューや次に読む本を決めるのに、必ずしもわざわざパラドックスを深掘りしなければいけないわけではない。また、同じ問題が二度と発生しないと考えた場合は、一度きりのわかりやすい選択をすることもあるだろう。私（ウェンディ）が学生に好んで伝えるように、悪い関係を終わらせるには、択一的な意思決定も時には有用だ。

　しかし、ほとんどの場合、ジレンマへの対応としての択一思考は、ひいき目に見ても限界があり、最悪の場合は害をなす。緊張関係《テンション》は自己防衛本能を刺激する。その結果、私たちはいずれかの選択肢を選びたい欲求に駆られる。しかし、選択肢を選ぶとかえって問題が増えてしまうこともある。人間が不安定さや変化よりも安定と一貫性を好むことは、各種の心理学研究で繰り返し示されている。ひとたび選択を済ませると、一貫性を維持したくなりがちだ。やり方がすっかりしみついて、溝に嵌まったような状態になってしまう。大転換が発生して変わらざるを得なくなるまで、現状を維持してしまう。しかし、いきなり大きく変わろうとするとたいてい過剰修正につながり、振り子のように勢いよくもう一方の選択肢に向かい、継続的な悪循環を引き起こす。ダイエットをしていれば、振り子のように少食、食べ過ぎ、少食と行き来した経験があるかもしれない。組織はよく、イノベーション過剰とイノベーション不足のあいだで揺れることがある。政治では、保守寄りの政策とリベラル寄りの政策でこうした揺れが見られる。最終的に、このような択一思考によって、二者択一的な選択肢を揺れ動く悪循環に導かれてしまうおそれがある。それは、多くの混乱を伴う、いばらの道である。

ここで、ジレンマについての考え方を変えることをご提案したい。複数の排他的な選択肢から選ぶのではなく、ジレンマの背後に隠れているパラドックスを表面化させ、パラドックスは解決できないということを受け入れることから始めるとどうなるだろうか。パラドックスの複数の極に向き合う問いを、「どれを選ぶべきか」から「両立するにはどうすればよいか」に変えるとどうなるだろうか。どうしたら、競合する要求を同時に抱え続けることができるだろうか。このように、考え方を転換すると、緊張関係《テンション》を受け入れて、より創造力に富み、効果的で、サステナブルな解決策を可能にする、両立思考が促される。そうすることで、二者択一の先に向かう包括的な統合が見えてくるようになる。両立思考は会話の糸口となり、好循環の原動力となる。

過去25年間にわたり、私たちはさまざまなCEO、上級幹部チーム、中間管理職、研究仲間、学生、友人に協力し、パラドックスを乗りこなせるようにしてきた。多くの人々が、自らのジレンマに影響を与えたパラドックスをまず発見し、そこに両立思考を適用してきた。次はその例である。

・ジータ・コブは、生まれ育ったカナダ・ニューファンドランド州フォーゴ島の再興を支援しようとした。地方の町によく起こるように、フォーゴ島でも主要な天然資源が減少し始めていた。鱈《たら》だ。コブは、多くの若者とともに20代で島を出たが、40代になって戻ってきた。退職したJDSユニフェーズでは、カナダの女性エグゼクティブで2番目の高給を得るまでになっていた。コブは、共同体が鱈のように枯渇してしまうのを防ぐため、フォーゴ島の経済発展の取り組みを支援しようとした。しかし、地域社会をグローバル経済と結びつけながら伝統と文化の独自性を守る方法を求め、大いに苦労した。コブは、現在を変えながら過去にも目を向けること、現代化を実現しながら伝統を維持すること、地元の絆を大切にしながら世界とつながることを同時に実現しなければならないと感じていた。

・テリー・ケリーは、WLゴア&アソシエイツの創業50周年を前に、同社のCEOに就任した。「小規模チームの力」に基づいて発展した会社で、権限を与えられたリーダーが現場で意思決定を行う、分権・分散的な傾向の強いカルチャーが特徴だった。しかし会社が成長すると、分散型のアプローチでは強固な中枢を欠き、組織は小さな断片に引き裂かれてしまった。ケリーは、小規模であることを大切にするカルチャーで大きく成長するにはどうすべきかというジレンマに直面した。このジレンマに対応するためには、集権化と分権化、規模の拡大と家族的な雰囲気のパラドックスに向き合わなければならないと気づいた。

・米国サウスカロライナ州チャールストンの警察署長、グレッグ・マレンは、エマニュエル・アフリカン・メソジスト（AME）監督教会で起こった、人種差別的な動機で9人の黒人が犠牲となった殺人事件に打ちのめされていた。マレンは地域社会を安全な場所にしたかった。しかし、そうするためには地域社会と警察のあいだの深い断絶と不信に対応しなければならなかった。この課題の背後にあったのは、信頼と不信、市民と警官、包摂と排除のあいだの継続的なパラドックスである。マレンは対立する集団の垣根を取り払い、共通のゴールへ向かって協力できるように取り組んだ。

・エラ・フランケ（仮名）は、病院の資金調達担当者として、才能のある部下を率いるリーダーの地位まで上ったが、新たに別の病院からさらに重要な職務のオファーを受けた。フランケはジレンマに直面した。現在のチームに残って大規模な資金調達活動を率いるべきだろうか、転職してさらにやりがいのある機会を引き受けるべきだろうか。フランケはチームへの義理を大切に思い、現在の資金調達活動を完了したかった。一方で、職業人として成長したいとも思っており、新たな挑戦にも魅力を感じていた。仕事に関するこのジレンマに対応するには、まず現職への義理とキャリア拡大への望みの背後にあるパラドックスを詳しく分析する必要があった。

これらの人々は、パラドックスを活用して最難関の問題を解決した。表出しているジレンマを超え、背後にあるパラドックスを突き止めた。そうすることで、最も困難な問題に対し、新たなアプローチを見つけることができた。本書では、前述の人々に加え、仕事や私生活でパラドックスを乗りこなした多くの人々の物語を紹介する。物語の状況や課題の内容はさまざまだが、ひとつの共通点がある。両立思考が、背後にあるパラドックスを表出させ、新しい、より創造力に富み、より持続する可能性への道を開いたということだ。

時代は両立を必要としている

パラドックスは新しい概念ではない。２５００年以上も前の、知的思考のあけぼのといえる時期に現れた考え方である。私たち自身の研究も、古代のインサイトから絶えず学んでいる。『老子』で説かれている東洋哲学からも、ギリシャのヘラクレイトスなどによる西洋哲学からも、知見を得ている。興味深いことに、通信手段やつながりが限られていたにもかかわらず、パラドックスに関するインサイトは地球上の異なる地域で同時期に発生している。しかし時が経つにつれ、社会と、問題の背後にあるパラドックスとの接点は薄れていった。合理的思考や線形思考が重視されるようになったためである。

私たち皆が現在、個人的あるいは世界的に直面しているさまざまな課題では、パラドックスに関するインサイトが求められている。このインサイトを活用することで、両立思考を適用して最も厳しい問題に対応できるようになる。私たちの研究では、背後にあるパラドックスが顕著になる３つの条件を特定した。変化、不足、多元性である。[原注5] 変化の速度が速いほど、未来が現在になるスピードは速く、また現在と未来のあいだの緊張関係《テンション》にしっかりと取り組まなければならない。リソースが不足しているほど、資源の配分をめぐる争いが勃発し、自己と他者、競争と協調のあいだの緊張関係《テンション》が明らかになる可能性は高い。意見、アイデア、インサイトが増えるほど、共通の問題に対応するための相反するアプローチが提起され、包括的でグローバルな視点と独特でローカルな視点のあいだの緊張関係《テンション》が現れる。テクノロジーの変化の加速、天然資源の減少、グローバリゼーションの広がりを考えると、現在住んでいることの世界は、まさにパラドックスの嵐の真っただ中にあると感じられる。

たとえば、日常的な問題の向こうには、私たちにとって最も厳しく扱いづらい社会的課題の背後にあるパラドックスが見える。気候に関する懸念は、社会レベルの変化と個人レベルの変化、短期と長期のあいだのパラドックスを露わにする。同様に、ダイバーシティと人種的正義の問題は、包摂《インクルージョン》と排除、身近な人間関係と社会システムの変化のあいだのパラドックスで満たされている。

問題の深刻化に伴い、人々はますますパラドックスの用語を使い、こうした状況下における絡み合った対立項に言及するようになっている。たとえば私たちは、世界的な指導者が、正反対の政治的立場から両立思考を呼び掛けるのを見てきた。作家で研究者のブレネー・ブラウンがバラク・オバマ元米国大統領にインタビューしたとき、オバマは自身が乗りこなしたパラドックスについて次のように語ったという。

人生におけるパラドックス、曖昧さ、グレーの領域、そして時には不条理さを見ることはできるし、それは必要なことだが、それらによって麻痺させられないようにしなければならない。(中略)米国大統領としての私の仕事は、米国の市民の安全に気を配ることだ。一方で、米国の国境の外には平和と公平さと正義への全世界的な関心が高まっている。どのようにして私はこれらの要素を調和させながらも、最高司令官として振る舞い、意思決定できるだろうか。

あるいは経済危機への対応を考えてみる。我々の自由市場のしくみが莫大な効率と富をもたらす事実は再確認することができた。このしくみは思いつきで簡単に廃止すべきではない。多くの人々が、経済に関する我々の意思決定に依存しているからだ。しかし一方で、経済の一部はうまく機能しておらず、不公平で苛立ちと怒りの原因になっている……。どちらも真実であり、それにもかかわらず意思決定は行わなければならない。[原注6]

そのオバマと大統領選を戦ったジョン・マケイン元上院議員も、同じような心情を述べている。脳腫瘍を患い、迫りくる死期を悟っていたマケインは、2018年に最後のメッセージを執筆した。そのメッセージでは、私たち全員に「世界の隅々で恨みや嫌悪の種を蒔いてきた、同族意識的な争い」を超えて進むように求めている。代わりに呼び掛けたのが、結束することと、私たちをつなげる両立の機会を見つけることだ。

「壁を崩すのではなく壁の向こうに隠れてしまったり、理想がもつ、変化へ向けた大いなる力を信用せずに疑ったりすると、私たちは（自らの偉大さを）弱めてしまう」[原注7]

どちらのリーダーも、米国の政治を推し進める相反する力を理解し、認め、受け入れることで、この世界の複雑さを尊重する必要があると認識していた。オバマとマケインは政敵であったにもかかわらず、最も難しい問題を解決するには、政治的二極化の進行に抗い、本質的に異なるイデオロギーや価値観を超えてつながる方法を探す必要があるという点で一致していた。

一方、組織のリーダーは両立思考の用語を用いて、組織のゴールやミッションを伝えている。バークレイズは「ＡＮＤ」と銘打ったキャンペーンを発表した。３００年の伝統を誇る銀行が次の世紀に生き残るには、株主やステークホルダーとの関係を保ち、市場とミッションの両方に注力していくしかないと強調する趣旨だ。スターバックスのCEOは最近、同社が手軽なコーヒーを提供しようとしているのか、人が集まる空間を作ろうとしているのかと問われ、次のように答えた。

「しかし、そのようなトレードオフが必要だとは思いません。（中略）私たちの〝サードプレイス〟（訳注：同社が提案する〝家でも職場でもない空間〟）は両方を同時に体験することができる場所であり、これからもそうであり続けます」原注8

また、イェール大学のマーケティング・キャンペーンも同じような語彙を使い、あるパンフレットで「イェール大学を最もよく表す単語は、ANDです」と謳っている。同大学は、大規模と小規模、教室内と教室外、ダイバーシティの推進とコミュニティの推進の両方を兼ね備えた教育アプローチを説明している。さらに最近、ヒラリー・クリントンのスタッフを長年務めたフーマ・アベディンは、複数の異なる世界を生きた自身の回想録に『Both/And』と名づけた。原注9 見渡せば、実例はあふれている。

両立思考を解き放つ

両立思考は、一種のスローガンになりつつある。それを身に付けるためには、まずパラドックスに関する用語を使ってみるといい。それによって、ジレンマに隠れている絡み合った対立項が見えてくるし、対立する力を結集する重要性が明確になる。

しかし真の力は、呼び方からアプローチへの移行に潜んでいる。ジレンマの奥深くにあるパラドックスをどのように理解すればよいだろうか。両立思考を利用してパラドックスを乗りこなし、ポジティブで長持ちするインパクトを残すにはどのようにすればよいだろうか。

両立思考を解き放つことで、個人あるいは社会における最難関の問題に立ち向かえるように、すべての人の力になりたい――これが本書を執筆した理由である。私たちは研究者として、パラドックス研究に20年以上を費やしてきた。パラドックスの本質を突き止めるだけではなく、人々が両立思考を採用して効果的に対応する手法についても研究した。いま私たちが目指すのは、パラドックスを発見して乗りこなせるようにするための経験的なエビデンス、理論的なインサイト、実践的なツールを提案して、この研究を広く伝えることである。

両立思考の適用は、パラドックスの本質を理解し、同時に択一思考に絶えず引きずり込もうとする罠を意識することから始まる。

第1部では、こうした基本的な考え方に取り組む。

第2部では、両立思考を可能にするためのアプローチを詳しく検討する。これらのアプローチは、パラドックスに関する私たちの考え方と感じ方に影響を与える。両立思考を採用すると、安定した構造を提供しながらダイナミックな変化を可能にする環境に自らを置く必要性が生じる。そのためのツールを定義し、私たちが「パラドックス・マネジメントのＡＢＣＤシステム」（以下ＡＢＣＤシステム）と呼ぶシステムに位置づけて紹介する。最後に、このツールキットを手にしたところで、応用例を検討する。さまざまなジレンマの中で両立思考を活用できるように、ＡＢＣＤシステムを実践する方法だ。

第3部では、順を追ってプロセスを説明する。言わば、ＡＢＣＤシステムの取扱説明書だ。個人の意思決定、グループ間の対人コンフリクト、組織の戦略における競合する要求という3つのケースについて、ＡＢＣＤシステムの適用例を考察する。

数千年の長きにわたり、パラドックスは哲学者、心理学者、神学者、研究者を当惑させ、苛立たせながらも、楽しませてきた。そして今、パラドックスはますます、個人として、組織としての課題において表面化するようになっている。

パラドックスを無視しても、それがもっと強くなって戻ってくるだけである。それを効果的に活用するアプローチのほうが優れていると私たちは考える。クリエイティブな緊張関係《テンション》を受け入れることで、自己の課題にうまく取り組めるようになるだけでなく、より強い意図を持って他者と協力し、地球規模の問題に対応できるようになる。そうすることで、成長と学習の旅が絶えず続く。本書が刺激となり、人類の直面するさまざまな厳しい問題に対し、もっとクリエイティブで持続可能な解決策を生み出せる世界にするための取り組みに皆さんも加わっていただけることを、心から願っている。

原注1　A. C. Edmondson, Teaming: How Organizations Learn, Innovate, and Compete in the Knowledge Economy (New York: Jossey-Bass, 2012)（邦訳：『チームが機能するとはどういうことか』英治出版、２０１４年）を参照。

原注2　A. Edmondson, “Psychological Safety and Learning Behavior in Work Teams,” Administrative Science Quarterly 44, no. 4 (1999)：350-383。

原注3　Charles Perrow, “The Bureaucratic Paradox: The Efficient Organization Centralizes in Order to Decentralize,” Organizational Dynamics 5, no. 4 (1977)：3-14; R. E. Quinn and K. S. Cameron, eds., Paradox and Transformation: Toward a Theory of Change in Organization and Management (New York: Ballinger/Harper & Row, 1988)；M. S. Poole and A. H. Van de Ven, “Using Paradox to Build Management and Organization Theories,” Academy of Management Review 14, no. 4 (1988)。

原注4　Mary Parker Follett, in Graham (1995), 67-68.

原注5　私たちは、変化、不足、多元性の進行という要素がどのようにその後のパラドックスを明るみに出し、顕著にするかを説明している。Smith and Lewis (2011) を参照。

原注6　Brené Brown, “Leadership, Family, and Service, with President Barack Obama”（２０２０年12月7日のポッドキャスト、https://brenebrown.com/podcast/brene-with-president-barack-obama-on-leadership-family-and-service）。

原注7　John McCain、Pascal (2018) に引用。

原注8　“Starbucks CEO Kevin Johnson Unveils Innovation Strategy to Propel the Company’s Next Decade of Growth at Starbucks 2018 Annual Meeting of Shareholders”、starbucks.com、２０１８年３月21日、https://investor.starbucks.com/press-releases/financial-releases/press-release-details/2018/Starbucks-ceo-Kevin-Johnson-Unveils-Innovation-Strategy-to-Propel-the-Companys-Next-Decade-of-Growth-at-Starbucks-2018-Annual-Meeting-of-Shareholders/default.aspx（２０２２年１月に確認）。

原注9　Abedin (2021)。

Contents

第2部 パラドックス・マネジメントのABCDシステム

Contents

第10章

第 1 部

パラドックスがもつ可能性と危険性

この世界はきわどい分かれ目に立っている。日常の懸念にしても、世界規模の課題にしても、常に相反する方向に引っ張られているようだ。現在のニーズと未来のニーズ、自己のニーズと他者のニーズ、安定と変化。どちらに注力すべきだろうか。競合する要求がジレンマとなり、私たちを取り巻いている。しかし、ジレンマのなかにはパラドックスが隠れている。パラドックスとは、矛盾しながらも相互に依存する緊張関係《テンション》である。効果的に対応するには、まずパラドックスの本質についてもっと知らなければならない。

パラドックスは、何千年にもわたって哲学者、科学者、心理学者の活力と当惑の源となってきた。矛盾しながらも相互に依存する緊張関係《テンション》は、諸刃の剣である。そこには、斬新で、創造的で、持続的なインサイトが含まれている。しかし、凄まじいフラストレーションも引き起こす。その不合理と不条理に圧倒され、いつの間にか袋小路に追い込まれてしまうこともある。本書の第１部では、両立思考の基礎を取り上げる。緊張関係《テンション》を受け入れるには、パラドックスに対する、より深い理解が必要になる。プラス面とマイナス面、価値のある面とやっかいな面の両方だ。そのため、パラドックスの定義、特性、タイプを検討する。行き詰まりをもたらし、悪循環へ誘導する原因には注意しなければならない。こうして基盤を作ることで「巨人の肩の上に乗り」、2500年以上の歴史のあるインサイトから、現代のパラドックスを乗りこなす方法に関するヒントを得ることができるようになる。

第1章 緊張関係《テンション》を体感する
なぜいまパラドックスなのか

霧のなかを突き進め。

――カナダ、ニューファンドランド地域の言い伝え

ジータ・コブの心は引き裂かれていた。コブは先日、企業の重役を退任し、ビジネスの手腕を活かして、カナダ北部のニューファンドランドにあるフォーゴ島の地域経済を発展させようと考えていた。彼女の生まれ故郷である。しかし、8世代目のフォーゴ島民としては、島の独自性――慣習、美しさ、叡智――も大切にしたかった。これは決してたやすい仕事ではない。

コブは、長年のあいだにフォーゴ島に訪れたいくつもの変化を見てきた。活発な少女時代には、子供たちは人里離れた手つかずの大地を自由に探検できた。大西洋の極北に浮かぶ島で、パートリッジベリーの実を摘み、トナカイの足跡をたどる。海に出てパフィン（訳注：ウミスズメ科に属する体長30cm程度の海鳥）を探し、氷山を避ける。岩だらけの岸辺で、何時間もかけて、漁師たちが小さな木製の漁船から大量の魚を下ろすのを手伝う。鱈《たら》は島の主要な資源だ。[原注1] 成長期のコブは、緊密な共同体《コミュニティ》に元気をもらっていた。生き延びるために、共同体が一丸となって機能していた。

しかし、1970年代に外国の工場が大型のトロール船団を送り出し、深海の鱈をかき集めるようになると、近海の資源は底をついた。ニューファンドランドには漁業で生活している住民がかなりいたが、海で一日過ごしても空っぽの漁船で帰ってくるようになった。地元の水産資源が減っていくのに従い、空腹と欲求不満を抱え、憂鬱な日々を過ごす人が増えた。主要資源を失った小さな町ではどこでも起こるように、人口流出が始まった。水産資源を回復させるために、州政府は沿岸漁業のモラトリアム（一時停止）を導入し、漁師たちには工場の仕事に移行するよう促した。フォーゴ島の人口が減り始めた。人口減少とともに、州はフェリーを減便し、ゴミ処理などのサービスも削減した。医療は不十分で、託児所はないに等しかった。生活を奪われ、生計を絶たれて、さらに多くの人が去った。コブはオタワに引っ越し、カールトン大学で経営学を専攻した。

やがて、コブは光通信企業・JDSユニフェーズ社の最高戦略責任者に就任し、カナダの著名な女性ビジネスリーダーとなった。しかし、フォーゴ島が彼女を手招きしてきた。コブは2006年に島に戻り、おじのアートから相続したソルトボックス型の家（訳注：切妻屋根の一方の庇を1階部分まで伸ばした、ニューイングランド地方の伝統的家屋）にときどき住むようになった。40代は共同体のなかでは若い世代だった。

多くのフォーゴ島民と同様に、コブにとっても島独特の叡智と生き方は宝物だった。島民は木工業と漁業への理解、おもてなしの文化、北大西洋の海への誇りと敬意、厳しい気候で繁栄するための回復力を尊んでいた。こうした叡智は若い世代に受け継がれた。彼らはさらに先の世代にそれらを引き継ぎたいと考えた。しかし、いまや伝統を維持する唯一の方法は伝統を変えることだとも感じていた。世界は先に進んだのだ。もう沿岸漁業で生計を立てることはできない。世界経済の声を無視するわけにもいかない。コブの言葉を借りれば、島民は「古いものに新しい道を」見つけなければならないのだ。さらに、地域経済で生き残れるかどうかは、グローバル共同体とのつながり方にかかっているのもわかっていた。

やっかいな仕事だ。どうすれば、過去を尊重しながら未来へ進めるだろうか。どうすれば、地域共同体の独自性と価値を失わずに、島民がグローバル経済とつながることができるだろうか。変わらずにいるためには、変わる必要があった。独自性を大切にするには、より広い視野を受け入れる必要があった。

コブが兄のアラン、弟のトニーとともに最初に思いついたのは、フォーゴ島の学生が大学に進学するための奨学金を設立することだった。島民の大半は、対岸に渡って最初に着くガンダーの町より遠くに出たことがない。若者が世界に対する視野を広げ、スキルを身につけられるように支援すれば、フォーゴ島に新たなチャンスをもたらすのに役立つだろう、というわけだ。しかし、共同体の人々はすぐに、このアイデアがもたらす想定外の結果を指摘した。奨学金は、島の頭脳流出を加速するだけだ。学生は大学に行き、新たなチャンスに惹かれ、二度と戻ってこないだろう、と。プランは白紙になった。

次に試したのは、新たな視点を備えた人々を呼び込む施設を建てることだった。それなら、前衛的な芸術家以上の適任者はいないだろう。コブは4棟のアーティスト向けスタジオを建設し、文筆家、画家、彫刻家などを対象に、フォーゴ島の自然美に囲まれて創作ができる居住プログラムを立ち上げた。アーティストが地域の住民とつながり、クリエイティブで世界的な視野を共有してくれるとともに、フォーゴ島ならではの恵みについて学び、グローバル共同体に宣伝してくれるだろうという狙いがあった。アーティストは実際に来島し、新たなインサイトをもたらしたが、進歩の実現はゆっくりだった。一方で変化の必要性はますます差し迫っていた。島の経済を立て直し、人口を回復するには、アーティストに4人ずつ数カ月間住んでもらうだけでは足りなかった。

フォーゴ島を再建するために、他に何ができるだろうか。一番簡単な道は、会社や工場を設立することだろう。しかし、工場を建ててしまうと、自然の景観が荒廃するのは言うまでもなく、フォーゴ島を数百年にわたって支えてきた、野性的で自然な文化と共同体ならではの独特な雰囲気が台無しになってしまう。

コブは岐路に立っていた。彼女は緊張関係《テンション》を感じていた――古いものと新しいもの、伝統と現代化、地域ならではの独自性と世界とのつながり、ゆっくりとした進歩と差し迫った変化のニーズ。つまりコブは、パラドックスに取り組んでいたのだ。

パラドックスを理解する

パラドックスは至るところにある。本書の2人の著者は、最初に顔を合わせた日にその話をした。私(マリアンヌ)は、パラドックスの哲学、心理学、歴史を深く探究する論文を書き上げたところだった。本や論文を読めば読むほど、人生のあらゆる難題に、大小さまざまな対立要素が絡み合っていることが見えてきた。書けば書くほど、元気が湧いてきた。しかし、あまねく広がる不可解な非合理性に立ち向かう方法を考えていると、やや不安を覚え、圧倒されるような気すらした。こうした考えや感覚をウェンディに伝えたところ、ひたすら力強く頷いてくれた。気が楽になった。ウェンディもまた、パラドックスをそこかしこで見かけ、その謎めいた複雑さに入り交じった感情を抱いていたのだ。

一方、私（ウェンディ）は当時、博士課程の学生だった。大企業のリーダーがイノベーションを起こしながら、同時に市場に出ている既存製品のマネジメントを実践する方法について研究していた。マリアンヌとの初めての会話は、思考を具体化するために役立った。私が研究対象としていたリーダーたちは、現在の要求と未来の要求の競合に対峙していた。パラドックスの発想は、彼らの最も重圧のかかる課題を理解するために役立った。しかし、私もまた不安だった。これらのビジネスリーダーはどうやって前進し、過去と現在の両方を同時に活用できるだろうか。

私たちは、パラドックスに関して一般の人々に話すうちに、他の人々もまた明解さと混乱のあいだで揺れ動いていることがわかってきた。最大の難題を解明してくれると思えた発想が、いともたやすく曖昧になってしまう。強力なインサイトだったはずが、たちまち不条理に思えてくる。

経営学者のウィリアム・スターバックは、パラドックスが人間にとっていかに不条理に見えるかに気づいた。人間がパラドックスを非合理的で意味不明と考えるのは、認知機能の限界が原因となっている可能性がある、とスターバックは示唆する。「私たちはニューヨーク証券取引所の屋根の内側にぶら下がって、その法則を明確化しようとしているチンパンジーのようなものかもしれません。パラドックスは、人間の限られた推論能力と論理形式では非論理的に見えても、より複雑な脳を備えた生物、あるいは論理の形が異なる生物から見れば、理にかなっている可能性があります」原注2

スターバックが示唆するように、パラドックスは人間の認知の限界を押し広げる可能性がある。しかし私たちは、自身の認知能力の範囲内でさえ、より効果的にパラドックスを理解して取り組むためのパターンやインサイトを見つけることができると確信している。この霧を突っ切って前進するため、私た

・**矛盾**
黒と白の部分が、対立する二元性を反映する。

・**相互依存性**
黒と白の部分が、互いを定義・補強し合い、一体となって円形の完全体を形成する。

・**持続性**
黒と白の部分が、小から大に向かって一貫して流れている。その一方で、白の中の黒い点、黒の中の白い点が、一方の力が他方の根源となり、常に流転していることを示す。

図1-1 陰陽（太極図）——パラドックスの３つの中核的機能のイメージ

ちは、正確さを向上させるために長年にわたって学術的なツールキットの開発に注力してきた。パラドックスとは何か。なぜ重要なのか。どうやって管理するのか。

まず取りかかったのは、定義の明確化だった。逆向きの力のあいだに働く非論理的で解決不能なループを定義するための方法は数多くある。私たち自身の論文では、古代と現代の両方の学者に学び、パラドックスを「同時に存在し、長時間持続する、矛盾していながらも相互依存性のある要素」と定義している。[原注3]

コラム「パラドックス思考——数千年にわたる発達」では、古代に遡るパラドックス思考のルーツを取り上げる。東洋の哲学者が導入した陰陽記号は、パラドックスの３つの中核的機能を描写している。矛盾、相互依存性、持続性だ（図１－１）。

「嘘つきのパラドックス」は、このような持続性と相互依存性を備えた矛盾の古典的な例である。このパラドックスは、ギリシャの哲学者たちによって数千年前に概念化され、以来ずっと論理学者たちを悩ませている。このパラドックスを単純化すると、「私は嘘をついている」という文になる。この文は、真実と嘘のあいだの本質的な対立を示している。矛盾が、不条理で相互依存的なループのなかに存在している。ある人が「私は嘘をついている」と言ったとする。これが本当なら、この人は嘘をついたことになる。嘘なら、この人は真実を言っていることになる。論理学的、哲学的な解決に向けてさまざまな試みがなされたが、この文は真実と嘘のあいだに、決して消えない緊張関係《テンション》を生み出す。それは時間が経っても消えることはない。原注4

パラドックス思考――数千年にわたる発達

絡み合った対立概念に関するインサイトは、紀元前5世紀頃に生まれた。ゆうに2500年以上も前だ。ドイツ生まれでスイスに帰化した現代の哲学者、カール・ヤスパースは、この時期を「枢軸時代」と名づけた。原注5 この時期に生まれたさまざまな変革的思想により、世界が一本の軸を中心に回転し、文明の基盤を再構築しているように思えたからだ。社会が初めてパラドックスの概念に取り組んだのは、この時期だった。

その概念は、世界各地で生まれた。例として、東洋哲学（中国）と西洋哲学（ギリシャ）のインサイトに注目する。興味深いことに、遠く離れた地域の哲学者が、この世界のパラドキシカルな性質を、よく似た形で理解していた。両地域のインサイトに共通するふたつの特徴は、二元性（dualism）と動態性（dynamism）である。

まず、どちらの地域の哲学も、対立する概念の統一性を強調した――つまり、包括的な調和は、二元性の統合にかかっているというのだ。たとえば、中国の老子は『老子』(『道徳経』とも)で、形あるものと形ないものの相乗作用を提示し、「天下万物は有より生じ、有は無より生ず」と述べている。[原注6]また、ギリシャの哲学者ヘラクレイトスは、同じ考えをもっと直接的に主張している。

「対立は調和をもたらす。最も優れた調和は逆に向かうもの同士から生まれ、万物は闘争によって生じる」[原注7]

次に、どちらの地域の哲学者も、生命を動的で絶え間なく流転するものと説明した。ヘラクレイトスは、現代でもなお繰り返される名言、「同じ川に二度足を踏み入れることはできない」で有名である。流れる川は絶えず変化し、人間も変化するからだ。同様に、老子も「質真《しっしん》は渝《かわ》るがごとし」、つまり真なる質実さはあたかも変化しているように見えると述べている。さらに奥深いことに、どちらの哲学者も、二元性によって動態性が向上することを指摘している。対立項が互いにぶつかり合ってずらし合うことで、絶えず変化が生まれる。老子はこの考え方を発展させ、次のように述べている。

「之《これ》を歙《ちぢ》めんと将欲《ほっ》せば、必ず固《しば》く之を張れ。(中略)之を廃せんと将欲せば、必ず固く之を興せ。之を奪わんと将欲せば、必ず固く之を与えよ。是を微明《びめい》と謂う」(縮めたいなら、しばらくは広げよう。廃したいなら、しばらくは重用しよう。奪いたいなら、しばらくは与えよう。これが奥深い洞察である)[原注8]

二元性と動態性のこうした特徴が、2500年以上も経った現代も通用するパラドックス思考の基盤を形成している。現代のパラドックス思考家は、数千年間にわたって蓄積されてきた発想に立脚しているのだ。

生活のなかのパラドックスも、この論理パズルと同様の形で機能している。フォーゴ島が直面する課題について考えてみよう。島民は、表出しているいくつかのジレンマに直面していた。ジレンマとは、解決策を必要とする二者択一的な選択肢である。たとえば島民が取り組んでいた、フォーゴ島の人口回復を目指して投資するプログラムや機会を選ぶというジレンマだ。しかし、このジレンマにはパラドックスが潜んでいた。フォーゴ島の人々、生活、文化、知識を持続可能にするには、共同体が最終的に変わるしかない。地元の共同体を尊重するには、グローバル経済からの助力を得る方法を見つけるしかない。表出しているジレンマの下に隠れているのは、安定と変化、古いものと新しいもの、伝統と現代化、地域と世界のあいだのパラドックスだった。島民は、対立極の一方を選び、過去と現在のどちらかに注力しなければならないという重圧を感じていた。地域の文化を維持するか、共同体に世界各地の力が押し寄せてくることを許容するか。しかしコブは、これらの対立極のいずれかを選ぶと、効果の限られた解決策やかえって有害な解決策が生まれてしまうと認識した。包括的な全体像に目を向けないこのような還元主義的な思考が、そもそもフォーゴ島が問題に陥った原因だったのだ。島民の漁業を規制して工業に移行してもらうという州政府の政策は、短期的な経済的課題を重視し、フォーゴ島と共同体の大きな価値を完全に見落としていた。島民には、問題を解決するための別のアプローチが必要だったのだ。

別の、より日常に近い例として、他者との関係の背後にあるパラドックスについて考えてみよう。パートナーは、一緒になったきっかけとして、相手との共通点をよく覚えていることが多い。しかし、格言にあるように、反対だからこそ惹かれるのだ。互いに補い合う相違点こそが、関係を築くことを促してくれる。ひらめきを与え、シナジーを可能にする。長年のうちに、対立するアプローチ同士が、尽きない議論の種になることもある。ささいな違いも、白熱した争いとなる違いもある。日々の家事から休暇の過ごし方、金銭面の判断に至るまで、違いはあらゆるところに表れる。対立するアプローチ同士をめぐって議論が生じる瞬間は、表出しているジレンマである。しかし、ジレンマの下には、持続的な二項動態が隠れている――背後にあるパラドックスだ。

表出しているジレンマは、かぜの症状に似ている。対症療法に気をとられていると、原因を見逃してしまう。たとえば、次の休暇の過ごし方を決めるとする。その際に、きっちりと決まったツアーを選ぶか予定を決めずにビーチで過ごすか、家でのんびりするかエキゾチックな冒険に出るか、家族や親戚と過ごすか一人旅に出るか、といった選択肢を検討することがある。しかし、ある瞬間の過ごし方をどのように選ぼうと、相反する望みの背後にあるパラドックスは残る。計画的であることを好むか強制されずありのままに生きることを好むか、地味か派手か、自分軸か他人軸か。こうした、絡み合う持続的な対立極は、私たちの活動を麻痺させてフラストレーションを引き起こす、やっかいな課題を提起することがある。しかし、学び、成長し、創造力を得る機会も豊富に含んでいる。私たちが共通の包括的ゴールを大切にし、つながりや絆や支え合いを深める相互補完的な違いを尊重すれば、こうした機会を活かすことができる。

4種類のパラドックス

絡み合った対立極をあらゆるところに見いだしているのは、私たちだけではない。古代まで、哲学者をはじめとするさまざまな人々がこの問題に取り組んできた（コラム「パラドックス思考の長く曲がりくねった道」を参照）。人々はますます、あらゆる領域で緊張関係《テンション》に言及するようになっている。知と無知、強さと弱さ、善と悪、安定と変化、愛と憎しみ、前進と後退、集権と分権、仕事と私生活、規律と楽しみなどは、さまざまなパラドックスの例である。私たちは、心のなかで、グループのなかで、組織のなかで、そしてより広義のシステムのなかで、パラドックスを体験する。

心理学者や精神分析学者は、人間の心がはらむパラドックスを指摘する。精神分析学者カール・ユングの著作は、パラドックスへの言及に満ちている――精神と物質、美徳と悪徳、魂と肉体、生と死、善と悪、真と偽、統一性と多様性などだ。近年には、心理学者のカーク・シュナイダーが、著書『Paradoxical Self』（パラドキシカルな自己）で、このようなパラドックスについて述べている。[原注9]シュナイダーは哲学者セーレン・キルケゴールの思想を援用し、人間の心は抑制的、控えめ、内向的な面と、開放的、冒険的、外交的な面のあいだに生じる連続体の上に存在すると主張する。いずれかの極に方向を変え、あまり極端に行き過ぎると、人間は機能不全に陥ることがある。このような習慣は一方でうつ病、一方で躁病を引き起こすおそれがある。こうした緊張関係《テンション》と付き合い、交わる点を常に探しながら生きていくことが課題になる。文筆家で学者のブレネー・ブラウンはさらに、私たち自身の強さが自己の弱さを受け入れる能力にかかっていることを認識させてくれる。恐れを受け入れることができれば、恐れにとらわれることもなくなるのだ。[原注10]

個と集合、協力と競争、自己と他者の問題に取り組むグループやチームには、パラドックスがつきものである。ケンウィン・スミスとデイヴィッド・バーグは、共著『Paradoxes of Group Life』（集団生活のパラドックス）でこれらの緊張状態《テンション》について指摘している。たとえば、パフォーマンスの高いチームでは、メンバーがそれぞれ独自の形で最善の努力を尽くすことが求められる。そうすることでチームメンバー間の競争が促進されるが、優先順位をつけるためには協働も必要になる。[原注11] さらに、グループやチームが成長、学習、適応しようとするに従ってパラドックスが持続する。エイミー・エドモンドソンは、著書『チームが機能するとはどういうことか』（英治出版、２０１４年）で、グループ、チーム、組織が優れたパフォーマンスを発揮する唯一の道は、絶えず学ぶことである、と教えてくれる。学ぶためには、実験し、新しいことを試し、ミスをし、失敗する必要がある――すべては、繁栄し、成功できるようになるためだ。同書では、チームに心理的安全性の文化を構築することによって、現在のパフォーマンスが向上するとともに、将来に向けて学べるようになると論じている。[原注12]

パラドックス思考の長く曲がりくねった道

パラドックスに関する共通のインサイトは、東洋と西洋の両方で生まれた。しかし、この思想がたどった発展の過程は地域ごとに異なった。支配階層の助言者を務めていたといわれる学者の老子は、孔子の思想や、のちに中国人の温故知新のマインドセットとなる伝統に影響を与えた。一方、ヘラクレイトスは、抽象的で不条理とみなされた孤高の人であった。その思想は、同時代人のパルメニデスに疑義を呈された。パルメニデスはカリスマ性を備え、その弁舌は明確で論理的と賛美されていた。当時の論争はパルメニデスの勝利となり、それから何世紀も経て、東洋哲学と西洋哲学は、微妙な面でも際立った面でもかなり異なったものになった。心理学者の彭凱平《ペン・カイピン》とリチャード・ニズベットの説明によれば、西洋における線形的で合理的な思考の傾向が、厳密な手法の基となり、それが科学の大幅な発展を促したという。同様に、東洋文明の二元性、調和、循環への傾向は、さまざまな形の神秘主義を育み、人間のマインドフルネスと超越思考の能力を大幅に進歩させたという。[原注13]

アイデアがわずか数ナノ秒で世界中に伝わる現代では、西洋と東洋の知的世界が収束しつつある。たとえば、物理学の分野について考えてみよう。アイザック・ニュートンの線形物理学は、重力に関する理解を深め、天文学や流体力学などの分野に関する思考の進歩に貢献した。しかし、1800年代後半になるとマイケル・ファラデーやジェームズ・クラーク・マクスウエルなど、さらに後になるとアルベルト・アインシュタインやニールス・ボーアなどの科学者が登場し、原子より小さい粒子同士が押し合ったり引き合ったりする力を概念化し始めた。このインサイトが、量子力学の基となった。物理学者のフリッチョフ・カプラは、著書『タオ自然学』（工作舎、1979年）で、これらの画期的発見によっていかにして東洋哲学的なアプローチの価値が尊ばれ、見直されるようになったか、相反する力の統合が受け入れられ、精神世界を重視した循環的な発想が促されるようになったかを説明している。[原注14]

物理学の分野でパラドキシカルなインサイトが物質世界に導入された一方で、精神分析学の分野では同様のインサイトが人間の心に導入された。ジークムント・フロイトやカール・ユングが創始した精神分析学によって、人間の経験が、心の奥底にある二元的な内在的欲動と衝動の統合されたものとして概念化されるようになった。特に、ユングは人間の性質に関するパラドックス理論を前進させた。ユングは、啓蒙時代の影響で西洋文明が論理と合理性の価値を過大評価するようになったと示唆し、これらを一面的で、感覚や直感の価値観を欠いていると表現した。ユングが「パラドックスだけが、人生の豊かさの性質を見抜くことができる」と述べ、パラドックスを「私たちの精神の最も価値ある所有物のひとつ」と説明しているのはよく知られている。[原注15] 一例を挙げると、ユングは自己を、表出している正の像と、抑圧している「影」による負の欲求が統合されたものであると信じていた。影の自己を避けたり、矮小化したりしていると、表に現れている自己が有害な行動に出てしまうおそれがあると考えた。また、ユングはナルシシズムを、他者からの視線にとらわれている状態と定義した。ナルシストは、自己の影を避け、距離を置こうとするあまり、影の特性を他者に投影してしまうのだという。ユングは、人は影の特性を拒否して抑圧するのではなく、受け入れて統合することで成長するのだと提唱した。

この略史は、繰り返される興味深いパターンを明確に示している。地理的に遠く離れた場所でよく似た思想が生まれ、やがて異質なものに分かれ、数千年を経てついに再び収束するのだ。ではパラドックスとは、根本的に重要なインサイトを照らし出す太古の概念なのだろうか、それともこの世界の複雑さに対応するために持ち出された新たなアプローチなのだろうか。パラドキシカルではあるが、その両方なのだ。

経営幹部の課題は、一般の社員以上にパラドックスと切っても切り離せない。学者は一貫して、リーダーが直面する、対立しながらも絡み合う要求を指摘している。たとえば、自分らしさとリーダーらしさ、テクニカルスキルと感情知性、学習と実践のあいだの緊張関係《テンション》が挙げられる。リンダ・ヒルとケント・ラインバックは、著書『ハーバード流ボス養成講座』(日経BP、2012年)で、パラドックスに取り組むことがきわめて重要なリーダーシップ・スキルであると指摘している。[原注16] リーダーは部下を成長させながら、グループの背後にある大局的な状況のマネジメントを行う必要があるという。

パラドキシカルな緊張関係《テンション》は、多くの組織にも広がっている。製品開発を研究するドロシー・レナードは、組織が技術的能力、共通の価値観、現行製品を強化していくなかで、コア・ケイパビリティ(中核的能力)を築くことを発見した。組織が成功を収めると、そのプラス面を強化するような取り組みにつながるが、一方でマイナス面も誘発されるという。コア・ケイパビリティが、イノベーションを阻害するコア・リジディティ(中核的硬直性)に変質してしまうのだ。[原注17] レナードのインサイトは後続の研究でも再現され、組織の成功の原動力となるものが失敗をも導くことを、逆説的《パラドックス》に示している。[原注18] キム・キャメロンとロバート・クインはさらに、組織の成功はパラドックスの活用にかかっていると提唱する。

キャメロンとクインによる「競合価値観フレームワーク」は、組織が有する、択一的で相反する価値観を指摘している。Collaborating（協力）、Creating（創造）、Controlling（コントロール）、Competing（競争）だ。組織の有効性は、これらの多様な価値観を横断して活用できるかどうかにかかっているという。[原注19]

こうした例は多様で幅広い。聴衆にこれらを提示すると、複雑な反応が返ってくる。人々は、刺激を受けるものの、圧倒されてしまうのだ。驚きをうまく利用しながら、霧をある程度晴らして前進するため、私たちはさまざまなパラドックスを比較してカタログ化している。私たちの研究では、4種類のパラドックスを特定した。パフォーマンス・パラドックス、学習パラドックス、組織化パラドックス、所属パラドックスである[原注20]（図1－2）。これらのパラドックスが、さまざまなレベルにわたって出現する。たとえば、ある人物がキャリアでどのような次の一歩を踏み出すかというジレンマの背後には、現在と未来の間のパラドックスがあるかもしれない。同時に、この人物が大企業の幹部として直面している難題にも、同じパラドックスが影響しているかもしれないのだ。

パラドックスを的確に分類する方法を知ることは、パラドックスの緊張関係《テンション》を乗り切るために必ずしも不可欠ではない。本書で提示している各種の戦略はさまざまなカテゴリーにわたって有効だ。また、ほとんどのパラドックスは複数のカテゴリーにわたっている。それよりも、この類型の価値は、パラドックスが世界と人生に影響を与えるさまざまな形がわかりやすくなることにある。

パフォーマンス・パラドックス
成果の緊張関係
「なぜ？」
仕事と私生活
目的と手段
手段と規範
ミッションと市場
所属パラドックス
アイデンティティの緊張関係
「誰？」
全体と部分
グローバルとローカル
内部と外部
私たちと彼ら
学習パラドックス
時間の緊張関係
「いつ？」
短期と長期
伝統と現代化
現在と未来
安定と変化
組織化パラドックス
プロセスの緊張関係
「どうやって？」
管理と柔軟性
集権化と分権化
創発性と計画性
民主主義と権威主義

図1-2　4種類のパラドックス

パフォーマンス・パラドックス

パフォーマンス・パラドックスは、目的、成果、期待に関する競合する要求に関係している。「なぜ人生でこの道を選ぶのか？」「なぜこの取り組みに投資すべきなのか？」「なぜこの戦略を採用すべきなのか？」――私たちが「なぜ」と問うたびに、パラドックスは表面化する。

企業の社会的責任（ＣＳＲ）は、パフォーマンス・パラドックスの古典的な例である。企業の目標《ゴール》と目的《パーパス》に関する議論ははるか昔に始まったが、21世紀を迎え、気候変動、経済の不安定、人種差別、環境破壊などの問題について企業に説明責任が求められるようになるとともに、人々の関心もさらに高まってきた。一方で企業の目標は株主のためにお金を儲けることである。１９７０年に、シカゴ大学の経済学者、ミルトン・フリードマンは、ニューヨーク・タイムズ紙に署名記事を発表し、この見解の旗手となった。「企業の社会的責任とは利益を増やすことである」と題された記事では、経営者は常に収益に集中するべきだと論じられていた。[原注21] フリードマンは、社会問題や環境への影響に関する懸念はＮＰＯの活動や政府の規制に任せるべきだと主張した。しかし、収益向上への全集中は、問題のある行動や破滅的な結果をもたらすことがある。エンロン社、ワールドコム社、タイコ社などが相次いで破綻したことが、その証拠だ。

株主中心主義に代わって、組織には、２つあるいは３つの基準を採用し、複数の目標に同時に取り組むことが求められるようになった。１９７８年にアイスクリーム販売企業のベン＆ジェリーズを創業したベン・コーエンとジェリー・グリーンフィールドは、このアプローチを採ったリーダーの先駆けである。リーダーに利益と情熱、ミッションと市場、ステークホルダーと株主の両方に注力してほしいという声は、年月を重ねるにつれて高まっている。言い換えれば、組織の戦略にパフォーマンス・パラドックスを組み込むということだ。研究仲間のトバイアス・ハーン、ルッツ・プロイス、ヨナタン・ピンクシー、フランク・フィッゲ各教授は、社会的ミッションと経済的成果のあいだの複雑な相互作用に価値を置く両立思考を取り入れることが、企業の長期的な持続可能性につながると力強く主張している。[原注22] また、最近では組織論研究者のエド・フリーマン、カーステン・マーティン、ビダン・パーマーが、共著書『The Power of And』（両立の力）で、企業の社会的関与への新たなアプローチを探求している。同書は広範な研究に基づき、リーダーが次の5つのコア・アイデアを土台とすることで、より影響力が高く、利益が上がり、持続可能なビジネス・ソリューションを開発できることを見いだした。

①利益だけでなく、目的、価値観、倫理が重要である。
②株主だけでなく、ステークホルダーにとっての価値を創出することが肝要である。
③ビジネスを、市場機関としてだけでなく社会的機関として見る。
④人々の経済的関心だけではなく、人間らしさを認識する。
⑤「ビジネス」と「倫理」を、より包括的なビジネスモデルに統合する。[原注23]

パフォーマンス・パラドックスは、個人の人生にも現れる。たとえば、何を買うか、誰から買うかを判断する際に、社会と財布への影響のどちらをとるかで悩むかもしれない。全国規模の大手小売店から買うか、地元の店から買うか。値ごろな品を選ぶか、サステナビリティ重視で生産された品を選ぶか。

また、仕事で複数の上司からの相反する期待に直面したり、仕事上と私生活上の要求のバランスを取ったり、自身の目標やニーズを満たすために規律と柔軟性を天秤にかけたりする場合もある。毎年の年始の抱負を見返すと、パフォーマンス・パラドックスが芽生え、注力と放棄のあいだで綱引きを始めるところが見られるかもしれない。

学習パラドックス

学習パラドックスは、私たちが過去から未来へと成長する方法に関する難題を提示する。これらのパラドックスは、現在と未来、新しいものと古いもの、安定と変化、伝統と現代化など、時間的な要素と要素のあいだに発生する緊張関係《テンション》を伴う。これらのパラドックスは、「いつ」の問いを提示する。私たちはいつ、いまの現実から新たな現実へと移行するのだろうか、という問いだ。

イノベーションと変化の問題は、学習パラドックスの中心となっている。組織のリーダーはよく、俊敏性と絶えざる適応への需要が高まっていると話してくれる。しかし、偉大な企業はあまりに規模が大きくなり、構造も固まってしまっている。大洋に浮かぶ石油タンカーのようなもので、風向きが変わっても簡単には方向転換できない。企業がフォーチュン５００社に留まっている期間がどんどん短くなっていることを考えてみてほしい。組織論研究者の故ジェームズ・マーチは、この課題を明確化し、イノベーションを起こすには、中核事業のマネジメントとは異なるスキル、アプローチ、観点が必要になると考えた。マーチはこの２つのモードを、新たな機会の「探索」（exploration）と、現状の「深化」（exploitation）と表現している。[原注24] この課題を受けて、マイケル・タッシュマンとチャールズ・オライリーは、企業が「両利き」になる、つまり探索と深化を同時に行えるようになる必要があることを示した。言い換えると、学習パラドックスを受け入れる必要があるわけだ。現在と未来のいずれかを選択するのではなく、両方に注力し、シナジーを見つけなければならない。現在の成功は、どのように未来の成長の礎となるだろうか。未来へのイノベーションは、現在の成功にどのような活力を与えるだろうか。

現在と未来に関する、個人レベルの同じような課題を想像してみよう。私（ウェンディ）の友人は、ロースクールに復学したかったが、現職の金融サービス業の役職と給料を諦めるのをためらった。この大きな一歩を踏み出すべきかを十年間議論して――ついに、遅すぎると判断した。

変化は必ず起きるものだ。私たちは、それに対応できるだけの身軽さを備えているだろうか。周りがまだ変わらないうちから、新たなスキルや可能性を探索できるだろうか。自分にとっての現在の世界を深化させながら、こうした変化を乗りこなしていけるだろうか。

所属パラドックス

所属パラドックスは、自分が何者なのかという問いを投げかけ、役割、アイデンティティ、価値観、性格に関する緊張関係《テンション》に着眼点を置く。たいていの人にとって、競合する複数のアイデンティティを真剣に生きることは難しい。何としてでも、ぶれない自分を演出しようとする場合がある。レオン・フェスティンガーとジェームズ・メリル・カールスミスによる初期の心理学実験は、人間が一貫性を志向することを指摘している。わずかな謝礼で退屈な作業を1時間やらされた被験者は、自分たちの過ごした時間を正当化する方法を見つけようとした。そこで、実験について聞かれると、興味深く面白い実験だと思ったと答えた。フェスティンガーとカールスミスはこの現象を「認知的不協和」と呼び、人間は客観的現実に合わせて自意識を変えることを示唆した。[原注25]

時間をどう確保するかという問いには、仕事と私生活の間の緊張関係《テンション》がよく現れるが、こうしたジレンマの核心にはアイデンティティに対する課題が潜んでいる。組織の献身的なリーダーとなるべきだろうか、それとも良き親であるべきだろうか。他の人を手伝えるようにするべきだろうか、自分のニーズに専念するべきだろうか。これらのジレンマがさらに根深いのは、自意識にはたいてい複数の相反するアイデンティティが含まれるからである。私たちは自分がインサイダーかアウトサイダーか、発明者か実行者か、愛する人間か戦う人間か、リーダーかフォロワーか、与える側かもらう側か、唯一無二の個人か献身的なチームメンバーか、といった問いに取り組んでいる。しかし、私たちは日時や状況や問題によって、しばしばアイデンティティを切り替える――つまり「両方」なのだ。自意識は、絡み合った対立極に深く関わっているのだ。米国の詩人ウォルト・ホイットマンは、詩「Song of Myself」（私自身の歌）でこの概念を捉えている。

私は矛盾しているのか？
よろしい、それなら私は矛盾しているのだ。
（私というものは大きく、その中には大勢が含まれている。[原注26]）

私たちの多くは、性格テストを受けると、多様な人格を感じる。内向的か外向的か、直感的か理性的か、リーダーかフォロワーかといった点で、無意識に選択する場合は一方に偏るかもしれない。しかし、状況が変わると、いつの間にか他のツール、スキル、選択、アイデンティティを活用していたり、ふたつの選択肢を両立しようとしていたりする。自分をいずれかの箱に入れると、私たちのアイデンティティにおいて重要な多様性とシナジーがいとも簡単に切り捨てられてしまう。最近では、大学教授、文筆家、活動家で、ベル・フックスの筆名で知られる故グロリア・ジーン・ワトキンスも、複数の社会的アイデンティティをもっと全体的に考えるべきだと指摘する。

「択一思考から離れれば（中略）毎日の生活で家から出るたび、私は自分のことを、人種、ジェンダー、階級、性的指向、宗教などの組み合わせだと考える」[原注27]

組織も、戦略の背後にある、複雑に絡み合ったアイデンティティの課題に直面する。私（ウェンディ）は最近、百年以上の歴史と伝統のある保険会社に協力した。新しいＣＥＯは、次の世紀を生き残るには会社がもっと革新的で俊敏になる必要があると認識していた。そのためには、規律と秩序を重んじてリスクを嫌うアイデンティティから脱し、より試行錯誤をいとわず、説明責任を果たすようなアプローチを行動基準に含める必要があった。最大の課題は、従業員に新たな文化とアイデンティティの価値を理解してもらうとともに、現存する文化とアイデンティティを基に新たな文化やアイデンティティを築ける可能性を認識してもらうことだった。

組織化パラドックス

組織化パラドックスでは、人生や組織を構造化する方法に関する問いに対応する。つまり、あることをどのように成し遂げるのか、という問いだ。このパラドックスには、創発性と計画性、リスクをとることと避けること、管理と柔軟性などのあいだの緊張関係《テンション》が含まれる。

リーダーは、組織構造を検討するときに常にこういう課題に取り組んでいる。どの程度の意思決定を世界共通で中央集権的に実施し、どの程度を局地的に細かく行うべきだろうか。従業員にどの程度の自律性を与え、幹部がどの程度コントロールすべきだろうか。過去を振り返ると、歴史的にも組織の成長の中でこうした緊張関係《テンション》が役割を果たしていることがわかる。産業革命以降、組織の寿命は急激に伸びた。それとともに、中央集権化への動きも発生した。１８００年代後半に、マックス・ウェーバーやアンリ・ファヨールなどのヨーロッパの理論家は、リーダーが自らの組織への支配を確立する方法を詳しく論じた。これらの発想をまったく新たなレベルに引き上げたのが、米国のフレデリック・テイラーである。テイラーは、従業員の作業効率が上がるように、時間を管理して報奨金を支払う「科学的管理法」を導入した。効率化は明らかだったが、人権の劣化も明らかだった。人々は機械として扱われているように感じた。それに対する答えとして出てきたのが、人間関係論の運動である。ハーバード大学の教授エルトン・メイヨーやフリッツ・ロスリスバーガーによって創始されたこの運動は、人間のモチベーション、ニーズ、願望を、従業員管理の核心に置いた。１９５０年代には、ダグラス・マグレガーがこの考え方の先頭に立ち、人にはムチよりもニンジンが必要だと提唱した。そして、人々のパフォーマンスを上げるには露骨な管理よりも、成長と学習が可能で、インパクトを与えられ、パーパスがしっかりしていると感じられる状態が必要だと論じた。

経済情勢の変化により、中央集権と自律分散をめぐる多くの議論が再び俎上にのぼっている。組織がコロナ禍によるロックダウンから事業を再開したときに、リーダーはリモートやハイブリッドの仕事環境をマネジメントする方法に悩んだ。ギグエコノミー（訳注：主にインターネットを通じて単発や短期の仕事を請け負う働き方）に移行する労働者の増加からも、同様の問題が起こる。労働者は、自己決定権の強さなどから、ギグワークと呼ばれるそうした単発業務に惹かれるが、ギグワークの世界ではいつの間にか、もっとわかりにくい形の管理体制が成立していることが少なくない。[原注28]

組織化パラドックスは、私生活でも体験する。自律性と管理のあいだの苦悩は、あらゆる親子関係の中心である。私（ウェンディ）は先日、娘の皿洗いに期待する内容をどのようにうまく扱うか夫と議論したときに、この苦悩を身をもって体験したばかりだ。娘は皿洗いが嫌いだが、皿洗いは彼女のお手伝いのローテーションに組み込んである。娘にはどのくらいの自主性を与えるべきだろうか。いつ皿を洗うかは、本人に決めさせるべきだろうか。その場合、娘がやる気になるまで何日も皿とカップが積み上がることもありうるのだろうか。紙皿から食べなければならなくなるまでだろうか。ハエが湧くまでだろうか。いったい、娘に対してどの程度のコントロールを行使するべきだろうか。育児をはじめとする私生活の問題に関しては、こうした問いは無限に発生する。私たちは、自分自身の境界についてどの程度柔軟性があるだろうか。どのくらいまできっちりと決めているだろうか。

入れ子になったパラドックス

フォーゴ島の住民が直面している、表出しているジレンマの背後にあるのは、いま説明した4つのタイプにまたがるパラドックスである。共同体を未来に前進させることで島の過去を保存するという目標は、学習パラドックスを反映している。これは、過去と現在、伝統と現代化のあいだの緊張関係《テンション》として体験される。これらの課題への対応は、パフォーマンス・パラドックスである。住民の目標は島の文化を持続させることだが、この社会的ミッションの達成は、経済的な回復力を確立するための成果を上げられるかどうかにかかっている。そこには、ミッションと市場、経済成長と共同体の発展のあいだの緊張関係《テンション》がみられる。さらに所属パラドックスも広がっている。島民は、内部の人と「よそ者」と呼ばれる外部の人を区別するために、強い言葉を使っていた。しかし、島を再建するには、内部の人と外部の人が力を合わせなければならない。そして、これらの緊張関係《テンション》によって、さまざまな組織化パラドックスが発生している。これは特に、共同体の人々が、進歩を停滞させる面倒なプロセスを生み出すことなく、多様で、場合によっては対立する観点を民主的にまとめようとしたからでもある。緊張関係《テンション》は絡み合っているため、ひとつのパラドックスに対応しようとすると別のパラドックスが発生し、もつれたパラドックスが生じる。[原注29] 緊張関係《テンション》をこのような観点で捉えても、必ずしも複数の緊張関係《テンション》がすっきりと分離することにはつながらない。しかし、複雑さを認識するためには役立つ。

さまざまなパラドックスがもつれ合っているだけではなく、個人からグループ、組織から社会に至るまで、同じパラドックスがさまざまなレベルで現れる。私たちはこれを「入れ子になったパラドックス」と呼んでいる。[原注30] 組織が直面している課題が、その成員の緊張関係《テンション》にも反映されているのだ。フォーゴ島民はそれぞれの人生の中で、新しいものと古いもの、ミッションと市場、伝統と現代化に個人として取り組んでいた。島に残って再興を手伝うべきだろうか、それとも、より良い経済的・社会的チャンスを求めて島を出るべきだろうか。しかも、組織レベルで感じられる緊張関係《テンション》は、さらにマクロな社会レベルでも発生している。フォーゴ島が直面するこれらの課題は、特徴のある共同体が、世界経済に飲み込まれずに一緒に前進できるようにするには、どのように支援するべきか、という普遍的な問いの縮図なのである。

パラドックス・マネジメントのＡＢＣＤシステム――両立思考を可能にする

私たちは数十年間にわたる研究を通じて、パラドックスを乗りこなすために役立つツールを突き止めた。これらのアイデアを、「ＡＢＣＤシステム」と呼ぶシステムにまとめた。両立思考を可能にするための、統合されたツール群だ。このシステムには、パラドックスを乗りこなす際に、考え方（Ａ－アサンプション――前提）と感じ方（Ｃ－コンフォート――感情のマネジメント）をシフトするツールが含まれている。さらに、静的な構造（Ｂ－バウンダリー――境界）を構築しながら適応型の実践（Ｄ－ダイナミクス――動態性）ができるようにすることで、両立の文脈を構築する方法にも対応している（図1－3）。

これらのツールを利用する人々を研究しているうちに、ふたつの重要なインサイトが得られた。第一に、両立思考を最も有効に活用している人々はひとつのツールだけを選ばない。すべてのツールに取り組み、相互に作用させている。両立のマインドセットを採用しつつも、感情をマネジメントして不快感を気持ちよく受け入れる。静的な境界を設定して、緊張関係《テンション》への対応の指針とする一方で、徐々に学び、適応し、変化するための柔軟性を保つ。

第二に、パラドックスを乗りこなすことはパラドキシカルである。ＡＢＣＤシステムの土台には、

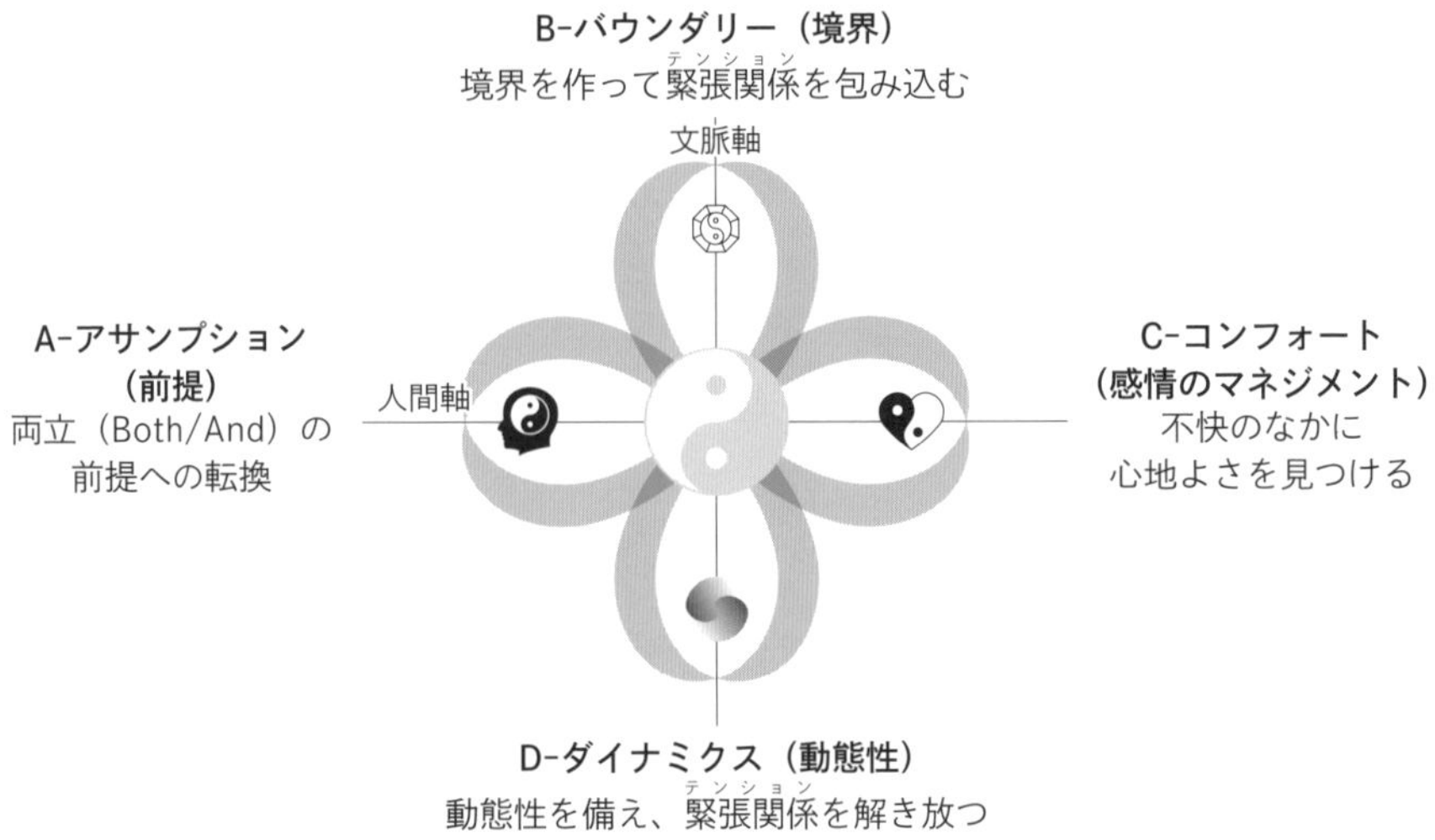

図1-3　パラドックス・マネジメントのABCDシステム

緊張関係《テンション》が組み込まれている。図1－3に示すように、横軸（人間軸）は、心と頭脳を活用するためのツールである。心と頭脳はコンフリクトを起こすこともよくあるが、互いを補強することもできる。図の縦軸（文脈軸）は、特定の状況の枠組みを決め、安定した境界を形成しながら変化する動態に対応するためのツールを表している。安定と変化もまた、逆方向に引っ張り合いながらシナジーも育む。これらのツールが一体となって作用し、人間軸（アサンプションとコンフォート）と文脈軸（バウンダリーとダイナミクス）の両方でパラドックスに対処するための、両立思考をサポートする。

温故知新

ジータ・コブは、フォーゴ島に隠されたパラドックスを理解していた。コブは、ほとんどの島民はパラドックスの中に生きていると論じた。陸地と海が直接向き合う、岩がちな沿岸で常に過ごしているからだ。コブは次のように唱えたことがある。「生を体験する最善の、あるいは唯一の方法は、死を気持ちよく受け入れることです。フォーゴ島民はそれをわかっています。身をもってコントロール感を知る唯一の方法は、コントロールを手放すことです。それが、一見矛盾した状態のなかに生きるための素晴らしい能力なのです」[原注31]

また、共同体がこれから繁栄しようとするのであれば、島民が両立思考を活用しなければならないこともわかっていた。還元主義的な思考は許容できない。包括的なアプローチが必須だ。これに対応するため、コブは兄のアラン、弟のトニーとともに、経済的レジリエンスと共同体のまとまりを再建するカナダ政府登録の福祉団体、ショアファストを設立した。ショアファストとは、漁船を桟橋につなぐ「もやい綱」のことである。コブはこの団体で、共同体による取り組みを相互に結びつけ、共同体をより広い経済と結びつける「もやい綱」の役割を果たそうとした。団体のウェブサイトにはこう書かれている。「私たちは、全体との関係のなかで生きています。地球全体、人間全体、存在全体です。私たちの仕事は、全体に属しながら、人や場所の特別さを守る方法を見いだすことです」[原注32]

コブの主張によれば、世界は「ローカル色の強い場所の世界的ネットワーク」、つまりその地ならではの貢献を重んじる、相互に接続された網のような存在になることで、メリットを得られるという。このため、ショアファストはフォーゴ・アイランド・インを建設した。地元の文化を大切にしながら経済成長のエンジンとなる29室のホテルだ。ホテルは、フォーゴ島、さらにはニューファンドランド地域全体にもともと備わっている、限りないおもてなしの文化に基づいている。この試みによって、ホテルを満室にするために島民のスキルが再び輝いた。木で漁船を作っていた大工たちは、ホテルに置く木製の芸術的な家具をデザインした。何十年ものあいだ、はぎれを縫い合わせて厳しい冬に使うブランケットを作り、技術を磨いてきたキルト作家たちは、ベッドにかける美しいキルトを仕上げた。缶詰の野菜や果物が売られるようになって仕事がなくなった採集者たちは、島の自然を探検してごちそうを探すツアーの案内人になった。コブが期待したように、こうした慣習が、「温故知新――古いものに新しい道を見つける」ために役立った。

ホテルは外部の人――そして収益――を島にもたらす。また、ゲストは共同体の成員がビジョンと可能性を広げるために役立つ新たなアイデアを持ち込んでくれる。この関係は双方向だ。コブは、島民がゲストをホテルに迎えに行き、ツアーに案内するコミュニティ・ホスト・プログラムを立ち上げた。お気に入りのハイキングスポットや地元の飲み屋を紹介することも、さらにはホストの自宅で手料理を振る舞うこともできる。ゲストは島民の目を通じてフォーゴ島を体験し、この地との深いつながり、タラへの畏敬の念、ケルト民族のバイオリン演奏に影響を受けたソウルフルなバラード、そして「場」とそこに暮らす人々を大切にする意味がもつ、奥深い価値を感じる。純粋なやりとりによって、数多くのつながりが次々と生まれる。その中にはゲストが島を出てから長いあいだ続くものもある。

コブは、ホテルの持続可能性と地域共同体が密接に絡み合っていると考えた。共同体が前進しない限り、ホテルが島の経済的レジリエンスを前進させることはできない。ショアファストは地域共同体と協力して漁業協同組合を再建し、漁業への復帰を希望する人々を支援した。さらに、工芸店の開店を支援して、大工とキルト作家が仕事を続けられるようにし、商品を販売する市場を創出した。印象深いことに、フォーゴ・アイランド・インの成功と地域共同体の前進によって、徐々に島民が島に戻って生活するようになった。

コブにとっては、共同体と経済が好循環のなかに存在しているのが理想だ。強い共同体によって地元経済が繁栄し、同様に強い地元経済によって活気ある共同体が育まれる。しかし、サイクルは地元だけに発生するわけではない。コブは、地元の成功が世界規模のサステナビリティの推進力として機能し、同様に世界のリソースとつながることで地元が成功できるようになると強調する。問題は、コブが指摘するように、私たちは近視眼的になりすぎだということだ。グローバルな世界における企業の成功を過大評価すると、地元の組織や共同体が果たす決定的な役割を無視しがちだ。一方、地元に専念して島に閉じこもり、脅威を避けようとすると、広い世界が提示してくれるチャンスを逃してしまう。

コブは多様な道を俯瞰し、伝統を大切にして共同体を構築しながら、慣習を現代化し、世界とのつながりを確立した。しかし、ショアファストはこの複雑さを長期間にわたって持続させる必要がある。どのように実現するのだろうか。本書の残りの部分で、この問いを探求する。

この章のポイント

- **緊張関係《テンション》は私たちを相反する方向に引っ張る。**表出しているジレンマの下には、パラドックスが隠れている。選択肢を選ぶときに、私たちは択一的なアプローチを採用しがちである。しかし、最大の難題に対処できるかどうかは、そうした難題を引き起こしている乱雑で複雑なパラドックスの理解にかかっている。
- **パラドックスとは、同時に存在し、長時間持続する、矛盾していながらも相互に依存する要素で、あらゆるところに存在する。**パラドックスは、パフォーマンス・パラドックス、学習パラドックス、所属パラドックス、組織化パラドックスの4種類に区別できる。
- パラドックスはしばしば、複数の緊張関係《テンション》が互いを補強するようにもつれ合っている。また、同じような緊張関係《テンション》がさまざまなレベルで出現し、入れ子になっている。
- パラドックスは数千年にわたって研究されてきた。それにもかかわらず、私たちは現代世界でますます緊張関係《テンション》を体験するようになっている。これは、変化、多元性、不足が進む状況によってパラドックスがますます顕著になるからである。
- **パラドックスを乗りこなすことは、パラドキシカルである。**パラドックスを有利に活用するためのツール自体が、互いに対立し、絡み合っている。

原注

1 ニューファンドランドの経済における鱈の影響について詳しくは、Kurlansky（2011）を参照。

2 Starbuck（1988）, 70。

3 私たちの定義は、Smith and Lewis（2011）で構築したものである。現代の研究者はパラドックスのさまざまな定義を提唱し、パラドックスと、二元性、二分法、アイロニー、緊張関係《テンション》、コンフリクトといった他の概念との比較対照を模索してきた。これらの議論について詳しくは、Smith and Berg（1987）; Quinn and Cameron（1988）; Putnam, Fairhurst, and Banghart（2016）; Johnson（1992, 2020, 2021）を参照。ジョンソンとポラリティ・パートナーシップスのチームは、ポラリティという用語を、私たちのパラドックスの説明と似た形で使っている。ジョンソンによるポラリティの定義は、「長期間にわたって互いを必要とする、相互依存的な対」である。Johnson（2020）, 11を参照。

4 嘘つきのパラドックスについては、何世紀にもわたってさまざまな研究者が論じている。嘘つきのパラドックスの、より現代的かつ学術的な分析については、Greenough（2001）を参照。嘘つきのパラドックスに関する軽めの議論、その他の難解なパズルについては、Danesi（2004）を参照。

5 Jaspers（1953）。

6 老子『老子』第40節。『老子』からのすべての引用は、原書はMitchell（1988）より引用し、本書では岩波文庫版を参考にしている。

7 ランディ・ホイトは、オクラホマ大学の学部生時代に、ヘラクレイトスの業績には非常に興味深いインサイトがみられるが、一般の人々には入手が難しいと気づいた（訳注：ヘラクレイトスの主著といわれる『自然について』やその他の著書は完全な形では現存しておらず、引用の形で「断片」として伝わっているのみである）。そこでホイトは、ギリシャ語の断片、英語への音訳と翻訳、原文に関する注釈を投稿するためのウェブサイトを制作した。ランディ・ホイト編著『The Fragments of Heraclitus』（ヘラクレイトス断片集）http://www.heraclitusfragments.com/files/e.htmlを参照（原著者は2020年7月、訳者は2023年6月に確認済み）。本文中に引用している断片はB9である。また、Graham（2019）はヘラクレイトスの断片に関してさらに詳しく分析している。

8 老子『老子』第36節、Mitchell（1988）。

9 Schneider（1990）。

10 Brown（2012）。

11 Smith and Berg（1987）。

12 Edmondson（2012）。

13 Nisbett (2010); Spencer-Rodgers et al. (2004); Spencer-Rodgers et al. (2009)。パラドックス、二元性、弁証法について、より広い文化的・哲学的アプローチを探求するには、Hampden-Turner (1981) を参照。

14 Capra (1975) は、ヒンドゥー教、仏教、道教、禅、その他の中国哲学といった東洋思想の、パラドックスをはらむ本質を深く掘り下げ、これらの思想と、自然科学たる物理学との関連性を探求している。

15 Jung (1953)、第18段落。

16 Hill and Lineback (2011), 17-21。

17 Leonard-Barton (1992)。

18 Miller (1992, 1993, 1994); Handy (2015) も参照。

19 Cameron and Quinn (2006)。

20 Smith and Lewis (2011); Lewis (2000) ; Lüscher and Lewis (2008)。

21 Friedman (1970)。

22 Hahn et al. (2014)。

23 Freeman, Martin, and Parmar (2020), 3-4。

24 March (1991), 71。

25 Festinger and Carlsmith (1959)。

26 Walt Whitman, "Song of Myself" (出典:Walt Whitman, Song of Myself (University of Iowa Press, 2016), 51)。

27 Lowens (2018)。

28 ギグエコノミーにおける管理システムに関しては、Cameron (2021); Cameron and Rahman (2021) を参照。

29 もつれたパラドックスについて詳しくは、Sheep, Fairhurst, and Khazanchi (2017) を参照。

30 入れ子になったパラドックスについて詳しくは、Jarzabkowski, Lé, and Van de Ven (2013); Johnson (2020) を参照。

31 この引用については、フォーゴ・アイランド・インの動画 (https://www.youtube.com/watch?v=Bqr4lHPaYDo) を参照。

32 この引用については、www.shorefast.orgを参照 (2020年3月に確認)。

第2章　悪循環にとらわれる

ウサギの穴、解体用剛球、塹《ざん》壕《ごう》戦

「択一」に自分自身を追い込んではならない。
与えられた選択肢のどちらよりも良い選択肢が存在することはよくある。
――メアリー・パーカー・フォレット

大工のオーレ・キアク・クリスチャンセンは、1932年にレゴ社を創業した。それ以来、同社は素晴らしい製品である組み立てブロックに専念してきた。1990年代初頭には、この戦略は莫大な利益をもたらし、同社は急成長を遂げた。競合他社をはるかに凌ぎ、世界の組立式玩具市場の80パーセント近くを支配した。

当時のレゴは、厳しい品質管理と強力な共通の価値観でよく知られていた。同社のリーダーたちは、イノベーションに関する意思決定をきわめて慎重に捉えていた。たとえば、ブロックに5番目の色である「緑色」を加える決定を下すのに10年近くかかっている。同様に、他社との提携に関しても、経営幹部は社内で大変な議論を重ねることになった。ルーカスフィルム社の提案に対して、あるバイスプレジデントは「私の目の黒いうちはレゴのシリーズに『スターウォーズ』を導入させない」と言い放った。

別のバイスプレジデントは、のちに「レゴは外部のパートナーを信用しなかった（中略）常に、『我々のやり方で行く。我々のほうがうまくやれる』と考えていた」と振り返っている。このアプローチは60年以上にわたってうまくいっていた。実際、２０００年に、レゴは「トイ・オブ・ザ・センチュリー」に選ばれた。[原注1]

しかし、１９９０年代後半には、競合他社が市場でのレゴの地位を脅かし始めた。デジタルやコンピューターを利用した玩具の台頭とともに、レゴは停滞し、迅速な対応ができなくなった。売上は頭打ちになり、やがて下降線をたどった。同社の長い歴史で初めてのことだった。21世紀にも業界のトップにとどまるためには、大幅な変化を起こす必要があった。

２００１年に、デンマークの博士課程の学生だったロッテ・ルッシャーから私（マリアンヌ）に連絡があった。ルッシャーはレゴが変わるための取り組みを研究していた。経営幹部は自分自身と会社について、いつの間にかその地位に甘んじて偏狭になり、急激に変化する市場や競争とずれていることに気づいた。社内のプレッシャーは非常に高まっていた。というのも、会社が経営を再編し、俊敏性向上と経費節減を求めて管理職を大量に解雇したからだ。残った中間管理職の人々は、イノベーションと効率性、現代化と伝統、柔軟性と管理がもたらす緊張関係《テンション》の中を進んでいた。ルッシャーは、パラドックス研究を詳しく知り、それを利用してレゴに関する自身の観察内容を読み解きたいと考えていた。

レゴの物語は、おなじみのものだ――没落目前の大帝国。この物語は、ローマ帝国、大英帝国、ソビエト連邦の興隆と没落に見てとることができる。また、偉大な企業のライフサイクルにもみられるし、個人のキャリアや結婚にも通じるのは言うまでもない。[原注2] レゴに起こっていた世界共通のパターンは、太古からある悪循環を反映している。それは、成功が自己満足につながり、ついには没落を引き起こすというものだ。レゴの経営幹部たちが、これまで最大の強みとなり、過去の成功の原動力となってきたひとつのアプローチにのみ注力したとき、玩具業界の伝説の覇者は、学び、変わることができなくなってしまった。経営幹部たちは、択一思考のパターンにとらわれてしまった――これまで長いあいだ成功してきた強みにこだわるか、新たな冒険に移行してこれまで苦労して創ってきたすべてを危険にさらすかの二択だ。この択一思考こそが、本当のリスクだったのだ。

択一思考の危険性

択一思考はひいき目に見ても限界があり、最悪の場合は害をなす。その危険性の源は、パラドックスの一方の側を過大評価して、他方を無視するところにある。レゴの事例が示唆するように、現在の成功にしがみついて、同時進行でイノベーションに取り組まずにいると、いざ新たな未来がやって来たときに過去にとらわれてしまう。これは、ジレンマが提示されたときの典型的な反応である。私たちは、意思決定をしないことを選ぶか、あるいは単に柔軟な姿勢を保つだけでも、不確かさがあるために不安になってしまう。択一思考によって、選択肢を比較検討してはっきりと選ぶことは、こうした感情を和らげ、安堵させてくれる。また私たちは、一貫性が欠けている場合も不安に感じることがある。[原注3]その結果、意思決定の方向性を以前の取り組みと合わせようとする。特定の行動に繰り返し注力していると、時間の経過とともにその傾向がますます強くなる。いったんある道を選んだら、そのまま進みたくなる。しかし、それが行き詰まりを招く。
ジレンマに対応するための論理的だが限定的な択一型アプローチは、社会によっても後押しされる。たとえば、ロバート・フロストの詩『The Road Not Taken』（選ばれなかった道）を考えてみてほしい。最初の二行で、フロストは言う。

黄色づいた森で道がふたつに分かれる。
残念ながら僕は両方の道を行くことはできない。[原注4]

フロストは1914年に、英国人の友人エドワード・トーマスのためにこの詩を書いた。英国が第一次世界大戦への参戦に備えていたとき、トーマスは英国に残って従軍するか、米国に引っ越してフロストと合流するかという苦渋の決断を迫られた。トーマスはジレンマに直面した。残るか、行くか。戦争に突入する厳しい状態ではあったが、英国に残るほうが保守的で選びやすい選択肢だった。米国に移住するほうが、ずっと新しく、型破りで、リスクが高く思えた。この詩で、フロストは友人に、そして後世の読者にも、よりリスクの高い道を選ぶように促している。

僕は通った人の少ない道を選んだ。
それですべてが変わった。

しかし、フロストの勧めとは裏腹に、トーマスはより保守的なアプローチを選んだ。英国に残って従軍し、残念ながら戦死してしまったのだ。

フロストの詩は多くの人に、リスクを取り、大胆になり、新しいことに挑戦するよう促した。しかし、選択が保守的すぎるのが本質的な問題ではないとしたらどうだろうか。新しいことと古いことのいずれを選ぶかが本質ではなく、問題に対して設定した枠組みが狭すぎるのが本質だったらどうだろうか。私たちは、ふたつの道が見えたときに、問題を掘り下げてそもそもなぜ選ばなければならないのか自問せずに、そのふたつだけが選択肢だと思い込んでしまう。

溝——択一の選択肢に嵌まる

パラドックスの一方のみを重視すると、選択肢が過度に単純化され、狭まってしまう。一筋縄ではいかないのは、一方を選ぶとたいてい短期的には成功し、安心感、尊敬、褒賞、効率、喜びを得られることだ。成功すると、その選択肢のままで行く動機が得られるが、そのうちに溝に嵌まることになる。択一選択肢による成功が大きければ大きいほど、溝も深くなる。レゴのリーダーは、これを痛いほど学んだ。同社最大の強みに専念したことで、没落しかかったからだ。

チャールズ・ハンディは、著書『The Second Curve』（第二の曲線）で、そのような溝が深まるしくみについて数十年の研究成果を基に論じている。ハンディは、数学的表現であるシグモイド曲線（S字曲線）を用いて、選択によって進歩から停滞、そして最終的には衰退へと移行する様子を示した。この曲線は、学習、製品イノベーション、進歩、キャリアパスなど、多くの現象にわたって現れる類似した道筋を描くために使われる。[原注5] 私たちの研究では、この曲線は個人のアイデンティティ、チームの成長、組織のガバナンスに関連する道筋にもみられた。

進歩はゆっくりと始まる。試行錯誤、努力、的を絞った投資により、時間の経過とともにパフォーマンスが向上する。最初は徐々に、やがては急速に、強みが伸び、習熟するための自信が培われる。この上昇カーブは気分を浮き立たせる。パフォーマンスが向上すると、学習速度も上がり、名声が蓄積される。しかし、進歩の上昇曲線はしばらくすると停滞し、横ばいになり、下降に転じる。この下落を避けられると思い込むこともあるが、避けることはできない――そして、下降線は実に激しい。強みが伸び、関連する難題が減少すると、自己満足、頑固さ、さらには傲慢さまでが現れる。外部環境の変化や、内部の能力の弱点が見えなくなってくる。新たな問題が発生するが、それに対応するツールを備えていない。

S字曲線は、成功と失敗のパラドックスを浮き彫りにする（図2-1）。自分が成功した道に専念していると、最終的にはいつの間にか失敗に終わることになる。

私（マリアンヌ）は、自分のキャリアでこれを体験した。博士課程を修了したとき、論文こそ書き上げたが、キャリア形成への弾みはついていなかった。博士過程は、生産よりも出産の日々だった。3人のかわいい子供に恵まれたが、研究は遠い未来の優先事項のままだった。当時はまだ、キャリアのS字曲線の一番下にいたのだ。しかし、両親と義両親をはじめ多くの人が驚いたことに、夫が進んで「主夫」を引き受け、私がキャリアに全面的に打ち込めるようにしてくれた。私は全力を尽くした。午前5時に職場に到着した。午後5時には帰って、夫に休んでもらって子供と触れ合うためだ。

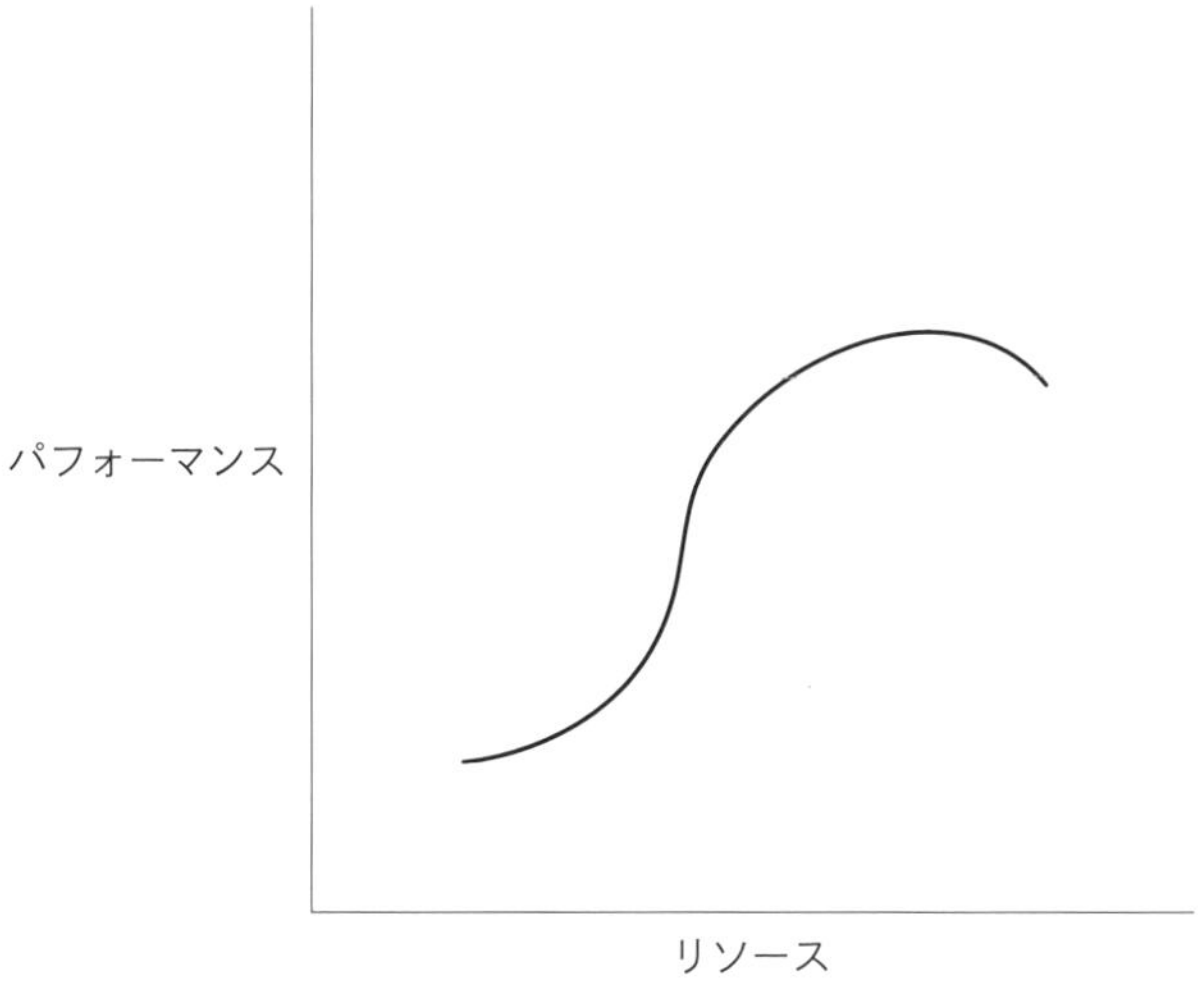

図2-1　リソースとパフォーマンスのＳ字曲線

　博士論文の題材は、テクノロジーの変化に伴って持ち上がる緊張関係《テンション》だった。私は緊張関係《テンション》にとりつかれた。矛盾、要求の競合、そしてついにはパラドックスについて、手に入る資料を片っ端から読み漁った。私は、組織論研究者の思考にパラドックスが大きな影響を与えると確信していた。この発想は、その時点までほぼ見過ごされていた。経営学分野で有数の権威ある論文誌であるアカデミー・オブ・マネジメント・レビュー誌に論文を書いた。その論文が２０００年に同誌の最優秀論文賞に輝いたときは、５人くらいには名前が売れたかな、と夫と冗談を言い合ったものだ。

　比較的無名だった状況は、急激に変わりつつあった。知名度が上がり、表に出るようになると、関連するチャンスも広がった。この発想に関して詳しく知りたいという研究者が、世界中から連絡してくるようになった。数年のうちに、研究は進み、論文数も急激に増えた。キャリアのＳ字曲線の上昇局面に入ったのが感じられた。しかし、同時に行き詰まりを感じてもいた。最先端だったはずの研究が一般的になったらどうしようと思い悩み、エネルギーと情熱が続かなくなるのではないかと心配するようになった。

継続的な進歩のカギとなるのは、最初の曲線の上昇軌跡にうまく乗っている間に（点A）、次の曲線を開始することだ（図2－2）。進歩を持続させるには、クリエイティブな探索、大胆なイノベーション、そして根本的な変化が不可欠だ。

しかし、この推奨事項には、重要な課題がいくつか存在する。まず、自分が点Aにいることを必ずしも把握できるとは限らない。しかも、点Aではようやく成功して心を躍らせているわけで、変化へのモチベーションはない。ことわざでも、「壊れていないものを直すな」と言うではないか。したがって、点Bに到達して下降曲線が見えてきて、初めて変化に関心を抱く。しかし、その時点では遅すぎるかもしれない。点Bには、点Aにあった再活性化と変化のためのリソースがないからだ。退職する前（点A）のほうが、退職した後（点B）より転職先を見つけやすい、という鋭い知見については皆さんも知っているかもしれない。同様に、企業も繁栄しているとき（点A）のほうが、苦しんでいるとき（点B）よりずっとイノベーションを促進しやすい。ハンディは次のようにまとめている。「たちの悪い、場合によっては致命的な問題は、第一の曲線が頂点に達する前に第二の曲線を始めなければいけないということだ。そのときにしか、最初のわずかな下降期間、つまり投資期間を補うための十分なリソース――資金、時間、エネルギー――は存在しない」[原注6]

イノベーションと変化を専門とするダニー・ミラーは、著書『The Icarus Paradox』（イカロスのパラドックス）で、S字曲線が企業にどのように作用するかの例を挙げている。ミラーは、企業の失敗を

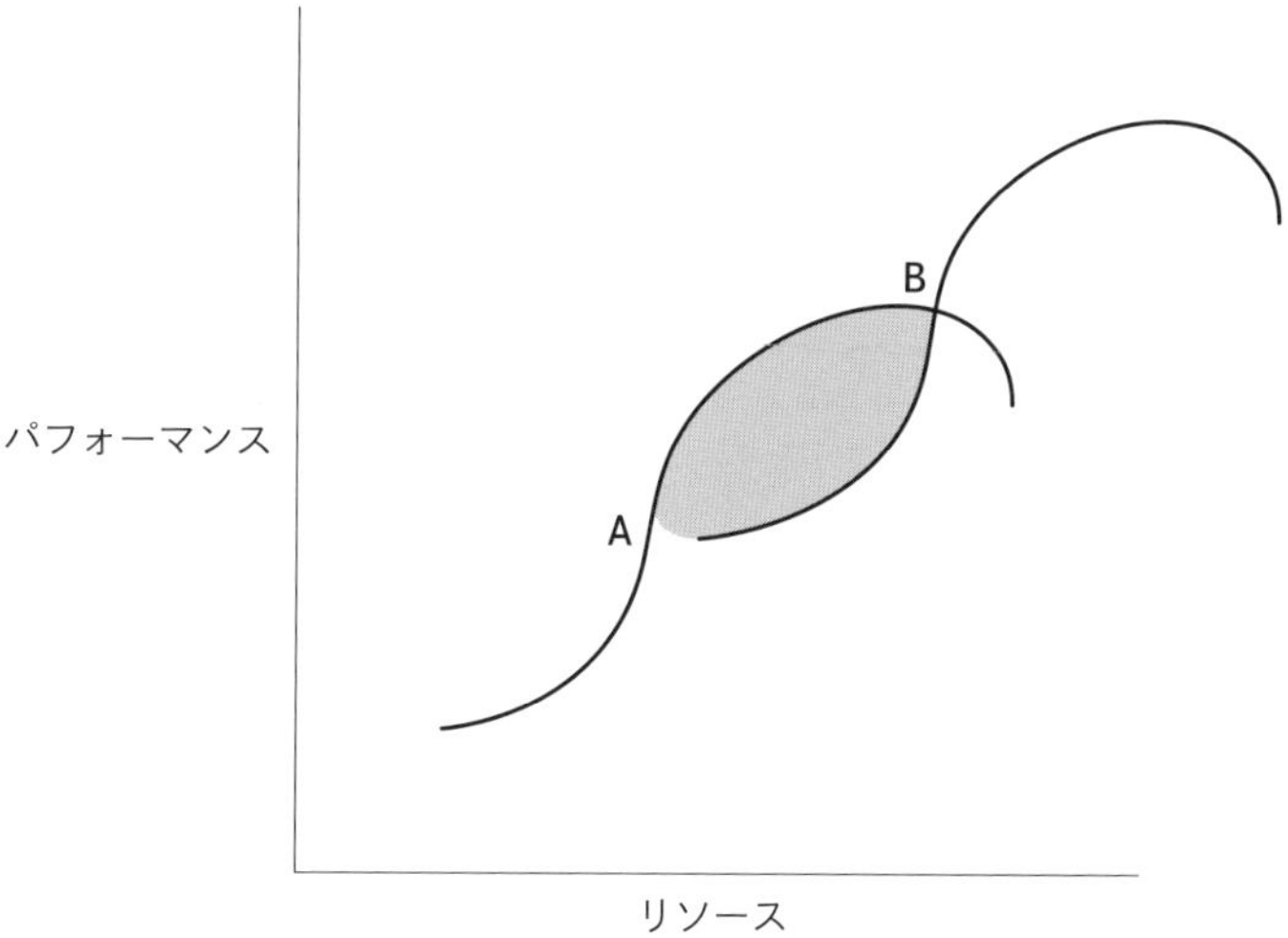

図2-2　リソースとパフォーマンスの２つのＳ字曲線

引き起こす最大のトリガーは成功であると説明する。大成功を収めた企業は、プロセスの過度な単純化を始める。誇りが生じ、島国根性が芽生え、建設的な意見を受け入れなくなる。そして、変化を起こすモチベーションやリソースがなくなる。かつて大きな効果を上げたプロセス、企業、リーダーが、新たなテクノロジーや市場トレンドの変化に直面したときに失敗するようになる。ミラーはこの難題を、ギリシャ神話の登場人物の名をとって「イカロスのパラドックス」と名づけた。イカロスは、蝋づけの翼で飛べるようになったが、夢中になったあまり太陽に近づきすぎ、蝋が溶けて墜落死した。[原注7] ミラーはマーケットリーダーが市場のトップに上り詰め、自らの成功に夢中になって警告を聞き入れず、Ｓ字曲線をあっという間に転がり落ちていった、目の覚めるような例を数多く提示している。

テキサス・インスツルメンツ社について考えてみよう。同社の最大の強みは、高い技術力に裏付けられた設計力と、洗練されたエンジニアリングだった。しかし、市場がもっと基本的でユーザーフレンドリーな製品を要求したとき、それを実現できなかった。同社に備わっていたスキルと過信が、移行の妨げとなった。一方、アップル社は次の大ブレークスルーを見つける能力に優れていた。数々の賞に輝く大胆なデザインが高い評価を受け、これまでになく勢力を広げた。しかし、同社のデザイナーは次第に、驚きに満ちてエレガントではあるが、商業的に無用な新製品を創り出すようになった。

では、どうしたら点A――成功と失敗の分かれ目であり、過去の成功を実現した取り組みから、未来のために必要な取り組みへ移行すべき点――にいることがわかるのだろうか。何もかもうまくいっていれば、上昇曲線が変化すると信じる理由はない。したがって、常に点Aにいると考え、現在の成功を享受しているあいだも次の曲線を求めて地平線を見渡すのが、コツだということになる。

本来、私たちは常に両方を実行していなければならない。つまり、十分に培ったスキル、インサイト、プロダクトに力を入れつつ、新たな機会を開発するために実験と探索を行うべきだ。しかし、現在のスキルに注力しながら新たなスキルを構築するのは難しい。現在の世界と新たな世界は単に別物であるだけではなく、矛盾する場合も多いからだ。新たな世界は、古い世界を破壊し、覆してしまうかもしれない。だからこそ、私たちはパラドックスの中で生きる必要がある。チャールズ・ハンディは次のように助言する。

「賢者とは、第二の曲線を点Aで始める者のことである。それがパラドックスを進む道筋であり、現在を維持しつつ新たな未来を構築する方法だからだ」[原注8]

自分（マリアンヌ）自身について言えば、キャリアのS字曲線がピークに近づき、変化を起こす必要があるサインが見えたのは幸運だった。私は燃え尽き始めていたのだ。力を使い果たして疲れきっているのは愉快ではなかったが、点Bに向かいつつあるという貴重なシグナルにはなった。ありがたいことに、学術界にはまさにこの問題に対処するための、サバティカル制度（訳注：大学教員が一定期間勤務した後に取得できる長期研究休暇）という伝統がある。私は家族とともにイングランドへ向かった。この休暇は、溝からの脱出に役立った。大いに必要だが不快感を伴う場合もある、今後について内省する機会を得たからだ。研究を辞めたくはなかったが、集中力とエネルギーを高めるための新たな挑戦が必要だった。新たな曲線に移行したかった私は、これまで教えてきたことを実践し、競合する複数の要求を積極的に受け入れる必要がある、というビジョンのもとで、シンシナティ大学に戻った。私は副研究科長に就任した。この決断も多くの人に驚かれた。まだ終身雇用権を獲得していなかったからだ。大学では、終身雇用権の獲得は研究の生産性に大きく依存するため、一般的に教授は終身雇用権を取る前にはめったに重要な行政職に就かない。しかし、自分が燃え尽きていることを踏まえると、研究を続けながらも新たな職務に移行する必要があった。過去と現在の緊張関係《テンション》を受け入れると、理論と実践によってエネルギーが刺激された。

S字曲線が示すように、自らが生み出した溝に嵌まったことに気づいた場合、私たちには選択肢がある。択一思考を引き続き採用すると、緊張関係《テンション》の高まりに伴い、別のジレンマに直面することになる。現在の取り組みを強化すべきだろうか、根本的な変化を起こすべきだろうか。しかし、その結果起こった反応によって、現在の罠がさらに深まるか、あるいは新しい罠が生まれる。こうした罠によって、最終的には悪循環に陥る。私たちの研究では、悪循環の3つのパターンを特定した。ウサギの穴（行き過ぎた強化)、解体用剛球(過剰修正)、塹壕《ざんごう》戦(二極化)である。

ウサギの穴――行き過ぎた強化

児童文学『不思議の国のアリス』の冒頭に、慌てた様子の不思議なウサギを追いかけて穴に飛び込んだアリスが、深い穴をまっさかさまに落ちていくシーンがある。私たちも、気がつかないうちに穴に嵌まり、そのまま深く、猛スピードで転落してしまう場合がある。どのような要因があると、転落する穴が深まる、つまり成長と変化が必要だと気づいたはるか後でも、狭い選択肢のパターンにとらわれてしまうのだろうか。あるいは、なぜ友人、家族、リーダー、企業、あるいは社会が、強みが弱みに転じてもなお溝に嵌まったままで、もともと悪かった状況をさらに悪化させる場合があるのだろうか。

行き過ぎた強化の悪循環が起こるのは、あるやり方で緊張関係《テンション》に対応すればするほど、特に当初うまくいった場合には、その対応を使いすぎてしまうからだ。その対応がどんどん上達し、楽になり、自動的になってしまう。対応が癖になる。行き過ぎた強化の悪循環を促進するのは、3つの罠だ。考え方(認知)、感じ方(感情)、動き方(行動)は、すべて私たちをウサギの穴の奥深くに引きずり込む。[原注9]

認知の罠

認知、言い換えると私たちのマインドセットあるいは考え方が原因で、行き過ぎた強化のサイクルにとらわれることがある。私たちは、自分が見えると思うものしか見えないのだ。既存の前提が心のレンズとして機能し、そのレンズを通じて問題と対応の枠組みをどう設定するかが決まる。自分の考え方に習熟し、その考え方が楽になるほど、自分にとっての既存の前提、精神的限界、バイアスを当たり前だと思ってしまう。世界のひとつの見方に固執し、その見方を疑われると防衛的になってしまう。この防衛機制がまた、既存の前提を補強する。組織心理学者のアダム・グラントは、研究の中で、私たちが現在のマインドセットを特に目的もなく継続的に強化してしまう場合がよくあることを強調している。再考するためには勇気、謙虚さ、好奇心が必要だからだという[原注10]。

経験は学習のきっかけになることもあるが、既存の理解も補強する。心理学者・教育研究者のデイヴィッド・コルブは、経験学習について次のように説明している。(1)経験(experience)――新しいことに挑戦する。(2)内省(reflection)――起こったことを検討する。(3)教訓化(theorizing)――起こったことに基づいて抽象的な発想を展開する。(4)実験(experimentation)――抽象的な発想をテストするための方法を見つける[原注11](訳注:コルブの原典ではそれぞれ、concrete experience〔具体的経験〕、reflective observation〔省察的観察〕、abstract conceptualization〔抽象概念化〕、active experimentation〔能動的実験〕という用語が使われている)。私(マリアンヌ)は、この学習プロセスが1歳の孫にはっきりと現れたことにびっくりした。たとえば孫は、熱くなったオーブンの前面を触り、飛びのいて、視線をストーブから自分の手、自分の手から私に移したりする。私が「あついよ~」と言うと、孫は小さな脳を働かせる。キッチンは危ないのだろうか。大きくて銀色のものは全部熱いのだろうか。おばあちゃんの言葉はどういう意味だろうか。隣の食器棚によちよち歩いて触って、何も感じないので「つまんない」と学ぶ。ステンレス製の冷蔵庫までちょこちょこ歩いて触ると、冷たい。夕食が終わると、もう一度オーブンを触ってみる。今度は感触が違う。行動が新たな経験を呼ぶ。内省し、教訓化し、その教訓をもとに実験する。孫の吸収力を愛しく思い、孫には探検して処理できることがたくさんあると認識し、一方で自分自身で行動して内省することが学習プロセスに重要な影響を与えることも認識しながら、私は説明を試みる。

　大人の場合、経験学習はきわめて素早く、自動的に発生するので、経験の内容にかかわらず前提を疑うことはほとんどない。すでにできあがった前提によって経験の枠組みが決まり、自己成就的予言が引き起こされる。たとえば、分析的に十分な根拠があるとわかっている研究に対して同僚が批判してきたら、同僚の数学的な能力を疑うか、自分の提示を明確化しようとする。ボストン・カレッジの経営学教授で研究仲間のジーン・バートゥネクは、真っ向から対立するような矛盾や難しいジレンマに立ち向かうときには、問題の枠組みを設定し直し、より高次の思考に移行して両立的な代案を検討する必要があると主張する。[原注12]しかし、実際には事態の合理的な解釈を試み、すでによく知っていることを用いてコンフリクトのつじつまを合わせようとしがちだ。過去のアプローチを用いて緊張関係《テンション》を解決し、初めて見るイメージからなじみのあるイメージを作り上げて、先に進もうとする。しかしその結果、高名な心理学者のグレゴリー・ベイトソンが「ダブルバインド」と呼ぶ状態が発生する。[原注13]私たちは現在の枠組みの中にとどまりながら、自分のマインドセットを疑うのではなく裏付ける解釈を選び、最もレンズを拡大しなければならないときに狭めてしまう。思考に対する微調整は、見方を変えるよりも補強する可能性が高い。そして、思考を拡大しなければ、選択肢について学んだり、選択肢を適応させたり、拡大したりすることはできない。

ロッテ・ルッシャーは、レゴの中間管理職の人々がパラドックスを乗り切れるように支援しようとした。経営幹部が大幅な戦略的変化を導入すると、生産マネージャーたちは現在のメンタル・フレームワーク（心の枠組み）を通じて、変化の意味を解釈しようと苦心した。生産マネージャーたちは、従業員を監督して効率化と品質目標を達成させ、長年にわたり好成績を上げて現在の地位に上り詰めた。しかし、財政的重圧を受け、経営幹部はさらに目標を引き上げた。今度は、生産プロセスを向上させた革新的な自己管理型チームの構築までが生産マネージャーに期待されるようになった。生産率を向上させる方法はわかる。生産ラインの監督方法なら、表も裏も承知している。しかし、生産をさらに進歩させるアプローチを強化すればするほど、チームをコーチングする時間や、試行錯誤を奨励するための時間は少なくなる。そもそも、自己管理型チームの管理とは、いったいどういうことなのだろう。

精神的な限界やメンタルショートカット（訳注：脳に負荷をかけず直感で判断・行動すること）が罠の効果をさらに強め、ウサギの穴における転落をさらに加速する。ノーベル経済学賞を受賞したハーバート・サイモンは、精神的限界を「限定合理性」(bounded rationality) と定義した。[原注14] 複雑で絶えず変化する情報を消化する能力には限界があるので、人はもともと備えているマインドセットで最も重要とみなされることを重視するというのだ。しかし、そうして選び取った情報は、もともとの考え方を裏付け、強化する可能性が高い。

発想が次第に狭まり、行き詰まり、自己強化されるに従って、トンネルビジョンとも呼ばれる視野狭窄状態が進行する。クレイトン・クリステンセンは、著書『イノベーションのジレンマ』（翔泳社、2001年）で、行き過ぎた強化の悪循環を描写した。[原注15] リーダーがイノベーションのパラドックスに取り組む際には、未来のために大胆なイノベーションを起こしながら、現在の経営ニーズにも対応することが求められる。しかし、バイアスの効果で、一流企業が自身のコア・ケイパビリティにさらに投資して強化し、未来の可能性の探索をなおざりにすることがある。皮肉なことに、リーダーのバイアスは、ロイヤルカスタマーによって強化される。クリステンセンは、新製品に欲しい機能を長年のロイヤルカスタマーに尋ねると、一様に過去のイノベーションの廉価版もしくは強化版を求めることを発見した。

認知の罠は、私たちの考え方にとどまらず、陳腐化したパターンに対する感情や行動も強化する。スタンフォード大学の高名な心理学者、ポール・ワツラウィックは、自己成就的予言について、期待する現実を生み出す不思議な力を持っていると説明する。[原注16] ある経験が予言と矛盾せず、期待と合致していると、自分の正しさの証拠として受け入れてしまう。そして、予言と経験のあいだにコンフリクトや矛盾がある場合、経験を無視するか、却下するか、合理的に解釈してしまうという。ロバート・ローゼンタールとレノア・ジェイコブソンは、１９６８年の実験で、小学校の教室における自己成就的予言の作用を示した。ローゼンタールらは、一部の生徒を、能力や成績と関係なく無作為に、素早く学習する高い潜在能力を備えた「高成長群」と名づけた。年度の最初に、教師たちに高成長群の説明をしてから、教師と生徒を観察した。このレッテルは、教師と生徒の関係に影響を与えた。教師たちは、高成長群とされた生徒たちに対して高い期待を込め、たくさん褒めた。その結果、高成長群とされた生徒は、他の生徒と比較して平均で大幅に高い成績を上げた。ローゼンタールとジェイコブソンは、この自己成就的予言を「ピグマリオン効果」と名づけた。教師の期待によって、生徒の行動が形づくられたからである（訳注：ピグマリオンはギリシャ神話の登場人物。自ら作った女性の彫像に恋をして彫像が人間になることを願い続け、その結果女神アフロディーテの力で本当に彫像を人間にしてもらえた）。ピグマリオ

ン効果は学校の外にも当てはまり、管理職と従業員とのやりとりも説明できることが発見されている。[原注17]

感情の罠

感情が罠となり、溝に嵌まってしまうこともある。私たちは本来、自信を持ち、確信し、安心したいと思っている。しかし、緊張関係《テンション》を知覚すると、不確かさや不安が持ち上がる。競合する要求に立ち向かうと、この不確かさを身体で感じる——胸がむかむかしたり、心拍数が上がったりする。

自然に、この不快感を軽減するための行動を取りたくなる。そのために、しばしば緊張関係《テンション》を避けたり、拒否したり、緊張関係《テンション》から離れたりする。ケンウィン・スミスとデイヴィッド・バーグは、パラドックスを研究する中で、緊張関係《テンション》を受け入れ、感情をぶつけ合うことで、新たな選択肢の探索や、既存のアプローチの問い直しや修正ができることを発見した。緊張関係《テンション》を活用して実践すれば、不安をその発生源で軽減することができる。しかし、この段階に至らないことも多い。その代わりに、まっさきに緊張関係《テンション》に自らをさらす機会を減らし、変化を拒否したくなる。そうすれば短期的な不安は最小化できるが、長期的にはさらなる不快感を催すことが少なくない。[原注18]

なぜ、感情は緊張関係《テンション》に対応してそのような非生産的な防衛機制を働かせるのだろうか。精神分析学によれば、緊張関係《テンション》は不安を引き起こし、その不安が自我を脅かすのだという。矛盾、競合する要求、そしてコンフリクトは、私たちを驚かせ、当惑させる。私たちの信条に挑み、既存のマインドセット、スキル、アイデンティティ、関係に疑義を呈する。また、緊張関係《テンション》によって不確かさも生じ、将来的な可能性がはっきりしなくなる。不確かさをきっかけに、不安と不快感がさらに高まる。認知バイアスと同様に、感情の防衛機制も、経験や情報の無視、拒否、再解釈につながる場合がある。私たちは不確かさと不快感を最小限に抑える決定的な結果を求める。変化する代わりに、自分が好む対応を強化することがある。

防衛機制が働くと、不快な緊張関係《テンション》に触れる機会は一時的に最小化される。防衛機制のひとつに「分裂」がある。これは、対立する力を引き離そうとする作用だ。たとえば、会議で緊張関係《テンション》が高まったときに、心の中で参加者を2組に分けることがある。ある問題に賛成の組と、反対の組だ。そうすることで、問題に対する自分の立ち位置が明確になり、味方と敵を区別できるようになる。また、ひとりきりではなく同じ立場の人がいると考えると、満足感が上がる。しかし、このような分裂により「自己」と「他者」の区別が強化され、一方で、対立する見方のあいだのつながりが過小評価される。分裂は、新しい統合的なアプローチを生み出す代わりに、派閥を育み、縄張り争いを誘発する。

同様に、抑圧や否認によって緊張関係《テンション》を認識しないようにしても、一時的に不快感を避けられる。私たちは、不安を喚起する問題から目をそらし、より単純な問題に注目する。そうすることは、短期的には元気を取り戻すために役立つ。しかし、これは道路にある空き缶を拾わずに、先の方に蹴っているようなものだ。いずれは、緊張関係《テンション》に立ち向かい、意思決定をしなければならない。自意識を守るために、私たちは自分が好み、安心する側の緊張関係《テンション》を過度に重要視してしまうことがある。たとえ新たな取り組みが必要だという証拠があっても、こうした防衛機制を用いることで自分のルーティーンに頼り、既存のスキルをますます利用して能力を誇示し、自我を補強してしまう羽目になるのだ。[原注19]

行動の罠

行き過ぎた強化によるウサギの穴に私たちを嵌める最後の罠は、行動に関係する。人間は習慣の生き物なので、新しいことを試すよりも、既存のルーティーンに固執しがちである。習慣は、人生の強力な推進力となりうるもので、一貫した取り組みを通じてゴールを達成するために役立つが、あまりに硬直的あるいは自動的だと問題になることがある。

習慣は、個人、グループ、組織などあらゆるレベルで形成され、問題解決の役に立つこともあれば邪魔になることもある。リチャード・サイアートとジェームズ・マーチは、古典となっている『企業の行動理論』（ダイヤモンド社、1967年）でこのプロセスを図示している。[原注20] 有効なルーティーンが開発されると、その習慣は報われ、共有され、繰り返される。習慣は、個人からグループへ、グループから組織へと、非公式の文化規範や、より正式な標準業務手順を通じて移行する。できあがった規範や手順により、協調状態が向上し、ベストプラクティスが共有されて企業の利益になるが、すべての問題が標準的なものとは限らない。実際には、状況が特に不確かで、複雑で、やっかいな場合にこそ、新たなチャンスが生まれることが多いのだ。時間が経つと、もともとスーパーパワーだったはずの長所――レゴの場合は品質管理と共通の価値観――が致命的な弱点に変わり、大胆なイノベーションや、変化の時期において重要な内省が制限されてしまう。

同様の行動強化のパターンは、医師、エンジニア、科学者などの専門家を対象にした調査でもみられる。経営学教授のエリック・デーンは、数十年間にわたる関連研究を調査して、専門家は深い知識のおかげで賞賛を得るが、それにより専門性をさらに深める一方で狭めもする動機づけが働くことを発見した。このようなパターンにより、さまざまな新しい問題に、異なる思考を働かせて対応する能力が制限されるという。現在のルーティーンに対して優れた能力を発揮する専門家は、根本的に新しいアプローチで試行錯誤することを、身体的にも精神的にも負担に感じるという。[原注21]

行動の罠はきつく絡み合い、パフォーマンスが衰え始めたときに認知と感情の罠を強める効果がある。S字曲線が下降すると、行動の罠による溝から脱出するどころか、さらなる深みに嵌まってしまう恐れが大きい。組織論研究者のバリー・ストーは、有名な研究で、優れたリーダーが劣った意思決定をしてしまう理由を調べた。40年近くが過ぎ、ストーやその他の研究者による研究で、人は一度ある意思決定に時間とエネルギーを投資してしまうと、たとえ逆のシグナルがあっても、その投資にこだわり、育てようとしてしまうことが判明した。ストーはこの傾向を、エスカレートするコミットメントのパターンと呼び、以前の意思決定と既存のマインドセットを好意的に見るバイアスであると考えた。ウサギの穴の奥深くに入っていくに従い、私たちの習慣と不安感の増大が、この認知の罠を促進する。たとえば起業家は、あと少しの資金、情熱、汗があれば元がとれると考え、苦戦している新規事業からの撤退を避ける。個人は、自分のキャリアを停滞した無意味なものと感じても、もう少し頑張れば勝利できると考える。使ってしまったリソースが多ければ多いほど、成功への願いは大きく、盲目的になる。すると自分が好む行動パターンにさらに固執するようになるのだ。ストーらはさらに研究を進め、脅威と硬直性のあいだの関連性を発見した。脅威を経験すればするほど、既存のアプローチにしがみつき、なんとかコントロールを取り戻そうとするという。[原注22]

解体用剛球――過剰修正

択一思考の深い溝を脱出しようと、過剰修正をすることがある。択一思考を反転させ、逆に行き過ぎてしまうのだ。「ニュートンのゆりかご」を思い浮かべてほしい。いくつかの球が直線状に並べて吊ってあり、それぞれ振り子になっていて揺らすことができる。一方の端にある球を引っ張って離すと、隣の球に衝突し、エネルギーが逆側に伝わっていく。すると、他方の端にある球が揺れて持ち上がり、戻ってきて再び衝突すると、エネルギーが伝わって元の端にある球が持ち上がり、以下同様の動きが繰り返される。エネルギーが一方から他方へ繰り返し伝達されるだけで、特に有益なことが起こるわけではない。私たちの研究成果によれば、択一思考はこのパターンに沿うことがあるが、さらに破壊的な結果をもたらすことがある。過剰修正により、やがて新しい溝に嵌まることがあるのだ。この場合、振り子はビルの解体に使われる剛球のように作用する。逆向きに揺れる力が大きすぎると、新たな、さらに大きな難題が生まれるのだ。[原注23]

レゴのリーダーたちは、かつてうまくいっていた戦略のために溝に嵌まったことを認識したときに、過剰修正に走った。品質管理一辺倒のアプローチのマイナス面と、その結果として起こった孤立、停滞、衰退に気づくと、今度は抜本的なイノベーションにすべてを賭けようとした。デビッド・ロバートソンとビル・ブリーンは、著書『レゴはなぜ世界で愛され続けているのか』（日経ＢＰ、２０１４年）

で、この過剰修正を時系列順に記録している。世界に目を向けて一流のイノベーション専門家を採用したレゴは、当時の最善手といわれていた7つのイノベーション・プラクティスを教科書通りに導入して賞賛された。「クリエイティビティ最優先」がお題目になった。生産コストを切り下げ、リソースを研究開発に注ぐようになると、ロンドン、ミラノ、サンフランシスコに新たに設置したレゴのデザインセンターから、新たなアイデアや製品が次々と送り出されるようになった。各センターの目的は明確で、あらゆるレベルの構造、ターゲット、プロセスがひとつの戦略に向けられた。飛びかう言葉は「イノベーション、イノベーション、イノベーション」。

レゴの以前のS字曲線は、横ばいから下降に移るまで数十年かかった。新たなS字曲線の動きははるかに速かった。新製品、ブランド認知度、売上は急上昇した。２００２年には、レゴの指導層は記録的な利益を期待した。しかしその後、売上は下降を始め、在庫が膨れ上がった。いったい何が起こったのだろうか。取締役会は、コンサルティング会社のマッキンゼー・アンド・カンパニーから採用したばかりのヨアン・ヴィー・クヌッドストープに、レゴの戦略開発の指導と調査を依頼した。

クヌッドストープは、自らの発見に衝撃を受けた。数々のイノベーションは当初こそ成功したが、そのうち実際に利益の出るものはわずかだった。売上はすでに頭打ちで、研究開発費は過剰だった。損害を計算したところ、売上の30％近い減少が予想され、債務不履行に陥りかねない状況だった。イノベーションがレゴを倒産寸前まで追い込んでいたのだ。同社のイノベーション戦略は規律がほとんどなく、複雑さと混乱を強める解体用鋼球となってしまっていた。かつて緑色のブロックを導入するだけで10年近くかかった会社は、数年のうちに１５７種類もの色を使ってパーツを生産するようになっていた。かつて安定していたサプライチェーンは、コスト、品質、調整のコントロールを失っていた。長年のロイヤルカスタマーたちは、新製品に疑問を呈した。経営幹部の改革派と保守派の間で緊張関係《テンション》が募り、小売業者は「新製品ラッシュ」にうんざりしていた。取締役会で、クヌッドストープは調査結果を報告し、「足もとに火がついた状態」だと述べた。[原注24]

研究仲間のバリー・ジョンソンは、レゴが直面したようなパラドックスの好循環と悪循環を描くための価値あるツール、「ポラリティマップ」を開発した[原注25]（図2－3）。それぞれの極には、プラス面とマイナス面があり、他の極とほぼ正反対になっている。ひとつの極のプラス面に集中しすぎると、S字曲線が下降したときに、マイナス面の影響を受けるようになる。ウサギの穴から脱出するために、私たちは欠けているプラス面を探求する。逆方向に振り子が振れると、新しいS字曲線をたどり始める。しかし、そのS字曲線もやがて下降に転じ、振り子は再び揺れる。その結果、無限ループが生まれる。目指すべきゴールは、極端な揺れを軽減し、ループがマップの上半分に留まるようにすることだ。

しかし、レゴの経営幹部の意思決定は、ポラリティマップにおける有害なループを反映していた。それぞれの極のマイナス面に陥り、下の象限に深く落ちていく無限ループに嵌まってしまった。当初、経営幹部は強力な共通の価値観に基づき、規律をもって業務に集中し、既知のファンを大切にすることで、中核製品への注力を強化していた（第1象限）。しかし、玩具市場が変化を始めると、このアプローチは第2象限に記載されている大きなマイナス面につながった。そこで、経営幹部はイノベーションに急激に移行する決断をし（第3象限）、その極端な対応が第4象限に記載されたマイナス面を引き起こした。[原注26]

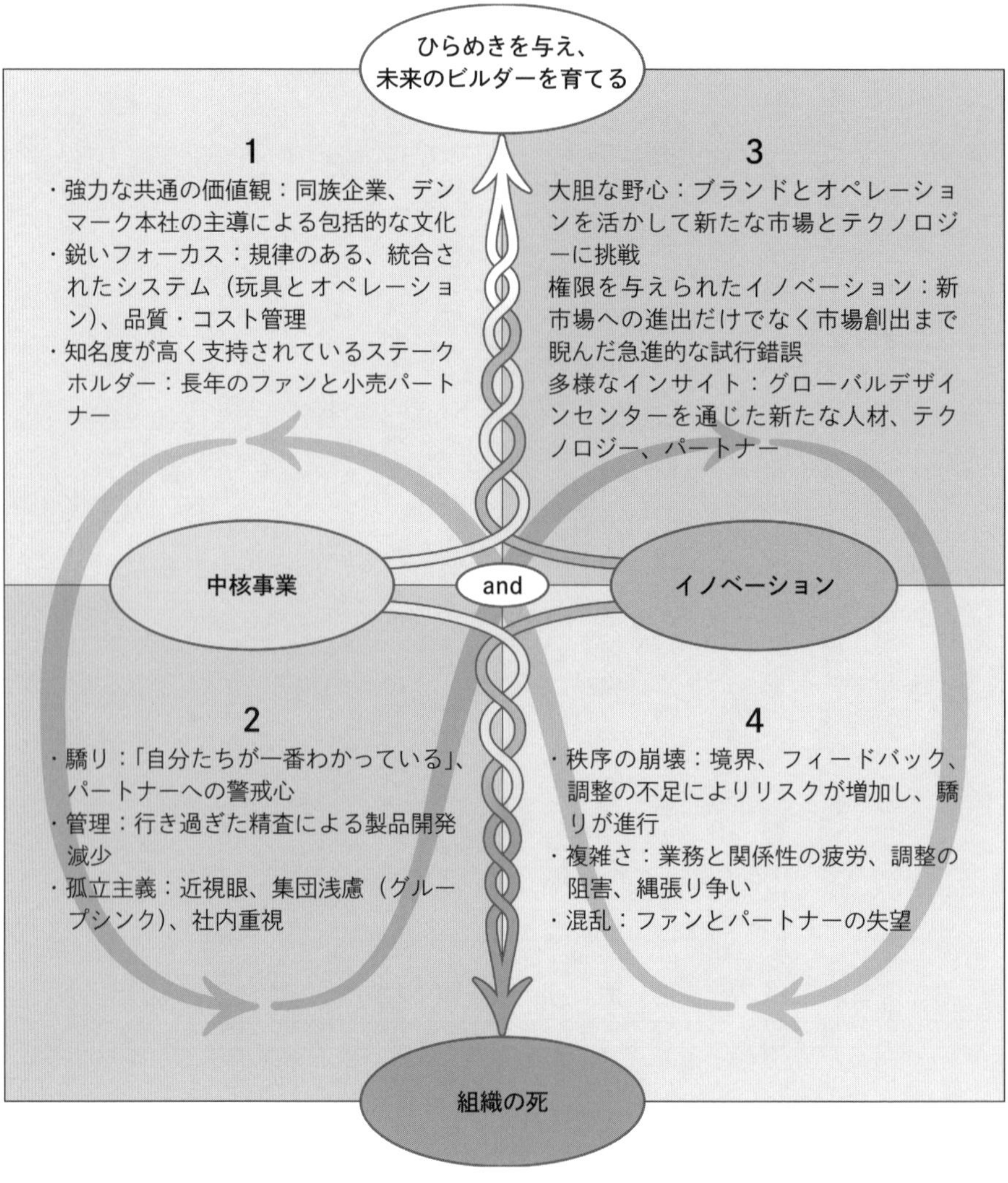

図2-3 ポラリティマップ――レゴの戦略のプラス面とマイナス面

出典：ポラリティマップ概念の提供：Barry JohnsonおよびPolarity Partnerships, LLC. ©2020. All rights reserved.

私（マリアンヌ）も、自分のキャリアでこの極端な振れを経験した。サバティカル中に気づいたのは、研究に集中しすぎて自分を瀬戸際まで追い込んでいたということだった。厳しく、創造力に富んだ研究によって理論の構築が可能になり、引用数の多い一連の論文を執筆し、伝統的な学術界で成功することができた。しかし、私の足もとにも火がついていた。燃え尽きかけているのは自分だったのだ。理論の構築に集中しすぎたあまり、自分の研究が幅広い一般の人々に関係があるのか、人々の生活や大切に思う問題に影響を与えられているのかが疑わしく思えてきた。

幸い、インスピレーションの源となる多くの人々を研究するうちに、リーダーシップの実践者たちが実現した膨大な影響を目にすることができた。私は、研究のポテンシャルを、自らのキャリアに当てはめて考えた。日常業務を離れた休暇に刺激され、気づきを得たことで、まったく異なるキャリアパスを考えるようになった。大学行政に携わることを決意してシンシナティに戻った。それから十年間、私は研究者時代と同様のやる気と奔放さを発揮して、リーダーシップを実践した。そのためには、膨大な時間を求められた。1年目は、大きいものやひどいものも含めて数々のミスを犯してしまい、大学行政への移行を決めてよかったのかどうか疑問に思った。研究で燃え尽きたあまり、逆方向に過剰修正してしまったのだろうか。

しかし、建設的で重要な意見をくれる素晴らしいメンターや仲間に恵まれ、私は痛い思いをしながらゆっくりと学習曲線を上っていった。時間が経つにつれて、だんだん仕事がやりやすくなってきた。成功だけでなく失敗からも自信が育ってきた。イノベーションを実践し、才能あるチームを率いることを気に入っていた。しかし、まもなく身に覚えのある事態に陥っているのに気づいた。私はまたもや一極に集中していたのだ。今度は理論構築ではなく大学のリーダーとしての仕事だ。この一途さ――あるいはその結末を表す呼び名に変えれば、強迫観念――が祟って、私はまたも燃え尽きた。大学の巨大プロジェクトの主導に携わった後で、私は気力を失った。さらに悪いことに、自分の人生を疑うようになった。夫とは離婚し、育児は後悔ばかり。子供はすでに巣立って家におらず、趣味はまさしく皆無だった。しかし幸い、また十分な在籍年数が過ぎ、次のサバティカルを獲得した。今度はフルブライト賞を受賞し、解体用剛球を阻止すべくロンドンへと向かった。

塹壕《ざんごう》戦――二極化

悪循環の最後の警告は、二極化のパターンに由来する。ここまで、個人、リーダー、組織が択一思考の溝に嵌まった場合について指摘してきた。では、問題が発生したときに人々が敵味方に分かれ、それぞれが自分の溝に嵌まって互いに敵対したらどうなるだろうか。これが塹壕《ざんごう》戦だ。

対立する溝に嵌まった人々同士の戦いは、互いの頑固さを補強する。私たちが掘る溝は深く、考え方、感じ方、行動の影響を受け、かつそれらに影響を与えるため、対立陣営の人に対して応答するのが究極の難題になってしまうことがある。相手の陣営に脅かされていると感じれば感じるほど、自分たちの立場を防衛してしまう。最終的には、強まる一方で終わりのない綱引きに陥ることになる。私（マリアンヌ）は、ロンドンの帝国戦争博物館に第一次世界大戦の100周年展示を見に行ったときに、この終わりなき戦いが気になった。戦争中、両軍は塹壕《ざんごう》戦のテクノロジーを改善し続け、生活部門と戦闘部門を改善し、さらに兵士を募集した。最終的には、塹壕《ざんごう》戦で自軍を防衛しようとすればするほど、戦争を終わらせる方法は見つからなくなり、戦争が長引くようになっていた。

数年前、研究仲間のチャム・スンダラムルシーから、私（マリアンヌ）に連絡があった。取締役会を研究し助言を与える研究者のあいだで、とある議論がエスカレートして辟易しているのだという。一方の側は、リーダーは誤った経営判断を下す可能性があるので、取締役会が幹部を管理・監視すべきだと熱く主張していた。したがって、この陣営はこれらの役割を分離する組織構造を勧めた。もう一方の側は、取締役会は経営幹部と協力することで組織にうまく貢献できるようになると主張した。この陣営は、コラボレーションを促進すれば、すべての参加者が互いから学び、会社を改善して支えるための新たなチャンスを見つけることができると主張した。論者が誰かにかかわらず、聞き手はますます凝り固まった視点に基づいて絶賛するか批判するばかりだった。

スンダラムルシーと私はコーポレート・ガバナンスに関する研究を調査し、各アプローチを分離して、根底にある前提と推奨事項を理解しようとした。すぐに私たちは、問いを変えるべきだと学んだ。どのアプローチが正しいかを評価するのではなく、どちらかのアプローチを極端な形で適用した場合の危険性について検討するようになった。どちらのアプローチも、人間の本質に関する一面的な見方を指針として、それに依存している。前者の陣営の見方では、人間は本質的に問題をはらんでいる。なぜなら他者や会社よりも私利私欲を優先する傾向があるからだ。この陣営にとっては、私利私欲を克服するために管理のしくみが必要だということになる。これに対し、後者の陣営は人間の本質は社会性にあると強調し、人はより大きな全体の一部でありたいと願い、コラボレーションを求め、その恩恵を得て、協調性に優れているのだと主張する。

行き過ぎた管理的アプローチでは、不信によって渦巻くサイクルがますます強まった。マネジメントの失敗を懸念するあまり、取締役会は経営幹部を抜け目なく監視するようになった。取締役会が経営幹部と距離を置くことで、規律と外部の視点がもたらされた。会社の業績が好調なときは、このアプローチの効果が裏付けられ、取締役会はさらに管理を徹底させ、経営幹部との距離を取るようになった。しかし一方で、このアプローチは取締役会と経営幹部の間の亀裂を深めた。取締役会も経営幹部も、成功は相手ではなく自分たちの手柄と考えた。視野がさらに狭まり、会社の現行方針への献身も弱まった。しかし、外的要因によるショック（新たなテクノロジー、よりイノベーティブな競合相手、景気の下降など）が発生し、業績が低迷すると、こうした亀裂がリスクへと転じた。取締役会と経営陣は印象のマネジメントに走り、メンツにこだわって下降局面を正当化し、相手の陣営をスケープゴートにした。下降局面を脱する方法をともに学ぶのではなく、取締役会と経営幹部の縄張り争いが激化し、取締役会はさらに管理を強化してクリエイティブ思考、試行錯誤、コラボレーションに疑義を呈した。

一方、協力的なアプローチも、味つけこそ異なるものの、同様のパターンを示した。取締役会と経営幹部が、運営チームの役割を果たした。取締役会の議長も兼務するCEOが主導して、共同で意思決定を行い、組織のゴールの設定と達成に特に優れた業績を残した。経営幹部と取締役会は、共に働き共に学び、組織と互いへの理解を向上させていった。組織への献身も、互いへの献身も、ますます高まった。業績が好調なときは、強力なコラボレーションを成功要因と考え、素早くコンセンサスに到達することができた。しかし、会社のS字曲線が、いつか必ずそうなるように下降線に転じると、このような企業は失敗を不可抗力のせいにした。外部の視点を求めたり、現在の戦略を転換したりする代わりに、現在の計画と協力関係にさらに注力した。前述の管理的アプローチを悪化させていたのは不信だったが、極端な協力的アプローチで問題の中核となったのは、集団浅慮（グループシンク）だった。

興味深いことに、スンダラムルシーと私の研究成果を発表したときの経験にも、このパターンの塹壕《ざんごう》戦が発生した。私たちは異なる観点をひとつにまとめることのできる代替案を出そうとしていたが、反応は両極端に振れる傾向があった。論文のレビューを行う研究者はいずれかの陣営に属していた。プロセス全体を通じて、レビュー担当者も自身の視点にとらわれていた。スンダラムルシーと私は、長引く匿名レビューが永久に終わらないのではないかと思ったほどだ。最終的には、エディターがレビュー担当者たちの判断を覆し、問いの変更、つまりどちらのアプローチが優れているかを問うのではなく、両方のアプローチのどの部分が重要かを問うことが、対立する陣営が議論を考え直し、組織のガバナンス改善を支援するためにきわめて重要だと述べた。[原注27]

二極化が強化されるパターンは、議論の大小を問わず見てとれる。対立する陣営が互いに自説を譲らず、それぞれの陣営の内部では考え方、感じ方、反応の方向性が一致している。ガバナンスの例のように、各陣営の根底にある前提は、人間の本質の複雑さの度合いなど、より複雑な問題の一部にしか注目していないことが普通である。しかし、議論が白熱するとともに、主張は単純化され、各陣営は二極化し、賛成意見ばかりのエコーチェンバーに分離される。主張は個人的な内容や口汚い罵倒、さらには人格攻撃になってしまう。

ロンドンのビジネススクールの学長を務めていたとき、私（マリアンヌ）は、こうした議論がどれほど不快になりうるかを経験した。英国の欧州連合離脱（ブレグジット）の投票中は、激しい感情がぶつかりあっていた。これは、投票が終わった後も長く続いた。キャス・ビジネススクールは、１００カ国以上から多様な学生、卒業生、教員、支持者が集結する大学だ。[原注28]私は同スクールの研究科長として、またヨーロッパそして英国に渡ってきたばかりの国外在住者として、このきわめて複雑な問題の機微を素早く学ぼうとした。幅広い見解があったが、世間は２つの対立する、単純化された、怒りに燃えた陣営に凝り固まってしまったように見えた。離脱陣営と、残留陣営だ。

投票が終わってまもないある夜、私は研究科長講演に、欧州委員会の元委員長、ジョゼ・マヌエル・バローゾを迎えた。バローゾは、世界経済と、ＥＵおよび英国の変わりゆく役割について、インサイトに満ちた、刺激的な基調講演を行ってくれた。講演後、私はバローゾと２人の理事と一緒に、プライベートの夕食のために会食室へと歩いた。私はそれぞれの理事とブレグジットについて話し合い、非常に思慮に富み、強力で、それでいて対立する見解から学んでいた。しかしその日、ひとりの理事が投票を激しく罵って、離脱票を投じた人々は無教養で人種差別主義者だと言った。私は、心臓をばくばくさせながら、反対意見の理事をこっそりと横目で見ていた。間髪を入れず、バローゾは微笑み、個人の投票判断に複雑性が不可欠であることを指摘した。続けて、これから幅広い交渉が残っていることを考えると、今こそ他者の深い懸念について学び、全員にとって最善の未来を模索すべきだと述べた。両方の理事は、バローゾの合図を受け取って微笑んだ。夕食会では、わだかまりのない、インサイトに富む議論が起こった。

その夜、私の心臓が落ち着いた後で、このパターンが政治の両側で発生する様子について考えた。単純化、両極化、孤立化、人格攻撃のパターンは、手に負えないコンフリクトへとエスカレートする。私たちのバイアス、防衛機制、習慣が、のきなみ過剰に作用する。自分たちの陣営の勝利を模索していると、他者の意見に耳を傾ける機会は消えてなくなってしまう。言うまでもなく、意義のある議論などできない。極端な二極化の時代に私は、溝に嵌まった人々を引き上げ、新しい、より創造力に富み、よりインクルーシブな選択肢を模索する、バローゾの如才ない能力を思い起こす。

より良い方法

私たちは過去の失敗を繰り返し、S字曲線が頂点に達し、そして下降するまで、ウサギの穴をひたすら転落する運命なのだろうか。そうかもしれない。強みが負債になるまで過信し続けるのが、人間の自然の傾向だ。そうすると、過剰修正し、必死になって新たな溝を掘り始めてしまうことがある。同様に、私たちはいつの間にか塹壕《ざんごう》戦に加わり、手に負えない二極化したコンフリクトに燃料を供給することがある。しかし、2つの選択肢のあいだを揺れる振り子を解体用剛球にし、対立する視点から得られる創造的エネルギーを減衰させる必要はまったくない。対立する陣営が常に、自分たちの立場を防衛するために立ち上がる必要もない。より良い方法があるはずだ。それは、両立マインドセットを採用し、競合する要求に同時に関わることである。組織論研究者のチャールズ・ハムデン＝ターナーは、個人として、そして職業人としての追求を前進させるために対立概念を受け入れることの価値を、長年にわたって強調してきた。1982年に著した『Maps of the Mind』（思考のマッピング）に、ハムデン＝ターナーは次のように記している。

善と悪の本質的な違いを探しても無駄だ。両者の構成要素は同じだからだ。重要な違いはその構造、つまり部品の組み立てられ方にある。悪とは分裂であり、阻害された対立陣営同士が怒りながら並び立ち、一方が常に他方を抑圧することに必死な状態である。善とは、同じピース同士の統合と和解である。[原注29]

レゴについてもう一度考えてみてほしい。イノベーションによる業績の急降下から方向転換して脱出しようと準備しながら、クヌッドストープは経営幹部に、「二重フォーカスの視点」を身につけて、レゴはワールドクラスの大胆なイノベーションと、規律ある品質基準と財務管理の両方で評価されなければならないと説いた。[原注30] 世界情勢の継続的な変化を考えると難しい取り組みだが、レゴは破滅寸前の状況を2回生き残った。これからも学び、繁栄していけるだろう。また、1980年代以来レゴのオフィスに掲げられており、現在はレゴ博物館に展示されている11のパラドックスを、クヌッドストープは何度も確認し、他の人にもそうするように伝えた。それは次のようなものである。

- 部下と緊密な関係を構築し、かつ適切な距離を保つこと。
- 先頭に立つことができ、かつ目立たずじっとしていられること。
- 部下を信頼し、かつ何が起こっているかに目を光らせておくこと。
- 寛容になり、かつどのように成し遂げたいかがわかっていること。
- 部署のゴールを念頭に置き、かつ会社全体に対して誠実であること。
- 自分の時間をうまく計画し、かつスケジュールを柔軟に保つこと。

・見解を自由に表明し、かつ外交的手腕に優れていること。
・先見の明を発揮し、かつ地に足をつけること。
・合意形成を試み、かつ手早く済ませることもできること。
・活動的で、かつ内省的であること。
・自分に自信を持ち、かつ謙虚であること。

２０２０年の報告書で、レゴ・グループのＣＥＯであるニールス・クリスチャンセンは、記録的な利益を達成したこの1年を祝いながら、創造力と規律を保つように呼びかけた。
「私たちの業界は、他の多くの業界と同じく、デジタル化と世界規模の社会経済的な変化によって描き直されています。私たちは強固な財政基盤を活用して、常にそうしたトレンドの先を行き、長い目で成長できるような取り組みに投資します[原注31]」

同様に、その後私（マリアンヌ）も別の曲線に移行した。ロンドンでの経験によって高揚感とやりがいがもたらされ、以前の溝から無事脱出できた。そして、1周してシンシナティ大学に研究科長として戻ってきた。私は、愛する場所、愛する人の近くに設定した曲線を次々とシームレスに移行することで、自分のリーダーシップ、研究、人生を統合できるという認識に至った。それは、常に前進する、学習と成長の継続的なプロセスなのだ。

この章のポイント

- **択一思考はひいき目に見ても限界があり、最悪の場合は害をなす。** パラドックスの一方のみを重視すると、選択肢が過度に単純化され、狭まってしまい、悪循環を誘発する場合がある。
- **私たちの考え方（認知）、感じ方（感情）、動き方（行動）は、自己補強的であり、自分が好む見方を強化する。** S字曲線は、強化による当初のメリットが、強みを過信するうちにやがてマイナスに転じる場合がある様子を示している。
- **パラドックスを乗りこなす際に、3つのパターンが悪循環につながる。** ウサギの穴（行き過ぎた強化）、解体用剛球（過剰修正）、塹壕《ざんごう》戦（二極化）である。これらのパターンに拍車をかけるマインドセット、感情の状態、行動に常に警戒すべきである。
- ウサギの穴―緊張関係《テンション》に対応するために、自分が好む方法を何度も使いすぎると、溝に嵌まったままになる。強みを過信すると、最も能力、理解、選択肢を広げる必要があるとき（新たなS字曲線に移行するとき）にさえも、学び、成長し、変わる能力が阻害される。
- 解体用剛球―パラドックスのうち長年無視していた側から強い圧力を受けると、現在の溝が気になるあまり、過剰修正に走ることがある。振り子を逆側に揺らしすぎると、新たなウサギの穴に猛スピードで落ちていったり、対立する力の間で不規則に行ったり来たりするおそれがある。
- 塹壕《ざんごう》戦―複数の陣営がパラドックスの両極端を強調すると、二極化によって両陣営が塹壕《ざんごう》を掘り下げ、自分たちの地位を激しく防衛しながら溝を深めることがある。対立する両陣営が単純化し、反動的で頑固になると、収集がつかなくなる。

原注

1　デビッド・ロバートソンとビル・ブリーンは、レゴの急成長とその後の没落について、Robertson and Breen (2013) で詳しく取り上げている。本書における引用箇所については、39～40ページを参照。
2　Handy (2015)。
3　Festinger and Carlsmith (1959)。
4　Frost (1979), 105。
5　Handy (2015)。
6　Handy (2015), 23。
7　Miller (1992, 1993, 1994) も参照。
8　Handy (1994), 53。
9　Miller (1992)。
10　Grant (2021)。
11　Kolb (2014)。
12　Bartunek (1988)。
13　Bateson (1972)。
14　Simon (1947)。
15　Christensen (1997)。
16　Watzlawick (1993)。

17 ピグマリオン効果に関する当初の研究について詳しくは、Rosenthal and Jacobson（1968）を参照。ピグマリオン効果が大人および職場に及ぼす影響について詳しくは、Bolman and Deal（2017）; Eden（1990, 2003）を参照。

18 Smith and Berg（1987）。

19 Tripsas and Gavetti（2000）。

20 Cyert and March（1963）。

21 Dane（2010）。

22 Staw（1976）。

23 振り子が解体用剛球になりうるという考え方を紹介してくれたことについて、メリンダ・ウィールライト・ブラウンに感謝している。Wheelwright Brown（2020）は、ジェンダー平等の問題に対応する取り組みにおけるこのパターンを説明している。

24 Robertson and Breen（2013）, 63。

25 Johnson（1992）。ポラリティ・パートナーシップ（www.polaritypartnerships.com）のポラリティマップも参照（２０２２年１月22日に確認）。

26 Lewis（2018）; Lüscher and Lewis（2008）。

27 Sundaramurthy and Lewis（2003）。

28 キャス・ビジネススクールはベイズ・ビジネススクールと改称され、ロンドン大学シティ校の構内で運営されている。

29 Hampden-Turner（1981）, 29。

30 Robertson and Breen（2013）, 284。

31 LEGO Group, "The LEGO Group Delivered Top and Bottom Line Growth in 2019"（レゴ社ウェブサイト、２０２０年３月に確認、https://www.lego.com/en-us/aboutus/news/2020/march/annual-results/）。

第 2 部

パラドックス・マネジメントのABCDシステム

もし、私たちにとって最もやっかいな問題の背後にパラドックスがあるのなら、矛盾しながらも相互に依存するこうした要求にもっと効果的に対応できるようになる必要がある。そのためには、どのようなツールが求められるだろうか。択一思考の誘惑から目を覚まさせ、不条理の複雑さと付き合っていくように刺激してくれるツール。還元主義を脱し、包括的な選択肢を探索できるようになるツール。両立という用語を越え、パラドックスの不思議に深く関わっていけるツール。しかし、ひとつのツールだけでは目的を果たすことはできない。複数のツールを組み合わせて連携させることで、完全なシステムを構成する必要がある。

第2部では、各ツールを紹介する。まず土台を作るため、パラドックスが好循環の生成を引き起こす方法を探究し、2つの異なるパターンを紹介する。私たちはラバ型（クリエイティブな統合）と、綱渡り型（一貫した非一貫性――状況に応じて頻繁に方針を変える）と呼んでいる。それから、総合的なシステムとして「パラドックス・マネジメントのABCDシステム」を紹介する。ABCDシステムは、アサンプション（前提）、バウンダリー（境界）、コンフォート（感情のマネジメント）、ダイナミクス（動態性）の4つのツールからなる。後続の各章は各ツールの説明に割き、現実世界におけるツールの運用方法について幅広い例を提供する。

第3章 ABCDシステムで好循環を実現する

ラバ型と綱渡り型

逆説のあり方こそ真実のあり方だ。事物の本体を見極めようとするなら、我々は綱渡りをしなければならない。真理が軽業師のようにくるくる変わるようになってきてはじめて、我々はそれを裁くことができる。

――オスカー・ワイルド

先日、私（ウェンディ）は、あるフォーチュン500社の中堅幹部を対象に、パラドックスを乗りこなすためのワークショップを主催した。パラドックスの話を始めるとすぐに話がややこしくなるので、参加者に自分の生活でのジレンマを挙げてもらうところから取りかかった。参加者に、現在取り組んでいる問題について考え、その問題をめぐる、競合する要求を見つけるように伝えた。特に、職場での問題を特定するように奨励した。結局、会社は職場での問題への対応に役立つように私にお金を払っているのだから。しかし、できるだけ多くの人が話題に参加し、自分ごととして考えられるように、職場の外で取り組んでいる問題もあわせて考えてみるように勧めた。それから、意見を発表してくれる人を募った。

最初に手を挙げた人は次のように語った。

「私は仕事を家に持ち帰らないように苦労しています」

多くの人が頷いた。

別の人も賛成した。

「子供と一緒にいるときは、仕事のメールに返信しないようにしています」

さらに付け加える人が出た。

「それから、仕事に集中するために、家で起こっているあれこれを全部忘れる必要があります」

私は尋ねた。

「皆さんのなかで、仕事と私生活のあいだの課題について書いた方はどのくらいいますか？」

半分近い人が手を挙げた（ちなみに、女性だけではなかった）。


仕事と私生活のバランスを取ることは、常にジャグリングをしているようなものだ。私たちの多くは、仕事での要求と、その他の生活上の要求――配偶者やパートナー、子供、親、友人、学校、趣味など――のあいだでジレンマに直面している。世界中で起こったコロナ禍は、この問題をさらに深刻化した。ロックダウン中は仕事と私生活の境目が崩壊し、両方にうまく対処するのが余計に難しくなった。ただし、在宅で働く新たな方法を身につけ、それを気に入った人も多かった。こうした変化により、職場で在宅勤務と出勤の組み合わせや柔軟な勤務体系をどのように取り入れるかについて、新たな問題が浮上した。本章の執筆中には、従業員と経営幹部の両方が、仕事と私生活の調整に関する新たな日常（ニューノーマル）を確立しようと試行錯誤している。

仕事と私生活のバランスをめぐる課題については、多くのことが書かれ、緊張関係《テンション》に対応する幅広い方法が提示されている。バランスを取る方法のアドバイスも、バランスを取らないようにする方法のアドバイスもある。仕事と私生活を分離する方法を強調するインサイトがあるかと思えば、両者のシナジーを見つける方法を提案するインサイトもある。おそらく、皆さんはこのほとんどをすでに聞いたことがあるだろう。それでもまだ、新たな助言が次々と現れる。

広く出回っている、互いに矛盾することも多いこうしたアドバイスは、表出しているジレンマ——競合する要求にどう対応するかという、日々の問い——に対処するためのものである。重要なアドバイスだ。しかし、ここまでもお勧めしているとおり、ジレンマの先に目を向けることで、さらに強力なインサイトを得ることができる。背後にあるパラドックスをどのように発見して受け入れるか、という問いに、大きな価値がある。荒波に立ち向かうためには、対立する力をよく知り、うまく利用する必要がある。なぜなら、対立する力こそが、常に波を起こしているからだ。

ワークライフバランスは、人々が直面する緊張関係《テンション》のひとつにすぎない。しかし、広く蔓延している問題であることから、両立思考の包括的アプローチの導入に役立つ好例となる。まず、パラドックスを乗りこなすための2つのパターンがどのように好循環を育むことができるかの説明から始めよう。私たちはこのパターンを、それぞれラバ型（クリエイティブな統合の発見）と、綱渡り型（一貫した非一貫性）と名づけている。これらのアプローチは、前章で論じた悪循環のパターンであるウサギの穴、解体用剛球、塹壕《ざんごう》戦に対する代替案を提示する。それから、これらのアプローチを導入するために役立つ統合ツール群である、ＡＢＣＤシステムを紹介する。

ラバ型——クリエイティブな統合を見つける

両立思考の最初のパターンは、ラバ、つまりクリエイティブな統合の発見である。動物のラバは、雌のウマと雄のロバの子である。ウマは力が強く、よく働くが、落ち着きがなく退屈することがある。ロバはおとなしいが、頑固であまり頭がよくない。この2つの種を交配させると、ウマよりおとなしく働き者で長生きし、ロバより柔軟で頭のよい交雑種が生まれる。人間は、紀元前3000年頃から交配によってラバを生み出し、長距離輸送に役立てていたといわれている（なんと、人間がパラドックスを発見するずっと前だ）。

ラバを見つけるには、パラドックスの対立項を統合する、シナジーのある選択肢を特定する必要がある。1970年代後半に、精神科医のアルバート・ローゼンバーグは、創造力のある天才は対立するアイデアを引き合わせることで革新的なアイデアを発達させていることに気づき、ラバの発見が秘めるポテンシャルと、ラバの探し方を明らかにした。ローゼンバーグは、アルベルト・アインシュタイン、パブロ・ピカソ、ウォルフガング・アマデウス・モーツァルト、ヴァージニア・ウルフなどの日記や手紙を分析した。これらの人々は専門分野こそ大幅に異なるが、創造プロセスには着目に値する類似点があったという。大きな気づきの瞬間はたいてい、対立する力に注目することから始まっていた。緊張関係《テンション》が発生したことで、彼らは悩み、苦しんでいた。しかし、どちらか一方の側のみに集中するのではなく、対立項を両立させる方法を模索していた、とローゼンバーグは指摘する。

アインシュタインの相対性理論は、ひとつの物体が同時に運動状態と静止状態を取りうることを理解する方法として生まれた。ピカソの絵画は、光と影を同じ絵に盛り込んだ。モーツァルトの音楽には、和音と不協和音が共存していた。ヴァージニア・ウルフの小説は、生と死の相互依存性を描いた。ローゼンバーグはこうした創造プロセスを、2つの顔を持ち同時に前と後ろを見渡せたとされるローマの神の名を取って「ヤヌス的思考」と名づけた。[原注1]

しかし、安心してほしい。ラバを探すのに天才である必要はない。INSEAD（欧州経営大学院）のエラ・マイロン＝スペクター、ハーバード・ビジネススクールのフランチェスカ・ジーノ、カーネギーメロン大学テッパー・スクール・オブ・ビジネスのリンダ・アーゴートの研究では、学生を対象にした実験室実験の場で、クリエイティブな統合を促せることを発見した。この実験では、被験者への問いだけを変えた。択一的な選択肢を対立項と考えるように促すか、またはパラドキシカル、つまり対立しながらも相互に依存する要素と考えるように促したのである。択一的な選択肢をパラドキシカルと考えるように促された被験者のほうが、問題に対して大幅に創造的な解決策を導いたという。[原注2]

1900年代初頭に、メアリー・パーカー・フォレットは、他の個人や集団内でのコンフリクトが発生したときに、クリエイティブな統合を模索するように促した。フォレットはコンフリクトへの対応方法を3つ挙げた。「支配」では、択一的な選択を行い、片側が勝ち、もう片側が負ける。つまり、ウィン・ルーズの関係だ。「妥協」では、双方がある程度希望を満たすが、何かを諦めなければならない。この選択肢はウィン・ウィンに思えるが、フォレットが指摘するように、双方が何かを失うので効果が限定されるおそれがある。

その代わりに、フォレットは「クリエイティブな統合」という考え方を模索する。双方が何かを諦めることなく希望を満たす、真のウィン・ウィンだ。例として挙げたのが、図書館で作業していたときの対立だ。フォレットが窓際に座っていると、もうひとりの女性が入ってきた。その窓を開けたいという。しかし、自分は窓を閉めておきたい。支配型ソリューションでは、いずれかの女性が勝利し、窓を開けるか閉めたままにする。妥協型ソリューションでは、時間を区切って窓を開けるか、あるいは半分開けることが考えられる。両者が希望を若干満たせるが、すべてではない。しかし、フォレットの主張によると、両者が真に必要としていることを明確にすれば、問題をさらに探索して、統合状態を見つけることができるという。窓の問題について話し合った結果、新たに入ってきた女性は空気を入れ替えたいから窓を開けたい、フォレットは風で論文を飛ばされたくないから窓を閉めておきたい、ということがわかった。そこで問いを変更し、論文を吹き飛ばさずに空気を入れ替えるにはどうすればよいかを考えた。ふたりは隣の部屋の窓を開けた。このソリューションによって、空気は入れ替わり、フォレットの論文も飛ばされることはなくなった。両者とも、何かを諦めることなく、希望を満たしたのである。[原注3]

最近では、ロジャー・マーティンが、成功するリーダーシップの核心には統合的思考があると論じている。著書『インテグレーティブ・シンキング』（日本経済新聞社、２００９年）で紹介する統合的思考では、相反する考えを同時に頭の中に保持する能力こそ、人間が進化によって得た優位性ではないかと示唆し、次のように論じる。

ヒトの親指は、ほかの指と向き合うようについている。これは霊長類特有の肉体的特徴で、専門的には拇《ぼ》指《し》対向性《たいこうせい》と呼ぶ。字を書く、針に糸を通す、ダイヤモンド細工をする、絵筆を使う、カテーテルを血管に挿入するといったむずかしい作業をこなすことができるのは、この拇指対向性のおかげだ。（中略）向かい合ってついている指を同時に器用に動かし、力の入れ具合を調節できるのとまさに同じように、脳は対立する複数の考えも同時に扱うことができる。そして、両者を天秤にかけたり、こね合わせたりする中で、新たな考えを生み出すことができる。[原注4]

マーティンは異なる思考モードを比較する。従来型の思考と異なり、統合的思考を用いると、問題のさまざまな特徴が可視化され、競合するさまざまな要求にわたってつながりを増すことができる。統合的思考を実践する人は、そうした各種の特徴に基づいて、競合する要求のあいだに、より複雑で、多方向にわたる、直線的でない関係を認識するようになる。さらに、これらの関係を用いて、個別具体的な課題に注目しているときにも、包括的な視点に影響を与えることができる。最後に、統合的思考を実践する人は、まずまずの妥協案に落ち着くのではなく、よりクリエイティブな選択肢を模索する。

では、仕事と私生活の緊張関係《テンション》に、クリエイティブな統合をどのように見いだせるかを考えてみよう。たとえば、仕事中に戦略合宿会議の日程を聞いたとする。次の週末だ。経営幹部は、あなたに合宿会議のリーダーをしてほしいと依頼した。絶好の機会だと胸を躍らせたところで、カレンダーを見た。その日程は、別の都市で開催される家族の結婚式と重なっていた。ここでジレンマが提示される。同時に2カ所にはいられないからだ。最初の反応としては、合宿会議と結婚式のあいだで択一型の選択をしなければ、と考えるかもしれない。

でも、その選択をする前に、一歩引いてみたらどうだろう。まず、この表出しているジレンマの中に隠れている、さまざまに絡み合ったパラドックスを特定することができる。本音では仕事の合宿会議に出席したいが、家族から結婚式にぜひとも出席してほしいというプレッシャーを感じているかもしれない（もちろん、その逆も考えられる）。自己と他者のあいだのパラドックスが背後にあることに注目しよう。つまり、自分のために何かをするのか、他者のために何かをするのかということだ。同時に、「やりたいこと」と「やるべきこと」、つまり希望と義務の間のパラドックスでもある。家族の結婚式は短期的には楽しく大切だが、仕事の合宿会議に必要な取り組みは、長期的なキャリアゴールに資するかもしれない。ここには、現在と未来とのあいだの時間のパラドックスがある。

これらのパラドックスを乗りこなすために、どのようなラバを見つけられるだろうか。自己のニーズと他者のニーズ、短期的な機会と長期的な機会を両立するソリューションを、どうすれば発見できるだろうか。仕事の合宿会議の段取りをうまく立てて、当日その場にいなくてもリーダーシップと会社への献身を示す方法があるかもしれない。たとえば、経営幹部が合宿会議で基調講演をしてほしいとする。それなら、結婚式や披露宴を一時的に抜けてオンラインで講演できないだろうか。あるいは、合宿会議の講演を事前に録音しておけないだろうか。一方、実際に式に出席することよりも新郎新婦の力になることが最も求められていると気づくかもしれない。それなら、新郎新婦とじっくり時間を使って、結婚式の前に準備を手伝ったり、結婚式の後で感想に耳を傾けたりできないだろうか。問いを変えてみると、新たな可能性が浮上する。それぞれのケースで、背後にあるパラドックスを受け入れるための機会を見つけることができる。

ここで、ラバについてひとつ重要なことを覚えておきたい。ラバには繁殖力はなく、ラバからラバは産まれない。ラバを産むには、ウマとロバを繁殖させなければならない。これは、パラドックスを乗りこなすための重要な特徴でもある。クリエイティブな統合からは、ジレンマへの効果的だが一時的な対応が生まれることがある。たとえば、仕事の合宿会議と家族の結婚式のあいだのジレンマに対処するためのクリエイティブな統合が見つかったとしても、仕事と私生活、自己と他者、短期と長期などの緊張関係《テンション》には引き続き直面することになる。パラドックスは表出している新たなジレンマとして再び表出し、それに対し私たちは新たなソリューションを見つける必要がある。ジレンマへのソリューションを見つけることはできるが、背後にあるパラドックスを解決することはできない。それは、長期間にわたって持続するのである。原注5

綱渡り型——一貫した非一貫性

ウィン・ウィンのクリエイティブな統合の発見には価値があるが、それは必ずしも容易ではない。また、あらゆるジレンマに対処するためにベストな方法とは限らない。時には、相反する選択肢のあいだを渡り歩く必要がある。このプロセスを私たちは「綱渡り」と呼んでいる。

私（ウェンディ）は、双子が生後6カ月ぐらいの頃、仕事と私生活のジレンマに対するクリエイティブな統合を見つけるために苦労していたのを思い出す。すでに、産休からは復職していた。研究者の仕事を始めて最初の年だったので、早く仕事に戻って研究を続けたかった。終身雇用権を得られるかどうかの判断が下るまでにあまり時間がなかったからだ。毎朝のルーティーンには慣れていた。起きて双子をあやし、夫に代わってもらってシャワーを浴び、自分と双子の着替えをして、ナニー（訳注：家政婦のような役割も果たす、専門職のベビーシッター）に預けて家を出る。慣れているはずなのに、混沌と荒れ狂うルーティーンのように感じていた。

ある朝、私は地元のコーヒーショップで、エスプレッソのダブルが出るのを待っていた。疲れ果てた脳を刺激して生産性を上げるための1杯だ。ただ家を出られただけで、自分が大きな存在に、さらには英雄のような存在になれた気がした。文字通り自画自賛していたところで、ふと下を見た。今朝のお別れのあいさつに双子のひとりが残した白く粘っこいツバが、黒いセーターと鮮やかなコントラストを成していた。妄想のスーパーウーマンのマントに隠れて、ぽっかりと空いた穴が広がるのが感じられた。英雄気分が萎えた。睡眠不足のせいでむき出しになっていた心の裂け目が、たちまち絶望で満たされた。「うんざり……」私は思った。

「なんでこんなことをしているんだろう？　子供がナニーと一緒に家にいるのに、仕事の要求にひたすら応えようとして。仕事でもぼーっとしているし。それに、親としては一体なんなの？　ひょっとして、子供に一生消えない傷をつけているのでは？」

それから思った。

「私はパラドックスの研究者だ。このジレンマに、もっと優れたクリエイティブな統合を見つけられないだろうか」

どうしたら、仕事を続けながら子供との時間を増やし、ストレスと悩みを減らすことができるだろうか。両立思考と同様に、この問いによって私は新たな可能性を検討し始めた。

「わかった！　仕事と私生活を一緒にしちゃえばいいんだ」

研究者としてのキャリアを諦めて、うちの双子と他の子供のために託児所を作ればいい。そうすれば、仕事が私生活に、私生活が仕事になる。毎朝の大混乱を起こさずに、のんびりと朝から昼に切り替えられるかもしれない。それに、積み残した仕事をデスクに置いたまま家に急いで帰ることもない。コーヒーショップの隣の空き店舗で、経営する託児所がどんな感じになるだろうと計画すらした。

そのとき、エスプレッソが出てきた。ひと口で衝撃が走り、私は現実に戻った。自分の子を育てながらプロの育児サービスを運営する、このような形のウィン・ウィンに価値を感じる人もいる。ただ、私はそういうタイプではない。子供たちは好きだが、研究者としての仕事も愛している。私は、そもそも子育てをフルタイムの仕事と考えなかった理由を思い出した。このクリエイティブな統合は、私のジレンマへのソリューションにはならない。

代わりに、ジレンマに対処するための別のパターンに注目しよう。継続的にバランスを取るのだ。このパターンを、私たちは綱渡り型と呼んでいる。ジレンマ同士のあいだで長時間にわたって一貫した非一貫性を保ち、競合する複数の要求に関わっていく人物を指す。フランス人の大道芸人、フィリップ・プティの有名な写真を見たことがあるだろうか。１９７４年に撮られた、ニューヨークにあるワールド・トレード・センターの２つのタワーのあいだを綱渡りしている写真だ。そのために、綱の上でうまくバランスを取る必要があった。しかし、完全に静止してバランスを取ることはなかった。常に動きながらバランスを取っていたのだ。遠くのゴールを見失うことなく、一貫して細かく自分の体を操り、左右にごく小さな移動を繰り返す。移動はいつもわずかだ。どちらかの方向に大きく移動しすぎると、転落するからだ。

私たちは、二者択一的な選択肢のあいだを細かく移動しながら前進し、綱渡りのようにパラドックスを乗りこなすことができる。第2章で説明した溝に嵌まるような重大な択一的選択は行わない。その代わりに、対立極のあいだを常に行ったり来たりするような小さな選択を何度も行う。長い時間をかけて、2つの選択肢を両立できるような、全体像を踏まえたパターンを作る。

本物の綱渡りの経験がある人はめったにいないので、この比喩はやや縁遠く感じるかもしれない。しかし、私たちはこの比喩が気に入っている。パラドックスを乗りこなすのが容易ではないことを連想させてくれるからだ。綱渡りはリスクを伴い、若干危険な場合さえある。また、綱渡りのイメージは、一方の側または逆側に傾きすぎた結果の感覚も与えてくれる。しかし、公平を期すと、すべてのパラドックスが綱渡りと同じくらい危険で難しいわけではない。一部の緊張関係《テンション》は、他よりも管理しやすい。もう少し幅広く伝わりやすい比喩が必要であれば、ヨットや自転車を考えてみよう。綱渡りと同じように、ヨットも自転車も、進むためには左右に細かく動いてバランスを取る必要がある。あまりにも小さいか、あるいは自然なために、その動きを意識しない場合もある。それでも、一方の側にあまりに傾くと、自転車から落ちてしまったり、ヨットなら転覆してしまったりする。幸いなことに、こうした細かい動きは、練習をして経験を積めばどんどん簡単で自然になる。実際に、ある方があらためて教えてくれたが、何もせずにただ立っているだけでも、本当の意味で釣り合っているわけではなく、無意識のうちに細かい動きを繰り返して継続的にバランスを取っているのだという。

仕事と私生活のあいだの緊張関係《テンション》から生じるジレンマに対処するには、しばしば綱渡りが必要になる。ある夜は家族との夕食をパスして、プロジェクトを完了するために遅くまで残業することに決めても、翌日の夜は逆の選択をするかもしれない。ここで、仕事の合宿会議と家族の結婚式を同じ日に開催するジレンマについてもう一度考えてみよう。一貫した非一貫性を保つとは、ひとつの場合に限定して考えるのではなく、意思決定をより広い文脈で検討することを意味する。最近は仕事がとても大変で、しばらく家族の行事に出られないことが続いていたとする。その場合は、そろそろ少しバランスをとって、今回は家族の結婚式を優先すべきかもしれない。逆に、家族とは最近十分過ごしたので、仕事に集中する必要があるかもしれない。どのような判断を下しても、次にジレンマに直面したときには別の判断をする余地を残しておくことができる。このように行ったり来たりする意思決定は、悪循環の強化にはつながらない。過剰修正にはなっていないからだ。むしろ、悪循環に陥るのは、選択をしてから溝に嵌まり、どちらか一方に専念し続けることになる場合だ。一方の端に行き過ぎると燃え尽き症候群にかかり、もう一方の端に行き過ぎると仕事をやり遂げられなくなる。

心理学者のカーク・シュナイダーは、著書『The Paradoxical Self』（パラドキシカルな自己）において、人は心の中でパラドックスを乗りこなそうとするときに、こうした綱渡りをしがちになることを考察している。シュナイダーは哲学者セーレン・キルケゴールの思想を援用し、開放性（オープン、外向的、冒険的、新しいことに積極的に挑戦する、リスクを受け入れる）と、抑制性（規律を守る、内向的、控えめ）のあいだの綱引きについて説明している。いずれか極端な方に行き過ぎると、心理的な苦痛を感じる。そして、精神的に健康な人は、常に開放と抑制のあいだでバランスを取っているという。シュナイダーは次のように説明する。

そのような人は、普通の人に比べて健康（実存主義者の言葉では「統合されている」）、創造的あるいは頑健であるように見える。人生が幾何学的に釣り合っているとか、ギリシャ人の説く「何事も中庸が良い」を実践しているという意味ではない。そのような状態とは程遠い。しかし、最適な人々は、特に自らの関心の範囲内において、あえて自らの抑制的能力と開放的能力を問い、それに立ち向かおうとしている。関連する要求に応えるために、抑制性と開放性の最適な（つまり、最も有用な）調合を発見するのだ。[原注6]

綱渡りをするラバを産む

ラバ型と綱渡り型は、好循環を生む両立思考の2つのパターンを提示している。しかし、これらのパターンは、互いに孤立しているわけではない。長い時間を経るうちに、ふたつのパターンはしばしば絡み合う。綱渡りをしていると、ときどきラバが生まれることがある。あるいは、優れたラバを見つけたが、そのラバから、どちらかの側に専念するよう突然求められることもある。

これらのパターンが絡み合っている様子に初めて気づいたのは、私たち自身の研究だった。私（ウェンディ）は、IBMの戦略事業部のリーダーによるイノベーション課題への取り組みを研究していた。現行製品を市場で維持しながら新たなチャンスを探索する必要があったため、あらゆる種類のジレンマが発生した。どのようにリソースを割り当てるべきだろうか。幹部チームの構造をどのようにするべきだろうか。上級チームのミーティングで時間をどのように管理するべきだろうか。リーダーたちは、現在と未来、イノベーションと現行製品のあいだにある現在進行形のパラドックスを乗りこなそうとしていた。

最初に研究プロジェクトを始めたときには、イノベーションと現行製品のあいだのクリエイティブな統合を発見できるリーダーが最も優れているという前提を置いていた。しかし、私が観察した内容はまったく異なっていた。成功している幹部チームは、しばしばクリエイティブな統合を見つける。つまり、コア製品とイノベーションの両方のニーズを達成するソリューションを特定する。たとえば、既存の顧客や関係を活用して、新しいイノベーションを販売する方法を見つけている。しかし、こうしたクリエイティブな統合は珍しかった。実際に、特に大きな成功を収めているリーダーたちは、ジレンマにいちいち統合で応えようとするのは無駄だと気づいた。それよりも、綱渡りをしながら、重点分野とサポートをさりげなく、頻繁に、意図的に切り替えている場合が多かった。[原注7]

これらのパターンが絡み合うような、仕事と私生活のあいだの緊張《テンション》関係を受け入れる好循環を実現する方法を考えてみよう。私たちはたいてい、仕事と私生活のあいだで注意を切り替えるが、両方が統合される瞬間がある。たとえば、夕食時の生産的な会話に仕事が入り込み、家族の学びとつながりが実現するかもしれない。あるいは、育児の難題に取り組むことが広い意味での対人関係のヒントになり、より良いリーダーになるために役立つかもしれない。同様に、クリエイティブな統合に取り組んでいるときに、一貫した非一貫性を保つような判断を下す必要が生じる場合もある。

コロナ禍によるロックダウンで、私（ウェンディ）にとっての仕事と私生活のパラドックスがはらむ課題とチャンスが明らかになった。ロックダウンによって、私はよく仕事と家族の要求を統合せざるをえなくなった。食卓で自分の仕事をしながら、当時9歳の息子のリモートクラスに同席する方法を編み出した——息子のニーズと、私のニーズの統合だ。それでも、仕事に集中する時間も必要なのはわかっていた。幸い、夫も私と同じくらい柔軟に仕事の予定を立てられる研究者だった。すぐにふたりでスケジュールを作成し、1日ごとに、家事を担当して割り込みを受け入れる（つまり、その日を綱渡りで過ごす）役と、邪魔されずに仕事に集中する役を決めた。

ABCDシステム——両立思考に向けた統合ツール

パラドックスを乗りこなす好循環を導くラバの発見や綱渡りは、どうすれば可能になるのだろうか。それは、両立思考を使いこなす能力にかかっている。両立という用語を耳にする機会は増えている。しかし、成功している人は流行りすたりの域を超えてこのアプローチに真の意味で取り組めることを私たちは発見した。自身や他の研究者の研究に基づいて、私たちは両立思考を支えるための4つのツールを特定した。覚えやすくするために、ツールにABCDの頭文字をつけている。Aがアサンプション（前提）、Bがバウンダリー（境界）、Cがコンフォート（感情のマネジメント）、Dがダイナミクス（動態性）である（図3-1）。重要なのは、成功する人はツールをひとつだけ選ぶわけではない、ということだ。互いに補強し合うように、すべてのツールを活用する。これらすべてをまとめたものが、ABCDシステムである。

両立思考は、アサンプション（前提）から始まる。アサンプションとは、対立する2つの力を同時に意識し続けるためのマインドセットと背後にある信条である。アプローチを転換する最初のステップ

B-バウンダリー
（境界）
境界を作って緊張関係《テンション》を包み込む
・高次のパーパスへリンクする
・分離と接続を行う
・行き過ぎを防ぐガードレールを構築する

A-アサンプション
（前提）
両立の前提への転換
・複数の前提が含まれているものとして、知識を受け入れる
・リソースが潤沢だと解釈する
・問題解決を、コーピングとして行う

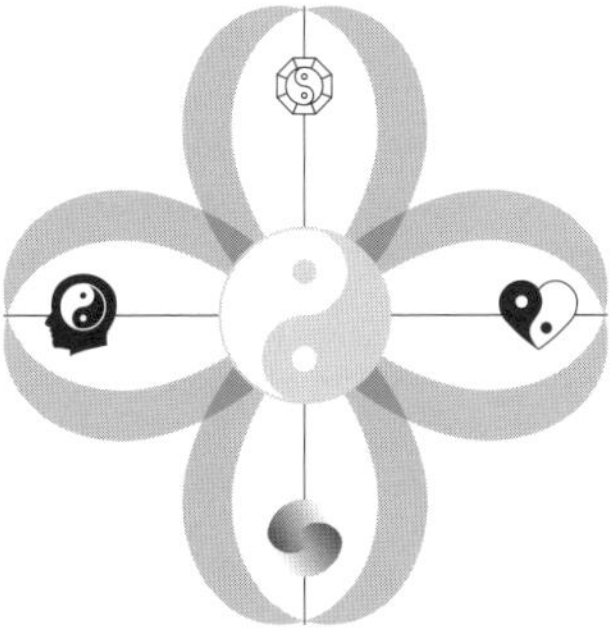

C-コンフォート
（感情のマネジメント）
不快のなかに心地よさを見つける
・間を置く
・不快感を気持ちよく受け入れる
・視野を広げる

D-ダイナミクス
（動態性）
動態性を備え、緊張関係《テンション》を解き放つ
・反応を測定しながら実験を繰り返す
・セレンディピティに備える
・アンラーニングを学習する

図3-1　ABCDシステム――４つのツール

は、問題の枠組みを変えることだ。両立思考の使い手は、「AとBのどちらを選ぶか」と問うのではなく、「AとBの両方をどうやったら受け入れられるか」と問う。この問いの立て直しこそが、ローゼンバーグが研究した天才たちの特徴だ。アインシュタインは、物体が運動しているか静止しているかを問う代わりに、物体が運動しながら静止していることは可能かを考えた。問いを変えると、視点が変わる。重要なのはマインドセットだ。それこそが、私たちの考え方や、課題への対応に影響を与える。世界を一貫して、直線的で、静的なものとみなす代わりに、両立思考では世界が矛盾と循環と動的状態に満ちているとみなす。

バウンダリー（境界）とは、パラドックスに直面する際のマインドセット、感情、行動を支えるために、自分の周りに作る構造である。競合する要求によって、溝に落ちてしまうことがある。それは、いずれかの側を選び、頑固に防衛して悪循環に嵌まり込む場合だ。バウンダリーは、そもそも最初の段階で溝に嵌まり込むことを防いでくれる。パラドックスに取り組むそもそもの理由と方法を忘れないように、高次のパーパス（モチベーションを喚起し、結束するための包括的なビジョン）の価値観を表現する。競合する要求の分離（個別評価）と接続（シナジーや統合の発見）の両方を実現する構造を作るメリットを考える。パラドックスのそれぞれの側に傾倒しすぎて溝に嵌まらないようにするためのガードレールの役割についても検討する。

コンフォート（感情のマネジメント）は、感情に注目する。ここに属するツールを実践すると、パラドックスに対する当初の不快な感情を尊重しながら気持ちよく受け入れる方法を見つけることができる。パラドックスは深い感情を刺激する。緊張関係《テンション》が不安感と過剰な防衛意識の引き金になると、択一思考の罠に陥ることがある。一方で、難しい問題に対処するための新しい創造的な選択肢を解き放つと、刺激的で元気が出る可能性がある。

最後のダイナミクス（動態性）は、継続的な学習と変化を可能にする行動で、これにより競合する要求のあいだの行き来が促される。パラドックスは、2つの相反する力が互いにぶつかり合ってずらし合うことに伴う、二元性と動態性に関係する。動態的な行動によって、絶えず続く変化を捉えると、択一の溝に嵌まらなくなる。

この後の4つの章では、各カテゴリーを深掘りし、私生活と組織でパラドックスをより効果的に乗りこなせるようにするためのツールについて説明する。これらのツールは独立しておらず、互いを補強している。アサンプションとマインドセットを変えれば変えるほど、それを支えるバウンダリー、足場、ガードレールを築くことができる。バウンダリーを作れば作るほど、アサンプションとコンフォートが補強される。ただし、ABCDシステム自体がパラドキシカルであることには注意しておきたい。このシステムには、人間と文脈の両方に影響を与えるツールが含まれている。これらのツールは、心と脳に注意を払うことと、変化と安定の両方を可能にする文脈を育むことを要求する。人間と文脈、心と脳、変化と安定――ABCDシステムは、こうした緊張関係《テンション》を受け入れるために役立つ。キム・キャメロンとロバート・クインは、パラドックスを乗りこなすことがパラドキシカルであると指摘している。[原注8] 私たちも同感だ。

この章のポイント

- **絡み合ったパターンを活用すると、パラドックスを乗りこなし、さらなる好循環に向かうことができる。**
  - ラバ（クリエイティブな統合）では、対立項を同時に受け入れるシナジーを見つける。
  - 綱渡り（一貫した非一貫性）では、対立項同士のあいだでごく小さな移動を繰り返す。
- **ＡＢＣＤシステムには４つのツールが含まれ、連携して両立思考を支えてくれる。** ４つのツールとは、アサンプション（前提）、バウンダリー（境界）、コンフォート（感情のマネジメント）、ダイナミクス（動態性）である。
- **ＡＢＣＤシステムは、対立しながら絡み合うような要素を構成する。** パラドックスを乗りこなすことは、パラドキシカルである。

原注

1 Rothenberg (1979)。
2 Miron-Spektor, Gino, and Argote (2011)。
3 Graham (1995) に引用されたフォレットの論文"Constructive Conflict"（邦訳は「建設的コンフリクト」として『M・P・フォ

レット　管理の予言者』文眞堂、1999年に収録）を参照。

4　Martin（2007）, 6–7。

5　パラドックスと弁証法の違いは、クリエイティブな統合が見つかった後に起こることにある、と一部の研究者は示唆している。パラドックスと同様に、弁証法も、矛盾しながらも相互に依存する要求を指している。18世紀ドイツの哲学者、ゲオルク・ヴィルヘルム・フリードリヒ・ヘーゲルの業績によって、弁証法では、「定立」（thesis）と「反定立」（antithesis）がひとつになり、新たな「総合」（synthesis）を生じると提唱されるようになった。この新たな総合から生まれた定立が、さらにその反定立を生み出す。元の定立と反定立の背後にある緊張《テンション》関係は収まる。ヘーゲルが当初意図していた弁証法の構成がはたしてこの通りなのか否かには議論がある。しかしながら、このような弁証法の概念化では、背後にある緊張《テンション》関係が、新たな別の緊張《テンション》関係へと変形すると示唆されるのは確かだ。一方、私たちのパラドックスの描写では、背後にある緊張《テンション》関係は維持される。パラドックスと弁証法の違いに関するさらに詳しいインサイトについては、Hargrave and Van de Ven（2017）を参照。

6　Schneider（1990）, 140。

7　Smith（2014）。

8　Quinn and Cameron（1988）。

第4章 両立の前提への転換

A－アサンプション パラドックス・マインドセットへ

変化を起こすことができなければ、これまでの考え方を変えましょう。新たな解決策が見つかるかもしれません。

――マヤ・アンジェロウ

2000年のことだった。ジェレミー・ホッケンスタインは、ボストンから香港への飛行機に乗った。自分の仕事と今後のキャリアのことで困惑し、ストレスを溜めていた。仕事から十分に距離を取れば、戻ったときにやりたいことが多少は明確になるのではないか。そう考えての旅だった。

6カ月前に、ホッケンスタインはMITでMBAを取得した。華麗なレジュメには、MBA以外にもハーバード大学の学士号、コンサルティング企業のマッキンゼーとマーサーでの勤務経験が綴られている。この経歴なら、銀行、コンサルティング、メーカーで、実に多くの同級生が羨むような高年収の職業への道が開けるだろう。ただ、ホッケンスタインの考えは違った。

ごく小さい頃から、世界によい影響を与えることばかり考えてきた。母はホロコースト生存者で、第二次世界大戦の末期に強制収容所で生まれた。母から受け継いだ歴史のおかげで、ホッケンスタインは自分がこの世に生を受けたことに感謝し、社会に恩返しをしなければならないと思うようになった。小学校では、近所の子供をまとめて、コメディアンのジェリー・ルイスが毎年レイバー・デイにやっている募金活動に参加した。高校では、弁論大会で優勝した。テーマは「ひとりの人間がどうやって違いを生み出すことができるか」だ。大学では、学生を組織して、キャンパス中の食堂から使い捨てコップを収集した。毎日出るゴミの山を見せることで、大学の事務局に再利用可能なコップを購入するように働きかけた。

大学卒業後はマッキンゼーに入社し、結成まもない環境政策チームに参加した。しかし、MBA取得後に就職先を検討する段階になると、より直接的なインパクトを与えることを夢見るようになってきた。1990年代には、フォーチュン500社にCSR（社会的責任）運動が定着し始めた。しかし、こうした取り組みは本業に対して周縁的な存在にとどまっていた。ほとんどの企業は、CSRを、企業寄付を管理したり、従業員ボランティアデーを企画したりする慈善部門とみていた。もっと貢献したい。そう思って、ホッケンスタインはNPOに目を向けた。ホッケンスタインは、ハーバード大学のある学生組織の職を引き受けた。MBA向け教育とコンサルティングスキルを活用できればと願い、学生のコミュニティ発見とつながり構築を支援できる戦略イノベーションをマネジメントすることになった。

この職に就いてからわずか6カ月で、ホッケンスタインは欲求不満を募らせていた。違いを生み出したくてたまらなかったので、いくつかの取り組みを提案した。しかし残念ながら、仕事のペースは以前にコンサルティング企業で学んだ文化とは似ても似つかなかった。実質的なインパクトを与えているのではなく、単に足踏みをしているような気がした。落とし穴に足を取られたように思えた。ハイペースでイノベーティブなコンサルティング企業と、もっとゆっくりと物事が進むNPOのどちらかを選んで働かなければならない、どちらを取っても得をしない状況のように思えた。

ミッションか、マネーか。プロフィットか、パッションか。素晴らしい行動か、素晴らしい業績か。ホッケンスタインの緊張関係《テンション》の背後にあるのは、私たちがパフォーマンス・パラドックスと呼んでいるパラドックスである。つまり、ゴール、成果、期待に関する、競合する要求だ。「非営利事業か営利事業か」のジレンマと同様に、キャリアをめぐる判断によって、違いを生むか給与を生むかの緊張関係《テンション》が露わになることがある。お金を使うときにも、同様のコンフリクトを感じる場合がある。トイレットペーパーをどこでどうやって買うかという単純な判断にさえ、安くて便利なものを買うか、自分の価値観に合うものを買うかといった問いが持ち上がる。ミッションと市場のあいだの緊張関係《テンション》は、企業にもみられる。特に、世界中に山積している複雑で体系的な課題に立ち向かう際にはなおさらだ。リーダーは、企業が採算性を維持しながらこれらの問題にどのように対処するかという問題にますます取り組むようになっている。営利企業へのCSR導入も社会的企業の設立もその一環だ。パフォーマンス・パラドックスは他の形でも現れる。対立するグループが、矛盾しながらも相互に依存するゴールを目指して必死に努力する状況の中に、グループ間コンフリクトに隠れたパラドックスをしばしば見てとることができる。

パフォーマンス・パラドックスを前に、ホッケンスタインは金縛りに遭ったように思えた。答えを求めて、アジアに旅立った。そのアジアで見つかった別の問いのおかげで、新たな道に進むことになったのである。

両立の前提《アサンプション》への転換

重要なのはマインドセットだ。心理学者のポール・ワツラウィックが論じたように、問題そのものが問題ではなく、問題についての考え方が問題なのだ。[原注1] 考え方が行動に影響することは、さまざまな研究で示されている。[原注2] パラドックスを乗りこなすために最初に紹介するツールは、前提のシフトだ。相反する2つの力を同時に意識的に保持できるように、マインドセットと背後にある信条を取り入れる。

前提をシフトするのは容易ではない。パラドックスに取り組むと、自分の理性の限界に突き当たることがある。限界の向こうに目を凝らし、不条理性や非論理性に注目すると、落ち着かなくなることがある。そのような不確かさや非合理性は、不安を喚起する。だから、もっと明確なものに惹かれがちだ。しかし、緊張関係《テンション》を重んじて受け入れる方法を学べば、表出しているジレンマを過剰に単純化する行為を防ぎ、よりクリエイティブな選択肢を探索できる。つまり、択一思考を促す二分法的なマインドセットから、両立思考に力を与えるパラドックス・マインドセットに移行する必要がある。まず、パラドックスの本質を明らかにしなければならない（コラム「パラドックスは頭の中だけのことなのか」を参照）。

私たちがエラ・マイロン＝スペクター、ジョシュ・ケラー、エイミー・イングラムと行った共同研究では、競合する要求に対するさまざまなアプローチと、それらのアプローチが創造性、パフォーマンス、仕事への満足度に与えた影響を取り上げた。米国、中国、イスラエルの3000人以上に対して調査を実施した結果、2つの絡み合った要素が人によって異なると判明した。ひとつは、緊張関係《テンション》を経験している範囲、もうひとつは、パラドックス・マインドセットを取り入れる範囲である。

まず、緊張関係《テンション》を経験している度合いが人によって異なる。この違いは状況がまちまちであることにも起因する。他の環境に比べて緊張関係《テンション》に満ちている環境もある。イスラエル・チームのメンバーがよく指摘するように、中東の地域紛争のなかで生きていると、たとえばニュージーランド郊外の牧羊業者とはまったく異なる緊張関係《テンション》が生じる。また、救急医はヨガのインストラクターよりも多くの緊張関係《テンション》に囲まれているだろう。文脈は、緊張関係《テンション》の経験に大きな影響を及ぼしうる。

前述のとおり、私たちの研究によれば、人々は（1）より速い変化、（2）より大きな多元性、（3）より深刻な不足がある状況で、緊張関係《テンション》が増す。変化のペースが速ければ速いほど、現在と未来のあいだの緊張関係《テンション》を感じる。多元性に関しては、さまざまな人やステークホルダーからの声や視点が増えれば増えるほど、さまざまなゴール、役割、価値観のあいだの緊張関係《テンション》を感じる。そして最後に、リソース不足を感じれば感じるほど、リソースの分配方法に関する競合が発生する。[原注3]

緊張関係《テンション》の性質は環境によって異なるが、緊張関係《テンション》に比較的適応しやすい人がいるのも事実だ。緊張関係《テンション》は、私たちの周りを渦巻いている。緊張関係《テンション》を追い求め、意図的に表に出してさらなる創造力を喚起する人もいる。コンフリクトの可能性を最小限に抑えるために、緊張関係《テンション》を避けたり無視したりする人もいる。さらに、同じ状況にあるふたりですら、緊張関係《テンション》を感じる度合いが異なる場合もある。私たちの研究では、同じ仕事に就き、同じ企業で働く人同士でも、報告する緊張関係《テンション》の度合いが異なることが判明している。

次に、対立する力同士の関係をどのように理解しているかが、人によって異なる。二分法に近いマインドセットの人は、思考を狭めて選択肢を二択と考え、いずれかを選ぶ。パラドックス・マインドセッ

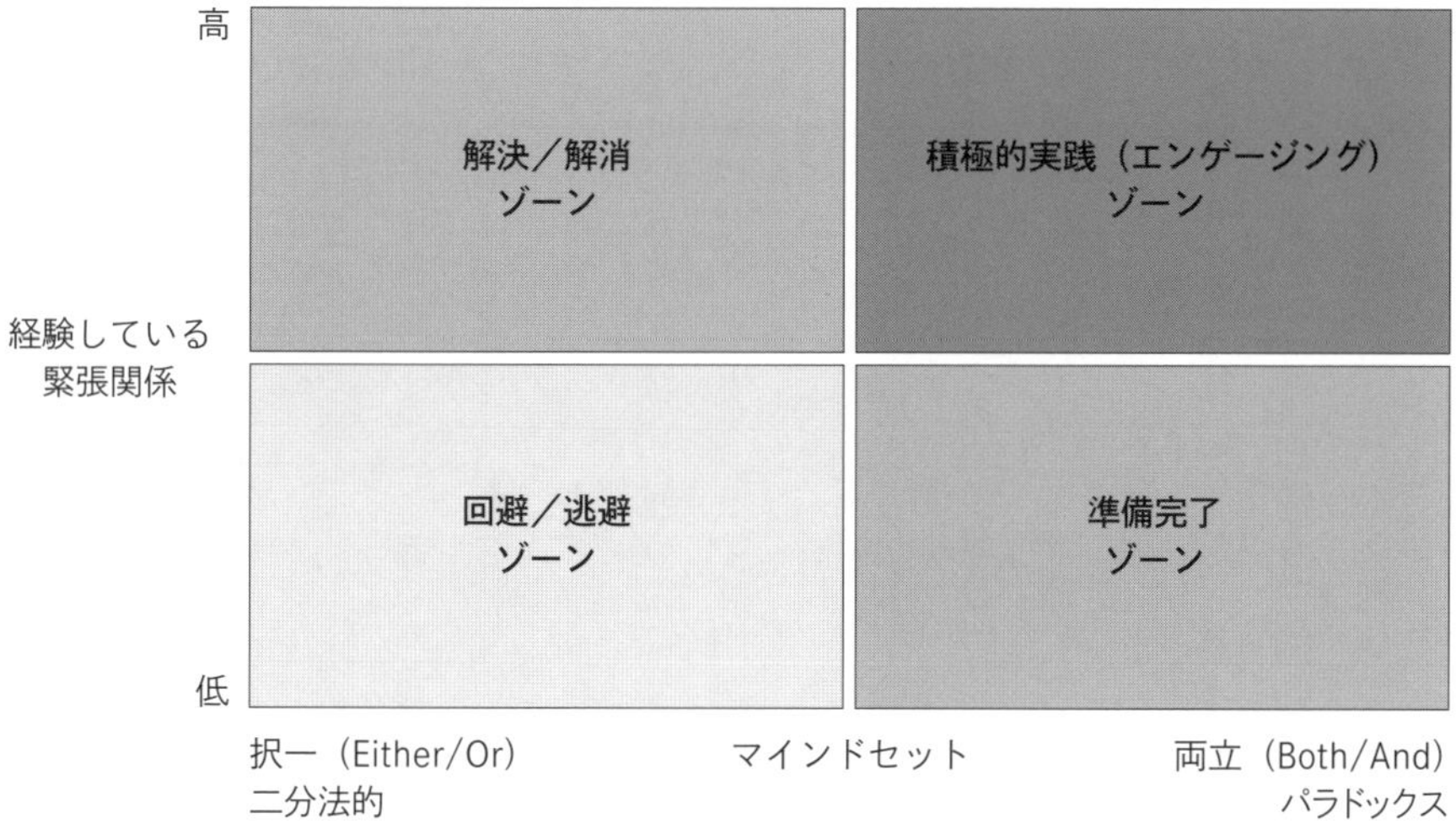

図4-1　パラドックス・ナビゲーション（両立実践）マトリクス

トの人は、対立する力のあいだに働く矛盾を受け入れ、両者がどのように互いに補強しあっているかを認識する。高いレベルのパラドックス・マインドセットを備えた人は、緊張関係《テンション》を、自然で、価値があり、活力をくれるものと考える。ジレンマに直面したときに、「選択肢AとBのどちらを選ぶか」を考える代わりに、「選択肢AとBをどうやって両立させるか」を考える。問いを変えるだけで、新たな選択肢が導入され、両立思考が促される。

緊張関係《テンション》を感じる度合いと、採用するマインドセットの組み合わせによって、パラドックス・ナビゲーション（両立実践）マトリクス上の位置が決まる（図4－1。さらなる議論については、付録を参照）。回避／逃避ゾーンでは、緊張関係《テンション》をあまり感じず、二分法的な択一思考のマインドセットを採用する。ストレスフリーな環境で、何も知らず幸せに過ごすことができる。あるいは、ストレスフルな環境で生活や仕事を送っていても、周囲に渦巻く緊張関係《テンション》を無視して幸せに過ごすことができる。もちろん、「知らぬが仏」の考え方にも、場合によっては価値がある。発生した緊張関係《テンション》すべてに対応する時間とエネルギーはない。たとえば、プロとしての業績や社会への影響に関する疑問が繰り返し頭をもたげても、生活上の他の理由があってキャリア上の大きな変更を先延ばしせざるをえないため、あえてその疑問を無視する場合もある。身を投じる戦いを選ばなければならないこともあるのだ。

緊張関係《テンション》を避けられる場合もあるが、常に無視することはできない。仕事上のこうした目立たない緊張関係《テンション》が積み重なると、ある時点で爆発し、緊急の課題になることがある。ある日いきなり、より明白で苦しい圧力を伴う新たな状況に置かれたりもする。たとえば、比較的ストレスフリーだった職場に新たな上司が着任して、急に話がややこしくなるケースが該当するだろう。こうした緊張関係《テンション》が頭をもたげるようになったら、何が起こるだろうか。この事態の舵取りをするためのツールはあるだろうか。二分法的なマインドセットを採用すると、意思決定の不確かさによって不安を感じ、速やかに択一の選択をしたくなる。つまり、解決／解消ゾーンにいるわけだ。解決／解消ゾーンで行った択一の選択によって、短期的には安堵するかもしれないが、先行きには注意しなければならない。第2章で詳しく論じたように、そうした意思決定はひいき目に見ても限界があり、最悪の場合は害をなすのだ。

一方で、相互に依存する矛盾に対して同時に取り組むべく、パラドックス・マインドセットを採用することもある。「パラドックス？　かかってこい」というわけだ。準備完了ゾーンでは、パラドックス・マインドセットを活用するが、あまり緊張関係《テンション》を感じない。よそ行きの服で決めているが、出かける場所がない状態だ。この場合も、低ストレスの状況にいる可能性がある。それでも、状況が変化したらすぐに、両立思考を駆使する準備ができている。しかし、周囲に存在する緊張関係《テンション》が続々目についてしまうこともある。それらをなかったことにしてしまうよりは、明るみに出して対応したほうが良い。本書

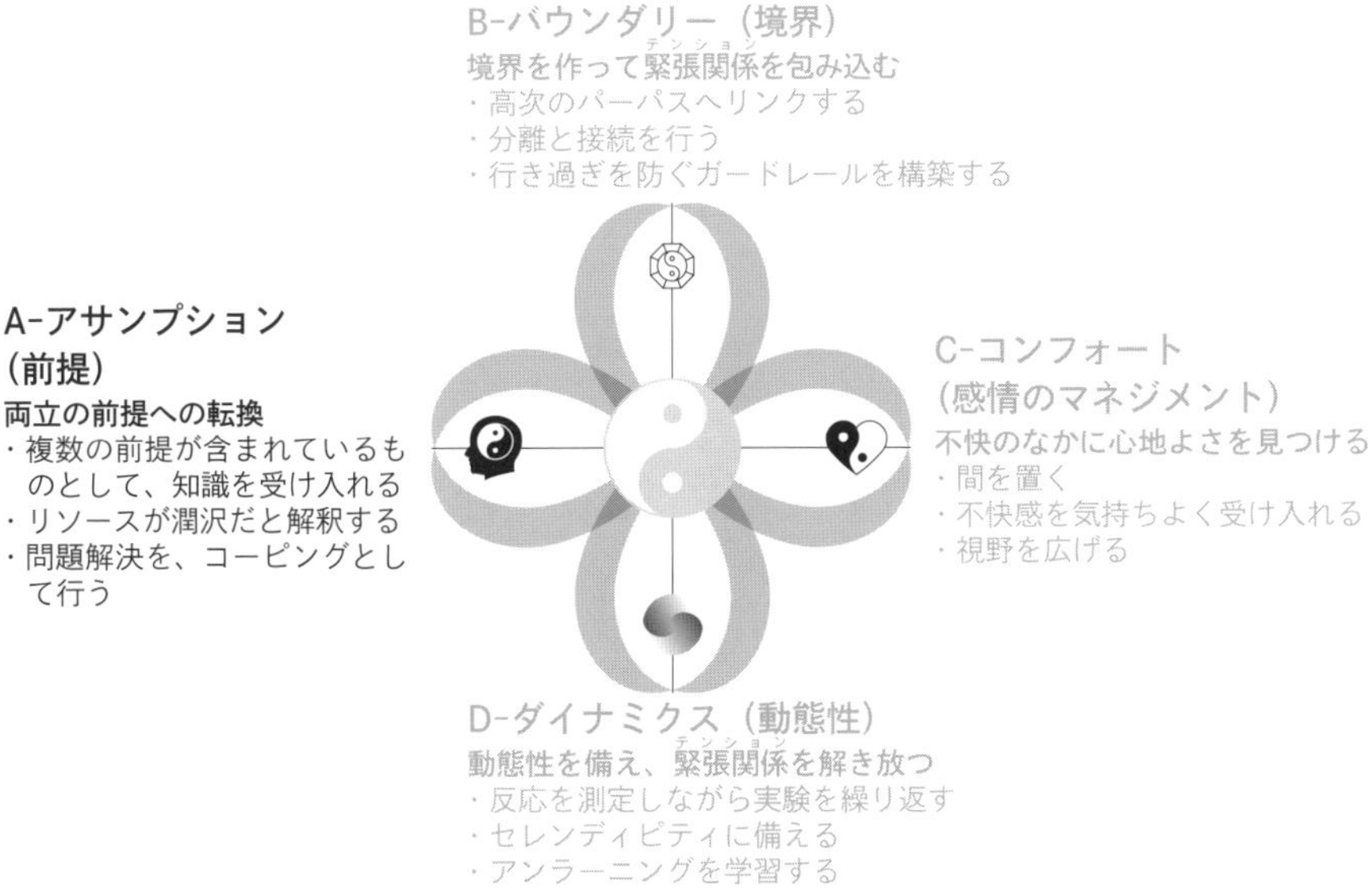
B-バウンダリー（境界）
境界を作って緊張関係《テンション》を包み込む
・高次のパーパスへリンクする
・分離と接続を行う
・行き過ぎを防ぐガードレールを構築する
A-アサンプション
（前提）
両立の前提への転換
・複数の前提が含まれているものとして、知識を受け入れる
・リソースが潤沢だと解釈する
・問題解決を、コーピングとして行う
C-コンフォート
（感情のマネジメント）
不快のなかに心地よさを見つける
・間を置く
・不快感を気持ちよく受け入れる
・視野を広げる
D-ダイナミクス（動態性）
動態性を備え、緊張関係《テンション》を解き放つ
・反応を測定しながら実験を繰り返す
・セレンディピティに備える
・アンラーニングを学習する

図4-2　ABCDシステム――アサンプション（前提）

で紹介しているリーダーの多くは、まさにそれを実践している。両立思考のツールを装備したリーダーたちは、背後にあるパラドックスを探し求める。真っ向から立ち向かい、より創造力と持続可能性のあるソリューションを生み出すためだ。そうすることで、積極的実践（エンゲージング）ゾーンに移行することができる。ここは、緊張関係《テンション》を感じ、かつパラドックス・マインドセットを採用しているゾーンだ。

私たちの研究では、これらのゾーンが働く人に与える影響を調査した。その結果、積極的実践（エンゲージング）ゾーンにいる人々のほうが優れた実績を上げていることがわかった。積極的実践（エンゲージング）ゾーンにいる人は、そうでない人よりイノベーティブで生産的と上司から評されていた。それだけでなく、仕事への本人の満足度も高かった。[原注4]

また、二分法的なマインドセットを採用した場合は、緊張関係《テンション》の度合いが低いほうが優れた実績を上げることも判明した。したがって、択一思考にどっぷり浸かっている場合は、緊張関係《テンション》を減らすか、今後の緊張関係《テンション》を避けたほうが良い。それらに対応するためのアプローチが限られているためだ。緊張関係《テンション》が高まってくると、パラドックス・マインドセットのほうが、効果的に対応するためのツールを提供してくれる。

私たちの研究では、人々が緊張関係《テンション》を経験する度合いと、パラドックス・マインドセットを採用する度合いを評価するためのパラドックス・マインドセット関連尺度を開発した。この尺度を巻末に収録するとともに、オンライン版へのリンクも付記する。読者の方も、自身のマインドセットをテストしたり、友人と共有したり、社内で利用したりできる。[原注5]

ゾーンに関する私たちの議論では、ひとりの人が常に同じゾーンにいるのではなく、場合によって別のゾーンにいることがあるとみなす。環境を変えるか、緊張関係《テンション》に敏感になるだけで、緊張関係《テンション》を感じる度合いをシフトすることができる。また、パラドックス・マインドセットを採用する度合いもシフトできる。ＡＢＣＤシステムには、背後にある前提をパラドックス・マインドセットに向けてシフトするために役立つ３つのツールがある。これらのツールで、知識、リソース、問題解決の背後にある見方を考え直す（図4-2）。

パラドックスは頭の中だけのことなのか

パラドックスは、単に頭の中で作られるのだろうか。世界を理解し、世界とやりとりするための脳の構造が、絡み合った対立項の感覚を作り出す、という説がある。パラドックスを明るみに出す認知の枠組みは人間が作っている、というわけだ。この見方の背後にあるのが、社会構成主義という考え方だ。これは、人間が共有する解釈を通じて現実が作られるという信条である。[原注6] フリードリヒ・ニーチェが簡潔に言い表している。

「事実というものは存在しない。存在するのは解釈だけである」

絡み合った対立する力は、この世界に内在する骨組みの一部だと主張する向きもある。東洋の老子や西洋のヘラクレイトスなどの古代の哲学者はそう考え、世界は二項動態——手を取り合って回り続ける、対立する力——の上に成り立っていると説明していた。マイケル・ファラデーやニールス・ボーアなどの自然科学者は、物理的世界をパラドックスが内在しているものとして描写した。一方で、カール・ユングやアルフレッド・アドラーのような精神分析学者は、人間の心は相互に依存する矛盾で満ちていると説いた。[原注7] 最近ではバリー・ジョンソンが、パラドックスを「自然からの贈り物であり、重力や日光と同様の自然現象である」と記している。[原注8]

社会的に構築されたものなのか、内在的なものなのか。解釈なのか、現実なのか。何世紀にもわたって激しく戦われてきた議論は今も続いている。この問いは、「森の中の木」のたとえをパラドックスに置き換えたものに思われる。誰もいない森で木が倒れたら、音がしたことになるのだろうか。木が音を生んだのだろうか、聴き手が音を感知したから音が鳴ったことになるのだろうか。パラドックスはこの世界がもつ機能なのだろうか、それとも、世界を観測している私たちが作り出しているのだろうか。

ここまで読み進んできた方は、この問いが択一型として立てられていると気づいたかもしれない。社会構成的なものか、内在的かの二択だ。これを両立型に変えてみたとしたら、どうだろうか。社会構成的なものでありながら内在的であるようなパラドックスの特性は、どのようなものだろうか。社会構成的なものは、パラドックスの内在的性質にどのように影響を与えるだろうか。パラドックスの内在的性質は、社会構成的なものを通ることによりどのように屈折するだろうか。

私たちの論文ではパラドックスを、システムの隠れた特徴が社会構成的なものを通じて顕在化するものと論じている。つまり、パラドックスは表出しているジレンマに隠れているが、背後にあるパラドックスを明るみに出すために役立つのは、人間自身による理解である。[原注9] 友人の研究者でスペインのESADEビジネススクールに勤めるトバイアス・ハーン教授と、オーストラリアのマッコーリー・ビジネススクールに勤めるエリック・ナイト研究科長は、この議論をさらに一歩進めている。ハーンとナイトは、パラドックスの働きが、宇宙の物質に対する人間の理解に似ているという説を提唱している。量子論が示唆するように、物質を粒子と波のいずれかに分けることはできない。この問いに答えるために測定を試みることはできるが、システムである量子系に測定そのものが影響を与えるため、物質の特性だけでなく測定の特性も測定結果に現れる。ハーンとナイトは、パラドックスの経験にも同じことが成り立つ可能性があると論じる。システムの構造の背後には対立する特徴間の相互依存性が存在する可能性がある。その相互依存性がどのようにパラドックスとして顕在化するかは、観測者である私たちの経験と、現実の社会構成的なものによって変わってくる。ハーンとナイトによれば、社会構成的なものは隠れたパラドックスを明るみに出すだけではなく、背後にある複雑な現実からパラドックスを構成するためにも役立つという。[原注10]

パラドックスは、内在的なものだろうか、社会構成的なものだろうか、それとも両方が統合されたものだろうか。いずれにしても、パラドックスが私たちの周りを渦巻くことには変わりない。私たちには依然として背後にあるツールを理解し、不条理な不合理を効果的に乗りこなすメリットがある。

複数の前提が含まれているものとして、知識を受け入れる

私たちの多くは、真実はいつでもどこでもひとつで、何かが真であれば、逆は偽であるに違いないと信じている。[原注11]しかし、ノーベル賞を受賞した物理学者のニールス・ボーアは、次のように述べたという。

「真実には、ささいな真実と偉大な真実がある。ささいな真実の逆は、単純に偽である。偉大な真実の逆は、また真である」

偉大な真実は、相反する複数のレンズを通じて屈折する、複雑に入り組んだ理解を伴う。こうした複雑な真実の全体像を理解する代わりに、矛盾する断片だけを認識してしまうことがある。もしひとつの

真実に入れ込んでしまい、矛盾を却下してしまうと、より深く包括的なインサイトを見逃してしまう場合がある。また、唯一の真実に傾倒する他の人と、手に負えないコンフリクトを起こしてしまうこともある。

古代の哲学者は、この概念を盲人と象に例えた（訳注：日本語では「群盲象を評す」「群盲象を撫でる」などという）。数人の盲人が象に出会い、この未知の生き物がどのようなものかを知りたがった。盲人たちは、どのような感触がするかを確かめるために、それぞれ象に触った。最初の人は鼻に触り、この生き物は太いヘビのようだと言った。２番目の人は耳に触り、うちわの一種のようだと指摘した。３番目の人は脚に触り、木の幹のようだと思った。４番目の人はしっぽに触り、縄のようだと表現した。５番目の人は牙に触り、槍のようだと述べた。全員が、自分の感触こそ正しく、他の人の感触は間違いだと確信していた。誰ひとり自説を譲ろうとも、他の人の見方を掘り下げようともしなかった。その結果、コンフリクトがしばらく続いた。[原注12]

19世紀には、ジョン・ゴッドフリー・サックスが、この教訓を「盲人と象」という詩にまとめた。

かくてインドスタンの男たちは
長いあいだ大声で争った
それは頑固に強硬に
自分の説を押し通した
それぞれが少しずつ正しかったが
全員が間違いだったのだ！[原注13]

盲人たちは、自分と同じ経験を他の人もしたと仮定し、自分の経験が全体を反映していると信じた。しかし、その逆を仮定してみたらどうだっただろう。自分の観察結果は多数の結果のひとつにすぎない。自分は真実の一部を経験し、他の人も経験した。それらの異なる、相反する経験を合わせると、より深い真実が見えてくる、というわけだ。そう考えれば、他の人にとっての現実に、もっと素直に耳を傾けることができたかもしれない。自分の知識を疑い、他の可能性を探索し、素直な聞き手になり、新たなインサイトを取り入れて生み出せたかもしれない。このようなオープンマインドな前提が、両立思考の背後にある。知識が矛盾をはらむことを理解するには、知識には複数の真実が共存可能だという前提に立たなければならないのだ。

象からゴリラへ

私たちがそれぞれ象の別の部分を見ている理由のひとつは、人間の脳はある状況において一定の量の情報しか取り込むことができないからだ。イリノイ大学で心理学を教えるダニエル・サイモンズ教授と、ガイジンガー・ヘルス・システムで行動意思決定科学プログラム長を務めるクリストファー・シャブリ教授は、ある状況下で人間の集中力の及ぶ範囲が限定され、他の情報が最小化される場合があることを力強く示している。ふたりはこの現象を「非注意による見落とし」と呼んでいる。

サイモンズとシャブリはハーバード大学で、いまや有名になった「選択的注意実験」を実施した。この研究では、６人の学生が映った動画を使用している。３人が白いシャツ、３人が黒いシャツを着ている。白いシャツの学生は、互いにバスケットボールをパスしている。黒いシャツの学生も、互いにバスケットボールをパスしている。サイモンズとシャブリは被験者にこの動画を見せ、白いシャツの学生がボールをパスした回数を報告するように指示した。

まだこの動画を見ていなくて興味が湧いた方は、いったん本書を置いて見に行くことをお勧めしたい。すでにご覧になっている方は（ネタバレ注意――このあと動画のキモの解説あり）、この選択的注意実験で白シャツ組は15回ボールをパスしたとわかっているだろう。しかし、動画で最も重要だったのは、パスの回数を正しく数えたかどうかではなく、妙な現象があったことに気づいたかどうかであった。両チームがパスをしているあいだに、黒いゴリラの着ぐるみをまとった人物が視界に割り込んだ。ゴリラはパスをしているところを堂々と横切り、真ん中で立ち、こぶしで胸を叩いて、歩き去った。

ここからが面白い。被験者の50パーセント以上が、白シャツ組のパスの数を数えるのに集中するあまり、ゴリラの着ぐるみを見落としていたのだ。ある分野に集中すると、他の分野を見逃すことがよくある。この動画をすでに見た方や、もちろんゴリラにちゃんと気づいたという方は、もう1本の動画「モンキー・ビジネス・イリュージョン（The Monkey Business Illusion）」も見てほしい。今回はネタバレなしだ。[原注14]

これらの実験は、人間が限られた情報を取り込み、全体像を見落としてしまうことを示している。人間は、周囲を見渡すとき、自分に関係のある情報を認識し、他の情報を見落とす。心理学者はこの傾向を確証バイアスと呼んでいる。[原注15] その好例が政治である。政治的立場の異なる人は、ある事実に対して意見が一致していないというより、まったく異なる事実から出発していることが多い。政治的に多極化したこの世界では、自分がすでに信じていることを裏付けてくれる情報に注意が向いてしまう。人はそれぞれ異なるニュースを取り込み、異なる集団と話し、異なる問題に注目する。[原注16] その結果、他の人が鋭い意識を向けている重要なインサイトを見逃してしまう。自分自身の視点に集中しすぎると、ウサギの穴に嵌まってしまう。異議を申し立てる人が出てくると、塹壕《ざんごう》戦に移行し、自分を守ろうとして身をすくめてしまう。[原注17]

これに対し、パラドックス・マインドセットでは、複数の見方が共存していて、他の見方は見えていなかったり、正当に評価できていなかったりする場合がある、という前提からスタートする。この前提から始めれば、他者の視点を抵抗なく学べるようになる。

スクリーンタイムをめぐる出来事

つい先日、私（ウェンディ）は、自分の家で象のように巨大な争いが勃発しそうになっているのを感じた。対立する要求を受け入れることについてどれほど頻繁に話題にしていても、いつの間にか知識をただひとつの真実であるとみなし、正しいか間違っているかの偏執な議論に陥ってしまうことがある。私は夫とおなじみの議論に陥りつつあった。ふたりとも、自分がもつ情報の断片と、自分が経験した真実しか見えなくなっていた。議題は、スクリーンタイム（訳注：テレビ、パソコン、スマートフォンなどの画面を見ている合計時間）だった。この話し合いをしたのは最初ではなく、最後にもなりそうになかった。

その日はとても忙しかった。一瞬仕事の手を止めて、子供たちが何をしているか確認に行くと、一番下の息子がコンピューターの前で暇を潰していた。姉のように『ジ・オフィス』の再放送を2度も最初から観ていたわけではない。兄のようにゲームで遊んでいるわけでもない。その光景だけで十分いらいらする。でも、末っ子の行動で私は完全にキレてしまった。他の人がプレイしているゲームの配信を何時間も観ていたのだ。それが問題だった——自分で実際にやりもせずに、他の人のプレイを見ている。それを趣味として楽しむ人もいるだろうし、もしそうならば、その情熱は尊重する。しかし、息子がそれをしていたのを目撃したときはつい我を忘れてしまった。

心の奥底にあった恐れが口をついて出た。

「まったく最悪の親ね。他人のゲーム動画を何時間も観ている子供を放っておく親がどこにいるの」（ちなみに、そうした動画の閲覧数を見る限りはたくさんいるらしい）

自分をひどい親扱いしたくなかったので、理性を欠いた行動に走った。夫のせいにしたのだ。自分が悪いのでなければ、夫のほうに理由を見つけなければならない。

「動画を見るのをやめさせないと」夫に言った。

「じゃ、君と僕のどちらが見張るんだ？」が答えだった。

ふたりとも負けず嫌いなので、互いに何らかの立場をとると、実に意固地になることがある。戦いの準備は整った。

この議論はもう何度となく交わしているので、詳しく確認する必要はない。互いの立場も、主張もわかっている。でも、感情が先走っているときは、どちらも自分が正しくて相手が間違っていると固く信じるものだ。私は、責任のある親なら、スクリーンタイムにもっと規制を設けるべきだ、という意見だった。規律がないのはとにかく間違っている、というわけだ。夫に同意してほしかっただけではなく、息子にコンピューターから離れるように注意する役も頼もうとしていた。

夫は、スクリーンタイムに規制が必要だという意見こそ同じだったが、実際に注意することがどれほど大変かもわかっていた。ふたりとも忙しさを極めていた。この議論があった日は世界的パンデミックの最中で、3人の子供を自宅から学校に通わせながら、仕事を進めようとしていた。夫は、スクリーンタイムにもっと規制が必要だという点にこそ賛成するが、自分が注意するわけではないので、妻の私にも求めるわけにはいかないという意見だった。私よりも優しいスタンスといえるだろう。ふたりとも自分の立場を述べた。しかし、とりあえずそこでやめておいた。同じ口論をやり直す必要はない。

どちらが正しいのだろうか。両方だ。子供たちのスクリーンタイムにもっと規制が必要だという私の主張は正しい。時間とリソースが限られていて、少なくとも今は規律を守らせることができないという夫の主張も正しい。その前提から始めれば、もっと容易かつ素直に互いに耳を傾け、代替案を検討したり、よりクリエイティブで持続可能なソリューションに向けて両立思考をベストな形で活用したりできた。

しばらくして、ふたりとも落ち着いて時間の余裕ができると、私たちは同じチームにいることを思い出し、家族にとってベストと思える対策を取ろうとブレインストーミングを始めた。理想は、子供たちが自己管理して規律を守ることだ。スクリーンの誘惑に負けないくらい、他にやることがあるような環境が望ましい。子供たちがそれぞれ自分に責任を持てるようなシステムを用意することもできる。一方で、もう少し家庭外からの規律で、子供たちに厳しくする必要があることもわかっている。

しかし、そこに到達するには若干の時間と金銭の投資が必要だということがわかった。このソリューションには、子供たちが画面の閲覧以外の活動に関わることと、その際のサポートを提供することが必要だった。この課題への新たなソリューションを見つける作業は、子供たちの年齢や成熟度によっても異なった。ティーンエイジャーの２人は自らスクリーンタイムを管理する責任を負うことができるが、末っ子にはもっと直接しつけをしなければならない。夫も私も、スクリーンタイムをめぐる議論に一貫して対峙しなければいけないことはわかっていた。だが、重要なのは、互いの異なる見方を尊重しながら、夫婦で事態に一緒に立ち向かうことだったのだ。

イエス・アンド

場合によっては、文字通り自分の信条のために行動する必要がある。背後にある前提を変えるには、自分が信じたい内容を反映するような形で行動し始めなければならない。「我々が繰り返す行動そのものが我々自身なのだ」と叫んだアリストテレスには、これがわかっていた。俳優、特にインプロ（即興演劇）の演者には、両立の前提を身につけるためのヒントがある。インプロの演者は、まず「イエス・アンド（Yes, and）」から始める。インプロで重要なこの習慣は、対立する見方を受け入れ（イエス）、それを発展させる（アンド）ために役立つ。

インプロには計画も台本もない。何もかもが自由に流れ、自然に生じているように見えるが、構造を提供し混沌を防ぐために演者が従うガイドラインがある。インプロの初期の開拓者たちは、キッチン・ルールと呼ばれるものを策定した。これは、キッチンのテーブルを囲んで座り、シーンの中でうまくいったところといかなかったところを考察しているうちにできたルールである。最も有名なキッチン・ルールは、「現実を否定しない」だ。インプロの演者は、「イエス・アンド」を用いることで、チームメイトが確立した現実と折り合いをつけるスキルを実践する。「イエス・アンド」とは、シーンにおいて他の演者が設定したアイデアを受け入れ（イエス）、それからこれらのアイデアを利用して発展させる方法を見つける（アンド）必要があるということだ。[原注18]

インプロでは、演者は通常、観客に提案を求めてシーンを設定する。ここで想像してみよう。ある観客が、公園での母と息子のやりとりのシーンを取り上げてほしいと提案し、あなたが母親役に指名された。

シーンについて考え始め、ごきげんな子供をブランコに乗せて押してあげている若い母親を思い浮かべる。そのとき、シーンで子供役に選ばれたパートナーが言った。

「母さん、ここで会えてよかったよ。大事な話があるんだ。オレ、彼女を妊娠させちゃった」

さて、これはどうもブランコのイメージに合わない。頭の中で思い描いていた子供らしく楽しいシーンは、急に大人の話になった。もともと望まれていない予定外の妊娠だとすると、悲劇が待っているかもしれない。

この前提を却下して、自分の前提をアサーションする（訳注：コミュニケーションの分野では「相手を尊重しつつ自分の主張をする」こと）のもひとつの選択肢だ。

「あなたね、３歳で女の子を妊娠させられるわけないでしょ。そもそも『妊娠』って意味わかる？」

パートナーに「ノー・バット（No, But）」で答えた瞬間だ。パートナーはあるアサーションを行い、あなたは主導権を握って別のアサーションを行った。

では、次にシーンパートナーはどうするだろうか。次に起こると考えられるのは、あなたとパートナーのあいだで、どちらの前提を使うかの議論だ。これでは、シーンはあまり進まない。それに、たいして面白くもならないだろう。

でも、現実に起こるのはたいていこういうことだ。誰かがアサーションを行う。相手のアサーションが自分の想像や仮定と違う場合、ただちに却下したり、異議を申し立てたり、自分自身の現実で再アサーションしたりする。そこからどうなるだろうか。「ノー・バット」の応答は、どちらが正しく、どちらが間違っているかのコンフリクトの基になるだけだ——つまり択一思考である。最近行った会話について考えてみよう。会話の中に基本的な前提をめぐるコンフリクトが存在することは、どのくらい頻繁にあるだろうか。

その代わりに、シーンの流れを肯定し、その前提を土台にして発展させる方法を探してみるとどうだろうか。公園のシーンなら、こんなセリフが考えられる。

「まあ、ついにその日が来たの。25年前に彼女と一緒に越してきた日から、どれだけ待ったことか。私、死ぬ前におばあちゃんになれるのね」

このシナリオでは、息子が子供を持てる年齢であることに合意しながら（イエス）、その答えを基に、子供を持てるようになってからずいぶんと時間が経っているというセリフを導き出した（アンド）。こうして、パートナーの前提を尊重しながら、機転を利かせ、意外性を駆使して、悲劇を喜劇に変える方法を見つけることができた。

ただし「イエス・アンド」は、寛容のあまりなんでもありにしてしまうこととは違う。インプロ研究者のクレイ・ドリンコは次のように説明している。

「シーンで現実が確立されるのに伴い、実際には合意が進行している。必ずしもすべてに文字通りイエスと言うわけではない」

「イエス・アンド」アプローチは、人々が互いの現実を土台にすることで機能する。ひとりがシーンを支配していて、他の人がいいなりになるのではない。[原注19]

「イエス・アンド」ルールの力は、エンターテインメントの世界をはるかに超えて届く。セラピストは、患者が行き詰まりを感じている問題に対応できるように手助けしたり、カップルが関係を深める機会をより多く見つけられるように支援したりする際に、このアプローチを教える価値を見いだしている。コーチやトレーナーは「イエス・アンド」アプローチを採用して、組織のリーダーがより創造力を発揮してつながれるように力を貸している。この種のインプロ・トレーニングによって、より一層のイノベーション、心理的幸福感の増加、不確かさへの寛容さが得られることが、研究によって示されている。[原注20]

私たちの論点にとってさらに重要なことに、「イエス・アンド」はパラドックスを乗りこなすための具体的な実践方法を提示している。「イエス・アンド」は、真実は複数あり、前提に異議を唱えられてもその人の言い分を単純に拒絶する必要はないことをあらためて教えてくれる。自分に何らかの前提があり、別の人がその逆を主張したケースを想像してほしい。その考えを却下する代わりに、肯定、つまりイエスから始めれば、相手の現実を尊重できる。ここで重要な点がある。他者の現実を尊重するというのは、必ずしもその現実に同意しなければならないという意味ではない。その現実を認識し、尊重するという意味だ。その後、現実に学び、それを発展させることができる。

会話に参加する機会があれば、ぜひ試してみてほしいことがある。自分の考えに対して異論を述べる人がいたときに、何が起こるかを考えてみよう。そのときに立ち止まって、自分が考えていること、感じていることをチェックしてみよう。脅かされているような気がしたり、腹が立ったりしているかもしれない。相手の視点に異議を唱えるための防衛的な主張を考えているかもしれない。その代わりに、「イエス・アンド」で答えてみよう。まず、相手の立場を真に尊重してみたとしたらどうだろうか。次に、その主張を却下するのではなく、自らのインサイトを踏まえて発展させることができないか考えてみよう。それから、自分を振り返ってみよう。この「イエス・アンド」は、あなた自身のマインドセットにどのように影響しただろうか。複数の視点が得られただろうか。会話の性質をどのように変えることができただろうか。

「イエス・アンド」アプローチが有用なのは、複数の人が異なる視点を表明した場合だけではない。自分自身の考えに抵抗感が生じたときにも役に立つ。第1章で述べたように、パラドックスは、自分自身の中、他者との関係、集団内などあらゆるレベルに現れる。内面のパラドックスについて考えてみよう。それらに「イエス・アンド」アプローチを採用してみたらどうだろうか。次のような例を考えてみてほしい。自分のことをおおむね責任感があって頼りがいのある人物だと考えていたが、納期の管理に失敗し、相手を失望させてしまった。最初の反応としては、自分を激しく非難したくなるかもしれない。しかし、その代わりに受容から始めてみたらどうだろうか。責任感があるのは事実だ。自分のやったことが責任感に欠けていたのも事実だ。そういうこともある。その経験から常に学び、将来の再発を最小限に抑えよう。

リソースが潤沢だと解釈する

また、パラドックス・マインドセットには、リソースをめぐる前提も関わってくる。つまり、不足ではなく、潤沢さを見るようにする。リソース、つまり時間、空間、資金は、ジレンマの大半を左右する。二者択一的な要求が、リソースを食い合う。ワークライフバランスに関する課題をつきつめると、時間の使い方に関する問いに行き当たることが多い。組織がどの候補者を採用すべきかという問題は、組織の資金が限られており、そのため誰かを選ばなければならないからこそ生じる。私（マリアンヌ）の研究プロジェクトのひとつで、プロダクトデザイン企業を取り上げた。これらの企業は、既存プロダクトの強化と、抜本的なイノベーションへの投資のあいだの緊張《テンション》関係に苦しんでいた。この緊張《テンション》関係の核心には、リソースに関する問いがある。利益を出し続けるための主力プロダクトも必要とされる中で、企業のリソース——人、時間、事務所のスペース——を、どれほど抜本的なイノベーションに注ぎ込めるだろうか。リーダーシップにおける最も重要な課題のひとつが、リソースの確保・割り当てである。

多くの人は、この種の問題にアプローチする際には、リソースを割り当てる効果的な方法を探す。つまり、パイを分ける方法の改善だ。このアプローチは、二分法的なマインドセットを反映している。リソースが不足しているという前提からスタートしている。リソースは有限であり、一度使ったらなくなってしまうというわけだ。たとえば、プロジェクトの予算が限られているとする。ある経費にそれを使えば、他のものには使えない。このゼロサム思考のために、選択肢をひとつだけ選ばなければならないと思ってしまう。そして、限られたリソースに関する大いなるコンフリクトが起こってしまうのだ。

パラドックス・マインドセットは、リソースに関するこの前提に異議を申し立てる。リソースがゼロサムでなかったとしたらどうだろうか。リソースの制約を受ける必要がないとしたらどうだろうか。リソースの価値を拡大できるとしたらどうだろうか。価値のあるものが不足していると考える代わりに、パラドックス・マインドセットではリソースが潤沢にあるという前提を用いる。リソースは、利用を通じて価値を高められるものだからだ。リソースの価値を拡大するには、さまざまな方法がある。まず、リソースに複数の観点、言い換えれば次元があり、誰もが同じ価値を感じているとは限らないと認識することができる。ある人にとって価値があるものは、必ずしも他の人にとって価値があるとは限らない。テクノロジーとイノベーションを活用して、新たな価値を創出することもできる。価値を拡大するためにさまざまなアプローチを探索することができる。こうした探索が、パラドックスを乗りこなすための新たなチャンスを生み出す。

ピザを分ける

交渉のうまい人は、リソースには自分で最初に仮定するよりも大きな価値がある場合があることを認識している。ウィン・ウィンの交渉をうまく遂行できるかどうかは、当事者がリソースの複数の次元を認識し、その価値を高められるかどうかにかかっている。

通常、人はリソースを1次元的に捉え、誰が分け前を多く取るかを決めようとする。共有の資金があれば、誰が多めにもらうかを決める必要がある。まとまった時間があれば、どの活動に多めに時間を割くかを決めなければならない。この種の交渉では、取り分を主張する。その前提は、リソースが不足していて、どのように分割するかを決める必要がある、ということだ。ハーバード・ビジネススクールの教授で交渉を専門とするマックス・ベイザーマンは、この不足の前提を「不変のパイの神話」と呼んでいる。[原注21]一方、価値創造は潤沢さを前提とし、パイを分ける前に大きくするように交渉担当者に促す。

実例を考えてみよう――ピザだ。あなたと私は、一緒にピザを食べに出かけた。一枚買って半分に分けて、半額ずつ出す。さて、どうやって分けるべきだろうか。

ちょうど半分ずつにするべきだと思うかもしれない。8ピースに切れていたら、お互いに4ピースずつだ。半額ずつ払っているのだから公平だろう。しかし、交渉が始まることもある。ふたりともついさっきまで仕事をしていて、あなたの当日締め切りのプロジェクトを仕上げるために、私が昼食を抜いたかもしれない。そのため、とてもお腹が空いているので、今回は5ピースほしい、あなたは3ピースで我慢してくれ、と言うかもしれない。あるいは、ここ数回ピザ代をこちらが出していたことに気づいたので、今回は多めにほしいと思ったかもしれない。両方が満足するようにピザを分割する方法が見つかるまで、そのように互いに交渉を続けることができる。

ここで、この交渉の背後にある前提に注目してみよう。私たちは、ピザにはひとつの次元（ピース数）しかなく、リソースは不変であるという前提に立っている。1枚のピザは8ピースに分かれている。したがって、何ピースずつ食べるかの交渉になる。

しかし、ピザのサイズを実際に変えないで、さらに大きな価値を引き出す方法はないだろうか。ピザの別の次元を考えられないだろうか。そうすれば、リソースの量自体を変えずに、ピザの価値を上げることができる。あなたと私が、レストランに向かう途中にピザの話を始めたとしよう。話しているうちに、あなたはピザの具が好きだとわかった。ソース、チーズ、トッピングだ。そして、耳はいつも残していた（低炭水化物を摂る食生活を心がけていると言いたいところだが、単に9歳の頃以来の好き嫌いだ）。ここで、私は具に興味がないとしよう。ヴィーガンで、チーズも肉も食べない。ピザはだいたい具を全部こそげ落として、下のパンだけを食べる（私はフランス料理が好きだが、この好き嫌いはやはり9歳の頃から持ち越したものだ）。この情報から、別の分け方を考えることができる。あなたは真ん中を全部食べ、私は端っこを全部もらう。半分にして4ピースずつ取るのに比べ、お互いがピザ1枚のうち食べたい場所を手に入れることになった。ベイザーマンは、このアプローチを「パイを成長させる」と呼んでいる。

このアプローチでは、リソースを1次元（ピザのピース数）と捉える考え方から、別の次元（ピザのどこが好きかなど）を考慮する考え方に移行する。それから、複数の次元に従ってリソースを割り当てる方法を考えることができる。

時間について考えてみよう。1日に割ける時間は24時間しかない。この時間をどう分けるかをめぐって、数々の緊張関係《テンション》が持ち上がる。もし、時間の次元のみを考えると、ゼロサムの不足型アプローチに嵌まってしまう。その時間を何に多く使うか考えることくらいしかできない。しかし、生産性を考える限り、時間の価値はすべて同じではない。午前9時に完了できる仕事の量と、午後9時に完了できる仕事の量は異なる。特に、早起きな人や夜更かしな人ならなおさらだ。取り組む順番も、仕事をやり遂げる際の効率性を変える。タイムマネジメントの専門家はよく、仕事の優先順位をつける方法として、石と砂の入った壺の比喩を使う。最初に壺に砂を入れてから小さな石を入れると、大きな石が入るだけの空間がなくなる。しかし、最初に大きな石を壺に入れ、それから小さい石を入れれば、ほとんどの砂は石の周りに収まる。大きなプロジェクトに最初に取り組めば、小さなタスクを短時間で終わらせる方法をあとで考えることができる。競合するさまざまな要求に時間を割り当てるには、各プロジェクトに割り当てる時間の長さだけではなく、いつ、どの順番でやるかも重要なのだ。

ある人にとってのゴミ

リソースの価値を拡大するコツを心得ている人もいる。ライス大学の経営学教授、スコット・ソネンシェインは、このような人を、少ない資源で多くを成し遂げる方法を見つける人という意味で、「ストレッチャー」、つまり拡大する人と呼んでいる。その方法のひとつは、他の人があまり価値を感じていないものに価値を見いだすことだ。英語の格言にも、「ある人にとってのゴミは他の人にとっての宝」というものがある。ストレッチャーは、場合によっては文字通りに、他の人が捨てたゴミから宝物を見つける。[原注22]

カナダのアーティストでフィリピンに長期滞在しているラッセル・メイヤーは、ゴミのおかげで人生が変わった。２０１０年に、メイヤーはガールフレンドの家族に会うためにパリからフィリピンに飛んだ。彼女の父はマニラの大企業の幹部で、アーティストのメイヤーとはあまり共通項がなかった。実際、顔合わせは大失敗で、彼女はメイヤーを捨ててパリへ帰ってしまった。メイヤーはそのままフィリピン各地を旅行した。失敗の苦痛から身を隠し、先住民の叡智にアートへのインスピレーションを求めるためだった。旅行中、たまたまイゴロット族の人里離れた村にたどりついた。そこで、痛みとうつ状態のために自分を失ってしまった。恋人を失い、金を失い、やる気もなければ行く先もなかった。村人たちに迎え入れられ、そのまま住み着いた。しばらく（何年も）時間がかかったが、やがて創作のひらめきが回復してきた。

メイヤーが魅了された事実のひとつは、現地の言葉に「ゴミ」にあたる単語がなかったことだ。イゴロット族の人々は、あらゆるものに価値があると信じていた。ある目的のために使われなくなったものも、形を変えて別の使い方をすることができる。実際に、どのくらいうまく再利用されているかを表す言葉さえある。「アイユー」(ａｙｙｅｗ)だ。メイヤーはこの考え方に魅せられたが、現地にはたくさんのゴミ、特にプラスチックが目についた。ペットボトルをはじめとするプラスチック製品が村を汚染し、川に捨てられていた。メイヤーは、このプラスチックをどうにかして用途変更できないかと考えるようになった。ある日、小さなプラスチックの破片を大きなペットボトルに詰めてみることにした。プラスチックをいっぱいに詰めたボトルをレンガのように使い、自宅の庭に並べた。発想そのものはとてもシンプルだった——地域には大量のプラスチックやペットボトルが廃棄されていたが、一方で自宅や学校や庭を改良するための建築用資材も大いに必要だ。

メイヤーは地元の学校にこのアイデアをシェアし、生徒たちに数百本のペットボトル製エコブリックを作らせた。教育長がこのイノベーションを取り上げ、２００以上の学校にゴミからエコブリックを作るように義務づけた。この習慣はまたたく間に地域の数千校に広がった。

フィリピンの田舎の村で始まったアイデアが、ムーブメントになったのだ。メイヤーはエコブリックの作り方のマニュアルを執筆した。２０１３年にはウェブサイト ecobricks.orgを制作し、事例をより広範囲にシェアした。すると、世界中から声が届いた。メイヤーとは無関係にペットボトルから建築用資材を作った人々だった。ドイツ人の発明家、アンドレアス・フレーゼも、ペットボトルで建材を作れると思いついた。フレーゼはボトルに土や砂を詰め、家、会議場、水タンクなど大型の建造物を建築した。メイヤーは、南アフリカ、北米、南米のエコブリック制作者とつながった。そしてグローバル・エコブリック・アライアンスを結成し、米国、英国、南アフリカ、シンガポールをはじめとする各国の、数十万人にも及ぶエコブリック制作者を刺激した。

私（ウェンディ）は、２０１６年に隣人からエコブリックのアイデアを紹介された。それ以来、地域で普及活動に取り組み、数百ポンドのゴミを建材に変えている。花壇の境界、ベンチや壁などの材料にしてもらえるよう、エコブリックを学校、キャンプ、地元のネイチャーセンターに届けている。私たちはゴミから価値を生み出し、リソースを拡大して潤沢にし、よりいっそう両立思考に取り組む方法を見つけたのだ。[原注23]

木の上の果物を摘むためのはしご

リソースを潤沢にする方法のひとつは、アクセスできなかったリソースにアクセスするための新たなテクノロジーを見つけることである。ピーター・ディアマンディスとスティーヴン・コトラーは、著書『楽観主義者の未来予測』（早川書房、２０１４年、原題『Abundance』）で、そのためのさまざまなテクノロジーを探索している。ディアマンディスらの論旨はシンプルながら挑発的である。世界にはすべての人の衣食住を満たすために十分な資源《リソース》がある。しかし、資源へのアクセス手段さえあれば、というものだ。ディアマンディスらは、オレンジの木の例を挙げる。私たちは、オレンジを木からもいで食べることができる。ここで木の一番下にあるオレンジを全部もいでしまったら、どうなるだろうか。木にはまだたくさんオレンジがなっているが、はしごを持ってこなければ手が届かない。新たなテクノロジーは、これまでアクセスできなかったテクノロジーにアクセスするためのはしごとして機能する。

ディアマンディスらは、同書の中でさまざまな例を提示する。たとえば、水をめぐる難題だ。世界では十億以上の人々が、衛生的な飲み水にアクセスできない。このために年間で200万人以上の子供が亡くなっている。これは、地球に水がないという問題ではなく、衛生的でアクセス可能な水を確保するための新たな方法が必要だということだ。同様に、世界の飢餓も、食べ物が足りないという問題ではない。米国では、生産された食品の約40%が廃棄されている。したがって課題は、廃棄される食品を減らし、効果的に食料を分配するための新たなアプローチを見つけることだ。[原注24]

このように、私たちも自分自身の限られたリソースにアクセスするための新たなはしごを見つけることができる。新たなテクノロジーは、リソースに対する見方を択一思考から両立思考にシフトするために役立つ。時間、資金、エネルギーのパイをうまく分ける方法を探す代わりに、パイを大きくする新たな選択肢を模索できる。たとえば、ビデオ会議のテクノロジーを考えてみてほしい。移動の時間と費用を最小化しながら、つながる力を変革したテクノロジーだ。いまや、会議への出席も、スピーチも、同僚とのつながりの構築も、パーティーへの参加も、すべてリビングルームからできる。テクノロジーは、私たちのリソースと思考をストレッチするための新たなチャンスを提供してくれる。

ギブ・アンド・テイクの好循環

潤沢型アプローチを活用すると、競合する要求のあいだにリソースを割り振る前にリソースを拡張できるだけでなく、互いにどのようなメリットをもたらすかを知るのにも役立つ。

アダム・グラントは、著書『ＧＩＶＥ＆ＴＡＫＥ』（三笠書房、２０１４年）で、自分のために必要なものを受け取る行為《テイク》と、他人に与える行為《ギブ》のあいだの好循環を論じる。私たちはこの緊張関係《テンション》を、リソース配分に関係する二分法と考える場合が多い。他の人に与えれば、自分のために必要な時間とエネルギーが奪われるとみなす。グラントはこの姿勢を１８０度転換し、人を助けようとする人は、結果的にさまざまな利益を得ることになると示した。

グラントは、完璧なギバーの例を紹介する。オタク気質のコンピューター・プログラマーで、のちにシリコンバレーで次々と起業を成功させたアダム・リフキンだ。リフキンは、いつも相手のために何ができるかを聞き、それをやり遂げる人物と評されている。いつもギブしているので、フォーチュン誌が選ぶ最優秀ネットワーカーに選ばれた。このネットワークこそが、人とのつながりを作り、常に人を助けることのできる源となった。リフキンは、並外れたギブの実践によって、ベンチャー企業３社の成功にとどまらず、人生の意味、目的、充実感を見いだした。他の人に与えるために費やしたリソースはリフキンに返ってきて、さらなる利益をもたらした。[原注25]

競合する要求に直面すると、不足によって緊張関係《テンション》が生じる。リソースが不足しているという前提に立つと、要求同士がリソースを奪い合うように思える。これに対し、リソースが潤沢にあるという考え方をすれば、可能性が広がり、リソースが必ずしも行く手を阻むものではなく、新たなシナジーを実現する場合があるとわかる。

「コントロール」ではなく「コーピング」としての問題解決

最後に、パラドックス・マインドセットでは、問題解決の前提をコントロール（管理）型からコーピング（対処）型へとシフトする。一般に、人はコントロールされた状態を好む。絶えず続く変化の渦にとらわれるよりは、地にしっかりと足をつけておきたい。不条理と不合理よりは、明快さと確かさを選びがちだ。曖昧さ、変化、不合理に直面すると、通常は、明快さと安定性を取り戻すために問題解決のアプローチを採る。

パラドックスに立ち向かうことは、まさに曖昧さと変化の嵐である。複数の、変化する、そしてしばしば矛盾する選択肢が、互いの周りをぐるぐると回っているイメージだ。相反する要求は、創造的な摩擦をもたらし、活力を与えてくれる。しかし、緊張関係《テンション》はしばしば不安、恐れ、不満を刺激する。このような場合に、私たちは状況をコントロールして、不確かさを最小限に抑え、安定させようとする。パラドックスに直面した場合に、少なくとも一時的にでもこのコントロール感を得る最も簡単な方法は、いずれかの選択肢から明確に選ぶことである。また、周りの人にもコントロールを押しつけ、家族、チーム、職場に自分と同じ行動を求めることがある。二分法的なマインドセットを持っていると、問題解決を、コントロールの追求と考えてしまうのだ。

しかし、パラドックスを乗りこなすには、問題解決への別のアプローチが求められる。思い出してほしい。パラドックスは動態的で、かつ持続的である。対立する力が残っているので、解決はできない。

たとえば、仕事と私生活のジレンマに対応しようとするときには、背後にある自分軸と他人軸、計画性と偶発性のパラドックスを完全に解決することはない。こうしたパラドックスは常に互いに異議を申し立て、互いを変化させ、消滅することはない。パラドックス・マインドセットでは、アプローチを問題解決からコーピングにシフトする。コーピングとは、不確かさを受け入れ、曖昧さを尊重し、自分の意思決定に立ち戻る必要性を認識しつつ、その時点で先に進むための道を探すことである。ロッテ・ルッシャーと私（マリアンヌ）は、このコーピング型アプローチを、「対処可能な確実性」（workable certainty）の模索と表現している。状況を完全には把握していないとしても、話を前に進め、意思決定を下して継続的に学び適応するための明確さは十分だ。[原注26]

コーピングには、対処可能な確実性の模索が関わってくる。緊張関係《テンション》を拒否するのではなく、受け入れる。持続的なパラドックスを解決するのではなく、もっと小さく流動的な問題を絶えず解決する。本書を通じて、私たちは「コントロールよりもコーピング」という概念を補強する言葉を使うように心がけている。パラドックスを解決することではなく、パラドックスを乗りこなすこと、パラドックスに関わる、あるいは取り組むこと、パラドックスを活用することなどを話題にする。緊張関係《テンション》の最小化や緊張関係《テンション》への抵抗ではなく、緊張関係《テンション》の受け入れや受容について語る。言葉は、背後にある前提を変えるための第一歩だ。しかしその前に、コントロールを手放すことの難しさも認識しなければならない。

カジノゲームの例

コントロールを手放すのは、本能に——あるいは少なくとも、バイアスに——反する。ハーバード大学の心理学者、エレン・ランガーが行った実験が、この効果を示している。ランガーは、人間が最もランダムな状況ですらコントロールできるとみなしがちであると示し、このバイアスを「コントロール幻想」と呼んだ。

カジノゲームの「クラップス」を考えてみよう。カジノであまり過ごしたことがない方のために説明すると、クラップスはサイコロを使うゲームである。客はテーブルの周りに立って、サイコロを振った結果に賭ける。それから、いずれかの客がサイコロを振る。その結果と賭けた内容との関係に基づいて、客は勝ったり負けたりする。サイコロは賭けている客が順番に振る。ゲームが合法的に行われていれば（そして、サイコロの重心に偏りがなければ）、サイコロの出目は完全にランダムであり、客は結果をコントロールできないはずである。しかしランガーは、客が自分はコントロールできると思い込むことを発見した。他の人がサイコロを振る場合と比べ、自分が振る場合のほうが、より大きく、リスクのある賭けを行っていたのである。[原注27]

サイコロの出目のように、状況をコントロールしたい、あるいはコントロールできると思っているが、実際にできない場合は多い。近所に、あるスポーツチームを応援していて、このラッキーシャツを着ていればチームが勝てる、洗ったら勝ちが逃げてしまう、と信じている人がいないだろうか（あるいは、あなたがそう思っていたりしないだろうか）。私（ウェンディ）は、イェール大学の学部生時代に、他の学生と一緒に大学の旧キャンパスを横切り、第10代学長セオドア・ドワイト・ウールジー像の足を撫でに行った。次のテストで好成績を収めるためのおまじないだ。足をちょっと撫でたぐらいで勉強不足の埋め合わせになると信じるか否かはともかく、この小さな行動で、ちょっとだけコントロールを得たような気分になった。研究成果によれば、人間は状況をコントロールできると信じるために よく迷信に頼る。そして、コントロールを得られていると信じれば信じるほど、リスクの高い意思決定をするようになるという。個人的な判断も、組織の戦略的意思決定においても同様だ。[原注28]

適応課題をリードする

結果がランダムな状況すらコントロールしようとするわけだから、自分が責任を負っていると感じている状況でどれほどのコントロール願望が生じるか想像してみよう。大きな成果を上げられる可能性があり、自分が（親として、チームの監督として、あるいは組織のリーダーとして）指揮を執っている場合の問題解決について考えてみてほしい。

リーダーは、集団を動かして成果を上げる責任を負っている。双肩に重い期待がかかっている状況下では、人はしばしばコントロールの手段を求め、押しを強くして自分の意志に沿って結果を曲げる方法を探そうとする。しかし、求める結果を効果的に得られるか否かが、リーダーがコントロールを手放す能力にかかっていることは、数々の研究で裏付けられている。[原注29]

リーダーのタスクは曖昧かつ過酷で、時間を経るごとにさらに無秩序で不確かになっている場合も多い。ハーバード・ケネディスクール（行政大学院）のロナルド・ハイフェッツ、アレクサンダー・グラショウ、マーティ・リンスキーは、著書『最難関のリーダーシップ』（英治出版、２０１７年）で、諸問題を「技術的問題」と「適応課題」の２種類に分けている。

「技術的問題は、かなり複雑で重要な場合もあるが（例えば心臓手術における欠陥のある心臓弁の置換）、すでに解決策が分かっており、既存の知識で実行可能である。高度な専門知識、組織内の既存の構造、手続き、実行方法によって解決できる」[原注30]

技術的問題を解決するには、状況を正確に診断し、ソリューションにアクセス可能で、そのソリューションの実行方法を知っている必要がある。難しい手順だが、ロードマップはある。これに比べて、適応課題にはロードマップがない。未整理で、不確かで、創発的で、競合する要求だらけだ。適応課題はパラドキシカルなのだ。

ハーバード・ビジネススクールの教授で臨床精神分析医でもあったエイブラハム・ザレズニックが1977年に主張したように、適応課題に効果的に対処するには、リーダーが不確かさの中にイノベーションとインスピレーションを見いだす必要がある。ザレズニックの説によれば、優れたリーダーはアーティストのように、さまざまな変化の可能性を受け入れる態勢ができていて、かつ混沌を受け入れその中で生きているという。ザレズニックはリーダーとマネージャーを対比させる。マネージャーは、構造と安定性を求め、問題解決に向けて素早く行動することが多い。不確かさに直面すると、マネージャーはコントロールを求め、一方でリーダーはコーピングの方法を学習する。パラドックスを乗りこなせるかどうかは、リーダーあるいはアーティストの前提を抱けるかどうかにかかっている。リーダーやアーティストは、確かさと解決に逃避するのではなく、進んで混沌の淵で生き、さまざまな可能性に心を開いてインサイトを発達させるのだ。

バルコニーに立つ

コントロールを手放し、不確かさを受け入れてコーピング、学習、適応するのは、言うよりも実際に行動するほうが難しい。ハイフェッツ、グラショウ、リンスキーは、その方法のひとつを「バルコニーに立つ」と表現している。複雑な状況へのコーピングは、荷が重く、整理が難しいことがある。争いの中にいると、それを逃れたり、正したりしたくなる。しかし、私たちが選択肢を分析するとき、その視野は限定されている。ハイフェッツらは、この状況をダンス・フロアに例える。ダンスをしているときは、集中する対象が狭まる。自分のステップについて考えたり、他人の足を踏まないか心配したりする。ダンス中には、ダンス・フロアを出入りする人は見えない。テンポが変わったときの人々の反応パターンも見えない。ダンサー同士がどう関わるかも見えない。それらを見るためには、バルコニーに上る必要がある。より全体像に近いものを取り込み、今この瞬間を超えて、経時的な変化を検討できるような、広い視野が必要になる。

両立思考の前提によって、視野を広げ、適応型の複雑な問題への対応を改善することができる。ハイフェッツらは、こうした考え方はリーダーにこそ特に重要だと述べている。リーダーは、自らの役割を踏まえ、技術的問題の解決から適応課題への取り組みにますます移行するようになっている。これらの課題はロードマップがなく、パラドキシカルな要求を明るみに出す。リーダーシップとは、ダンス・フロアからバルコニーに移動し、動態の複雑性を受け入れて学ぶことのできる能力である。

ダンスの比喩は、パラドックスの乗りこなし方を学ぶために役立つ。バルコニーへの移動は、象の鼻かしっぽしか見えない視点から、象全体を見られる視点への転換に似ている。ウサギの穴に嵌まったままになったり、塹壕《ざんごう》戦に巻き込まれたりする個人の視点から一歩引いて、競合する要求の各側面とそれぞれが互いに与える影響を認識することができる。競合する要求同士が静的な関係に固定されている状態から、時間の経過に伴う変化を見られるようにすることができる。つまり、コントロールを手放すことができる。コーピングの必要性を受け入れることができる。それにより、私たちがさまざまな反応から学習、適応、成長するのに伴い、時間の経過とともに状況が明らかになっていく。

ここで明確にしておくと、ハイフェッツらは、バルコニーは状況を見直すための視点を提供してくれるが、実際に行動できるのはダンス・フロアだけだと認識している。したがって、複雑な状況に対処するには、リーダーはバルコニーとダンス・フロアの両方に身を置く必要がある。ハイフェッツらは次のように指摘する。

「ダンス・フロアとバルコニーを行ったり来たりし、介入し、介入の影響をリアルタイムで観察し、それからまたプロセスの最初に戻る。これによって目指すのは、可能な限り、両方の場所に同時にいられるようになることである。まるで、片方の目はダンス・フロアから、もう片方の目はバルコニーから状況を見て、自分の行動を含めたすべての行動を観察するかのように」[原注31]

この比喩では、私（ウェンディ）が先日出席したミーティングを思い出す。「制度化された人種差別」の認識が高まっている中で、私は他のリーダーたちと、より公平な組織になるための取り組みについて議論した。取り組みの必要性については、部屋にいた全員が合意した。しかし、どのような取り組みだろうか。一部の人々は、小規模のグループが自身の視点やバイアスを見直す作業に協力し、これを先行事例として大規模な取り組みに役立てることを提案した。すると別のグループが、この取り組みは小規模、高コスト、拙速に過ぎるとして反対の声を上げた。もっと効率的で全体的な変更を求め、より長い期間にわたって問題を調査することを提案した。小さな一歩か、大規模なシステム変更か。対応型か、計画型か。誰もが全体的なゴールを信じていたが、ゴールに到達する方法に苦しんでいた。

これは、グループの初めてのミーティングではなかった。私はプロセスの後半から会議に加わった。すでに、「まずやってみよう」派は、実験的プロジェクトに向けての準備作業をかなり進めていた。選び出した少数のリーダーとのバイアスに関する難しい対話を促すプロジェクトだ。この一派は複数のコンサルタントと連絡をとり、作業を開始するための提案書を受け取っていた。「まずやってみよう」派は準備を終え、行動しようとうずうずしていた。しかし「慎重になって大きな影響を与えよう」派にはまだ懸念があった。公平で新しい視点を求めて、全員が私の方を向いた。

全員の意見に耳を傾けるうちに、自分自身のバイアスも頭をもたげてきた。まず行動して後で考えがちで、焦りに突き動かされる人間なのだ。「まずやってみよう」派に味方しようと口を開いた。でも、そこで口を閉じた。何年も前に、会議でこのように激しい議論が湧き起こったら、一歩引いて耳を傾け、議論全体を自分の中に取り込んでから話すほうがうまくいくと学んだ。このアプローチには若干の訓練が必要だった。私はすぐ議論に飛び込みたくなるので（焦ってまず実行してしまう）、最初に我慢して思慮深い行動を取るためには、努力が必要だった。そのため、会議に先だって手の甲に黒い×印を描いておいた。しゃべるより聞くほうに時間をかけなさい、という目印だ。黒い大きな×は、バルコニーに上がることを思い出すための目印だ。耳を傾ける。両側の意見を聞く。全体像を見る。結論に飛びつく前に、これらすべてを実行する。

だからそうした。バルコニーに上がった。私は自分がダンス・フロアにいるのに気づき、また熟考より素早い行動を好むことを認識した。それから、逆側の人の意見を聞いた。彼らのゴールは何だろうか。懸案事項は何だろうか。最後に、慎重さと迅速さを両立して、予備実験とシステムレベルの変更の両方に力を入れる方法がないかと考えた。そしてようやく話し出した。解決策を提示する代わりに、別の質問をしたのだ。――「これらの異なる視点を尊重するとどうだろうか」。この質問によって、防衛的なコンフリクトから相乗作用的な考え方に議題が移り、新たなアイデアを出すチャンスが生まれた。また、コントロールをしたい、当初の考え方に従って戦いたい、という感覚から私自身が抜け出し、変化に心を開き幅広い思考を促すコーピング型の感覚に移行することができた。

表4－1に、二分法的なマインドセットとパラドックス・マインドセットの違いをまとめる。本章でここまで説明してきたように、この2つの異なるマインドセットをもつ人による知識、リソース、問題解決へのアプローチ手法の違いは、持続的な課題にクリエイティブに立ち向かう力にきわめて大きな影響を与える。

カンボジアにおけるパラドックス・マインドセット

２０００年、本章の最初に紹介した新卒ＭＢＡのジェレミー・ホッケンスタインは、営利企業と非営利事業のどちらに入るべきかのジレンマに直面し、行き詰まりを感じていた。香港での生活は快適だった。マサチューセッツ州ケンブリッジの自宅からしばらく距離を置きたかった。滞在中、少し余分に時間をとって地域を探索しながら、自分のキャリアに関する判断を検討した。この機会のおかげで新たなアイデアに触れ、もともとの問いを変えることができた。営利企業と非営利事業のどちらに参加する

前提	二分法的なマインドセット（Either/Or）	パラドックス・マインドセット（Both/And）
知識	矛盾は両立しえない	矛盾は両立しうる
	真実はひとつ	真実は複数
	正しい答えはひとつ	競合する答えが複数
	Win-Lose	Win-Win
リソース	不足	潤沢
	ゼロサム・アプローチ	ポジティブサム・アプローチ
	競争的	協力的
問題解決	管理・コントロール	コーピング
	解決	適応
	不確かさとリスクの最小化	不確かさとリスクの受容

表4-1　二分法的なマインドセットとパラドックス・マインドセットの前提の比較

か、つまり択一型の問いを立てる代わりに、ビジネスとビジネススクールで身につけたスキルと能力を活かしながら人々に影響を与えられるキャリアを構築する方法を自問するようになった。

ホッケンスタインが問いに対する新たな答えを見つけたのは、カンボジアだった。香港滞在中に、ある人からカンボジアのシェムリアップにあるアンコール・ワットを訪問するよう勧められた。12世紀に建てられた寺院で、歴史的な絶景のひとつだ。ホッケンスタインはこのアドバイスに従った。しかし、ホッケンスタインが感動したのは、寺院よりも人だった。

アンコール・ワットを訪れる観光客の多くは、物乞いをする地元の人を観光の邪魔と感じる。ホッケンスタインはその逆で、現地の人々にすっかり魅せられた。物乞い姿の向こう側に、地元の共同体の意欲と創造力を見てとった。カンボジアは世界の最貧国のひとつだ。1975年から1979年にかけて、ポル・ポトとクメール・ルージュの支配下で経済的に打撃を受けた。ポル・ポト政権の政策により、処刑、飢餓、病気、過労などで２００万人近くが亡くなり、特にインテリ層と中流層の被害が大きかった。20年以上経って、次の世代はこの虐殺が原因で貧困に陥った。しかし、貧しさの真っただ中にもかかわらず、ホッケンスタインは希望の光を見た。三輪車タクシーのトゥクトゥクに乗り込むと、運転手がひたすら話し続けた。ホッケンスタインを相手に、つたない英語を練習しようとしているのだ。インターネットカフェに行って家にメールを送ろうとすると、長い列に並ばなければならなかった。広い世界を知りたい地元の子供たちがネットカフェに集まっていたからだ。

カンボジアの人々と同様に、自分も虐殺で大打撃を受けた世代の家族に育てられた。しかし、彼らと異なり、家族はヨーロッパを逃れ、カナダで生活を立て直した。このひとすじの幸運を次世代のカンボジアの人々に手渡すために、何かできないだろうか。

旅行が終わった後も、どうしたら役に立てるかを考え続けた。６カ月後、ホッケンスタインは４人の友人と一緒に再びカンボジアに渡った。２人はコンサルティング企業で一緒に働いた仲で、２人はＮＰＯと社会事業の出身だった。力を合わせて同国における喫緊の必要性を突き止め、そうした必要性に対処するための既存の手段を特定し、そこに加えられることを模索した。カンボジアの首都で唯一の大都市でもあるプノンペンにアパートを借り、さまざまな組織を訪問して地元の人に会った。その結果、ほとんどのカンボジア人はコメ農家として、このコモディティ（代替可能な商品）を売って不安定な収入を得ているか、西欧諸国に輸出される服を生産する縫製企業に勤めていることがわかった。家族の貧困が原因で、小さな子供はよく地方からプノンペンへと出稼ぎに送られた。不幸なことに、プノンペンではこうした地方出身の子供たちは著しく差別されていた。また、ポル・ポト政権の虐殺で両親を失って僧侶に育てられた孤児たちや、子供時代のポリオ（小児麻痺）による萎縮で身体障害を負った人々、クメール・ルージュが農村地帯に埋めて未だに除去されていない地雷で被害を受けた人々も大勢いて、同様に差別されていた。深刻な貧困に直面した家族が、性売買業者に娘を売ることもあまりに多かった。カンボジアの人々を支援しようと、数々のNGOが英語やコンピューターなど、仕事に必要なスキルを学べる講座を開設した。しかし、たいていの人は、これらのプログラムを活用できるだけの時間や資金を持ち合わせていなかった。受講できた人にとっても、新たなスキルを活用できる仕事は皆無に等しかった。

ホッケンスタインらは、カンボジアでも特に不利な境遇にある人々に向けて優良な仕事を創出することで、最大の影響を与えられるのではないかと気づいた。求人市場から取り残された人々、つまり孤児、農村部からの移住者、身体障害者、奴隷取引から救出された女性たちに重点を置いた。ホッケンスタインは、デジタル・デバイド・データ（DDD）社の前身となる企業を創立した。カンボジアで最も不利な境遇にある、雇用の難しい人々をデータ入力担当者として採用する、入門レベルの業務を柱とするIT企業である。そこでは従業員たちに新たなスキルを身につけ、ゆくゆくはより高いレベルの求人に応募するように奨励した。創業20年目を迎え、DDD社は4カ国、2500人以上の従業員を抱えている。1万人以上が同社を「卒業」し、国内平均賃金の10倍以上を稼げる仕事に転職した。DDD社は、社会起業家を対象とした名誉あるスコール賞と、ロックフェラー賞で、それぞれ100万ドルを獲得した。ピューリッツァー賞受賞者のトーマス・フリードマンは、著書『フラット化する世界』（日本経済新聞出版、2008年、普及版2010年）で、ホッケンスタインを（社会起業家として）「気に入っている好例」と評している。[原注32]

DDD社の創業後まもなく、研究仲間とホッケンスタインのビジネスモデルについて議論した。その仲間にこう聞かれた。

「結局のところ、DDD社は非営利事業なのですか、営利企業なのですか」

NPOと営利企業それぞれの法規制は、事業の進め方や、経営陣の意思決定の種類に影響を与える。しばらくして、ホッケンスタイン本人に営利なのか非営利なのか質問したときのことはよく覚えている。答えはこうだった。

「どちらでもありませんし、どちらでもあります。そんなことはどうでもよくありませんか」

ホッケンスタインが実際にカンボジアで起業したのは営利企業である。それは、NGO（非政府組織）に対する文化的な抵抗感がきわめて強かったからだ。カンボジアの人々は経験上、NGOに支配的かつ非常に搾取的なイメージを抱いていた。一方、米国では、ホッケンスタインはDDD社をサポートするための非営利ベンチャー事業を創業している。このベンチャー事業によって、助成金や寄付の受け取りが容易になり、事業への着手や多くの従業員の教育がしやすくなる。ホッケンスタインは法規制を逃れようとしたのではない。営利企業の社会的ミッションを制約あるいは限定するのではなく、支えるために法の構造を利用する方法を見つけたのだ。ホッケンスタインは、社会的企業が徐々に一般化する時代に行動した、言わばアーリーアダプターだった。

DDD社を築くために、ホッケンスタインはパラドックス・マインドセットを採用する必要があった。ホッケンスタインは、非営利事業の社会的ミッションと、営利企業の集中力と効率性によって、大きな影響を与えられる世界を模索した。いずれかの構造を選ぶのではなく、3つ目の選択肢、両方の目的を達成できる社会的企業を見いだしたのである。

両立思考は、緊張関係《テンション》の背後にあるパラドックスと、特にやっかいなジレンマの認識から始まる。重要な前提の枠組みを択一型から両立型に切り替えれば、知識、リソース、マネジメントの見方を考え直すことができる。より複雑で創造力に富み、パラドキシカルなアプローチへの旅路に一歩踏み出すことができるのだ。その結果として、新しく力強い可能性を拓くことができる。哲学者セーレン・キルケゴールも次のように促している。

「パラドキシカルであることを蔑んではならない（中略）というのも、パラドックスは思想家の情熱の源であり、パラドックスのない思想家は感情のない恋人、平凡なパトロンのようなものである」原注33

この章のポイント

- **前提によって、マインドセットと認知が形成され、それが私たちの行動に影響を与える。**パラドックス・マインドセットには、緊張関係《テンション》を経験することと、その緊張関係《テンション》の枠組みを二分法的な択一型からパラドキシカルな両立型に変えることの両方が含まれる。
- **両立思考は、次の3つの分野において、背後にある前提をシフトするところから始まる。**

－知識――真実をただひとつの正誤の定まる問題と考えず、複数の真実が共存できると認識する方向へ。

－リソース――不足思考から潤沢思考へ。パイをどのように分けるかという問題から、パイの価値と影響を増す創造的アプローチを設計する方向へ。

－問題解決――コントロールからコーピングへ。パラドックスの不確かさを乗りこなすためには適応力と学習能力が不可欠であることを認識する。

原注

1 Watzlawick, Weakland, and Fisch (1974)。

2　ハーバード大学の心理学者、エレン・ランガーは、マインドフルネス、つまり新たな区別に気づくことによって、人間の行動と身体的な結果が変わることを示す実験を何度か行っている。イェール大学の博士課程に在学中、ランガーは、高齢者の健康、幸福、さらには平均余命が、本人が自分を重要で有能だと信じているか否かによって異なることを示した。(Langer, 1989; Langer and Rodin, 1976)。最近の研究では、ランガーはスタンフォード大学教授のアリア・クラムと共同で、ホテルのハウスキーピング・スタッフのマインドセットが、生理機能に影響を及ぼすことを示した。この研究では、ハウスキーパーの半数に、現在の仕事が米国公衆衛生局医務総監による活動的なライフスタイルの推奨基準を満たしていると伝えた。残りのハウスキーパーには何も伝えなかった。その結果、仕事によって活動的なライフスタイルが実現しているというマインドセットになったハウスキーパーの健康が向上したことが、体重、血圧、体脂肪率、BMIの測定で裏づけられた。さらに驚くべきことに、この生理機能の向上は、行動に目立った変化がないにもかかわらず表れたのである。Crum and Langer (2007) を参照。

3　Smith and Lewis (2011)。

4　パラドックス・マインドセットとパラドックス・マインドセット関連尺度について詳しくは、Miron-Spektor et al. (2018) を参照。

5　パラドックス・マインドセット関連尺度は、本書の付録に収録している。また、paradox.lerner.udel.eduでも無料で参照できる。

6　社会構成的なものとしてのパラドックスの性質に関しては、次のような研究者がインサイトを提供している。組織生活におけるパラドックスに関する初期の記述において、マーシャル・スコット・プールとアンドリュー・ヴァン・デ・ヴェンは、論理的パラドックスと社会的パラドックスを区別した。論理的パラドックスは、本質的に矛盾する2つの主張を反映する。「私は嘘をついている」という「嘘つきのパラドックス」が一例だ。プールとヴァン・デ・ヴェンは、組織のリーダーが現在のマネジメントと未来のイノベーションのあいだに感じる緊張《テンション》関係などの社会的パラドックスは、私たちの精神的枠組みによって構築され、さらに社会的構造によって対立項がどのように配置されているかの影響を受けている、と示唆する。これらのパラドックスが人間の時間・空間認識によって作られるのだとすれば、時間や空間を用いて対立極を分離することで、パラドックスを解決することができる（Poole and Van de Ven, 1989を参照）。リンダ・パットナムとゲイル・フェアハーストはさらに、言語とディスコースが対立項を関係に仕立て上げ、ダブルバインドを作り出すことを指摘する（Putnam, Fairhurst, and Banghart, 2016; Fairhurst and Putnam, 2019を参照。Bateson, 1979も参照）。最近では、マルコ・ベルティとエース・シンプソンがこれらの概念をさらに発展させ、制度化されたシステムがどのようにパワーダイナミクスを生み、それによりパラドックスが私たちに押しつけられるかを考察している（Berti and Simpson, 2021を参照）。

7　19世紀のマイケル・ファラデーやジェームズ・クラーク・マクスウェル、20世紀のニールス・ボーアやアルベルト・アインシュタインなどの自然科学者が導入した各種のインサイトから生まれたのが、量子論として知られている学説である。この学説には相互に依存する対立項が深く関わっていて、物質が波と粒子の性質を同時に備えていたり、存在している状態といない状態を同時にとったりする。１９７０年代に、物理学者のフリッチョフ・カプラは、著書『タオ自然学』で、現代物理学と東洋の神秘思想のつながりに関する自説を述べた（Capra, 1975）。その中で、現代物理学が非常にパラドキシカルな性質を帯びていることを指摘している。

8 Johnson（2020）, 111。

9 Smith and Lewis（2011）。

10 Smith and Lewis（2011）; Hahn and Knight（2021）。

11 Nisbett（2010）; Spencer-Rodgers et al.（2004）; Spencer-Rodgers et al.（2009）。

12 盲人と象の寓話は、ヒンドゥー教、仏教、ジャイナ教など、いくつもの古代哲学に登場する。この寓話とその多様な歴史については、Marcora and Goldstein（2010）を参照。

13 これは、盲人と象の寓話に関するジョン・ゴッドフリー・サックスの素晴らしい詩の一節である。『The Poems of John Godfrey Saxe (Sydney, Australia: Wentworth Press, 2016)』などに収録されている。

14 ダニエル・サイモンズとクリストファー・シャブリは、注意と認知に関する研究を共同で行っている。シャブリとサイモンズは、自ら運営する『The Invisible Gorilla』（透明なゴリラ）のページで、さらに動画を紹介している（２０２２年1月22日に確認、www.theinvisiblegorilla.com）。Simons and Chabris（1999）; Chabris and Simons（2010）を参照。

15 確証バイアスについて詳しくは、Lord, Ross, and Lepper（1979）; Mynatt, Doherty, and Tweney（1977）を参照。確証バイアスに関する、より新しい研究については、Grant（2021）を参照。

16 ニューヨーク・タイムズ紙のジャーナリスト、エズラ・クラインは、確証バイアスが政治の二極化を強化するしくみについて、著書『Why We're Polarized』（Klein, 2020）で観察している。

17 ドリー・チューとマックス・ベイザーマンは、両氏が「意識の壁」（bounded awareness）と呼ぶ、意思決定の際に情報を認知、探究、あるいは活用できない現象によって、非倫理的な行動が引き起こされる度合いを研究した。意識の壁について詳しくは、Chugh and Bazerman（2007）; Chugh（2018）を参照。

18 研究者で、シカゴで活動する即興コメディ劇団「セカンド・シティ」所属の類まれなる即興俳優でもあるクレイ・ドリンコは、著書『Theatrical Improvisation, Consciousness and Cognition』（Drinko, 2013）で、即興演劇を脳科学や認知研究と結びつけた。研究を通じて即興演劇の力を確信したドリンコは、さらに『Play Your Way Sane』（Drinko, 2021）でさらなる実用的なアドバイスを提案している。同書は１２０種類の演習でインプロ的なアプローチを実践できるようになっている。

19 Drinko（2018）, 37。

20 Felsman, Gunawarden, and Seifert（2020）。

21 Bazerman（1998）; Fisher and Ury（1981）。

22 Sonenshein (2017)。
23 ラッセル・メイヤーの物語とグローバル・エコブリック・アライアンスに関するさらに詳しい情報は、www.ecobricks.orgを参照。
24 Diamandis and Kotler (2012)。
25 Grant (2013)。
26 私（マリアンヌ）は、ロッテ・ルッシャーと共同で行ったレゴの中間管理職の研究で、「対処可能な確実性」（workable certainty）という用語を導入した。中間管理職の方々は、組織の大幅な変化の中で、継続的な緊張関係《テンション》に直面していた。私たちは、コーチングして中間管理職の方々の視点の枠組みを変えることで、こうした課題を克服する心構えがしやすくなることを発見した。緊張関係《テンション》を解決するのではなく、それを受け入れて、その時点で前進するために役立つ「対処可能な確実性」を見つけるほうが、マネージャーの業績が良くなった。Lüscher and Lewis (2008) を参照。
27 Langer (1975)。
28 コントロール幻想は、複数の研究によって示されている。たとえば、Larwood and Whittaker (1977) では、学生に架空の企業の営業に関する意思決定をさせる際に、自らを同社の営業マネージャーだと考えた学生のほうが、よりリスクのある意思決定をすることが判明した。同様に、マネージャーは自分が責任者だと考えたときのほうが、リスクのある意思決定を進んで行うという。Durand (2003) による最近の研究では、組織に属する人物は、リソースの使い方をめぐる権限が大きいほど、全体的なリソースに関する予測がポジティブになることを示している。コントロール幻想と、それが意思決定に与えるインパクトについて詳しくは、Stefan and David (2013) の評価を参照。
29 たとえば、Hill and Lineback (2011) は、コントロールを手放すリーダーは、自分自身と権限委譲された部下の両方に対し、より大きな学びとイノベーションの機会を開くと指摘している。Edmondson (2012) は、コントロールを手放して傷つきやすさを示したリーダーは、心理的安全性を築き、試行錯誤を奨励し、より良いチーミングを育むことを発見している。
30 Heifetz, Grashow, and Linsky (2009), 19。
31 Heifetz and Linsky (2002), 53-54。
32 Friedman (2005)。
33 Kierkegaard (1962)。

第5章

境界を作って緊張関係《テンション》を包み込む

B–バウンダリー

不確かさを乗りこなすための構造

私たちの人生は、私たち自身と同じように複雑である。脆さが強さになったり、恐れから勇気が生まれたり、心に負った傷が高潔さへの道になったりする。決して択一の世界ではない。

——レイチェル・ナオミ・リーメン

ジャネット・パーナは強烈なプレッシャーを感じていた。1996年にパーナは、IBMのデータマネジメント事業部のゼネラルマネージャーとして、数十億ドルにものぼる既存の収入を失わずに同事業部を全面的に改革する業務を担っていた。やっかいな仕事だ。いともたやすく失敗しそうである。失敗の恐怖がどのようなものかはわかっていた。わずか数年前に、IBMは組織として死にかけたからだ。3年間で10万人以上を解雇したが、パーナは運よく残留することができた。しかし、本当に運がよかったのだろうか？　経営幹部は、適切な人材を社内に残したと証明する必要性に迫られていた。

1990年代前半のIBMの凋落は、伝説となっている。新たなテクノロジーが市場に参入したことでうまくいかなくなる企業は多いが、そのような運命を経験したなかでも当時の最大規模だったかもしれない。数十年間にわたって、同社はメインフレームと呼ばれる大型コンピューターの市場を牽引する多国籍企業だった。この専門技術のおかげで、同社は次の世代にあたるパーソナルコンピューティングの導入役となったが、それはまた危機への道でもあった。１９８０年代に高性能、高速、安価な半導体チップが登場すると、大型メインフレームが小型・高速なマイクロコンピューター（マイコン）に置き換えられる新たな世界が到来した。多くの企業がマイコン開発に参入した。そのポテンシャルを見てとった同社の研究開発チームが作り上げたのが、パーソナルコンピューター（パソコン）の代名詞ともなるＩＢＭ Ｐｅｒｓｏｎａｌ Ｃｏｍｐｕｔｅｒ（ＩＢＭ ＰＣ）である。市場に素早く参入するため、同社は他社のライセンスを取得して部品を調達した。マイクロプロセッサーはインテル、ＯＳ（オペレーティングシステム）はマイクロソフトの製品を利用した。

ＩＢＭは、ＰＣを同社の主要な法人顧客に販売し始めた。これらの顧客は、小型コンピューターを大型サーバーに接続し、価値を拡大することができた。こうして、いわゆるクライアント―サーバー環境が生まれ、各社は経費を抑えながら計算能力を拡張できるようになった。計算能力の拡張によって、当初はごくわずかなコンピューター愛好家と趣味のユーザーしか使っていなかったパソコンの用途が大きく広がり、しっかりとした市場が成立して拡大した。ＩＢＭの売上は大幅に上昇したが、コンピューティングへのこのアプローチによって新規参入も促された。同社は市場を創出したのちに、自ら創出した市場に破壊されたのである。

当初、ＩＢＭの幹部は新たな競合について心配していなかった。同社の本業はあくまでメインフレームであり、その分野では引き続き市場のトップだった。しかし、この強みによって盲点が生まれた。中核製品と考えていたメインフレームに長いあいだ注力しすぎて、ウサギの穴に深く嵌まってしまったのだ。一方、マイクロコンピューター市場は急成長を遂げていた。１９８０年代の不況で企業予算が切り詰められる中、クライアント―サーバー・アプローチは、コンピューティングの安価な選択肢となった。需要の高まりによって家庭用コンピューターの市場が拡大する中でも、ＩＢＭはメインフレームの価値向上を続けていた。その結果、ハードウェア市場の足場を失い始めていた。幹部にとっては塹壕《ざんごう》戦だった。伝統主義者たちは塹壕《ざんごう》にこもり、現行戦略を正当化し、悪材料を合理化し、大きな変化を避けた。悪循環にとらわれていたのだ。

　創造的破壊の歴史が繰り返し示す通り、傲慢な自己満足は、地道な熱意と、勢いのあるイノベーションにまずかなわない。同社の市場は、デル、マイクロソフト、オラクル、コンパック、ＤＥＣ、サン・マイクロシステムズ、ヒューレット・パッカードなどに取って代わられつつあった。のちにはアップルも脅威となった。ＩＢＭは恐ろしい結果に直面した。１９９２年には、メインフレーム事業は数十億ドルの赤字となった。１９９３年までにＩＢＭは10万人以上の従業員をレイオフした。終身雇用を期待して入社した社員の多い同社にとっては、特に痛い打撃だった。新聞社やアナリストは、ＩＢＭの死亡記事の草稿を書いていた。エコノミスト誌は連載記事で負の波及効果を強調し、「ＩＢＭの栄光からの没落は、いくら大げさに書いても書ききれない」と綴った。[原注1]

　しかし驚嘆すべきことに、ＩＢＭの幹部は同社を立て直すことができた。１９９３年に、同社はルイス・ガースナーを採用した。大胆な戦略の実行経験が豊富なガースナーは、がれきの中から同社を掘り起こす作業に着手した。同社の重点事業をハードウェアから転換し、ソフトウェアとコンピューターサービスに巨額を投資した。[原注2]しかし、この新たな戦略目標の上に落ち着くか落ち着かないかのうちに、新たなテクノロジーのうねりが沸き起こった。１９９０年代初頭にワールド・ワイド・ウェブ（ＷＷＷ）が普及すると、インターネットに途方もなく大きな可能性が生まれた。それらの技術はやがて、クラウドコンピューティング、多彩なアプリ、常時接続などとして結実している。ＩＢＭの幹部は前回の轍を踏まなかった。今度こそ、新たなテクノロジーを受け入れる準備を整えた。

　前回の悲劇の教訓を受け、ガースナーは新たに勃興するインターネットとｅコマースのチャンスに対応するためのイノベーションを築きながら、同時に従来の業務を管理しようと考えた。そのために、同社は３つの領域の製品開発に注力した。領域１は、すでに市場にある製品。領域２は、６カ月以内に市場に投入可能な製品。領域３は、さらに遠い未来を見据えた製品である。[原注3] このようなイノベーションを全社的に組み込むため、ガースナーはすべての事業部に対し、領域１、２、３の製品にそれぞれ投資するように求めた。つまり、各事業部は短期的な売上を目指して既存製品をマネジメントするとともに、イノベーションを築いて長期的な視線も向けることになった。イノベーションが既存製品との共食いを起こす可能性があるにもかかわらず、である。

　ジャネット・パーナは、現在の市場における優位性確保と、未来に向けたイノベーションのあいだの綱引きを感じた。パーナの事業部では、大企業向けに事業用データを格納する従来型のデータベースの構築、販売、接続を手がけていた。しかし、パーナはデータベースの未来に関して、いくつかの大きな変化を認識していた。まず、今後のデータベースは１台のコンピューターで集中管理するのではなく、さまざまなベンダーが製造する複数のプラットフォームにわたって分散管理されるようになる。この変化によって、ＩＢＭのエンジニアは、ソフトウェアが異種プラットフォームで動作するように、新たなプログラミング言語でコードを記述する必要が出てくる。次に、データベースは従来のように数字と文字だけを格納するのではなく、写真、動画、音声をはじめとするさまざまなコンテンツを格納するようになる。これらの新しいコンテンツは複雑で、データ格納に関する新たな考え方が求められる。最後に、あらゆるデータの急激な増加を扱うことができて、インターネット上でデータの格納と取得が可能な新しい製品を開発する必要がある。理想的な世界では、データベース管理分野のリーダーとしての同社の地位が、これらの新製品を開発、宣伝、販売するための業務に利用できる力になるはずだ。パーナの事業部は、さまざまな形式のデータを新たな方法で格納する、領域2と領域3の製品を開発していた。この機能はバックオフィス業務に利用できるだけではなく、今後のコンピューティングを牽引するようになると考えられた。

エンジニアたちは新たなデータベースの開発に取り組んだが、既存製品と、未来に向けたイノベーションの両方に注力するのは困難なことがわかった。研究開発部門のリーダーは、試行錯誤のためにエンジニアを確保したかったが、現行製品のアップデートを求める顧客の要望に応えるプレッシャーも感じていた。リーダーは、エンジニアの時間の割り当てをめぐって綱引きが起きているのがわかった。また事業部では、従来のＩＢＭの顧客を超えた幅広い層にリーチするためのまったく新しい営業チームと販売経路を構築しなければならなかった。しかし、営業チームはまだ、ノルマを達成すれば報われることができた。ノルマ達成は、新たな顧客の開拓に時間をかけるよりも既存顧客に訴えるほうが易しい。データマネジメント事業部の多くの従業員は、自分たちのスキルに価値がなくなり、職を失うのではないかと恐れていた。パーナはあらゆる方向に引き裂かれていた。

パーナのジレンマの背後にあったのは「学習パラドックス」の代表的なケースだ。学習パラドックスとは、過去から未来への成長のしかたをめぐる、競合する要求をいう。学習パラドックスには、短期と長期、リスク回避とリスクテイキング、安定性と変化、伝統と革新といった、相互に依存する対立項が含まれている。１９９１年に、スタンフォード大学のジェームズ・マーチ教授は、このパラドックスを「新たな機会の探索」と「従来の確実性の深化」のあいだの緊張関係《テンション》と表現した。マーチは、長い時間のあいだに組織が生き残りをかけて適応する必要があるときには必ずこれらのパラドックスが生じることを、次のように指摘した。

> 知の探索は「サーチ」「変化」「リスクテイキング」「実験」「遊び」「柔軟性」「発見」「イノベーション」といった言葉で捉えられるものを内包する。知の深化は「精練」「選択」「生産」「効率」「選択」「導入」「実行」といった言葉で捉えられるものを内包する。探索に深入りしすぎて深化を排除してしまった適応システムは、実験のメリットの多くを得ることがないままそのコストだけを被ることになる可能性が高い。これらのシステムは、未発達の新しいアイデアが多すぎ、際立ったコンピテンシーが少なすぎるという特徴を有する。逆に、深化に深入りしすぎて探索を排除してしまったシステムは、最適未満の安定均衡にとらわれてしまう可能性が高い。この場合、探索と深化のあいだに適切なバランスを維持することが、システムの生き残りと繁栄の主要な要素となる。[原注4]

組織は時代に取り残されることがあるが、それは人間も同じだ。学習パラドックスは個人規模でも持ち上がる。たとえば、自分自身をアップデートしたり、新たなツールを装備したり、新たなスキルを習得（リスキリング）したりする場合だ。このパラドックスは、現在の責任をたくさん抱えている中で、新たに学ぶための時間を作ろうとするときに生じる。未来に備えるべきことはわかっているが、現在を生きる時間さえ満足にない。ロンドン・ビジネススクールのハーミニア・イバーラ教授は、この緊張関係《テンション》を認識し、「オーセンティシティ・パラドックス」（または『自分らしさ』に潜むパラドックス」）と表現した。私たちは、自分らしさに忠実であろうとする。しかし、時間とともに成長して学ぶには、コンフォート・ゾーンの外に踏み出し、「自分らしくない」と感じる行動を取る必要がある。場合によっては、本当に順調になるまで順調なふりをし、「自分らしくないのでは」と感じながら自分を成長させ、拡張された新たな「自分らしさ」に向かわなければならない。[原注5]

境界《バウンダリー》を構築する

私（ウェンディ）は、博士論文執筆の一環で、２０００年代前半に自社の改革に取り組むＩＢＭの幹部たちを研究した。同社は、過去と未来を乗りこなし、複数のタイム・ホライズン（時間軸）を巧みに操る方法への理解を深めたがっていた。そのため、ハーバード・ビジネススクールのマイケル・タッシュマン教授と、スタンフォード経営大学院のチャールズ・オライリー教授に助言を求めた。

タッシュマンとオライリーは、こうした課題に取り組むためには、組織は「両利き」になる必要があると論じている。成功に起因する悲劇を克服するためのひとつの方法は、探索と深化を同時に行うことである。リーダーは卓越したオペレーションを実現する一方で、リスクを負って新たなものを生み出さ

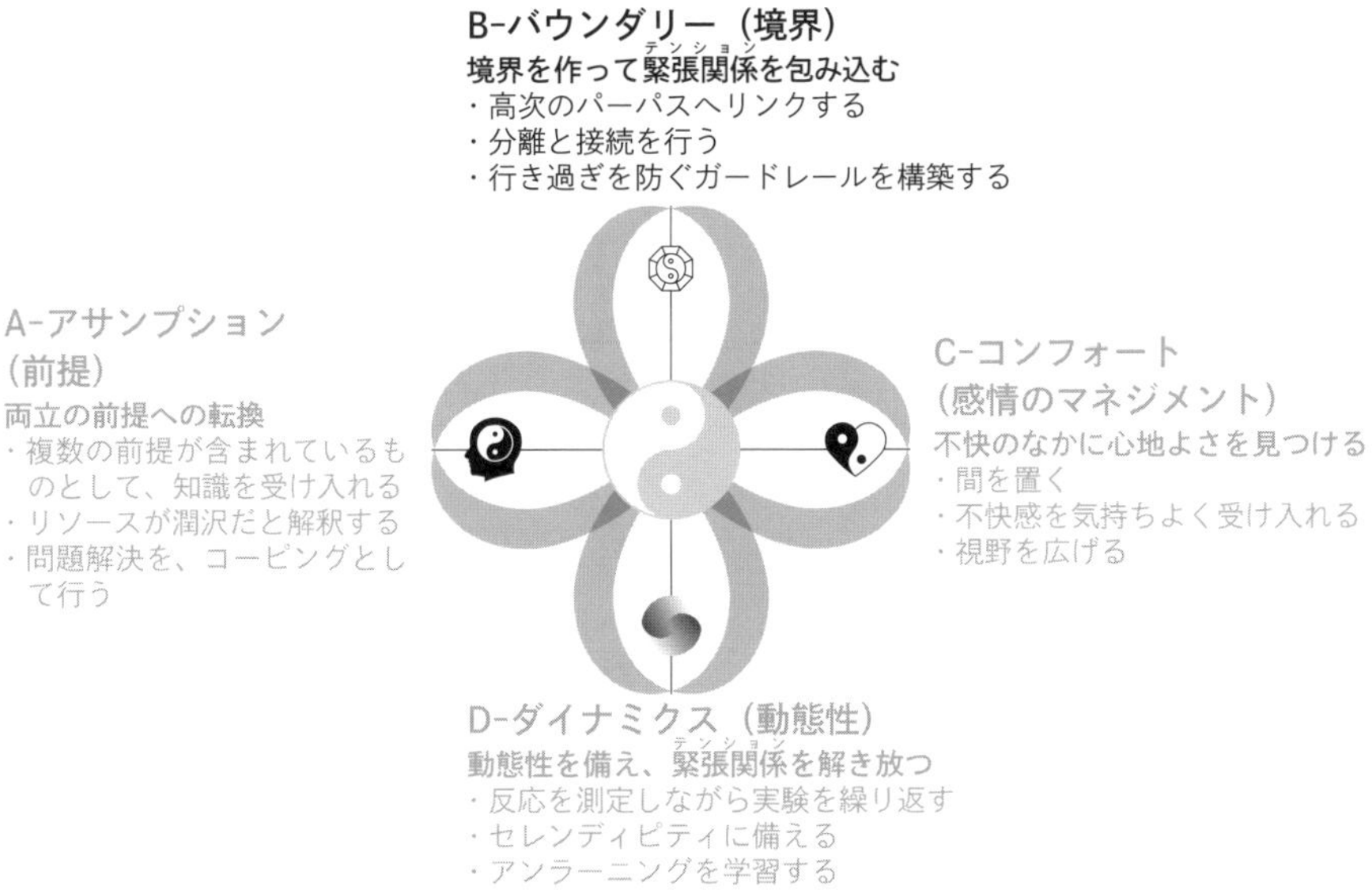
B-バウンダリー（境界）
境界を作って緊張関係《テンション》を包み込む
・高次のパーパスへリンクする
・分離と接続を行う
・行き過ぎを防ぐガードレールを構築する
A-アサンプション（前提）
両立の前提への転換
・複数の前提が含まれているものとして、知識を受け入れる
・リソースが潤沢だと解釈する
・問題解決を、コーピングとして行う
C-コンフォート（感情のマネジメント）
不快のなかに心地よさを見つける
・間を置く
・不快感を気持ちよく受け入れる
・視野を広げる
D-ダイナミクス（動態性）
動態性を備え、緊張関係《テンション》を解き放つ
・反応を測定しながら実験を繰り返す
・セレンディピティに備える
・アンラーニングを学習する

図5-1　ABCDシステム——バウンダリー（境界）

なければならない。[原注6]

両利きになる方法への理解をすべての事業部のリーダーに促すため、ＩＢＭはタッシュマンとオライリーに助言を依頼した。私は博士課程の学生として２つの事業部に参加し、事業部の上級幹部チームがこの探索と深化のパラドックスを乗りこなすための必要条件を理解しようとした。私は、ジャネット・パーナをはじめとする各リーダーが緊張関係《テンション》に取り組む様子を観察した。パーナなどのリーダーは、学習パラドックスを効果的に乗りこなすことのできるアプローチを採用した。しかし、すべてのリーダーがそうしたわけではなかった。ウサギの穴を落ちていき、過去の溝に嵌まってしまったリーダーもいた。未来の可能性を見通すことができたものの、その起業家的な精神が解体用剛球になってしまったリーダーもいた。イノベーションに全振りした結果、既存事業から来る何百万ドルもの収入を無視したり、場合によっては消滅させてしまったりした。

これらの事業部の結果に影響を与えた重要な要素

のひとつが、パラドックスに取り組むための境界の構築方法である。これまで述べてきたように、境界とは私たちのマインドセット、感情、行動を持続させる構造である（図5－1）。境界には、ゴール、ルーティーン、正式な組織構造、役割など、幅広い機能が含まれる。また、時間の割り当てと物理環境の配置も含まれることがある。この章では、境界に緊張関係《テンション》を包み込めるようにするツールを検討する。私生活や組織での生活に境界を明確に設定できればできるほど、パラドックスを乗りこなすために動態的、実験的、そして大胆になれる。

高次のパーパスへのリンク

パラドックスの周りに足場を築く作業は、高次のパーパスの特定から始まる。高次のパーパスとは、私たちが何かを行う理由を捉えた、包括的な理由、意義、方向性である。精神科医のヴィクトール・フランクルは、パーパスこそが、何よりも私たちの人生を定義し、動機づけると論じた。ユダヤ人のフランクルは、20世紀中頃のウィーンでナチスに逮捕され、強制収容所に送られた。フランクルは、無意味としか思えない苦しみと死に囲まれていても、強制収容所の人々が生きる意味を必死に求めていたことに気づいた。意味を求めることが、生への意志となったのだ。[原注7]

高次のパーパスは、人生におけるそのような意味を定義するように、私たちを導いてくれる。私たちの行動に構造を与え、成功を可能にしてくれる。優れた業績を上げる人の多くは、個人としてのパーパスや価値観を明確に打ち出している。トーク番組のホストを務めるベテランタレントのオプラ・ウィンフリーは、ビジネス誌のファスト・カンパニーに自身のミッションを次のように語っている。「先生になる。そして、生徒たちに、自分で思っている以上の人物になれるように刺激を与えていることで知られるようになる」

ファスト・カンパニー誌の同じ号には、デイリーワース・ドットコムの創業者、アマンダ・スタインバーグが、自分の個人的なビジョン・ステートメントを「世界中の女性の自己価値と総価値を育てる」ことであると述べている。スタインバーグは、経済的な富と、意志の強さの両方を高めていく重要性を強調している。[原注8] 同様に、組織の成功もパーパスにかかっている——その重要性は、戦略や構造をも上回るという。レゴの標語「ひらめきを与え、未来のビルダーを育てる」やナイキのミッション「人間の可能性を前進させるために、やれることはすべてやる」を考えてみてほしい。これらのパーパス・ステートメントは、私たちにインスピレーションと元気をくれる。

また、パーパス・ステートメントは、パラドックスを乗りこなすためにきわめて重要なツールとなる。具体的には、対立と不確かさを前にしたときに、高次のパーパスが（1）競合する要求に直面しながら歩み続ける力となり、（2）対立する力の統合を支援し、（3）短期的な意思決定の方向性を合わせるために役立つ長期的な視点を提供してくれる。

難題のなかでも粘り強くやり抜く

パラドックスを乗りこなすのが、重荷になることがある。不確かさと持続的なコンフリクトのため、すっかり疲れきってしまう場合がある。そのような状況下で、パーパスは私たちを元気づけてくれる。

なぜ今の仕事をしているのかを思い出させてくれる。また、日々の課題をやり遂げ、仕事へのコミットメントを強める力ともなる。米国の伝道師、ハリー・エマーソン・フォスディックはこの考え方を捉え、次のように論じた。

「人はお金のために頑張る。他人のためには、さらに頑張る。大義のために働くときに、最も頑張る」[原注9]

これを示す寓話として、皆さんもおなじみかもしれない3人のレンガ職人の話を紹介しよう。

3人のレンガ職人が隣同士で働いていた。建築家が近づいて、一番手前にいる最も仕事の遅い職人に聞いた。

「今、何をしているんですか？」

そのレンガ職人はこう答えた。

「私はレンガ職人です。家族を養うためにレンガを積んでいます」

二番目に速いレンガ職人に聞くと、こう答えた。

「私は大工です。壁を造っています」

最後に、三番目の、一番速いレンガ職人にも聞くと、こう答えた。

「私は大聖堂を造っています。人々が互いに、そして神とつながれる大聖堂を建てています」

多くの人に愛される本『星の王子さま』の著者であるアントワーヌ・ド・サン＝テグジュペリは、『城砦《じょうさい》』で同様の考え方を捉え、次のように述べている。

「船を創造するとは、帆布を織り、釘を鍛え、星々の位置を読み取るという個々の行為ではなく、海原を目指す、唯一にして不可分な好みを与えることにほかならない。このような好みの光のもとでは、もはや矛盾するものはなにもなく、あるのは愛のうちにある共同体のみである」[原注10]

パーパスを強調するのは、自分自身だけではなく他の人をも突き動かすためだ。サイモン・シネックは、米国ワシントン州のピュージェット湾で行われた小規模なＴＥＤの観客に、高次のパーパスの価値を説いた。シネックは、「なぜやるのか」を説明することから始めよう、と述べた。

「人はあなたの行動を買うわけではありません。理由を買うのです」

シネックはアップルの例を挙げる。この多国籍テック企業は、優れたコンピューターを創るとは称していない。現状に挑み、発想を変えると謳う。優れたコンピューターの創造は、このビジョンを達成するひとつの手段にすぎない。[原注11]行動の野心的な価値とインパクトに注目すると、人々は熱意を持って戦術的業務をやり遂げることができるようになる。優れたリーダーは、何かを実行する方法はおろかその定義すら説明する前に、なぜ重要なのかを説明することで行動を喚起できる、とシネックは論じている。このシンプルなメッセージは大きな反響を呼び、またたく間に広まった。

クレイトン・クリステンセンは、ハーバード・ビジネススクールの２０１０年度卒業生への講演で、高次のパーパスの価値を強調した。ハーバード大学の教授、コンサルタント、マネジメントの第一人者として、パーパスを戦略や業績への動機づけにする奥深いアドバイスを提供することもできた。しかし、クリステンセンは、キャリア、プロとしての成功、そして富が、個人としての幸せ、家族の絆、共同体への貢献としばしば競合することを、悲痛な面持ちで語った。仕事と私生活のあいだのパラドックスを進んでいると、金、地位、名誉の追求のほうに強く引きずられ、悪循環に引き込まれる場合がある。クリステンセンは、もったいぶった表現を避けながらも、エンロン社の汚職で有罪判決を受けたジェフリー・スキリング受刑者もまたハーバード・ビジネススクールの同窓生であることを学生たちに思い出させた。ローズ奨学金（訳注：英国の政治家セシル・ローズの遺産を基金として1902年に設立された、オックスフォード大学の大学院生に与えられる奨学制度）をクリステンセンと同期で受給した32人のうち2人が刑務所に入った経験がある。クリステンセンは学生たちに切々と説いた。時間をかけてより奥深い個人的パーパスを探し、そのパーパスを用いて自身を動機づけることにより、仕事と私生活の両方をずっと大切にしよう。そして、個人の幸せを犠牲にしてプロとしての成功を目指すのではなく、個人の幸せとプロとしての成功を両立させよう、と。

時間、エネルギー、忍耐力に負担のかかる難しい緊張関係《テンション》を経験しているとき、パーパスは特に私たちを強くする。両立思考には、感情的な関与と認知的な努力が必要だ。パーパスは、パラドックスへの関与を支援するための認知的な理由を提示するとともに、モチベーションを高めてくれる。

対立する力を統一する

パラドックスは、分断をもたらすこともある。競合する要求には、それぞれ逆方向に引っ張る力が働くからだ。こうした分断に直面したときに、高次のパーパス・ステートメントが統一の役割を果たすことができる。交渉の専門家は、対立する当事者に共通のコミットメントを思い出させる接点としての、高次のパーパスの価値を強調する。非営利組織のシーズ・オブ・ピースは優れた例だ。紛争地域から若者を集め、学びとつながりの機会を提供する。これらの地域に勇気あるリーダーを育てることが目標だ。同組織では若者に、誰もが同意できる共通のパーパスを提示する。「紛争で分断された共同体で、平和な変化を追求する」というものだ。紛争のどの陣営にいる若者も、平和を実現することには同意できる。平和の追求は互いの違いを超越し、特に分断の激しい問題に直面する若者たちのつながりの構築を後押しする。[原注12]

社会心理学者のムザファー・シェリフによる1950年代の研究が、対立する派閥を統一する高次のパーパスの力を示す。シェリフの研究チームは、まず、敵対する陣営を作り上げた。12歳の少年22人を米国オクラホマ州のロバーズ・ケーブ・キャンプに連れてきて（訳注：このキャンプ名から日本では「泥棒洞窟実験」とも訳されているが、単なる地名であって別に泥棒をさせたわけではない）、2つのチームに分けて競争させた。5日経つと、競争によって少年たちは相手への偏見や怒りをかき立てられた。さて、この分断を逆転させることはできるだろうか。研究チームは、「上位のゴール」が関わってくる状況を設定した。このゴールは両チームにとって魅力的だが、達成のためには協力が必須となる。これらの包括的なゴールに突き動かされて、対立していたグループは争いを最小限に留めて協力するようになったという。[原注13]

短期的な意思決定のための長期的な視点

最後に、高次のパーパスがあると、視線を上げてはるか遠くの地平線に目を向けられるようになり、これが短期間の緊張関係《テンション》の克服に役立つ。対立陣営の間に争いが続いていると、目が回り、気分が不安定になることがある。そのような苦しみにとらわれると、嵐のなかを進む船に乗っている気分になるかもしれない。船は波に抗って何度も方向を変えるからだ。しかし、彼方の地平線に視線を向けることで、混沌のなかにも落ち着きが生じる。狭い範囲でどれほど激しい動きがあろうが、地平線はいつも同じように見え、泰然とした気持ちにさせてくれる。同様に、高次のパーパスを見据えると、パラドックスの混沌を軽減することができる。包括的なビジョンに注目すれば、競合する要求に立ち向かうときに感じる不安と不確かな気持ちを最小限に抑えられる。

この長期的な視線は、択一型の罠を避けるためにも有用だ。短期的な意思決定は、近視眼的になる傾向がある。私たちは、抽象的、定性的、かつ不確かであるものよりも、実体があり、定量的で、確かであるものに注目してしまう。この視点により、パラドックスの一方の側を、他方よりも過度に強調してしまうおそれがある。短期的な利益達成へのプレッシャーが、長期的なインパクトを与えたいという望みをしきりに圧倒する。短期的な予定一覧を完了する要求が、未来のために学び、変化することへの関心を脇に押しやってしまう。意思決定が常に短期的な思考に左右されていると、択一型の選択を補強し、ウサギの穴を転落する羽目になる。ジャネット・パーナにとっては、短期的なプレッシャーは既存製品を改良する取り組みを補強するものだった。パーナをはじめとしたリーダーが、リスクを伴うイノベーションに投資する価値を常に念頭に置くためには、長期的な視点を保つ必要があった。

カナダのブリティッシュ・コロンビア州にあるヴィクトリア大学のナタリー・スラウィンスキー教授と、オンタリオ州ロンドンにあるウェスタン大学のプラティマ・バンザル教授は、アルバータ州のオイルサンドに位置する企業を研究しているときに、長期的な視点の価値を立証した。アルバータ州は、サウジアラビアとベネズエラに次いで世界第3位の原油埋蔵量を誇る。2000年代の初頭に、アルバータ州のオイルサンドは環境団体の途方もない圧力にさらされた。活動家や有名人は、当地の石油産業が「汚れた石油」を生産していると批判した。そして、従来型の原油と比較し、アルバータ州のオイルサンドからエネルギーを取り出すためには大幅に多くの温室効果ガスを排出し、水を消費し、有害汚染物質を空気中に放出し、森林を伐採すると指摘した。さらに、オイルサンド採掘後の副産物を溜めるための池（鉱滓《こうさい》池《ち》）に数千羽のカモが降り立って死ぬ事件も起こった。

アルバータ州のオイルサンド採掘は価格競争の激しいコモディティ事業で、環境対策の導入をはじめとするあらゆるコストが、短期的な競争優位性を減退させうる。しかし、スラウィンスキーとバンザルによる業界の詳細な研究により、重要なインサイトが明らかになった。業界の競争的性質にもかかわらず、一部の企業はより多くの環境保護施策に取り組んでいた。これらの企業は、自社について、より長期的なビジョンを採用していた。リーダーたちは、短期的には環境保護施策を高コストで収入減の原因と考えた。しかし、長期的な効果に視点を移すと、まったく異なるイメージが見えてきた。長期的視野においては、リーダーは環境保護施策をチャンスと認識していた。つまり、イノベーションを促し、ステークホルダーとの関係を改善し、環境保護活動家からの非難によって生じるコストを削減しながら、同じ方向の価値観を持つ従業員の熱意や献身を育てるチャンスだ。[原注14]

私（ウェンディ）とＩＢＭの幹部層は、短期と長期のあいだの緊張関係《テンション》が何度も繰り返し浮上するのを見ていた。経営ミーティングでは、効率の向上と試行錯誤の促進のどちらに向けて組織の構造改革を行うかといった大規模なジレンマが持ち上がった。一方で、エンジニアの時間を既存の顧客ニーズを満たすために割くか、新たな市場に向けた製品開発に振り分けるかといった継続的な意思決定も毎日のように発生した。効果的な上級チームは、既存製品のサポートとイノベーションのあいだを頻繁に行ったり来たりし、一貫した非一貫性を保つことができた。つまり、綱渡り型だったのだ。

しかし、この綱渡りはチームの高次のパーパスに支えられていた。パーナにとって、ビジョンはシンプルだった――データベースマネジメント分野のナンバー1であり続ける。ビジョンには不思議なところは一切ない。むしろ重要なのは、パーナがこのビジョンを活用した方法だ。パーナは、すべてのシニアリーダー会議を、ビジョンをあらためて宣言するところから始める。それから他のそれぞれのリーダーに、自身がビジョンの達成にどのように貢献しているかを認識してもらう。シェリフがロバーズ・ケーブで行った実験の少年たちのように、データマネジメント事業部で成功するには、チームのあらゆる部門が貢献する必要があった。事業部は現在のデータベース顧客にとってなくてはならない存在であり続けるとともに、データベースに関する新たな選択肢を作り出しているスタートアップのインターネット企業と競争する方法も見つけなければならなかった。パーナは毎回のミーティングを事業部の高次のパーパスで始めることで、緊張関係《テンション》を受け入れ、より創造力に富む選択肢を見つけるにあたり、チームが協力することの重要性をあらためて強調した。パーナのチームに所属するシニアリーダーから次のように聞いたことがある。

「このチームにはスタンドプレーはありません」

つまり、成功の自画自賛に終始することは許されず、ビジネス全体の総合的なソリューションに貢献しなければならない。

競合する要求の分離と接続

私たちは、パラドックスを乗りこなすためにタスクを効果的に構成する方法について、頻繁に質問を受ける。対立極を分離し、それぞれが集中して必要なことを達成するように図るべきだろうか。それとも対立極を結集し、相乗効果を得られる可能性を高めるべきだろうか。差別化か統合か。分離か接続か。おそらく驚くことはないだろうが、答えは両方だ。パラドックスを効果的に乗りこなすには、対立極を分離する方法と接続する方法の両方を見つける必要がある。これまでにも述べてきたように、パラドックスを乗りこなすことはパラドキシカルなのだ。

分離と接続には、私生活と組織の両方でパラドックスの周りの境界をどのように構成するかが関わってくる。パラドックスの両極を引き離す、または結集させるために、組織はさまざまな要素を用いてこの境界を作ることができる。要素にはたとえば、正式な構造、リーダーとしての役割、ゴール、指標、報酬、さらには時間、ステークホルダーとの関係などがある。分離には、両極を明確な下位部門に分ける方法や、異なるリーダーに責任を割り当てる方法などがある。また、対立極それぞれについて議論する時間を区別したり、異なるゴールや報酬体系を打ち出したりすることも考えられる。一方、接続には、下位部門間につながりを構築する責任をシニアリーダーに担わせること、対立する陣営が一堂に集うための時間を取ること、相乗効果と統合の追求を重んじる文化を醸成することなどが考えられる。

また、私生活にも境界を構築し、対立極の分離と接続に役立てることもできる。組織における文脈と同様に、私生活の境界にはゴール、個人の役割、時間、つながり、物理的な場所などが含まれる場合がある。たとえば、仕事と私生活をくっきりと分離するような境界を作る人もいる。物理的な場所や1日の中の時間を分けて、仕事と私生活にそれぞれ集中する。テクノロジーで分ける方法もある。帰宅と同時に、仕事用のノートパソコンとスマートフォンを片づけてしまうようなやり方だ。一方、もう少し曖昧な区別を好む人もいる。そういう人にとっては、帰宅したら仕事が終わるわけでも、出勤したら家のことをまったく考えなくなるわけでもない。時間がより流動的なのだ。夜にノートパソコンを取り出して、家で仕事を終わらせる場合もある。メールの返事を1日中する人もいる。こうした境界はうまくいくこともあれば、難しい問題の原因になることもある。世界的なパンデミックが発生した際には、仕事と私生活の境界が明確だった人も、その境界がぼやける、あるいは消えるのを感じた。本書を執筆している時期にはちょうど、組織のリーダーと従業員が、完全な在宅勤務や在宅と出勤のハイブリッドなどさまざまな勤務形態を模索するなかで、仕事と私生活との境界に関する考え方を見直しつつある。

分離と接続の要素には、服装すら含まれることがある。1968年から2001年まで放送された米国の子供向け長寿番組に、『ミスター・ロジャース・ネイバーフッド』(ロジャースさんのご近所)がある。俳優のフレッド・ロジャースは、番組の冒頭で自宅に帰り、背広とローファーをカジュアルなカーディガンとスニーカーに着替える。それが、堅苦しいビジネスパーソンから親しみやすいご近所さんのキャラクターに移行する目印だ。組織論研究者のマイケル・スメッツ、ポーラ・ジャーザブコフスキー、ガリー・バーク、ポール・スピー各教授は、ロンドンのロイズ保険市場で再保険のアンダーライター(引受人)を対象とした調査を行い、アンダーライターたちがミスター・ロジャースのような戦略を仕事に応用していることに注目した。再保険の引き受けでは、洪水やハリケーンなどの大災害による高額請求で資産が底をついてしまうことを防ぎ、保険会社を守るための取引を行う。各社のアンダーライターは取引に競争で入札するが、いったん取引が承認されると、各社はリスクを分散するために協力する。アンダーライター同士は、取引上も、共同体の一員としてもやりとりする。競争と協力を兼ね備えた付き合いだ。スメッツらは、この境界を渡り歩く際に服装が一役買っていることを発見した。取引所では背広と革靴に身を包み、形式ばった、競争的なスタンスを示す。しかし、いったん事務所に戻ると背広を脱いで靴を履き替え、腕をまくる。そうすることで、より非公式で協力的なつながりの準備ができていることを示す。

また、アンダーライターたちは、ふたつの世界のあいだのつながりと相乗効果を築くための戦略も発見しているという。たとえば、知識と情報はつながりを促進する。ざっくばらんで共同体的なやりとりにおける情報のギブ・アンド・テイクは、ビジネス上の取引にインパクトを与える可能性がある。一方で、取引によって会社が得た利益は、共同体形成に副次的な効果を与える。[原注15]

IBMにおける分離と接続

タッシュマンとオライリーは、イノベーションマネジメントの際に、分離と接続を強調する事業体構造をとることを勧める。具体的には、新製品を残りの部門と差別化するための独立した下位部門を作ることを推奨する。また、シニアリーダーに接点の形成を促すとともに、テクノロジー、営業、その他のリソースを活用して生み出した戦略的シナジーを通じて統合を指向させる。

新製品には既存の世界を脅かすおそれがある。そのことを踏まえると、下位部門の分離により、より保護の行き届いた、目的に集中できる環境で試行錯誤ができるようになる。１９７０年代後半におけるデータゼネラル社のマイクロコンピューター開発について考えてみよう。同社は、ハードウェア部門におけるＩＢＭの覇権に挑んだ初期の企業のひとつである。同社の経営幹部はマイクロコンピューター市場をリードできると考えていたが、この新市場でＤＥＣをはじめとする他社に後れを取りつつあった。新しいマシンを開発する機運は高まっていたが、データゼネラルの幹部たちはおなじみの課題にとらわれていることに気づいた。既存事業への時間とリソースの配分が優先されてしまうのだ。しかしついに、ビジョンとパーパス、さらには多少の苛立ちに突き動かされ、革新的なリーダーのトム・ウェストが傍流の開発部門を立ち上げた。少数のエンジニアを本社から遠く離れた場所に移し、１年間の期限を切って新しいマシンを開発させたのだ。作家のトレイシー・キダーは、このイノベーション・チームの集中と熱狂を『超マシン誕生』（日経ＢＰ、２０１０年）という本で捉え、ピューリッツァー賞を受賞している。

タッシュマンとオライリーは、これらのイノベーション促進チームには元の組織との強いつながりが必要であることを重要視した。事業部がイノベーションの価値を認め、逆にイノベーション部門が既存製品の優位性を活用するには、シニアリーダーが部門間の継続的なつながりを育んで、統合と相乗効果を可能にする必要がある。

パーナは、自身の事業部が分散コンピューティングに適した新たなデータベースを開発する際に、この分離と接続の必要性を暗黙のうちに理解していた。ＩＢＭのデータベースは独自仕様で、独自のメインフレーム・コンピューター上で稼働していた。しかし、新しいクライアント―サーバー・コンピューティングの時代には、幅広いプラットフォーム上で稼働するデータベースが必要だった。既存データベースのインサイトを活用して取りかかることはできたが、これまでとはまったく異なるＪａｖａプログラミング言語でこの新しいソフトウェアを構築しなければならなかった。カリフォルニア州で既存のメインフレーム版データベースを開発していた専門家チームには、業界でも指折りの人材が含まれていた。しかし、このチームは新しいプログラムの作成を拒否した。パーナは、「これらのエンジニアは既存のお客様の対応と、メインフレーム市場での競争力維持に忙しすぎて、新しいデータベース構築の時間をとることができなかったのです」と振り返る。[原注16]

これらのエンジニアの重点業務を変えさせるのは非生産的だろう。しかしパーナは、トロントのエンジニアチームのスキル向上を支援できることに気づいた。エンジニアたちは、UNIXオペレーティングシステム用の新しいデータベースソフトウェア開発にすでに着手していた。パーナはカリフォルニアからトロントに飛び、このチームのリーダーとなった。カリフォルニアとトロントの研究チームが分離していることで、それぞれが異なる指示に集中することができた。さらに、場所が離れていることで、両チームがつながるための柔軟性もかえって向上した。カリフォルニアのエンジニアたちは、トロントチームの新しいデータベース構築を脅威と感じるのではなく、自分たちのメインフレーム・データベース事業の拡大と考え、プロセスを支援するコンサルタントの役割を進んで引き受けた。新しいデータベースの研究開発部門を分離したことで、両チームはつながりを育むための新たな道を発見できたのである。[原注17]

独立した事業部の設立が不可能な場合

組織の重要なタスクが絡み合っていると、戦略目標を下位部門に分離することが必ずしもできない場合もある。複数の課題に関わっていると自認している部下がいる場合もある。その場合、上級チームのリーダー同士が緊密に協力し合う必要がある。このような場合には、別部門の設立以外の方法で分離を促すことを模索できる。たとえば、慣行の違いを明確にする、それぞれのゴールを別々に時間をとって考察する、異なる意思決定プロセスを用いる、戦略を分離するための議論の積み重ねやコミュニケーションを培うなどである。

第4章で、数々の賞に輝く社会的企業のデジタル・デバイド・データ（ＤＤＤ）を紹介した。貧困を減らすというＤＤＤのミッションがうまくいくかどうかは同社の採用慣行にかかっており、持続可能なビジネスを運営するという財務上の要求と複雑に絡み合っている。しかし、社会的ミッションと財務上の要求は、採用する人材や成長の方法などの重大な戦略的問題で頻繁に対立する。ＤＤＤの経営幹部が事業部を分けることを検討すべきだとする助言もいくつかあった。ひとつの事業部は大卒を採用して大きな利益を上げ、もうひとつの事業部は不利益を被っている人々を多く採用して社会的ミッションを達成するという方向性だ。そうすれば第一の事業部が、第二の事業部に必要な財務上のサポートを提供できる。

しかし、ＤＤＤの幹部は、この二極化構造は不和を招きすぎると気づいた。また、同社は従業員を最大限にサポートするためにビジネスを活用することで、大きな価値を得た。事業部を分けると、この優位性が下がってしまう。その代わりに同社のリーダーは、社会的ミッションと財務上の要求を分離し、その両方に確実に注力する方法を編み出した。同社の幹部は、２種類の独立した業務手順を開発した。たとえば、財務報告書を社会的ミッション用と主要事業活動用の２種類作成し、異なる指標を用いることで、それぞれのゴール達成を牽引する要素への理解を深められるようにした。さらに、それぞれのゴールに取り組むために、業務会議で別々の時間を割り当てた。

CEOのジェレミー・ホッケンスタインは、コミュニケーションの上でもこの区別を強調した。たとえば、取締役会で「この意思決定は我々の社会的ミッションにどのようなインパクトを与えるか？」という問いを提示した後で、「この意思決定は我々の事業にどのような財務的なインパクトを与えるか？」と問いかけ、それぞれの戦略に必要とされる要素の違いを検討するよう幹部たちに促した。

パーナもホッケンスタインも、分離と接続のための境界を組織のなかに構築したが、その手法は違った。タッシュマンとオライリーは、パーナのアプローチを「構造的両利き」と呼んだ。イノベーションのための独立した下位部門を作り新たなアイデアを育みながら、シニアリーダーチームが戦略的統合をマネジメントし、中核製品との相乗効果を実現するような手法である。これに対し、ジュリアン・バーキンショーとクリスティーナ・ギブソンは、DDDのアプローチを「文脈的両利き」と表現した。組織の正式な構造ではなく、非公式の文脈、慣行、文化に、分離と接続を組み込んでいるからである。[原注18]

誤った二分法や相乗効果を避ける

これらの例は、分離と接続を可能にする境界を作るための多様なアプローチを提示してくれる。どのアプローチが特に正しいまたは誤りであるというわけではなく、適切なアプローチは組織の状況によって異なる。しかし、どのアプローチを採用するにしても、分離と接続の両方のバランスを取らなければならない。分離のみ、または接続のみに頼ると問題が生じる。パラドックスを乗りこなすためには、両方のアプローチが必要だ。

ＩＢＭには、接続しないまま分離しようとしたチームもあった。このようなチームは、下位部門を設立して、イノベーションを組織本体と区別した。そうすることで、短期的な緊張関係《テンション》を避けることができた。しかし、これらの事業部は相乗効果を得ることができなかった。イノベーション部門は、現行製品に関連する、既存の知識、スキル、市場、その他のリソースをほとんど入手できなかった。現行製品側も、イノベーションが生み出した新たなインサイトとエネルギーから利益を得られなかった。時間が経つと、共通の価値観やパーパスの不在により、下位グループ間での競争が激化した。アジェンダの二極化が、悪循環を招いた。ＩＢＭの状況が示すように、政治的な争いが強まると、リーダーたちは永続的な戦争状態にとらわれ、精神的に消耗して自信をなくしてしまう。最終的には、組織全体が衰退する。このアプローチは、「誤った二分法」の特徴となっている。つまり、統合を重んじずに対立極を引き離してしまっている。

しかし、分離せずにつながりだけを重視するのも同じくらい問題がある。私たちはこの慣行を「誤った相乗効果」と呼んでいる。両方の対立極の背後にあるニーズに対応しない、見せかけの統一の試みである。このような状況では、より力のある極が最終的に実権を握る。ＩＢＭのソフトウェア事業部のひとつが、両利きの組織になるという考えに夢中になった。高次のパーパスに関する、感情をかき立て関与を促進するステートメントを作成した。ユニットリーダーはこのミッションステートメントをオフィス中に貼り出した。ポスターや名刺サイズのカードなどを作成して、この統合的で野心的なパーパス・ステートメントを打ち出したのだ。また、構造につながりを組み込んだ。イノベーションの責任は、既存の機能構造に組み込まれた。研究開発担当バイスプレジデントは、既存製品の開発とイノベーションの探索を管理した。営業担当バイスプレジデントは、現行市場への販売を続けながら新市場を探求しなければならなかった。シニアリーダーのミーティングの議題では、各職務のリーダーのレポートに注目した。この事業部の構造で、イノベーションが重視されるところは一切なかった。当然、既存の世界が、強力な慣性を発揮して支配的になった。イノベーションは、忙しい幹部が「本業の合間に」取り組むものになった。既存製品への膨大な要求のため、より不確かで短期的でリスクを伴うイノベーションは、完全に脇に追いやられることがある。パラドックスを効果的に乗りこなすためには、リーダーは分離と接続を同時に実現するための戦略を練らなければならない。[原注19]

行き過ぎを防ぐガードレールの構築

パラドックスの両極を分離する際に、引き離しすぎてしまうことがある。択一思考に支配される。ひとつの極に集中するあまり、他の極を排除する。そうするとウサギの穴を落ちていく羽目になる。一方の極に肩入れしすぎ、認知、感情、行動の罠によってその場に嵌まってしまう。他の極が目に入らず、相乗効果やつながりの可能性が見えなくなる。

しかし、このような行き過ぎを防ぐための構造を作ることはできる。私（ウェンディ）が、オックスフォード大学に籍を置くマリア・ベシャロフとの研究で発見したのは、ホッケンスタインが、それぞれの極の価値を補強し、つながりを強化するために人、慣行、正式な構造を活用していたことだった。私たちはこの境界を「ガードレール」と呼んでいる。ガードレールとは、各極を保護する機能だ。ガードレールには2つの機能がある。まず、道路上のガードレールと同様に、一方の極に近づきすぎないようにする。ガードレールは悪循環を防ぎ、綱渡りを支援する。これにより、いずれかの方向に肩入れしすぎていることを恐れずに、対立する要求のあいだをより流動的かつ頻繁に移動できる。次に、ガードレールは制約も形成する。パラドックスを乗りこなす際のフィールドを規定してくれる。この制約によって、まったく新しいアイデアが促される。対立極を引き合わせてクリエイティブな統合を育むことで、新たなラバを見つけることができる。

道をそれずに前進する

社会的ミッションと事業のパーパスの両方に取り組もうとするDDDのような社会的企業は、パラドックスの一方の極に寄りすぎる大きなリスクをはらんでいる。こうした組織は、社会的ミッションを強調して事業のパーパスを軽視する（その逆もある）。社会起業家は、情熱的な理想主義が強すぎるあまり、プロジェクトの採算性の検討を避ける場合がある。極端に行き過ぎると、企業が倒産してしまい、最終的にミッションを達成する可能性が潰えてしまう。一方、ミッションに基づくゴールから出発したものの、収益面の可能性を見てミッションの手を抜き始める起業家もいる。ミッションへの献身が減退すると、市場での競争的優位性をもたらしていた独自の特徴がなくなってしまうことがある。

DDDの設立当初、カンボジアで貧困のサイクルを断ち切るというホッケンスタインの決意は情熱的で、人を刺激し、周りに伝わりやすかったが、そのために事業は倒産しかかった。同社はカンボジアで最も不利益を被っている人々を採用してOJTを提供することで、この人々が労働市場に参入し、さらに良い職に移行できるように促した。ポル・ポト政権の虐殺により孤児になった人々や、ポリオの流行や内戦の地雷で身体障害を負って、他の就職先を見つけられない人々も採用した。あるとき、DDDの幹部は、性的搾取の人身取引から救出された女性を採用するプログラムを立ち上げた。他の職に就けないと性売買市場に戻ってしまうからだ。

ここで問題が発生した。DDDが採用した人のほとんどに、同社の仕事をこなすためのスキルが十分に備わっていなかったのだ。データ入力をする必要があったが、ほとんどの人にはタイピングのスキルがなかった。当初採用した人々は、平均で1分間に8単語しか入力できなかった。大半の仕事は英語だったが、英語以前にカンボジア語もまともに読み書きできなかった。これらの従業員を訓練しながら顧客の要求に応えるのは困難を極めた。ときどき、幹部の誰かが、カンボジア国内の大卒者など、もっとスキルの高い人を採用したらどうかと提案することがあった。そのほうが優れた仕事で顧客のニーズを満たすことができるのでは、というわけだ。その意見はDDDのミッションに合わないため、常に却下された。

創業から数年後、ホッケンスタインは諮問委員会を設置した。その初期の会議で、委員のひとりがDDDの幹部に状況を明確に説明した。前職で数十億ドルの事業部を運営していた委員だ。

「皆さんの理念は素晴らしいのですが、このままの経営を続けると3カ月で破産してしまいます」

ホッケンスタインと経営チームは収入面で苦戦しているのを認識していたが、この委員が率直に批判してくれたおかげで目が覚めた。経営陣は収益にもっと注意を払わなければならない。

DDDの経営チームはこの意見を真剣に聞き入れた。プロセスを効率化し、財務管理手段を追加で組み込み、人事面の慣行を見直し、手当を切り詰めた。しかし、まもなく再び行き過ぎが発生した。かつてはミッションに突き動かされるビジネスだったはずなのに、お役所仕事のように思えてきた。ゴール、目標、報奨の引き上げによって、従業員はストレスを感じた。不利益を被っている人々に仕事を提供して従業員を支える社会的企業というミッションを掲げていたはずなのに、従業員たちは組織に搾取されている気がすると発言するようになった。収益管理の方向に行き過ぎてしまったように思われたため、DDDの幹部たちはアプローチを再検討する必要があった。

諮問委員会はDDDのガードレールとして機能した。従業員もまたガードレールとなった。DDDが社会的ミッションと事業上のパーパスのいずれかを重視しすぎてウサギの穴を深く落ちることを、諮問委員会と従業員の両方が防いでくれた。ホッケンスタインは、数多くの社会的企業が陥った運命から自社を守るため、さらなるガードレールの構築を始めた。ガードレールによって、経営チームにはビジネス経験の豊富な人々と国際開発経験者の両方が必ず含まれるようになった。また、諮問委員会にも同様のルールを設けた。さらに、ミッションを保護するために他のステークホルダーとの関係を築いた。たとえば、設立当初には、インドのデータ入力企業との関係が深かった。これらの企業は、DDDの堅実な業務慣行の支えとなった。同様に、非営利組織・非政府組織のネットワークともつながりを築いたことは、経営幹部が社会的ミッションを常に意識しておくために役立った。さまざまな役割と関係を尊重することで、DDDは、社会的ミッションを支える意思決定と、経営を改善する意思決定のあいだをよりスムーズに行き来できるようになった。いずれかの方向への行き過ぎを防ぐガードレールがあるとわかっていることで、組織の幹部はより安心して綱渡りができた。そのうち、戦略的ゴールへの取り組みを維持できるように、シニアリーダー同士で「自分にとってのガードレールは何だろう」と互いに確認するようになった。

ジャネット・パーナも、チームのためのガードレールを構築し、既存製品とイノベーションの両方に注力できるように図った。ガードレールは、チームメンバーの役割とチームのゴールの両方の指針となった。ある経営会議で、パーナの財務担当バイスプレジデントが、しばらく苦労していた懸念を口にした。チームでは、イノベーションを実現する次のステップとして、採用について議論していた。イノベーションを構築するために、エンジニアを社内だけではなく社外からも新規採用する必要があった。専門的なスキルを備え、高い給与が必要になる人材だ。バイスプレジデントは、イノベーションの投資利益率に大いに懸念があると述べた。大きなリスクを取ろうとしており、投資の元を取れる時期が不確かであることを考えると正当化は難しいと論じた。

ほとんどの場合と同様、組織の財務上のリスクを管理するのは、財務専門家の仕事である。そして、パーナの財務担当バイスプレジデントは、リスク管理能力に基づく勤務評定を受けている。しかし、懸念を抱いていたのは財務担当だけではなかった。他のチームメンバーも苛立っていた。現行顧客がソフトウェアのバグ修正や重要な拡張機能の構築を待たされているのに、イノベーションに時間を使いすぎではないかと心配していた。今そこにある問題のほうが、ずっと緊急度が高いように思えたのだ。

こうした現在の懸念は重要だ。しかしパーナは、長期的な計画を阻害する喫緊の要求はいつでもあるものだと理解していた。現行製品の課題を尊重することは重要だが、短期的なプレッシャーを感じている人々に取って代わられないように、イノベーションを守る必要があった。イノベーションの責任者と既存製品の責任者が分かれているおかげで、パーナはＩＢＭがどちらの方向にも行き過ぎないようにガードレールを構築することになった。パーナはシニアリーダー陣と協力し、イノベーション部門に既存製品と異なる評価指標を作成した。また、開発プロセスでイノベーションを推進するための意思決定プロセスも、既存製品とは異なるものにした。

ガードレールは発明の母

ガードレールによって課される制約は、実際にはイノベーションと創造力を促進することができる。競技場の範囲を決めることで、競合する要求を引き合わせることができる。競合する要求同士を近接して配置することで、クリエイティブな統合を促進し、より多くのラバを見つけることができる。「必要は発明の母」という格言がある。これは、パラドックスを乗りこなす際にも当てはまる。

スコット・ソネンシェインは、著書『ストレッチ』（海と月社、２０１８年）で、自分の限界を押し広げる人は、創造力を発揮できるような制約を求めると論じている。ソネンシェインは、ドクター・スースのペンネームで知られる絵本作家、セオドア・ガイゼルの例を挙げる。ガイゼルは、編集者から提示された課題と明確な制約に応じて代表作を執筆した。それは、わずか50の単語でベストセラーを生み出してほしい、というものだった。それが『Green Eggs and Ham』（緑のたまごとハム）である。わずか50語のみを使って書かれたこの作品は、子供が絵本を離そうとしないくらいキャッチーなフレーズと、絵本を卒業してからもずっと記憶に残る繰り返しに満ちている。同書は８００万部以上を売り上げ、児童書のベストセラーの地位を獲得している。[原注20]

また、ガードレールがあると、競合する要求に対応するクリエイティブな可能性を生み出すようになる。ルイス・ガースナーがＩＢＭの全事業部のリーダーに求めた、複数領域の事業で卓越した実績を上げるという課題を考えてみてほしい。そうすることで、各事業部はよりクリエイティブなマネジメント手法を採らざるをえなくなった。一方、社会的企業は、社会的ミッションとビジネス上の目的を隣り合わせに並べることで自社にとっての新たな基準を発見できる。非営利か営利かという一般的な基準を超え、自社の法的な立場を考え直し、戦略を再検討するようになる。

あるいは、共働きカップルにかかるプレッシャーを考えてみてほしい。ふたりの大人が外で働いていると、家族や家庭のニーズへの対応について、より多くのジレンマに直面する。これらのジレンマの背後には、本書で挙げてきた数多くのパラドックスがある。自己と他者、仕事と私生活、計画性と創発性などだ。ＩＮＳＥＡＤのジェニファー・ペトリリエリ教授（『デュアルキャリア・カップル』著者）は、デュアルキャリア・カップルの研究で、対立に直面したときに創造力が高まるような制約を作っておくのが、カップルが長期間うまくやっていくために特に重要であることを見いだした。ペトリリエリはこのような制約を「カップル契約」と呼んでいる。これは、両者が越えたくない境界を明確にしながら築く共通の価値観である。境界の姿はカップルごとに異なる。地理的な場所、出張や家族と離れて暮らす時間の長さ、経済的なニーズ、仕事への献身、子供をもうけるかどうかの判断などを明確にする場合もある。こうしたガードレールによって境界が形成されると、その範囲内でカップルが交渉してイノベーションを起こすことができる。あらゆる境界と同様に、万能の解決策はない。たとえば、転勤・出張に関するガードレールがあるために、パートナーは要求を満たす新しい職を探す必要があるかもしれない。あるいは、ふたりで仕事に打ち込むために、アウトソーシングできる家事を探すことになるかもしれない。具体的な解決策はパートナーごとに異なるが、プロセスは似通っている。まず境界を設定し、それを用いて、競合する要求に取り組む新たな方法を発見するのだ。[原注21]

個人レベルの境界

この章でここまで紹介した例では、組織でパラドックスを乗りこなすシニアリーダーを主に扱っていた。しかし、前の段落で説明したように、境界は私生活のパラドックスを乗りこなすためにも役立つ。私たちは、ある友人とともにこの構造を探索した。彼女は難しいジレンマと背後のパラドックスに苛まれ、文字通り涙にくれていた。友人のマヤ（仮名）は、医学部の学位を得て、権威のある病院で研修医としてのスタートを切ったところだった。優秀な学生で、メディカルスクール（訳注：米国の医学部で、日本と異なり大学院課程である）の成績もトップクラスだった。マヤはこの研修医制度に迎え入れられることを光栄に思っていたが、自分がその挑戦に見合うかどうか不安でもあった。そして、研修医として勤め始めるやいなや、自信が萎えてしまった。

研修医制度では、医師がメディカルスクールで学んだ情報を実際の治療に応用できるように支援する。マヤのプログラムでは、全員が研修医に、この時期を学びの機会として活用するように念を押していた。研修医のチーフと専門医は、研修医にどんどん質問をするように促した。研修医は頻繁に研修医のチーフに確認し、担当したすべての患者の診断と治療について通しで話し合った。また、症例検討会にも出席し、同僚と医師とともに患者の具体的な医学的問題について議論した。

これらの取り組みは学生に自由な参加を促している。しかしマヤがそこでの規範から受け取ったメッセージはまったく違った。大いに権威ある研修医プログラムは、大いに競争的でもあった。研修医たちは、プログラムにおける成績で次の仕事への可能性が左右されることを知っていた。研修医仲間は、本音の質問をほとんどしなかった。その代わり、誰もが知識と才能を誇示しようとした。弱みを見せる者はほとんどいなかった。しかも、研修医のチーフは不確かであることを許容しなかった。研修医に質問をするようにと言っていたが、質問に答えるだけの辛抱強さが見られたためしがなかった。むしろ、研修医が自分で答えを見つけることを期待しているようだった。

マヤは不安に思った。質問をするのをやめた。不確かさや不安を、職場の誰にも話さなかった。発言する前に、あらかじめ反応を予測するようになった。自分の診断を客観的に確認してもらいたいときは、患者の情報を看護師に話して追認してもらおうとした。ストレスが日に日に大きくなり、ついに心が折れた。

私たちと一緒にいたときに彼女は泣き出し、自分はそもそも医師になるべきなのかわからない、と語った。メディカルスクールで過ごした4年間どころか、受験準備のために単位を取ったその前の4年間もすべて無駄だったのだろうか。本当にこの仕事ができるのだろうか。4歳のときには、絶対に美容師になりたかった。そこに立ち戻るべきなのかもしれない。ヘアカラーに失敗しても、診断の失敗よりはずっと楽に修正できる。

マヤのジレンマの背後にあるパラドックスは、実のところジャネット・パーナとかなり似通っている。問題の核心にあるのは、学習と実践、成長と達成、将来の計画と現在の生活のあいだにあるパラドックスだ。研修医プログラムは、新人医師が技術の神髄を学べるように構成されている。しかし、新人医師は自信をもって行動し、不確かに見られることを避け、良い成績を上げるように期待されている。学べば学ぶほど、パフォーマンスも向上する。パフォーマンスが上がれば上がるほど、自信をもって不確かさを表に出し、積極的に学ぶことができる。

学習とパフォーマンスのあいだのこのパラドックスは、私たちの多くになじみがあるだろう。新たな職に踏み出して多くを学ばなければならないときに、マヤのような緊張関係《テンション》を味わうことがある。また、自分のスキルの価値が過去に比べて世間に認められていないと思ったときや、解決できない新たな難題に遭遇したときなどにも、緊張関係《テンション》を感じる場合がある。最終的には、優れたパフォーマンスと、新たな学習とのバランスを取る必要がある。

マヤの話に耳を傾け、気持ちを吐き出してもらった後で、私たちは問題について詳しく話し合った。学ぶべき新しいことがあるのが難しいわけではなかった。新しい知識を学びながら自信を保つことこそが難題だった。優れたパフォーマンスを上げれば、自信が育つ。学びながら自信を取り戻して維持するにはどうすればよいだろうか。

まず、マヤの高次のパーパスについて話し合った。なぜ医師になるために勉強しているのか。そもそもこの専門を選んだのはなぜか。マヤはいつも人のためになりたかった。子供の頃、家族で自動車事故に遭った。最終的には全員が無事だったが、母親と弟は手術をしなければならなかった。緊急事態における医療従事者の大切さを目のあたりにし、刺激を受けるとともに感謝の気持ちが湧いた。事故の後、一家で不安に苛まれながら救急車を待っていたときのことを覚えている。待ち時間のあいだどれほど無力に感じ、ついに救急車が到着したときにどれほどありがたかったか。マヤはこうした技能を身につけて、他の人を助けたかった。マヤは高次のパーパスを発見した――危機の際に、安心とケアを提供すること。このステートメントを強く打ち出すことで、医療について、患者について、自分自身についてもっと学ぶ必要がある理由をあらためて思い出せた。

それから、自信をもたらしてくれる経験と、無防備に感じる経験について話し合った。パフォーマンスを学習から分離することを考えられるだろうか。自信が向上する特定の時期（たとえば、優れたパフォーマンスを上げていると感じる時期など）はあっただろうか。こうした時期を、学習が必要な時期と分離できないだろうか。メディカルスクール時代には、クリニックで週に数時間のボランティアをし、患者に健康と予防に関するアドバイスをしていた。この業務は楽しく、とても満足していたが、研修医になったら時間がなくなるためボランティアを辞めていた。しばらくのあいだ、ボランティアに復帰してみたらどうだろうか。心と体を休めるための自由時間は少し減るが、自信を取り戻すための時間が返ってくる。不確かな気分になる研修医期間中には、そうすることが力になるだろう。

また、パフォーマンス上の自信を、学習経験につなげていく方法についても話し合った。ブレネー・ブラウンの研究は、傷つきやすさの価値を強調する。傷つきやすさは、弱さではない。傷つきやすさを示すことは自分の強さを示し、学びを可能にしてくれるという。[原注22]では、マヤが心を強く持って傷つきやすさをさらけ出し、さらに学べるようになる方法はないだろうか。

最後に、マヤの人生にはどのようなガードレールが必要だろうか。成功を過信したことが原因で悪循環に陥り、収拾がつかなくなる人がいる。この場合、新たな知識を再び学ぶことを思い出せるようなガードレールが必要になる。マヤが直面したのは正反対の状況だった。悪循環の原因は、新しい知識を学ぶ必要性に圧倒され、優れたパフォーマンスを上げる感覚が失われ、自信が削がれてしまったことだった。パフォーマンスを発揮できないまま学習にのみ集中した結果、学習能力が制限されてしまった。

再び負のスパイラルに陥らないように、どのようなガードレールを設置できるだろうか。私たちはいくつかの選択肢について話し合った。メディカルスクールの友人に連絡して経験を比較し、慰め合い、互いの才能を再確認することもできる。メディカルスクールへの応募を勧めてくれた学部時代のメンターに連絡することも可能だ。また、同僚の研修医たちを惜しみなくもっと褒めることもできる。自分が不安定になっているのだから、プログラムに参加している他の研修医も同じように感じているかもしれない。その人たちと接して、心からそのスキルを高く評価することで、相手の自信を高めると同時に、自分のスキルにも価値を感じられるようになる。

こうした境界と構造を生活に組み込むことで、マヤは学習パラドックスとパフォーマンス・パラドックスを乗りこなし、医療技術への自信を取り戻し、経験したジレンマに対処することができた。3年後、マヤはプログラムのなかでも成績優秀な研修医と評価され、病院に残って正職員になることを打診された。

この章のポイント

- **境界とは、パラドックスを乗りこなす能力を支援するために導入する、構造、慣行、人を指す。**

両立思考をさらに活用するために役立つ3種類の中心的領域は次の通りである。

－高次のパーパス：包括的なビジョンのステートメントは、緊張関係《テンション》を受け入れ、対立極を統一し、短期的な混沌を最小限にとどめるように長期的な目標に集中するためのモチベーションとなる。

- 分離と接続：構造、役割、ゴールを設定すると、対立する要求を分離し、それぞれの要求を独立して尊重し、それらを引き合わせることにより、相互依存性と相乗効果を尊重できる。
- ガードレール：構造を作ると、緊張関係《テンション》のなかで一方向に行き過ぎて悪循環に陥ることを防ぐことができる。

原注

1 "Hardware and Tear," Economist, 1992年12月19日, 63-64。
2 ガースナーの復活戦略については、Gerstner（2002）を参照。
3 IBMの3領域戦略は、Baghai, Coley, and White（2000）の影響を受けている。
4 March（1991）, 71-87。
5 Ibarra（1999）は、オーセンティシティ・パラドックスに取り組むには、「可能ではあるが、まだ完全にはできあがっていないプロフェッショナル・アイデンティティの試行段階」として機能する暫定的な自分を探索する必要があると示唆している。オーセンティシティ・パラドックスについて詳しくは、Ibarra（2015a, 2015b）を参照。
6 両利きの組織の本質について詳しくは、Tushman and O'Reilly（1996）を参照。両利きの組織を構築するためにIBMが採用した戦略について詳しくは、Harreld, Tushman, and O'Reilly（2007）を参照。O'Reilly and Tushman（2016）; Binns, O'Reilly, and Tushman（2022）も参照。
7 Frankl（1959）。

8 Vozza（2014）。

9 Roy West（1968), 38。

10 サン＝テグジュペリ『Citadelle』第75節（Paris: Gallimard, 1948; reprint), 687。引用文の翻訳“Teach Them to Yearn for the Vast and Endless Sea”は、Quote Investigatorより引用。１９４８年初版の本文より転載、https://quoteinvestigator.com/2015/08/25/sea/#note-11852-1（邦訳は、『サン＝テグジュペリ著作集　７ 城砦2』（みすず書房、1986年）より引用）。

11 シネックについて詳しくは、“How Great Leaders Inspire Action,” TEDx talk, TEDxPuget Sound（２００９年９月）https://www.ted.com/talks/simon_sinek_how_great_leaders_inspire_action;およびSinek（2009）を参照。

12 シーズ・オブ・ピースについて詳しくは、www.seedsofpeace.orgを参照。

13 Sherif et al.（1961).

14 Slawinski and Bansal（2015）では、パラドキシカルな緊張関係《テンション》に対応するための、長期的な思考の役割について論じている。両氏は、アルバータのオイルサンドに関連する企業のうち、より長期的なビジョンを掲げている企業のほうが、より環境負荷の少ない手法を採用していることを発見した。

15 Smets et al.（2015）。

16 ジャネット・パーナ、著者とのビデオ会議によるインタビュー、２０２１年11月30日。

17 私たちの研究では、分離と接続の活動は、組織レベルと上級幹部チームレベルの両方で発生していることがわかった。リーダーたちは、組織で緊張関係《テンション》の分離と接続を可能にする構造を作っただけではなく、上級幹部自身が緊張関係《テンション》を分離および接続できるような慣行も構築した。Smith（2014); Tushman, Smith, and Binns（2011）を参照。

18 Tushman and O'Reilly（1996); Harreld, O'Reilly, and Tushman（2007); Gibson and Birkinshaw（2004）。

19 マリア・ベシャロフ、ティファニー・ダラビと私（ウェンディ）は共同で、組織における分離と接続のさまざまな戦略を比較した。その結果、組織がパラドックスの極を分離および接続する方法は、乗りこなしているパラドックスのタイプによって異なることを発見した。しかし、これらの異なるアプローチよりも総合的な成功のために重要だったのは、組織が分離と接続のバランスを確立していることだった。私たちは、分離と接続に関するこれらのさまざまなアプローチの例として、さまざまな社会的企業について説明している。Besharov, Smith, and Darabi（2019）を参照。

20 ストレッチャーが制約を用いて創造力を発揮する方法について詳しくは、Sonenshein（2017）を参照。

21 Petriglieri（2018; 2019）。

22 Brown（2012）。

第6章　不快のなかに心地よさを見つける

C－コンフォート　緊張関係《テンション》を受け入れる感情

はっきりわかるのは、呼吸はよりどころとなる錨《いかり》のようなもので、この瞬間に自分を中心に据えるために、私たちみんなに与えられた贈り物だということです。ごくわずかでも緊張関係《テンション》に遭遇するたび、私は間を置き、大きく息を吸って、それから吐くのです。

――オプラ・ウィンフリー

私（ウェンディ）は、大学生活で初めての夜を覚えている。学生寮の赤茶色のレンガに押しつけられた新しいベッドに身を投げ出すと、ほっとした気持ちと不安が渦巻いた。誰にとっても、大学入学への道のりは長い。ただ、私の場合はそれが他の人よりも少しだけ長かった。国際青年団体の幹部として活動していたので、イエール大学への入学を1年延期したからだ。ようやくここまで来た。

両親はあらゆる段階でそばにいてくれた。不安がったりせず、抑圧もしなかった。大学説明会のプレゼンを一緒に聞き、申込書を印刷し、新しい大学寮の契約まで手伝ってくれた。両親との最後の別れで、ついにスタート地点に立ったのだとほっとした。しかし、今後への不安も頭をもたげていた。最も差し迫った難題が、目の前に具体的な形となって現れていた。どうしたら、この新たな地の一員になれるだろう。私が育った町と全然違う、この大学の一員に。寮の部屋で初めてひとりになると、入口のすぐ近くに腰かけ、過去と現在が綱引きしているのを感じた。

私のイメージでは、イェール大学は頭がよくてお金持ちの人々が進学するところだった。プレップスクール（訳注：米国で大学進学の準備教育を行うための学校）でお揃いの制服を着こなし、避暑地として有名なタホ湖で夏を過ごし、キャンパスにある建物のどれかと名字が同じ人々。末は国家首脳かノーベル賞受賞者だ。一方、私はフロリダ州フォートローダーデール近くの公立高校で、必死に頑張って好成績を収めた子供だった。高校で「お揃い」といえば、制服ではなくTシャツとサンダルのことだ。夏休みには従姉妹たちと近場に出かけ、自宅の裏庭でスイカの種飛ばし大会を開いた。「スミス」という名前の建物があったとしても、幸せな偶然だ。レジデンシャル・カレッジ（4年間をともにする学生寮）、アカペラグループ、秘密結社、政治連合。この新しい世界でどうやったらうまくやっていけるか、さっぱりわからない。まるで外国に来たような心持ちだった。

1848年に、米国の政治家で社会活動家のホーレス・マンは次のように書いた。

「したがって教育は、人間が生み出したその他すべての装置を超え、人間の条件を平等にする偉大な装置であり、社会機構の釣り合い輪である」[原注1]

マンは、米国の公教育整備と大学教育拡大に大きな影響を与えた。多くの人と同様に、私にとって大学とはチャンスをくれる灯台のようなものだった。

しかし、どんなことにも言えるが、うまい話には罠がある。社会的・経済的な階層を上昇して平等になることには、かなりの難題がついて回るのだ。ケンブリッジ大学に所属するポール・トレーシーとカマル・ムニール、オンタリオ州キングストンのクイーンズ大学に所属するティナ・デイシンは、これらの見過ごされているコストを指摘する。３氏はケンブリッジ大学における社会動態を研究した。英国の上流階級の補強に絶大な役割を果たしていることで有名な大学だ。３氏は、公式晩餐会、学内親睦会、守衛とのやりとりをはじめとする同大学の慣習や規範が、英国社会におけるエリートの不文律を教えていることを発見した。慣習や規範は非常に強力なので、家柄の良くない学生は素早くこうしたルールを教えられる。しかし、そうした学生の多くは、役柄を演じることこそできるが、心からの帰属意識を感じたためしがないと報告した。さらに重要なことに、晩餐会でワインの話題に興じたり、ボート競走に参加したりする新たな経験を積むと、帰省してもよそ者のように感じるという。板挟みになった気がするのだ。彼らは帰属意識を求めて自問する。「私は何者なのだろう？」と。[原注2]

「私は何者なのだろう？」という問いは、人生のさまざまな時点でジレンマを提示する。この人間としての根本的な問いは、哲学者、詩人、セラピストなどによって何千年にわたって議論されてきた。このジレンマの背後にあるものを、私たちは「所属パラドックス」と呼んでいる――役割、ゴール、所属団体、価値観、個性、その他の側面における、矛盾しながらも相互に依存する要素だ。所属パラドックスには、親と子、組織の一員と家族の一員、部下と上司など、さまざまな役割のあいだの緊張関係《テンション》が含まれる。また、過去の自分と未来の自分のあいだにも緊張関係《テンション》が生じる。これが、大学に入学して初めての夜に、私が感じた緊張関係《テンション》だ。

感情《コンフォート》を機能させる

この章では、パラドックスを乗りこなすためのもうひとつのツールに着目する。感情だ。パラドックスは、複雑で矛盾する感情的反応を引き起こす。緊張関係《テンション》を受け入れられるようにするには、マインドセットと思考に注目するだけでなく、心を活かせるようにする必要がある。自分の感情を、勢いをそぐ障害物ではなく、やる気の源にする必要がある。

アインシュタインの日記は、このような複雑な感情に関するインサイトを提供している。[原注3] アインシュタインは、物理学の根本的原理に取り組むうちに、物体が運動と静止の両方の状態にあるというパラドックスに直面した。やっかいだが、刺激的な問題だ。アインシュタインは落ち着かなかった。自身の思考が、世界の解釈をめぐる中心的な前提に対する異議申し立てになると認識していたからだ。それでも、新たなインサイトの発見に向けて気力は十分だった。日記には、自分が拠って立つ基盤が揺れていて、もはや安定した地面に立っていないような気がする、と綴られている。

ラス・ヴィンス教授とマイケル・ブルーシン教授は、英国の国民保健サービス（NHS）の大規模な変更方針に対する、相反する強い感情的反応を調査した。研究参加者は医師、看護師、管理者とのワークショップを主催し、これらの人々が感じる緊張関係《テンション》を調査して、過去と未来、安定と変化、理想主義と現実主義のあいだに感じる緊張を明らかにした。参加者の感情をさらに深く調べるため、参加者に絵を描いてもらった。3人の参加者は、醜いアヒルの子が白鳥に変身するイメージなど、新たな可能性へのときめきを伝える絵を描いた。他の83人は、変化の不確かさによって、心の奥にマイナスの反応が喚起されたことを示唆する絵を描いた。黒い雲、墓石、ベッドで休む病人、船に見立てた組織の沈没などだ。ヴィンスとブルーシンは精神分析手法によって、現れた防衛反応を抑圧、退行、投影、反動形成、否認の5つに分類した。[原注4]

不確かさだけでは、防衛反応は引き起こされない。不確かさは利益をもたらす場合も、不利益になる場合もある。好奇心や柔軟な姿勢を刺激することもあるが、防衛反応や偏執さを引き出してしまうこともある。ネブラスカ大学リンカーン校のイングリッド・ハース教授とトロント大学のウィリアム・カニンガム教授は、不確かさに対する反応の違いが脅威のレベルによって異なることを発見した。[原注5]脅威が大きいほど、より排他的かつ狭い視野で不確かさに反応するようになるという。最初に不確かさをもたらした情報や考え方を避けるようになるのだ。つまり、不確かさを排除することで脅威を最小化しようとして、択一思考に頼ってしまう。

より大きな問題は、いったん引き起こされた防衛反応は悪循環につながるおそれがあるということだ。不確かさと脅威が組み合わさって、不安、苛立ち、さらには怒りすら強まる。すると、脳がそのように感じるべきではないと警告する。自分自身の感情を判断するうちに、さらなる感情的反応が積み上がるようになる。罪悪感、さらには恥すら感じることがある。ブレネー・ブラウンは、罪悪感と恥のあいだの重要な区別を提示する。罪悪感は、自分が悪い行為をしたことを示唆する。恥は、もっと個人的で広い概念で、自分自身が悪い存在であることを示唆する。罪や恥を意識すると、自分が悪い存在である理由を発見されたくないあまり、つながりを断ち、他者から隠れようとする。しかし、そのようなときこそつながりが最も重要なのだ。[原注6]ネガティブな感情は下へ向かってひたすら渦巻く。

紀元前5世紀にブッダは、負の感情のスパイラルを「第二の矢」に例えた。人生のなかの経験には、不快や痛みを伴うものがある。それらは避けられない。ブッダの表現を借りれば、そうした経験は、矢を放たれるようなものだ。しかし、この第一の矢に、恐怖、動揺、怒り、嘆き、非難、恥といったさまざまなネガティブ感情で反応すると、さらなる苦しみが沸き起こる。これらの反応は、自分自身に第二の矢を放っているようなものである。第一の矢をコントロールすることはできないが、自分の反応、つまり第二の矢をコントロールすることはできるという。この仏教の叡智は、よく「痛みは避けられないが、苦しみは自分次第」といった文言にまとめられる。[原注7]

私たちの文脈でこれを言い換えると、パラドックスによって生じた不確かさは避けられないが、不確かさを原因とする有害な結果は避けられる、ということだ。背後にあるパラドキシカルなジレンマによって、心の奥深くにある恐れ、不安、防衛機制が表面化することがある。これらはすべて現実であり、これらの感情を受け入れるのは重要である。しかし、その感情こそが、視野を狭め、択一思考を採らせるようにする原因でもある。あまりに長いあいだ恐怖の観念にとらわれていると、ウサギの穴をひたすら深く落ちてしまうことになる。自分の抱く恐怖は尊重しながらも、競合する要求に対応するための別のアプローチを見つける必要がある。つまり、不快感を認識してから、そのなかに心地よさを見つけるためのツールを利用できる。そのための実践方法を3種類挙げる（図6－1）。

間を置く

パラドックスを乗りこなす際の不快感に対応するために、まずは間を置いてみよう。間を置くとは、

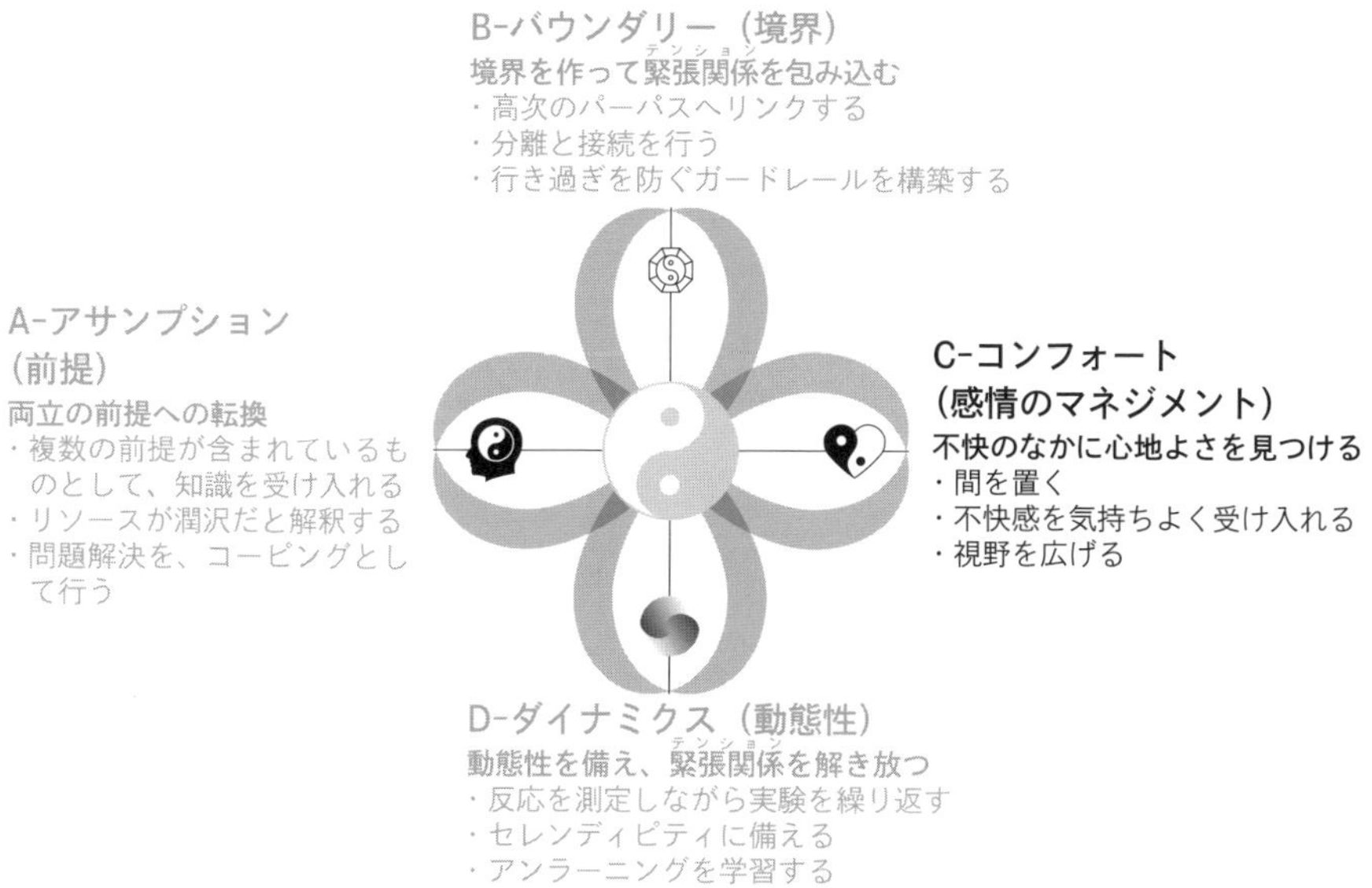
B-バウンダリー（境界）
境界を作って緊張関係《テンション》を包み込む
・高次のパーパスへリンクする
・分離と接続を行う
・行き過ぎを防ぐガードレールを構築する
A-アサンプション（前提）
両立の前提への転換
・複数の前提が含まれているものとして、知識を受け入れる
・リソースが潤沢だと解釈する
・問題解決を、コーピングとして行う
C-コンフォート（感情のマネジメント）
不快のなかに心地よさを見つける
・間を置く
・不快感を気持ちよく受け入れる
・視野を広げる
D-ダイナミクス（動態性）
動態性を備え、緊張関係《テンション》を解き放つ
・反応を測定しながら実験を繰り返す
・セレンディピティに備える
・アンラーニングを学習する

図6-1　ABCDシステム――コンフォート（感情のマネジメント）

当初の刺激から最終的な反応までに時間を空けることを指す。間には、精神的なものと身体的なものがある。具体的には、深呼吸をする、感情の高ぶりから少し距離を置いてみるなどが挙げられる。間を置く目的は、脊髄反射で反応せずに、よりじっくり考えて対応できるようにすることだ。

　間を置くと、当初とは異なる脳の部位を活用できる。恐怖や不安感が生じると、大脳辺縁系が刺激される。ここは哺乳類脳とも呼ばれている。大脳辺縁系は、先史時代の祖先が野生の脅威に素早く反応するために役立っていた。たとえば、熊を発見すると、大脳辺縁系が危険を知らせる。すると、まず体の動きが止まり、それから戦うか逃げるかの判断が迅速に下される。現代では、人間の種としての生存は、もはや熊（やライオンや虎）を常に警戒する機能には左右されない。それなのに、大脳辺縁系は絶えず働いて、脅威に備えているのだ。

　パラドックスは、ほとんどの人にとっては熊のようなものである。不確かで、不条理で、非合理で、複雑だ。遭遇したときに何が起こるか、予想もつかない。パラドックスによって、この世界の真実で正しいと思っていることがすべて覆されるのだろうか。心の奥深くの恐怖が刺激されるのだろうか。パラドックスが大脳辺縁系を刺激すると、脳が「熊だ！」と叫ぶ。その後は、逃げるか戦うかだ。パラドックスの不快感を逃れて二分法的思考に退却すると、その場の不快感は軽減されるが、溝に嵌まり込んでしまう。自分の支持するほうの対立極を擁護して戦うと、塹壕《ざんごう》戦を焚きつけてしまう。どちらの対応も、悪循環の火付け役となる。

間を置くと、別の対応法を見つける機会が生まれる。素早い闘争・逃走反応の代わりに、他の方法を検討できる。最初の刺激で得た不快な気持ちを感じながらも、脳のより発達した部位で、もっと相手に対して開かれた柔軟な対応ができる。

Keep Calm and Carry On（平静を保ち、日常を続けよう）

不快感に直面したときに間を置くという考え方は、決して新しいものではない。しかしなぜか、この方法を実践するには、忘れないようにする仕掛けを作る必要がある。脅威に直面したときに平静を保って間を置こう、と念押しするミーム（訳注：もともとはリチャード・ドーキンスによる書籍『利己的な遺伝子』で登場した、ひとつの脳から他の脳へ複製可能な情報の概念。現在ではインターネットなどで拡散される定型的情報のことも指す）が英語圏で大人気だ。あまりに汎用性が高いため、「Keep Calm and Carry On」（平静を保ち、日常を続けよう）の標語はここ20年で数百万回にわたって採用、アレンジ、複製されている。しかし、この標語が初めて登場したときのインパクトははるかに小さいものだった。

第２次世界大戦の開戦直前に、英国政府はこの標語が入ったポスターを作った。英国の人々は、国内の大都市に大規模な空襲が起こると予想し、不安を募らせていた。政府は、混乱が発生すると事態が悪化するだけだと理解していた。不安を鎮めるために、政府は国民の感情を落ち着かせるためのポスターを制作した。全国で数百万枚を配布する予定だったが、空襲の時期が早かったためにポスターはあまり配布されず、効果をほとんど上げられずに終わった。

時は２０００年。英国ノーサンバーランド州のアニックにあるバーターブックスという古書店の共同オーナーであるスチュアート・マンリーは、第２次大戦に関する古書の整理中にこのポスターを見つけた。「とても雰囲気のある品に見えました」

マンリーは妻のメアリーにポスターを見せ、復刻して店で売ることにした。復刻版ポスターは人気を呼び、あっという間に売り切れた。[原注8]

平静を保つことを思い出させてくれるメッセージは大好評を博し、このフレーズは何万通りもの方法で複製され、アレンジされた。平静を保って集中しよう、自分らしくしよう、学びに打ち込もう、パンを焼こう、カップケーキを食べよう、など枚挙に暇がない。本章の初稿の執筆中に、ある大学からオンライン講座のトレーニングコースへの招待状が届いたが、そのコース名も「Keep Calm and Carry ONline」だった。

この格言が共感を呼ぶ理由の一端は、奥深い叡智に学んでいるからだ。周りの世界の不確かさと混乱によって不安と混沌が呼び覚まされるときに平静を保つことには、力と価値があるというわけだ。周りの環境は常にコントロールできるわけではない。しかし、内面はコントロールできる。英国の戦時プロパガンダは、防衛反応をひとりでに引き起こす代わりに、別の道を推奨している――平静を保とう。しかし、どうすればいいのだろうか。

心に語らせる

刺激から反応までのあいだに平静を保って間を置くための、最も簡単で効果的な戦略のひとつが、呼吸である。アンガーマネジメントの手法を検索すると真っ先に出てくる、一番人気の手法だ。実際に、ほとんどの感情調節、つまり身体的な痛みをマネジメントしたり、幸せを呼び起こしたり、不安を減じたりする手法として、呼吸はきわめて重要である。ゆっくりと息を吸って吐くと、必然的に間を置き、集中の対象を一時的に切り替え、心拍数を下げることになる。これらの生理学的作用によって、自動的な反射の代わりに、思慮深い反応を考えるだけの時間的、空間的余裕が生まれる。パラドックスを乗りこなす際に間を置くことは、狭い択一思考にとらわれる原因となる自動的な防衛感情から、より幅広い選択肢を受け入れるマインドセットに切り替える役に立つ。

これが、ラウフ（ロン）・ガーボ医師が患者のために開発したアプローチだった。ガーボは物理療法、リハビリテーション、神経筋電気生理学の認可を受け、バージニア・コモンウェルス大学の心臓・ウェルネス統合センター長を務めている。ガーボは慢性疾患や身体障害を負う患者を担当するうちに、痛みと回復の経験に組み込まれているパラドックスに気づいた。長期間にわたって高い適応力を発揮し、健康に過ごすためには、身体と感情の両方の痛みに注意を払う必要がある。つまり、頭と心だ。癒しがうまくいくかどうかは、私たちを狭い空間に閉じ込める心の奥の恐れを認識すると同時に、新たな可能性を開く信頼を獲得できるどうかにかかっている。

ガーボはこれらの反射や反応を、人間の生理学系に結びつける。ガーボの研究で指摘されているとおり、私たちは痛みを感じたときに、交感神経系によって刺激される闘争・逃走反応に対処するだけでなく、同時に回復反応を司る副交感神経系も働かせる必要がある。この両極は互いに逆向きに作用するだけではなく、相互に大きく依存する。これにより、感情と身体の両方の反応を調和させたソリューションが可能になる。身体の痛みと感情の苦しみは互いを補強し、悪循環を呼び起こすことがある。そうすると、柔軟な思考力が減退する。この悪循環により、ホルモンが過剰に分泌される。そのひとつであるコルチゾールは、分泌量が慢性的に多くなると健康に数えきれないほど有害な影響が生じる。

柔軟な思考力を取り戻し、より健全な反応をするには、ホルモンの過剰分泌を最小限に抑える必要がある。そのためには、副交感神経が関わってくる。ガーボによれば、副交感神経は恐怖ではなく信頼によって駆動されるという。私たちの健康管理は、信頼と恐怖、交感神経と副交感神経、痛みの手当てと回避を継続的に乗りこなす生活を送れるかどうかにかかっている。ガーボの発見によれば、痛みを制御するにはバランスを取る必要がある――体内の相反する機能のあいだで綱渡りする必要があるということだ。このパラドキシカルな生理学的現象を活用することが、生活のなかでパラドックスとより効果的に関わる戦略となる。

しかし、第一歩となるのは、間を置き、ホルモンが過剰に分泌されている可能性に気づくことだ。ホルモンが過剰に分泌されると、恐怖に基づく交感神経系の反応を引き起こす可能性がある。間を利用することで、より目的に導かれた、信頼に基づく形で、副交感神経系を刺激することができる。ガーボが指摘するように、不整脈は自らの反応のバランスを取り直す、早期の警告指標である。心拍変動を把握できるようになれば、間を置き、状況を分析し、他のやり方を考えるべきタイミングを正確に知ることができる。ガーボはこのプロセスを「自律的リハビリテーション」と呼んでいる。たとえば、歩くにも、寝るにも、さらには座るにも継続的な激痛を伴う慢性の腰痛を患っている患者がいるとする。ひとつの対応は鎮痛剤の処方である。この戦略が極端に行き過ぎたことで、世界中にアヘン問題が発生した。ガーボはその代わりに、背後にある感情的痛みを自覚し、それがより大きな身体の痛みを引き起こすことを認識し、痛みのマネジメントを習得する方法の重要性を指摘している。これはまず、呼吸から始まる。

その後、呼吸を用いて副交感神経系を刺激する継続的な戦略をガーボは提唱している。呼吸に集中することで、一歩踏み込んで即時的な生理反応に注目できる。このスキルを身に付けて初めて、一歩下がって副交感神経系の反応のさらなる向上を図ることができる。そのために、パーパスについて話し合ったり、信頼を大切にする関係を構築したり、恐れを悪化させるコンフリクトに費やすエネルギーを最小化したりすることができる。[原注9]

不快感を気持ちよく受け入れる

間を置くと、当初とは異なる反応を検討するように自分自身に促すことができる。しかし、間を置く前と違った反応が確実にできるようになるには、何が必要だろうか。間を置いた後でもっと生産的な反応に切り替えるには、どうすればよいだろうか。間を活用するには、まず背後にある感情、特にやっかいな感情を受け入れなければならない。この感情こそが、当初の反応を引き起こすからである。ネガティブ感情への反応は、拒絶や否認になりがちである。感情がどこかに行ってくれればと期待するのだが、それではさらに強くなって蘇るだけである。そうではなく、感情は受け入れて尊重することで次第に消えていくのだ。[原注10]

ラディカル・アクセプタンス

タラ・ブラックは臨床心理学の博士号を持ち、米国カリフォルニア州ウードエーカーのスピリット・ロック・インサイト瞑想センターで仏教に関する教育を受けている。ブラックは幅広い人々に向けてオンラインでダルマ（道、方法、心理）の教えを説き、ガイド瞑想を提供している。ブラックの説法は、仏教とダルマの両方を大いに参考にし、ユーモアが随所に散りばめられている。トークの中心にあるのが、受け入れの概念だ。ブラックはラディカル・アクセプタンス（根本的な受け入れ）と呼んでいる。困難な感情による苦しみを最小化するには、まずその苦しみに身を委ねるしかない、とブラックは論じる。著書『ラディカル・アクセプタンス』（金剛出版、２０２３年）で、ブラックはこの重要な考えを、チベット仏教のヨーギであるミラレパの寓話で力強く伝える。ミラレパは、洞窟で生活していたときに、何度も悪魔に遭遇したという。

チベット仏教の偉大なヨーギ（ヨーガの実践者）であるミラレパは、山中の洞窟の中で孤立して何年も過ごしました。彼は精神鍛錬の一環として、自分の頭の中身を目に見えるように投影しはじめます。性欲、情熱、嫌悪。内側に潜む悪魔は魅惑的な女性の姿や恐ろしい怒りに満ちた怪物となって現れます。ミラレパはこの誘惑や恐怖を目の当たりにしても、圧倒されることなく、「今日は来てくれて本当にありがとう、また明日もおいでなさい。たまにはお話でもしましょう」と大きな声で叫ぶのでした。こうして何年も集中的な修行を積んだ結果、悪魔と戦おうとしたり、悪魔に誘惑されることから苦しみは起きるのだとミラレパは理解します。その悪魔の前で自由を得るにはあるがままの悪魔の姿を明確に見つめなければならなかったのです。ミラレパにまつわる偉業のひとつにミラレパのいる洞窟が悪魔に埋め尽くされるという話があります。そこでミラレパは最もどう猛でしつこい悪魔に直面し、その悪魔の口に頭を入れるというなんともすごい行動に出たのです。ミラレパが完全に身を委ねた瞬間に悪魔は突如すべて消え去り、残ったのは純粋な意識から放たれる眩しい光のみでした。現代に生きるアメリカ人チベット僧ペマ・チョドロンはこう言います。「抵抗心がなくなれば、悪魔も消え去る」と。[原注11]

受け入れは癒しへの第一歩だとブラックは論じる。ブッダの言葉を借りれば、受け入れるとは、苦しみを上乗せせずに痛みを認識することであり、第二の矢を放たずに第一の矢を気に留めることなのだ。

リバウンド効果

ラディカル・アクセプタンスは難しい感情を拡散させるように機能する。この理由の一端は、脳の機能にある。脳は、押しやろうとした感情がかえって気になるようにできている。ネガティブ感情を拒絶または否認しようとすると、その感情をさらに強く感じるようになる。ハーバード大学で心理学を研究していたダニエル・ウェグナーは、このリバウンド効果を「皮肉過程理論」(Ironic process theory)と呼んでいる。ウェグナーがこの効果を示すために用いた有名な実験が「シロクマ実験」である。

ウェグナーの研究は、ロシアの小説家、フョードル・ドストエフスキーから発想を得ている。ドストエフスキーは、『冬に残す夏の印象』という作品で、読者にある問いを提示する。

「ためしに、ホッキョクグマのことを考えないようにしてみよう。すると、この呪われたものが毎分のように頭に浮かぶようになる[原注12]」

この一節に感銘を受けたウェグナーは、自らの研究で、「シロクマのことを考えないように」と被験者に指示した。まだ試したことがなければ、今やってみるといいだろう。本書を脇に置き、1分間のタイマーをかけて、シロクマのことを考えないように自分に言い聞かせてみよう。何が起こるだろうか。

ご想像のとおり、ウェグナーの研究によれば、ほとんどの被験者はシロクマのことを考えるようになった。シロクマを思い浮かべないように、代わりにヒグマをイメージしたという報告もあったが、皮肉にもたいていヒグマとシロクマを比較するようになったという[原注13]。

同様に、感情を拒絶したり打ち消したりしようとすると、リバウンド効果が生じる。悲しいときや、落ち込んでいるとき、あるいは心配しているときに、元気を出してと声をかけても、めったに役に立たない。奥底にある感情を押し殺そうとすると、防衛機制が割って入る。その感情を避けようとする試みを拒んで、その感情と関わるようになる。やがて感情はリバウンドする。さらなるダメージを引き起こすことも多い。その代わりに、ブラックが主張するとおり、ネガティブ感情を受け入れられるほど、思考や振る舞いへのインパクトを拡散させて薄めることができる。

パラドックスによって途方に暮れたり、圧倒されたり、苛立ったりしたら、最初にやるべきは、その瞬間を大事にすることである。ブラックは視聴者に、湧きあがるそれぞれの感情を肯定するように説いている。たとえば私なら、大学の寮で横になっていたときに、次のように自分に言い聞かせることができたかもしれない。

「たしかに、自分がこの環境にどうなじむだろうと考えて圧倒されたかもしれない。たしかに、これまでの私がこれからの私となじめなくなるのが怖いかもしれない。たしかに、今後どうなるかは不安だ。たしかに、家に帰ったらどんな気分がするかは心配だ」

ブラックが指摘するように、この受け入れの第一段階によって、不快のなかに多少の心地よさが生まれ、ジレンマに対処するための新たな方法を探す余地ができる。

苦闘を認める

自分自身の感情を受け入れるのが難しく、他人の感情を受け入れるのが容易な場合もある。ここで、私（ウェンディ）とマリアンヌの対話を紹介しよう。

私はある戦略的な問題に悩んでいた。私は長年、対面のエグゼクティブ向け教育プログラムで講師を務めていたが、パンデミック中はプログラムを中止していた。今度は、まだパンデミックの不確定要素が残っている中で対面プログラムを再開すべきかどうか議論している。

さまざまな根深い問題が浮上した。パンデミックが長引く中で、プログラムを身体的に安全なものにしながら柔軟性を持たせるにはどうすれば良いか。人種的平等（プログラムの中で表面化した重要で難しい問題）に取り組むにはどうすべきか。他にも悩みは尽きなかった。プログラムが提示する機会と可能性に取り組む代わりに、私は択一アプローチに陥った。対面プログラムを再開すべきだろうか、全面的にキャンセルすべきだろうか。

マリアンヌは例の表情でこちらを見た。ふたりのどちらかが択一思考に向かっていることに気づいたときのためにとってある表情だ。それから、直接聞いてきた。

「ウェンディ、何を怖がっているの」

私の懸念の背後に恐れがあることを、マリアンヌはわかっていたのだ。心の奥にある感情を明確にしたことで、感情に突き動かされて反射的な反応をする代わりに、感情を受け入れるための若干の余裕ができた。

視野を広げる

さて、いったん間を置いて難しい感情を受け入れたが、パラドックスを乗りこなしながら前進するには、感情のなかに心地よさを見いだし、その感情に積極的に取り組む段階に移行する必要がある。そのためにはどうすれば良いだろうか。パラドックスを乗りこなす際に視野を広げ、狭い択一思考から、よりオープンで拡大の余地のある両立思考に移行できるようになるためのインサイトを提供してくれるのが、ポジティブ心理学である。

拡張-形成理論

ノースカロライナ大学チャペルヒル校のバーバラ・フレドリクソン教授は、ポジティブな感情を利用すると認知が拡張され、新たなアイデアや代わりの選択肢を受け入れられるようになると論じる。新しい可能性を生み出すと、よりポジティブな感情を作り出すことができる。つまり、ポジティブ感情は長い時間をかけて好循環の源になってくれるということだ。フレドリクソンは、この正のフィードバックループを「拡張-形成理論」(broaden and build theory)と呼んでいる。[原注14]

喜び、誇り、満足、感謝などのポジティブ感情は、視野を広げる方向に導いてくれる。気分が良くなればなるほど、さまざまな情報を取り込み、アイデアの組み合わせを模索することができる。そうすることで、よりクリエイティブな思考と寛大な行動につながる。重要な点として、フレドリクソンは私たちの思考と振る舞いに長期的なインパクトがあることを示している。生成力と創造力が向上すると、新たな知識を築き、付き合いを広げ、回復力を発達させるなど、さまざまな面で成長する。長い時間をかけて、利用できるリソース一式を開発するのだ。これらのリソースによって、より健全で満たされた状態になり、結果的にさらなるポジティブ感情が刺激され、好循環が続く。

ポジティブ感情が実際にネガティブ感情の害を取り消すことができるというフレドリクソンの理論の背後には広範な科学研究がある。ネガティブ感情からポジティブ感情への切り替えは、私たち自身の生理的状態に現れる。ネガティブ感情が大量のコルチゾールを産生し、血流を速くするのに対し、ポジテイブ感情は私たちを速やかに中立的な状態に戻してくれる。ネガティブ感情は血圧を上げるが、ポジティブ感情は下げる。

ネガティブ感情からポジティブ感情への移行

多くの人が、ネガティブ感情の溝に嵌まってしまったときにポジティブ環境を刺激するためのさまざまな行動を指摘してきた。ひとつひとつ挙げていくときりがないが、本書の主旨に照らすと、勧められる行動は2つにまとめられる。（1）ネガティブ感情に支配されそうな状態に気づくことと、（2）背後にあるポジティブ感情を利用する方法を知ることだ。こうした意図的な手法を組み合わせると、感情の主要な原動力をネガティブからポジティブに転換することができる。

第一に、ネガティブ感情に主導権を握らせないように気をつけよう。変える必要を認識していなければ、変えることはできないからだ。ガーボは患者たちに、その日の行動をよく振り返ることで心の調子を整えるよう教えている。ネガティブ感情のサイクルを引き起こす争いに関わっていないかどうかを自問してみよう。見返りが限られていることにエネルギーを費やしすぎていないだろうか。こうなったらどうしようと延々考えることで、心配が恐れに変わり、ウサギの穴を滑り落ちていないだろうか。ガーボは次に、これらの取り組みをより広い意義や目的と比較することを促す。一歩引いて目的を考えることで、より健全な反応にシフトすることができる。もっと身体的な見地からは、ガーボは心拍数について考えることを指摘する。心拍変動、特に激しい変動は、ネガティブ感情によって非生産的な思考と行動に導かれているサインだ。[原注15]

第二に、有害な感情から健全な感情への切り替えを支援する実際の行動を探してみよう。ポジティブ心理学の創始者であり権威であるペンシルベニア大学のマーティン・セリグマンは、著書『ポジティブ心理学の挑戦』(ディスカヴァー・トゥエンティワン、2014年)で、こうした取り組みを幅広く考察している。[原注16] たとえば、感謝、社会的なつながり、運動、あるいはこれらの組み合わせを実践することを検討できる。

毎日の感謝を短く綴る「感謝日記」はすっかり有名になり、その価値は科学でも裏付けられている。心理学者は長いあいだ、感謝を中核的な倫理表現と考えてきた。ローマ時代の政治家キケロは、感謝をあらゆる美徳の母と考えた。近年の心理学研究では、感謝は視野の拡大と、生成的で統合的な思考の強化に通じることがわかっている。セリグマンはさらに、さまざまなエクササイズを深掘りしている。たとえば、自分の特徴的強みを見つけて感謝の気持ちを培う、感謝の手紙を書く、オフィスや友人宅を訪ねて感謝の気持ちをシェアするなどだ。

いま紹介した取り組みは、社会的つながりの構築と重なる。他者とのつながりはストレスを軽減し、思考を拡張してくれる。しかし、コロナ禍の時代や、個人的にネガティブな状態になっている時期は、非生産的な形で自らを隔離してしまうことがある。つながるためのきっかけが必要であれば、セリグマンが提唱する「親切エクササイズ」のようなことを実践してみよう。「明日やるつもりで、全く思いもよらないような親切な行為をひとつ見つけて、明日、その通りにやってみること」だ。

同様に、運動の価値を考えてみよう。運動は脳のエンドルフィンを放出させ、それによって痛みを軽減する。早歩きでもトライアスロンでも、好きな運動を選ぼう。運動はポジティブ感情を刺激し、脳の血流を増やす。血流が活発になると、脳の機能が強化される。

感情の両価性のメリット

パラドックスへの防衛的な感情反応に対処する方法は、ポジティブさを摂取することであるように思われるかもしれない。しかし、鋭い読者なら、ポジティブ面にだけ力を入れるというのは単純すぎる答えだと気づいたに違いない。完全な解毒剤はもっと複雑——そして、もっとパラドキシカルだ。健全な反応は、ネガティブ感情とポジティブ感情の両方から生じる。本書で何度か述べてきたように、パラドックスを乗りこなすことはパラドキシカルである。ここまでに説明した実践方法のうち２つはすでに、パラドックスを乗りこなすには矛盾する感情が関係することを示している。不快感を受け入れるには、自分のネガティブ感情を利用し、制御する必要がある。一方で、視野を広げると、ポジティブ感情の探索と拡張が促される。

リーハイ大学のナオミ・ロスマン教授は、感情へのパラドキシカル・アプローチを採用している。ロスマンの研究によれば、ポジティブ感情とネガティブ感情の両方と同時につながることにより、莫大なメリットを得られるという。ロスマンはこの体験を「感情の両価性」（emotional ambivalence）と呼んでいる。両価性は感情の不確かさを示すのではなく、相反する複数の感情の受け入れを示すのだという。両利きの人が左手と右手の両方を同じくらい使いこなせるのと同様に、感情の両価性を備えていると、ネガティブさとポジティブさを同時に感じられる。気づいてはいないかもしれないが、人はしばしばこのような感情を抱く。

たとえば、家族の結婚式に出席すると、新たなカップルの誕生を心の底から嬉しく思うとともに、ふたりの独身時代や当日その場にいない人に思いを馳せて、深い喪失感を覚えるかもしれない。同様に、葬儀では愛する人を亡くして深く悲しむとともに、故人の美しく楽しい思い出に喜びを感じる。感情の両価性が現れるこのような瞬間を表す言葉が、英語にはちゃんとある――「bittersweet」（苦くて甘い、ほろ苦い）だ。

ロスマンは、人間は自分自身やそのリーダーを、両価的だと考えたくないものだと指摘している。思考だけでなく感情にも、明確性、具体性、一貫性を求める。しかし、ロスマンの研究は、感情の両価性こそがコミュニケーションの改善や効果的なリーダーシップの発揮のカギである可能性を示している。ネガティブさとポジティブさを同時に活用するほうが健全で、さらに現実的でもあるのかもしれない。ロスマンとイリノイ大学アーバナ・シャンペーン校のグレゴリー・ノースクラフト教授による研究では、感情の両価性が交渉の結果に与える影響を調査した。交渉では、競合する要求を取り上げ、協力的な取り決めを導き出す必要がある。交渉においては、両者ともできるだけ多くの成果を得たいと考えているが（競争的な姿勢）、最終的には合意に達する必要がある。そのためには、協力的な姿勢が不可欠だ。

統合的アプローチを採用する重要性は、学術研究で指摘されている。このアプローチにより、両方の当事者が互いのニーズについて詳しく学び、解決策の候補を増やしてから、より分配的なアプローチによって当事者間でリソースを分けることができる。直感的には、ポジティブ感情を示している人々を相手にしたほうが、統合的思考の活用がはかどるように思えるかもしれない。陽気で、周りを巻き込む魅力があり、幸せそうな人なら、歓迎したくなり、協力を惜しまない気持ちにもなれるだろう、というわけだ。しかし、ロスマンとノースクラフトの研究によれば、感情の両価性を表に出した相手のほうが、統合的思考を活用したくなるという。一方の当事者が感情の両価性を表に出すと、他方の当事者は交渉への影響力を高められると考え、問題解決により積極的に関わるようになる。それにより、さらなる統合の可能性の発見と発達が促される。この研究は、複数の複雑な感情を同時に活用すると、想像以上に強力であることを示している。[原注17]

学生に戻って

相反するさまざまな思いに、心が引き裂かれそうになる。それが、私（ウェンディ）にとっての、大学生活初めての夜だった。寮の部屋に座っていると、恐れに飲み込まれてしまいそうだ。疲れきっていて、しかも孤独だ。どうしたらここでうまくやっていけるだろう。よそ者だと気づかれたらどうしよう。どうすれば過去と未来を一緒にマネジメントし、過去の自分と未来の自分の両方を尊重できるだろう。不確かさが自分の中に流れ込んでくる。くよくよ悩んでいるうちに、刻一刻と恐れが増していく。

そこにノックの音がした。5人のルームメイトだ。ヨークサイド・ピザに出かけるという。1969年以来、イェール大生の空腹を満たしてきた、家族経営の伝統的ギリシャレストランである。不安に思いながらもわくわくしていた私は、すぐに仲間に加わった。自己紹介をしていると、自分とルームメイトのことが少し客観的にわかってきた。6人の生まれ育ちはそれぞれまったく違った。シカゴ生まれの韓国系米国人、ロサンゼルス生まれのメキシコ系米国人、ボストン育ちのアイルランド系米国人、ニュージャージー出身のインド系米国人、テキサスから来たユダヤ人。超富裕層御用達のニューイングランドのプレップスクール出身というイメージに合う人はひとりもいなかった。私はひとりではなかったのだ。実のところ、私たちは全員、この大学にどうなじむかという問いに取り組んでいた。

寮の仲間と一緒にピザを食べるのは、まさに私に必要な行動だった。ネガティブ思考を止めるための「間」を、外部から与えてくれた。人とつながる感覚が得られた。人と一緒に笑い、絆を育み、ポジティブ感情を刺激するチャンスを与えてくれた。

イェール大学でいつもこのようなスムーズな感情の切り替えができて、不快のなかに心地よさを見つけられたわけではないが、大学1年のときに皆とたくさんピザを食べたのは間違いない。

この章のポイント

- **背後にあるパラドックスは、恐れ、不安、防衛反応などの不快感を刺激する。** こうした感情に基づいて行動すると、了見の狭い択一思考に陥るおそれがある。両立思考を可能にするには、こうしたネガティブ感情に対処しながらも、次の3つのツールでポジティブ感情を刺激する必要がある。
  - 間を置く：ネガティブ感情と反応のあいだに間を置く（深呼吸をしたり休憩をとったりして、状況から一時的に距離をとる）ことで、パラドックスへの即時的かつしばしば非生産的な反応を引き起こさずに、感情を大切にすることができる。
  - 不快感を受け入れる：ネガティブ感情を拒否しようとすると、ネガティブ感情をかえって強化するリバウンド効果が生じるおそれがある。ネガティブ効果のインパクトは、拒否や隠蔽ではなく、受け入れて身を委ねることで最小化できる。
  - 視野を広げる：不確かさを前にしたときに、エネルギー、不思議、高揚感といったポジティブ感情が生じると、思考が拡張され、さらなるポジティブ感情が生まれるように拍車をかけることができる。このフィードバックループは、パラドキシカルな緊張関係《テンション》に対し、よりオープンな両立型アプローチの採用を促す。
- **パラドックスを乗りこなすことは、パラドキシカルである——競合する要求に効果的に対処するには、ネガティブ感情とポジティブ感情の両方を活用する必要がある（感情の両価性）。**

原注

1 Horace Mann, 12th Annual Report to the Massachusetts State Board of Education（1848）より。

2 Dacin, Munir, and Tracey（2010）。

3 アインシュタインの日記（Rothenberg（1979）の観察による）。

4 Vince and Broussine（1996）。

5 Haas and Cunningham（2014）。

6 Brown（2012）。

7 第二の矢のたとえは、ブッダの教えの中でも重要なものである。多くの研究者がこの教えについて記述している。Nhat Hanh（2008）などを参照。

8 Stuart Manley, "First Person: 'I Am the Keep Calm and Carry on Man,' "、インデペンデント紙（ロンドン）、２００９年４月25日、https://www.independent.co.uk/news/people/profiles/first-person-i-am-the-keep-calm-and-carry-on-man-1672398.html。

9 Gharbo（2020）。

10 アクセプタンスは、臨床心理療法であるアクセプタンス＆コミットメント・セラピー（ＡＣＴ）の中心的概念である。このアプローチは、マインドセットの切り替えで行動を変えることを提唱する、認知療法のより伝統的なアプローチから派生している。ＡＣＴは、マインドセットと感情を認識して受容することから始まる。ＡＣＴについて詳しくは、Hayes, Strosahl, and Wilson（2009）を参照。

11 Brach（2004）, 152。タラ・ブラックは、この取り組みを導入するためのトークや瞑想の手段を幅広く提供するウェブサイトも運営している（www.tarabrach.com）。

12 Dostoevsky（2018）, 29。

13 シロクマ効果について詳しくは、Wegner（1989）を参照。

14 Fredrickson（2001, 2010）。

15 Gharbo（2020）。

16 Seligman（2012）, 21-24。

17 Rothman and Northcraft（2015）。

第7章 動態性を備え、緊張関係《テンション》を解き放つ

Dーダイナミクス 溝を回避する変化

成功を収める今日のビジネスリーダーとは、頭の働きがきわめて柔軟な人びとということになる。新しいアイデアを進んで取り入れ、ごく当然のこととして古い考え方に異議を唱え、逆説を受け入れるという能力こそ、有能なリーダーの第一の特性だ。しかも、そういう挑戦は生涯を通じて続いていくものなのである。新しい真理は、そう簡単には出現しない。リーダーは船を先導し、同時にあらゆるものを努力次第で誰の手にも入るようにしなければならなくなるが、そのこと自体、基本的な逆説である。

――トム・ピーターズ

2005年にWLゴア&アソシエイツ（ゴア）の第4代CEOに就任したとき、テリー・ケリーは競合する要求に直面していた。同社の47年の歴史のうち42年間は、ゴア家の一員がトップに就いていた。同社のリーダーたちは、イノベーションと独立性に基づく文化的価値観を大切にし、この価値観に基づ

いて印象深いレガシーを築き、大幅な成長と拡大の原動力としてきた。しかし、ケリーがCEOを引き継いだ頃には、同社の成功が、それを生んだカルチャーそのものに支障をきたすようになった。ケリーは、同社のグローバル化を推進しながら、この文化的遺産を維持できるだろうか。

ビル・ゴアは、自分が働きたい職場を作るために、化学製品開発企業のゴアを1958年に創業した。ひらめきに優れたイノベーターであったゴアは、独立独歩、試行錯誤、そして人と人とのつながりの力を信じていた。ゴア家の語り草になっているのが、自然豊かな森へのキャンプ旅行だ。旅行に行くとなると、ツンドラにひとりで放り出されたときに何週間も生き延びられるくらいの物資を、几帳面に時間をかけて積み込む。もうひとつ、ゴアの価値観を如実に表すのが、デラウェア州ウィルミントンにあるゴア家の牧場にある、象徴的なプールだ。ゴアはこのプールを自らデザインした。家族と友人からなる少人数で造り、最初は水漏れしたので造り直した。そして、完成した美しいプールを、地元の仲間が集まる灯台のような場にした。プールは、ビル・ゴアのエンジニアリングの才能と、縁をつなぐのが好きな性格を表している。この独立独歩の起業家精神が、最初の勤め先の階層的・官僚的なカルチャーと衝突した。ゴアは退職し、妻のヴィーヴとともに自分の会社を起業した。

社会科学系の本を熱心に貪る読書家のゴアは、もっと主体的なカルチャーを自社に醸成するために、2人の学者を参考にした。アブラハム・マズローの『完全なる人間』は、自己実現を目指すカルチャーを育てるヒントになり、ダグラス・マグレガーの『企業の人間的側面』は、従業員がこのカルチャーを育てられるようにする経営慣行の特定に役立った。[原注1] ゴアはかつて次のように述べている。「私が夢見たのは、入社するすべての人に素晴らしいチャンスがある企業であり、自己達成力を育み、社員個人の能力を単なる合計人数以上に大幅に強化する、力強い組織です」[原注2]

この夢を実現するためにゴアが従業員に促したのは、自分自身でプロジェクトを発見し、そのプロジェクトがどのように会社の戦略を前進させるかを立証し、他の従業員をプロジェクトに誘い入れることだった。官僚主義を最小限に抑え、正式な役職をなくし、その代わりにすべての従業員を「アソシエイト」と呼んだ。すべての従業員に対し、管理する「上司」の代わりに成長を助ける「スポンサー」を割り当てた。「小規模チームの力」に基づいて組織を構成し、チームの人数を5人以下にしてイノベーションを促した。また、各拠点に所属する従業員全員が知り合いになれるように、最大人数を２００人に設定した。こうした構造上のイノベーションはほどなく報われた。１９６３年にビル・ゴアの息子のロバートが化学工学の博士号を取得してゴアに入社し、のちに主力製品となるゴアテックスを発見したのだ。ゴアテックスの特許を取得すると、小規模チームが功を奏し、この素材のさまざまな応用分野や市場を発見した。高耐久性のアウトドアジャケット、デンタルフロス、大動脈移植、軍服、さらにはギターの弦まで幅広い用途があった。

ケリーが社長に就任した２００５年には、同社は30億ドル以上の収入を誇り、世界各地の45の拠点に約１万人の従業員を抱える規模にまで成長していた。また、長年にわたって「世界で働きたい企業」リストにランクインした。[原注3]

ゴアに22年間在籍したケリーは、同社のカルチャーを心から大切に思い、小規模チームの力を理解していた。しかし、カルチャーが形成する鎧にひびが入っているのも見えるようになってきた。小規模チームは積極的な関与を促し、新たな発想を生み出した。しかし一方で、世界市場で競争するための産業全体の戦略を策定しようとしたときに、問題の原因となった。ゴアの従業員はしばしば、複数の異なるアプローチを通じて同じ市場に関わった。また、多様なイノベーションによって会社をあらゆる方向に引っ張り、市場に混乱をもたらした。また、各地のチームが通信、IT、人事に独自のシステムを導入したため、著しく冗長で非効率的な組織となってしまった。

２００８年までには、世界経済の下降を切り抜けるために、全社レベルでさらなる規律強化と効率化が必要になった。ケリーは私たちに次のように語った。

「かつて、(イノベーションは) ただ有機的に発生していました。グループが集えばイノベーティブなものが生まれ、それを採用して推進すれば一丁上がりという感じでした……。でも、数十億ドル規模の企業のマネジメントをやろうとすると、投資や世界各地との調整をめぐって、ずっと大きな規律と意思決定が発生します」[原注4]

ケリーは引き裂かれていた。会社の成長によって、新たな課題が生まれた。同社がグローバル市場に参加するためには、強力で統合された全社的戦略が必要だった。しかし、中央集権的な管理の導入という考えは、同社の礎となっていた、ひとりひとりに力がある柔軟なアイデンティティを殺してしまうような気がした。ゴア家以外から就任したわずか２人目のＣＥＯとして、ケリーはグローバル企業を育てながらビル・ゴアのレガシーを尊重する方法に取り組んだ。

ケリーは、ジレンマの背後にあるパラドックスを見てとった。集権化と分権化、管理と柔軟性、小規模チームと大規模組織のあいだに、対立しながらも絡み合う力を発見した。これらの緊張関係《テンション》は、組織化パラドックスのカテゴリーに属する。組織化パラドックスは、私たちの生活や組織を構成する方法をめぐる矛盾を明らかにする。私たちがこれまで協力してきた企業にも、さまざまな組織化パラドックスの例があった。依存と自立、創発と計画、管理と柔軟性などだ。人工知能と機械学習が発達する時代に移行するとともに、企業は人間と機械や、テクノロジー中心のカルチャーと人間中心のカルチャーのあいだのパラドックスを、ますます乗りこなすようになっている。そして私生活でも、計画と創発、しっかりした構造と臨機応変の適応のあいだに、組織化パラドックスを見いだすことができる。

これらのパラドックスを認識するのは、良い開始点になる。「長年のあいだに学んだのは、こうした緊張関係《テンション》を組織から隠さないということです。それは、私たち全員が常に緊張関係《テンション》をマネジメントする必要があるためです」[原注5]とケリーは語る。それでも、こうしたパラドックスのあいだで衝突が発生し、それぞれの支持者が頑固で対立的な立場をとっているのが感じられた。

動態性《ダイナミクス》を組み込む

ケリーは、WLゴア&アソシエイツがウサギの穴を滑り落ちるおそれがあるのをわかっていた。起業家的なカルチャーで大成功したが、その成功が仇になり、同社はこのカルチャーにひたすら傾倒した。それが、時代の変化に伴って、推進力よりも足枷になってしまっていた。悪循環へ向かっていたのだ。最初からウサギの穴に落ちることを避けるか、あるいは落ちたとしても素早く脱出するには、動態性を活用するためのツールが必要だ（図7-1）。動態性には、学習に拍車をかける行動、適応を可能にする行動、競合する要求の継続的な切り替えを促す行動が含まれる。こうした動態的な行動は、溝に嵌まるのを防いでくれるだけでなく、クリエイティブな緊張関係《テンション》の活用にも役立つ。対立項の本質と対立項同士の関係を常に考え直すことで、パラドックスをめぐる創造力を解き放ち、新たなラバを見つけたり、綱渡りの技術を向上させたりすることができる。

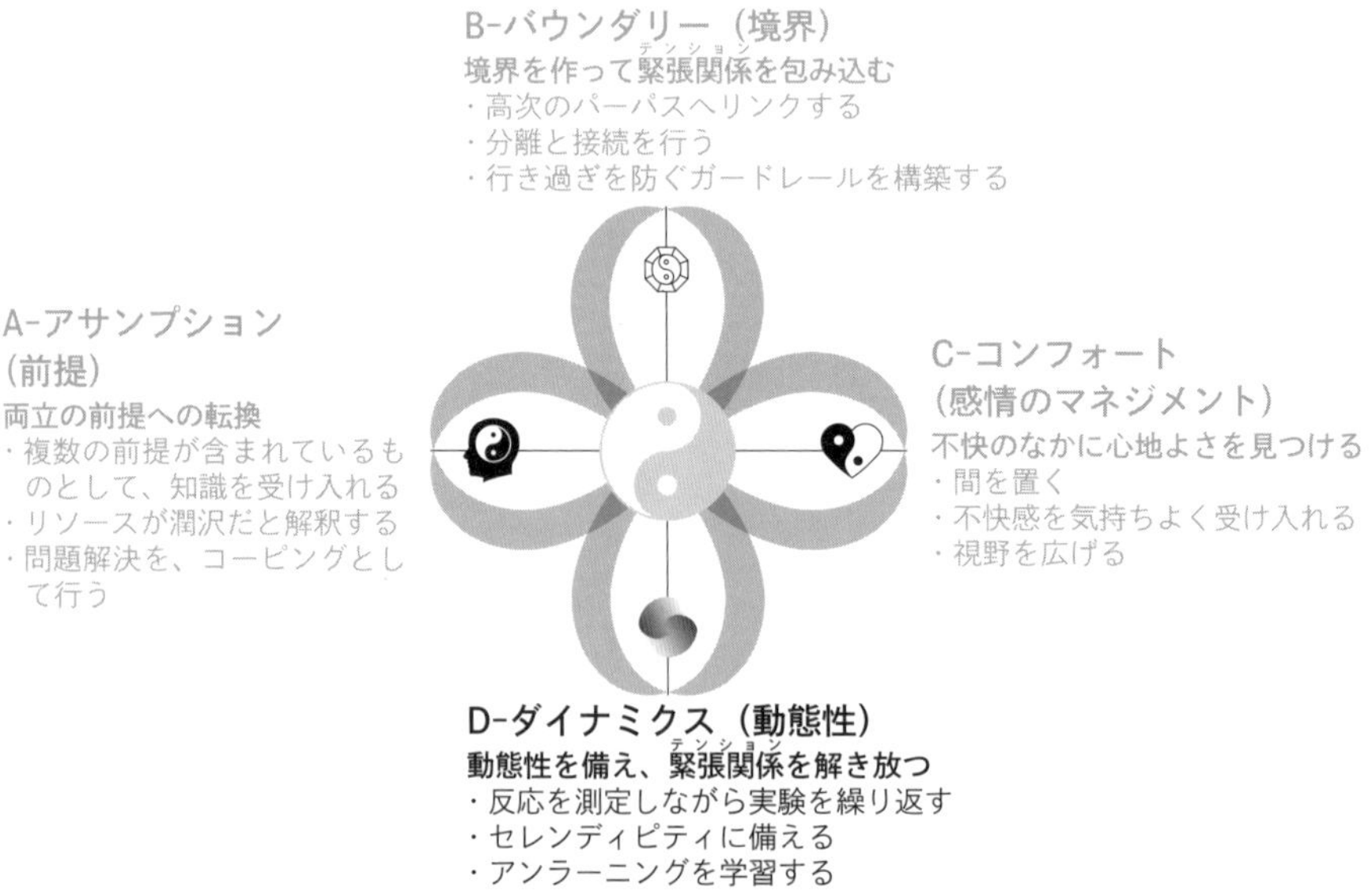
B-バウンダリー（境界）
境界を作って緊張関係《テンション》を包み込む
・高次のパーパスへリンクする
・分離と接続を行う
・行き過ぎを防ぐガードレールを構築する
A-アサンプション（前提）
両立の前提への転換
・複数の前提が含まれているものとして、知識を受け入れる
・リソースが潤沢だと解釈する
・問題解決を、コーピングとして行う
C-コンフォート（感情のマネジメント）
不快のなかに心地よさを見つける
・間を置く
・不快感を気持ちよく受け入れる
・視野を広げる
D-ダイナミクス（動態性）
動態性を備え、緊張関係《テンション》を解き放つ
・反応を測定しながら実験を繰り返す
・セレンディピティに備える
・アンラーニングを学習する

図7-1 ABCDシステム――ダイナミクス（動態性）

動態性を備えることは、優柔不断とは異なる。パラドックスを乗りこなしているときにも、明確な意思決定はできる。しかし、動態性を備えていれば、新たな情報に対して心を開き、曖昧さに寛容になり、新たな情報を考慮に入れて意思決定を前向きに再検討できる。具体的には、動態性を身につけるための3つの中核的ツールを特定した。「反応を測定しながら実験を繰り返す」、「セレンディピティへの備え」、「アンラーニングの学習」だ。

動態性の実践を示すために、組織の例としてトヨタを考えてみよう。[原注6] 大薗恵美、清水紀彦、竹内弘高は、パラドックスの活用が同社の継続的な創造力と成功を育むカギになっていることを発見している。著書『トヨタの知識創造経営』（日本経済新聞出版、2008年）で、大薗らはトヨタの戦略に影響を与え、成功を牽引した6つのパラドックスを指摘する。

少しずつ前進するが、時おり飛躍もする

倹約を徹底するが、大盤振る舞いもする
業務の効率性が高いが、重複も多い
安定を目指すが、同時に現状を疑ってかかる
官僚的な階層組織を尊重する一方で、反対意見を自由に述べさせる
コミュニケーションを単純化しているが、コミュニケーション・ネットワークは複雑である[原注7]

これらのパラドックスは、トヨタという企業に組み込まれている。その基本哲学は、従業員たちが競合する要求を乗りこなすなかで動態性を維持するために役立っている。たとえば、同社の基本哲学のうちふたつについて考えてみよう。まずは、「自働化」（「働」にはニンベンが付く）。人手を加えた自動化を指す、同社独自の用語だ。同社の英語版ウェブサイトでは、次のように説明している。

「製造の基本を手作業から学んで職人技を身につけてから、工場に応用することで着実に向上することができる。人間の技能とテクノロジーの両面における向上サイクルは（中略）製造における競争力と人材開発の両方を補強するために役立つ」[原注8]

もうひとつの哲学は、ジャスト・イン・タイム（ＪＩＴ）生産である。廃棄物を削減するため、各生産工場は、車を作るために必要なすべての部品の在庫を準備しておき、顧客の要求に応じて製造するという難題を抱える。過剰在庫や過剰生産は禁物だ。自働化とジャスト・イン・タイムを組み合わせることで、トヨタに在籍するすべての人が喫緊のパラドックスに対処できるように、従業員の試行錯誤と変化を可能にする。これらの基本哲学は、トヨタ生産方式という継続的な学習と向上のシステムによって補強される。社員は、小規模な自己管理型チームで働く。これにより、全社的なリーダーシップが最小限に抑えられ、現地での意思決定の権限が向上し、試行錯誤によってプロセスと結果を改善することが全員に推奨される。これらの哲学と生産方式が相まって、動態的にパラドックスを乗りこなすことができる。この動態性が好循環の原動力となる。

反応を測定しながら実験を繰り返す

ある対象に投資すればするほど、その対象に入れ込むようになる。第2章で紹介したとおり、このほとんど病的な行動を、ある心理学者は「エスカレートするコミットメント」と呼んでいる。[原注9]行動、習慣、カルチャーが目的を果たさなくなり、変わらなければならないのがわかっていても、私たちは、勝手のわかった状態を手放して新しく不確かな可能性に移行することを恐れ、元のものにしがみつく。反応を測定しながら実験を繰り返せば、こうした傾倒から自分自身を切り離すことができる。

ジレンマに立ち向かう際に試行錯誤することで、有意義なテストを実施し、新たなアイデアを行動に移してから、結果を評価できる。さまざまな選択肢を頭の中で考えるだけではなく、実際に小さく実行してみて、データを収集してその行動のインパクトを確認し、この道をそのまま進むか新たな道に移行するかを検討する。そうすることで、常に緊張感を維持していられる。

ラピッド・プロトタイピング

戦略を頻繁に切り替えられるようにするには、実験が低コスト、高頻度、迅速でなければならない。米国カリフォルニア州パロアルトにある、数々の賞に輝くデザイン事務所ＩＤＥＯのＣＥＯであるデイヴィッド・ケリーは、このような実験を促進するプロセスを構築した。デザイナーはプロトタイプ（デザインのサンプルモデル）を作成し、うまくいくデザインといかないデザインを学習してから改善する。しかしケリーは、ほとんどのデザイナーがこのようにプロトタイプを利用せず、問題の分析に長い時間をかけて、前もってソリューションを考え抜いていることに気づいた。プロトタイプを作成した頃には、これまでのプロセスに大量の時間を投資してしまっているので、デザインの変更をためらう。プロトタイプは、もはや動態的な学習と変化のツールとして機能しなくなっていたのだ。

　この一般的な状況に逆らうため、ケリーはＩＤＥＯのデザイナーに「ラピッド・プロトタイピング」に取り組むよう奨励した。ケリーは、小さなモデルを頻繁に作成することを期待した。その目標は、各モデルでデザインを完璧にするのではなく、アイデアを試し、そこから学び、改善し、再び実験することである。重要な点として、このような低コストの実験により、デザイナーがあまりに早期の段階でアイデアに傾倒して行き詰まることがなくなった[原注10]。

　私たちは、文章の書き手としてラピッド・プロトタイピングの価値をわかっている。本書の執筆にあたって、私たちは独立した研究者だった昔を振り返った。ページに書き込む単語のひとつひとつをめぐって、何時間もかけて苦しんだ。初稿の完成までには大変な時間がかかったので、編集に戻るのは嫌だった。皮肉にも、品質の高い初稿を書かなければという不安のあまり、作業に取りかかることすらできなくなり、プロセスはさらに遅れた。他の執筆者と話せば話すほど、この不安や麻痺のパターンがごく普通だとわかった。しかし、その後わかったのは、優れた原稿は編集に宿るということだった。執筆は思考を助け、編集は思考を磨き上げる。

優れた書き手は必ずしも優れた初稿を上げる人物ではなく、荒削りの初稿を素早く書いてから、編集しながら思考を発展させる人物である。スランプに陥ったら、自由連想法を用いてとりあえず単語を紙に書き出していくことで、編集と推敲を始めることができる。私たちは共同著者として一緒にラピッド・プロトタイピングに取り組み、草稿を送り合って互いの思考を明確化していった。一方が雑な初稿を書き上げる。もう一方が編集する。それから草稿を何度もラリーして、絶えず改善していく。

トヨタ社は、ラピッド・プロトタイピングを奨励するカルチャーの上に成り立っている。１９５７年に米国に自動車を輸出する可能性を検討し始めた同社の幹部は、米国市場について学ぶにはとりあえず何かやってみて教訓を得るしかないとわかっていた。トヨタ自動車販売の当時の社長は次のように述べている。「まだまだ水準に達していないにしても、ただ見ているだけの時間的余裕はない。橋頭《きょうとう》堡《ほ》が必要だ。参入にあたっても最初は失敗するだろうが、貴重な経験を重ねていくうちに業績は少しずつ上向いていくだろう」[原注11]

プリウスの開発によるハイブリッド市場への参入は、継続的な試行錯誤の例となっている。トヨタの幹部は、無謀なゴールを設定した。「走れば走るほど空気がきれいになる車」だ。エンジニアたちはこのゴールの達成に取りかかった。最初の実験車はエンジンがかからなかった。次は数百メートル分しか動作しなかった。たゆまぬ小さな実験が、トヨタ社を一見不可能なゴールに向けて動かしたのである。

シナジーを発見する

パラドックスを乗りこなすために実験が役に立つ理由の一端は、隠れたシナジーを明るみに出すことである。表出しているジレンマを最初に観察すると、対立する選択肢のあいだの矛盾が容易に目に映る。さまざまな意思決定が、それぞれの側にどのように資するかを理解できる。しかし、それより明白でないのはシナジー、つまりひとつの選択肢が対立項にとってどのような価値があるかだ。実験によって、これらのシナジーをより顕在化させることができる。

ケリー・アン・ロックモアは、パラドックスを大切にし、実験によってシナジーが可能になることを理解して育った。白人と黒人のあいだに生まれたロックモアは、複数の文化と現実にまたがって育った。ひとつの文化から別の文化に楽に流れることができる能力は、強さの源だとわかっていた。

複数のアイデンティティのあいだを容易に渡り歩くことが、キャリアの成功を後押しした。ロックモアは研究者としてキャリアをスタートした。バイレイシャル（人種の異なる両親から生まれた子）の人々が、異なるバックグラウンドをどのように生きているかが研究対象だ。ロックモアは、大学教員のメンタリングとサポートを行う正式な機会が少ないことに気づいた。成功する教員は、非公式のメンターシップからメリットを得る場合が多い。最も繊細で個人的な（そして、最も重要であることも多い）アドバイスは、1日の終わりのお茶やお酒、ゴルフコースやスカッシュのコート、あるいは自宅に招待されてのディナーで行われる。問題は、この種の非公式のメンタリングが、しばしばシステムにバイアスを導入してきたということだ。人は、自分に似た人とつながりやすい。上級教員にマイノリティの割合が少ないので、若手教員がマイノリティだと非公式のメンターシップの機会も少なくなる。若手教員にはもっと多くのメンタリングとサポートが必要だ。十分に代表されていないマイノリティなら、なおさらである。

境界を越え、新しい挑戦をすることに不安を感じないロックモアは、独自の試行錯誤に取り組んだ。副業として起業したのだ。ロックモアは教員を対象にメンタリング、アドバイス、サポートを提供するオンラインコミュニティを立ち上げた。この副業は市場の重要なニーズを満たしたので、すぐに本格的な会社になった。その名も、ナショナル・センター・フォー・ファカルティ・デベロップメント・アンド・ダイバーシティ（NCFDD）という。

ロックモアは、NCFDDの中核的戦略にパラドックスを組み込んだ。NCFDDのようなエドテック企業は、たいてい「教育《エド》」よりも「テック」を重視し、研究者よりもエンジニアや起業家を多く採用する。「ほとんどの場合、他社は教員をビジネスの推進に欠かせないパートナーではなく、動かさないと回らないやっかいな人のように見ていました」とロックモアは語る[原注12]。教員向けの製品を開発するなら、プロセスの最初から教員に関わってもらう必要があるのはわかっていた。また、自身のベンチャーの成功が、教育者と起業家の両方から意見やアイデアをもらえるかどうかにかかっていることも認識していた。

しかし、異なるグループのアプローチを統合するには、課題も伴った。ロックモアは次のように指摘している。「研究者は1年かけて問題を研究し、思慮深く意図的な意思決定のために試行錯誤します。起業家はできるだけ迅速に失敗して切り替えます」[原注13]。研究者と起業家は、優先順位も異なった。研究者は使いやすく手の届きやすい製品を求め、できるだけ広範囲の研究者が利用できる最も優れたコンテンツを作りたいと考えた。起業家は、研究者よりも商業主義的な経歴から、実用的で市場を意識した見地をとった。最も低コストで最大の収入を得るためにはどんな製品を売るべきかと尋ねた。こうした違いは、継続的な対立につながった。

特に激しいジレンマを生んだのが、大学院生の扱いだ。教員をサポートして学術界の不公平に対処することがＮＣＦＤＤのゴールであるならば、大学院生に協力して早くから利用してもらえば、より大きな効果を上げられる。これにより、ミッションに対する成果は大きくなる。しかし、起業家はこの選択肢を、投資に対する成果、つまり投資利益率を損なうように感じた。周知のとおり、大学院生のリソースは限られている。大学は大学院生に対して、教員と同じように資金を投じるわけではない。

そこで、ロックモアのチームはひとつの実験を行った。主力プログラム――時間管理の新たなスキルを学び生産性を向上させる12週間の集中ブートキャンプ――の大学院生用バージョンを作成したのだ。通常のプログラムは、少人数（４人組）のグループで参加し、コーチがファシリテーターとして支援する。一般的には、教員の参加費を大学が支払う。予想どおり、大学院生を送り込んだ大学はごくわずかだった。大学院生が自分で支払うには高額すぎたため、ＮＣＦＤＤは大学院生の受け入れ費用を大幅に値下げした。しかし、そのためには同社自体も経費を節減する必要があった。最大のコストのひとつは、各グループのファシリテーターを務める専任コーチに支払う謝礼だった。コーチは莫大な価値を付加したが、予算の都合上、ＮＣＦＤＤはコーチ制度をやめ、各グループに自己管理を任せる方法を実験した。

実験は大成功だった。参加者は、ファシリテーターがいなくても、盛りだくさんの内容とサポートに大きな価値を感じた。重要なことに、この実験は他の事業の拡大にも役立った。経営幹部は、この低コストのオプションを、完全なプログラムの参加費が高すぎる教員にも提供できることに気づいた。実験によって、ミッションを推進するだけではなく、利益を向上させるための新たなチャンスも発達したのだった。

巣を離れる

私（ウェンディ）がこの節を執筆していたときに、長年の友人が連絡してきて、ジレンマを語ってくれた。パラドックスを乗りこなすための試行錯誤に関するインサイトが、彼女の私生活で大いに価値を発揮した。友人と夫は、長年にわたって中国に住み、3人の子供を育てていた。2020年にコロナ禍が始まったとき、孫を祖父母の近くに置くため、米国に帰った。長女は8年生で、もうすぐ高校に入学するところだった。地元で高校を探したが、ふたつの文化にルーツと親しみがあり、独自の文化観を築いている、いわゆるサードカルチャーの子供がうまくやっていけそうな高校はなかなか見つからなかった。そこで、ふと思いついて、いくつかの寄宿学校に申し込んでみた。私たちと話したときは、ちょうど吉報が届いたところで、複数の寄宿学校から長女を受け入れるという連絡があった。今度は、本当に寄宿学校に通わせるかどうかを決めなければならない。

このジレンマによって、緊張関係《テンション》が持ち上がり、感情が高まった。両親と長女本人は、寄宿学校が与えてくれるチャンスに、大いに胸を躍らせていた。しかし一方で、離れて暮らし、十分な心構えができる前に親密な家族の絆を壊してしまうことに伴う痛みを恐れていた。長女はまさに家族のリーダー的存在だった。いなくなったら、他のふたりの子供がどう反応するだろうか。家族や親戚に、寄宿学校の経験者はひとりもいない。そのような学校に通わせるような人々ではなかったのだ。家族は、この意思決定を前に落ち着かなくなっていた。このジレンマに耳を傾けると、一緒にいることと離れて暮らすこと、家族のひとりにとってベストなことと全体にとってベストなことの背後にあるパラドックスが見えてきた。

相談を受けたときは、ちょうどこの章を書いているところだった。「それなら、寄宿学校への入学を一種の実験と考えてみればどう？」私は言った。寄宿学校に通う決断が、長女、両親、家族全体にどのような影響を与えるかを予測することはできるが、やってみなければ実際のところはわからないのが現実だ。ためしに６カ月だけ寄宿学校に入学してみて、その後にもう一度検討してみることにしたらどうだろうか。皆にとっての喪失感があまりに大きく、帰ってきてほしいと思うかもしれない。あるいは、喪失感があったとしても、この行動によって、家族全員に予測すらしなかった新たな可能性が開けるかもしれない。このように枠組みを捉え直し、意思決定を一種の実験あるいは試行錯誤と考えることで、友人は択一思考の溝から脱出し、より動態的なアプローチを採用して生きることができた。家族の距離の近さを壊すことなく、長女の教育を進めることができたのだ。

セレンディピティに備える

新たな可能性は、まったく期待していないタイミングで訪れる場合がある。難しいのは、そうした発想にいつでも気づいて取り組めるようにしておくこと。つまり、セレンディピティに対して心を開いておくことだ。私たちは、セレンディピティを「備えている人に訪れる幸運」と定義している。ここで言う幸運とは、その時探していたわけではないのに、価値あるものを見つけることだ。幸運を積極的に探しているわけではない時でも、新しい可能性が露わになるような位置取りをして、実際に幸運が訪れたときに気づくようにはできる。個人としても、リーダーとしても、セレンディピティに備えて条件を整えることはできる。このアプローチによって、新たな状況に積極的に関われるようになり、溝に嵌まる状況を避けられる。

セレンディピティの古典的な例に、3Mのポストイット付箋紙、マジックテープ、ペニシリン、さらにはコロンブスのアメリカ大陸発見などが挙げられる。これらの例では、発明家、科学者、探検家が、ある問題を解決しようとして偶然別のソリューションに至っている。コロンブスはアジアへの新たな通商路を拓こうとしていたが、その代わりにアメリカ大陸を発見した。サー・アレクサンダー・フレミングは、インフルエンザの研究中に、抗生物質のペニシリンを発見した。

ロバート・ゴアが、のちにゴアテックスとなるポリマーを発見したのもセレンディピティだった。ロバートは、ある化学物質の耐久性を上げるため、何カ月にもわたって試行錯誤していた。しかし、加熱、冷却をはじめ、どのような加工をしても、素材はさらに脆くなるだけだった。ある日、ロバートは苛立ちのあまり素材を強引に引っ張った。すると、8倍以上延伸したにもかかわらず破損しなかった。この瞬間がゴアテックスの開発につながった。ゴアテックスは、同社が開発した数多くの製品の礎となる。CEOを引き継いだケリーにとって、今後も同社のカルチャーに基づいてイノベーションを起こせるように、セレンディピティに備える機会を会社で用意できるかどうかは重要な課題だった。

私（マリアンヌ）も、人生のなかで何度もセレンディピティの力を経験した。最もはっきりしているのは、フルブライト奨学金でロンドンにいたときの経験かもしれない。私はシンシナティ州のコンフォート・ゾーンから自分を押し出した。探究のため、当時の副研究科長の職から一歩引くため、そして自分の研究とそのインパクトを拡大するためだ。その経験を最大限に活用するため、私は自分の研究をロンドンとその周辺の数々のビジネススクールで発表し、大いに好評を得た。キャス・ビジネススクール（現ベイズ・ビジネススクール）での経験はその一例だ。

しかし、好感触の日ばかりではなかった。ロンドン・ビジネススクールでは、特に激しい試練に見舞われた。研究、背後にある前提、手法などを90分間にわたってみっちりと批判された。私は、批判に耳を傾けて学べるように、自分の感情、とりわけ防衛機制と戦って落ち着きを保とうとした。でも実のところ、地下鉄でまっすぐ家に帰らずに、1時間かけて歩き、自分を慰めながらインサイトについてじっくり考えた。

幸運が訪れたのを知ったのは、それからわずか1年後、キャス・ビジネススクールの研究科長に新しく就任したときだった。研究科長の人選委員会に所属していたある上級教員と、お茶をする機会があった（ロンドンらしい状況だ）。私は彼に、キャスでの発表の機会とその後の急展開で研究科長に就任したことで、フルブライト奨学金に大変感謝していると述べた。すると彼は微笑み、私が研究科長人選の面接にこぎつけることができたのは、キャスでの発表の内容ではないと話してくれた。彼はロンドン・ビジネススクールの聴衆の中にいて、あれほどの質問攻めに対し、落ち着きを保ち、協力的で学びに積極的なアプローチを採れる人物なら、間違いなく研究科長にふさわしいと学長に進言したのだという。

私はよく学生にこの話をする。チャンスはどこから来るかわからない。しかし、チャンスが生まれる可能性のある場所に意図的に身を置くことはできるし、チャンスに十分気づけるようなマインドセットを備えることもできる。冒険家のマインドセットで意図を持って探索できるように、あらかじめ計画しよう。

パラドックスを効果的に乗りこなせるかどうかは、セレンディピティに備える条件を整えられるかどうかにかかっている。つまり、幸運に備えるわけだ。このセレンディピティの概念は、形を変えながらよく引用されるルイ・パスツールの名言に捉えられている。「幸運は用意された心のみに宿る」というものだ。

重要なのは、セレンディピティに備えるという行為自体がパラドキシカルだということだ。運が向いてくるように、どのように備えるべきだろうか。ポルトガルのリスボンにあるノバ経済経営学院の経営学教授ミゲル・ピナ・エ・クーニャと、オーストラリアのシドニー工科大学の経営学教授マルコ・ベルティは、幸運に備えようとするあまり機械的な行動を取る危険性を警告している。組織でセレンディピティを義務化したり、私生活でセレンディピティを追い求めようとしたりすると、新たな発見の本質と喜びを失ってしまう。その代わりに両教授は、不確かさを受け入れ、疑うことを奨励し、即興的な行動を可能にする、より有機的なアプローチを提唱する。[原注14] ニューヨーク大学グローバル問題センターのグローバル経済プログラム長を務めるクリスチャン・ブッシュは、こうした準備行動にさらに論点を付け加える。ブッシュは、セレンディピティは私たちのマインドセットに左右されると主張する。私たちは、幸運が姿を現したときに受け入れられるようなマインドセットを育むことができるという。[原注15]

子供に良書を

児童文学作家のスティーヴン・コズグローブは、セレンディピティに備えながらパラドックスを乗りこなしていたところに、人生の転機が訪れた。コズグローブは私たちに語る。

「私の人生そのものが、セレンディピティの物語でした」[原注16]

まさに適切なコメントだ。というのも、コズグローブの第1作の題名が『セレンディピティ』だからだ。同書の執筆に至るプロセスそのものが、備えている人に訪れる幸運の実例だった。私（ウェンディ）はコズグローブの本に特別な思い入れがある。小学1年、6歳で初めて読んだときには、「セレンディピティ」という単語が頭の中に鳴り響いていた。しかし、コズグローブに連絡をとって経験談を聞くと、思い入れは感嘆にまで高まった。

1974年に、中規模企業の役員を務めていたコズグローブは、3歳の娘に読み聞かせる本を求めて、ふらっと書店に入った。短編で、登場人物が善良で、ポジティブなメッセージと善の価値観を伝えてくれる本が欲しかった。アイデアの質が高く、それでいて安価で何冊も買えるような本がよかった。しかし、目に入ったのは高価なハードカバーの本ばかり。長編か、やたら単純な短編集で、教訓もなかった。岐路に立ったコズグローブは、目の前の選択肢を受け入れないことに決めた。代わりに、自ら児童書を書いてみる実験を選んだ。

コズグローブは優れた物語をたくさん読んで育ち、大学では演劇や創作を学んだ。しかし、こうした興味がキャリアにつながるとは思ってもいなかった。その代わり、経営の道に進んだ。最初は父の下で働き、それからリース会社のバイスプレジデントの座に就いた。書店で、コズグローブはもう一度物語を書いてみるチャンスを感じた。リース会社で働きながら、午前4時にタイプライターを引っ張り出した。4冊を書き上げ、そのうちの1冊が『セレンディピティ』だった。どの本も詩的で面白く、しかも尊敬できるキャラクターとポジティブな価値観を伝える。ロビン・ジェームズにカラフルな挿絵も描いてもらった。

しかし、いざ出版という段階になると、新たなジレンマに直面した。コズグローブは、自分の本をマスマーケット（大衆市場向けに紙質を落とした廉価版）向けにソフトカバーで売りたかった。しかし、出版社探しに苦戦した。1年間持ち込みを続けた末、ある出版社からオファーをもらった。しかし、原稿料こそ十分なものの、派手すぎる挿絵を削除し、価値観を帯びた教訓を削除し、ハードカバーで出版するのが条件だった。コズグローブの求める条件とはかけ離れていた。苛立って、またも自力で解決法を探した。経営の経験を活かして、自費出版することにした。セレンディピティ・プレスという出版社をひとりで立ち上げた。『セレンディピティ』シリーズは大ヒットとなった。3、4年のうちに、最初の12冊を300万冊以上売り上げた。いまやシリーズは70冊を超え、日本のテレビアニメ（『ピュア島の仲間たち』、1983年）などの原案にもなっている。『セレンディピティ』50周年が近づき、英語版テレビシリーズと中国語版書籍の企画も進行中だ。[原注17]

コズグローブは、チャンスが目の前に広がったときに、それを受け入れる準備ができていた。探し求める本が見つからなかったら、創作に携わった過去を活かして自ら執筆した。探し求める出版社が見つからなかったら、経営の才覚を活かして出版社を設立した。自らの経歴が、目の前に訪れた新たなチャンスに挑戦するための備えとなった。試行錯誤するうちに、中核的なジレンマの背後にある継続的なパラドックスを乗りこなすことができたのだ。

大衆向けのバイク

ビジネスにおけるセレンディピティの例としてよく引用されるのが、自動車メーカーのホンダである。実のところ、ホンダが1960年代の米国オートバイ市場参入で大成功を収めた理由のどこまでが幸運で、どこまでが考え抜かれた準備の結果だったかについては、激論が交わされている。

１９７５年に、ボストン・コンサルティング・グループは、英国の自動車業界の委託により、米国オートバイ市場における英国車のシェアが49パーセントから９パーセントに急落した経緯に関する報告書の執筆を依頼された。[原注18] 報告書によれば、米国のバイク利用者は１９５０年代に減少し、主に革ジャンを着込んだヘルズ・エンジェルズ（訳注：１９４８年に結成された米国の暴走族）などの乱暴者の集団が乗るものになってしまった。１９６０年に、ホンダは米国市場にうまく参入し、小型軽量のバイクを導入して新たな市場を創出した。町中を便利に走り回り、ちょっとした用を足すために、日本の都会で大成功していたモデルである。また、その頃、ホンダは「You Meet the Nicest People on a Honda（ホンダに乗ると素晴らしい人々に会える）」というキャッチコピーを掲げた「ナイセスト・ピープル」キャンペーンを張った。報告書は、ホンダの卓越した低コスト差別化戦略とクリエイティブなマーケティングが、同社の収入を１９６０年の50万ドルから１９６５年の７７００万ドルに押し上げ、米国市場の63パーセントを獲得したと示唆している。ホンダの成功は、市場分析と優れた戦略の模範として、世界中のビジネススクールで教えられた。

しかし、スタンフォード経営大学院のリチャード・パスカル教授は、この物語がすべてなのか訝《いぶか》しんだ。話としてあまりに無駄がなく、合理化されすぎているように思えた。好奇心に駆られて、パスカルは１９６０年代の米国オートバイ市場参入を率いたホンダ幹部のうち６人を１９８２年に招待し、再会の場を作った。幹部たちの回想は、ボストン・コンサルティング・グループとはまったく異なる物語を示していた。その見解によれば、成功の要因は純粋な幸運、幹部の自信過剰、そして（当初は及び腰だったものの）未知のチャンスを追う意志であったという。言い換えれば、幹部たちはセレンディピティに備え、実際に訪れたときにそれを活かせたということだ。

創業者の本田宗一郎は、天才発明家で一匹狼だった。本田の気風は全社に行き渡っていた。そのため、経営パートナーの藤澤武夫は100万ドルをかけて3人の経営幹部を米国に送り、同社のバイク市場開拓に向けて調査する決断をした。幹部たちは米国市場についてごくわずかな知識しかなかったので、主な顧客層の革ジャンライダーに売り込む方法など何も知らなかった。しかも、彼らはまともに英語が話せなかった。寝室がひとつしかないアパートをロサンゼルスに3人で借り、バイクの販売に取り組んだ。

米国市場に対する知識が不足していたため、当初の戦略では比較的大型のバイク（350cc）を重視した。しかし残念ながら、当時の米国市場に必要な長距離走行や頻繁な利用にエンジンが耐えられなかった。バイクはたびたびオイル漏れやクラッチの故障に見舞われた。

最初の1カ月で、ホンダの米国進出の取り組みは惨敗に終わったかと思われた。バイクを日本に送り返して研究開発チームに問題を修正してもらうだけで、手持ちの現金を使い切ってしまった。金策に困り、改良版のバイクが戻ってくるのを待ち、次の一歩に自信を持てない中で、思いがけない幸運が舞い込んできた。待機中、チームはロサンゼルス市内で用事を足すために、日本から持ち込んだ50ccの軽量バイクを乗り回した。すると、小売業大手のシアーズの幹部がこの軽量バイクに目を留め、都市居住者向けにこのバイクを販売する可能性を見いだした。3人のホンダ幹部は当初、シアーズの販売申し入れを拒否した。小型バイクを売ることで、大型バイク市場での競争力に傷をつけたくなかったからだ。単にリスクが高いアイデアだと思っただけではなく、シアーズやスポーツ用品店でバイクを売ることで、バイクディーラーに対する自社の立場が弱くなるのではないかと懸念していた。しかし、中型バイクのリモデルを待つ不安定な立場に直面し、ついに折れた。これこそが、ホンダが最終的に米国オートバイ市場で大成功を収めた、数多くの偶然の転換の第一歩だった。

パスカルはこの再評価を「ホンダ効果」と位置づけ、一部の傍観者がホンダの成功の理由を明らかにしようとして準備と先見の明を過大評価し、幸運を考慮に入れるのを怠ったと説明した。ホンダ効果は、ボストン・コンサルティング・グループが語った、優れた戦略計画を中心とした合理化されたストーリーに取って代わり、動態的にバランスを取る行動の象徴となった。パスカルは語る。

「この小さな逸話の基盤が、戦略計画学派と創発戦略学派のあいだの激論の震源地になるとは思いもよりませんでした」

しかし、議論はますます燃え上がった。なかには、いずれかのアプローチに対して強力な論拠を提示した経営学者もいた。[原注19]

パスカルはさらに、セレンディピティに継続的に備えるためのいくつかのツールを開発した。ツールには、さまざまな選択肢の価値を認める、議論を尊重してその機会を設ける、社内の上下関係を緩和してあらゆる職位からの意見を吸い上げられるようにするといった機能がある。パスカルらは、これらの慣行を「アジリティを養う」と呼んでいる。私たちもまた、このような動態性、すなわち計画的に捕まえる幸運が長期的な成功に必要だと思う。

経営学者のミゲル・ピーニャ・エ・クーニャ、アルメニオ・レゴ、スチュアート・クレッグ、グレッグ・リンゼイは、ホンダの物語を研究し、パスカルのアプローチにおけるパラドキシカルな性質を指摘する。セレンディピティは、パラドックスのマネジメントに役立つだけではない、とこれらの研究者は述べる。セレンディピティはそれ自体がパラドキシカルであり、入念な準備と思わぬ幸運、計画と創発、戦略の安定性と変化への積極性を統合しているという。ホンダの経営陣は、クーニャらが生成的疑問のポテンシャルと呼ぶ精神を培った。つまり、自らの意志に頼り、不確かさの中にチャンスを見いだした。クーニャらによるホンダの物語の分析は、「パラドックスを乗りこなすことはパラドキシカルである」という本書の中核的メッセージを補強してくれる。

アンラーニングの学習

本章の前半で、デザイン会社のＩＤＥＯに触れた。ラピッド・プロトタイピングの重視を含む同社のデザイン慣行は、同社をずば抜けて動態的にし、常に学び変化を受け入れる姿勢を可能にした。しかし、ＩＤＥＯの歩みにとって課題となったのは、必要に応じて基本プロセスを変化させられるか否かだった。この取り組みを、私たちは「アンラーニングの学習」と呼んでいる。アンラーニングとは、現在のメンタルモデルを手放し、新しいメンタルモデルを導入できる余地を作って、パラドックスを乗りこなすための柔軟性を上げることをいう。

１９９８年に、ＩＤＥＯのデザイナー、デニス・ボイルは新しいチャンスを前に困り果てていた。ボイルはＩＤＥＯのチームとともに、３Ｃｏｍの携帯情報端末（訳注：スマートフォンの前に一部で普及していた多機能型の電子手帳）パームパイロットの新機種、「パームＶ」の設計を支援していた。パームＶは、従来機種よりも耐久性が向上し、軽量化が進み、デザインが洗練されていた。デザインプロジェクトは２年以上を要した。パームパイロットの利用状況と改善点に関する幅広い調査を行った。チームはメーカーと協力して新しいリチウムイオンバッテリーを製造し、プラスチックのケースをアルマイトに置き換えるための新たな手法を開発する必要があった。製品は目下生産中で、１９９９年2月に出荷が予定されていた。

しかし１９９８年に、パームＶプロジェクトを進めていたリーダーのうち数名が、自主独立性の向上とより直接の経済的利益を求め、３Ｃｏｍを円満退社した。ハンドスプリングという会社を起業し、パームＶの半額で、新機能を搭載し、３ＣｏｍからＯＳのライセンスを受けて互換機を製造しようとした。１９９９年のホリデーシーズン商戦に販売を開始するために、この新製品をパームＶの発売にかかった時間の半分でデザインする計画を立てた。このゴールを達成するために、同社は１９９９年4月までにラピッドデザインを行う必要があった。ハンドスプリングのチームは、パームＶの際にボイルとの協力関係が非常にうまくいったため、ＩＤＥＯにプロジェクトを依頼した。

このプロジェクトは、ボイルにとってジレンマとなった。引き受けると、考え抜かれたＩＤＥＯのデザインに妥協が必要になる。第一に、ＩＤＥＯのデザインのプロセスには、広範囲にわたる対話が組み込まれていた。従業員がプロジェクトの枠を超えてブレーンストーミングし、廊下での非公式な立ち話を通じてセレンディピティに備え、学びを深める。たとえば、パームＶプロジェクトにおける学びの多くは、パロアルトに勤務する２００人以上のＩＤＥＯ社員用にボイルがパームパイロットを買い与え、製品の改善に関する非公式の意見を募ったことで得られた。ＩＤＥＯはパームＶの発売を支援するための関係も続けていたため、ハンドスプリングのプロジェクトは極秘で進める必要があった。そのため、チーム外のＩＤＥＯの同僚から学べる可能性も少なかった。第二に、プロジェクトのスケジュールが短いため、ＩＤＥＯチームはデザインプロセスの試行錯誤のフェーズを大幅に短縮しなければならない。

そのため、ラピッド・プロトタイピング、フィードバック、改善の機会が最小限に抑えられる。

ボイルは、ハンドスプリングのプロジェクトが自社のコアプロセスに難題をつきつけることがわかっていても、このプロジェクトを引き受けるべきだろうか。引き受けた場合、新製品だけではなく、製品開発のコアプロセスに関しても、新たなアイデアを生み出す必要がある。最終的に、ボイルはプロジェクトを引き受けた。ＩＤＥＯが本当に学習とデザインに注力するデザイン会社なら、自社のプロセスの再デザインにも力を入れなければならないとわかっていたからだ。

ダブルループ学習

組織開発論の創始者のひとりと考えられている思想家でハーバード大学教授のクリス・アージリスは、ボイルが直面したような難題を「ダブルループ学習」と呼んでいる。私たちは、いつもほぼ自動的にシングルループ学習を実践している。意思決定を下し、試行錯誤し、フィードバックを得て、新たな知識を用いて将来の意思決定を改善する。ダブルループ学習は、当初の意思決定につながった、私たちに組み込まれた前提、メンタルモデル、意思決定のルールに異議を唱える。アージリスは、サーモスタットの比喩を用いる。サーモスタットが摂氏20度に設定されているとする。このサーモスタットは部屋の温度を監視し、データを収集し、適切に反応する。温度が高すぎるときは冷気を入れ（または暖気を弱め）、低すぎるときは暖気を入れる（または冷気を弱める）。このプロセスは、シングルループ学習を反映している。ダブルループ学習では、そもそもなぜサーモスタットが摂氏20度に設定されているのかという前提を疑う。[原注20]

前提は、絶えず思考と意思決定に影響を与える。これは特に、パラドックスに直面した際の対処に現れる。本書全体を通じて紹介してきた数々のパラドキシカルな緊張関係《テンション》を考えてみよう。そのの緊張関係《テンション》に影響を与えた前提に、私たちがどのように疑問を提示してきたかを思い浮かべてみよう。そして、第4章では、組織が直面する、ミッションへの注力か市場への注力かという緊張関係《テンション》を紹介し、社会的企業DDDを創業したジェレミー・ホッケンスタインの事業を取り上げた。ホッケンスタインは、DDDのアイデアを温め始めたときに、組織は営利事業とミッション指向事業のいずれかに注力するものであって、両方に対応するものではないという、根深い前提に直面した。本書全体を通じて、仕事と私生活の緊張関係《テンション》を数多く挙げてきた。仕事中心か、それとも家庭を大切にするのか。私たち自身のアイデンティティと責任感が、この緊張関係《テンション》を乗りこなす方法に強い影響を与える。

文筆家で研究者のアダム・グラントは、近著『THINK AGAIN』（三笠書房、2022年）で、アンラーニングを学習し、思考に影響を与える中核的な前提を再検討することを勧める。[原注21] グラントの研究は、前提をはっきりと認識し、それを継続的に疑問視する謙虚さと習慣を生活に組み込むことを推奨する。グラントは、政治家、伝道師、検察官の思考ではなく、科学者の思考を身につけるように提唱する。つまり、スタンス、イデオロギー、事例を正当化するのではなく、自分の問いもエビデンスも疑い、競合するデータや見方を探すのだ。競合する要求を乗りこなすための動態的なアプローチとは、積極的にアンラーニングを学習することだ。それにより、綱渡りの際に動きの柔軟性がアップする。正しい綱を渡っているかどうかすら、俎上に載せなければならない場合もある。

ゴアのテリー・ケリーはIDEOの場合と同様に、組織が自社のコアプロセスを変革できるようにするための新たな慣行を導入しなければならなかった。製品開発については動態的で変革的な会社も、カルチャーと構造については行き詰まり、融通が利かなくなっていた。皮肉にも、組織の幹部はマグレガーの経営理論を、マグレガー自身の推奨しない教義で適用していた。つまり、科学者ではなく、伝道師のように考えていたのだ。

会社をもっとうまく綱渡りさせるのが、ケリーの課題となった。ケリーは、グローバルな統合型構造に小規模チームのカルチャーを内包するには、より動態的なアプローチが求められることに気づいた。そこで、ケリーは全社的な思考を徐々に取り入れ始めた。社内調和プロセスを導入し、それぞれの下位部門でうまくいっていることと最適ではないことに関するデータを収集した。

この取り組みを進めるには、全社規模のグローバル戦略が現地の力やクリエイティビティを損なわず、むしろ前進させることを組織全体に認識してもらいたい。そのためにも、透明度の向上とコミュニケーションの充実が必要だった。ケリーは何度も意見交換会を開き、意見に積極的に耳を傾けた。セッションでは、指針となる比喩を取り入れた。呼吸だ。私たちが生きるためには、息を吸うこと、吐くことの両方ができなければならない。呼吸と同様に、ゴアの生き残りは、グローバルな思考とローカルな行動の両方——ふたつの要求のあいだで進行する動態的なダンスを生きることにかかっている。

この章のポイント

- **択一思考によって、溝に嵌まることがある。**これに対処するため、学習、成長、変化を可能にする両立思考が求められる。次の各ツールは、きわめて重要で継続的な動態性を備えるために役立つ。
  - 反応を測定しながら実験を繰り返す：小さく、頻繁に、低コストで新しいアイデアを段階的にテストし、フィードバックに学び、前進すると、不確かさを経験しているあいだにも組織を推進することができる。
  - セレンディピティへの備え：備えている人に訪れる幸運を通じて、イノベーションと変化の可能性を、よりうまく広げられるようになる。意図的な探索によって、チャンスを経験または創出する立ち位置に身を置き、チャンスに取り組むマインドセットを備えておくことができる。
  - アンラーニングの学習：パラドックスは動態的で、知っていることを常に考え直し変化させることを求められる。そうするためには、既存の確かさを手放す心構えが必要になる。

原注

1　Maslow (1968); McGregor (1960)。

2　ビル・ゴアによる同社設立の物語とこの引用文については、https://www.gore.com/about/cultureを参照（訳注：2023年8月28日にアクセスしたところ、該当の文はなかったが、設立物語は変わらず記載されている）。

3 たとえば、テリー・ケリーがCEOに就任した年の2005年1月24日には、ゴアはフォーチュン誌の「働きたい企業ベスト100」で2位に選ばれている。

4 テリー・ケリー、両著者との対話、デラウェア州ニューアークにて、2016年4月17日。

5 テリー・ケリー、両著者との対話、デラウェア州ニューアークにて、2016年4月17日。

6 トヨタ生産方式の独特なアプローチについては、多くの論述がなされている。同方式、特にその背後にあるパラドキシカルな性質について詳しくは、Osono, Shimizu, and Takeuchi (2008); Takeuchi and Osono (2008); Eisenhardt and Westcott (1988) を参照。

7 Osono, Shimizu, and Takeuchi (2008), 9。

8 Toyota, "Toyota Production System," Toyota Motor Corporation（2021年1月22日に確認）、https://global.toyota/en/company/vision-and-philosophy/production-system/。

9 Staw (1976)。

10 Kelley and Kelley (2013)。

11 Toyota Motor Corporation, Team Toyota 10（社内出版物）、2004年1・2月号、Osono, Shimizu, and Takeuchi (2008), 67にて引用。

12 ケリー・アン・ロックモア、両著者との電話による対話、2018年10月8日。

13 ロックモア、両著者との電話による対話、2018年10月8日。

14 Cunha and Berti (2022)。Cunha, Clegg, and Mendonça (2010) も参照。

15 Busch (2020)。

16 スティーヴン・コズグローブ、両著者とのビデオ会議、2021年4月1日。

17 スティーヴン・コズグローブとその著書については、ウェブサイトhttps://www.stephencosgrove.comを参照。

18 ボストン・コンサルティング・グループの報告書については、Boston Consulting Group, Strategic for the British Motorcycle Industry, Her Majesty's Stationary Office, London（1975年7月30日）を参照。

19 ホンダと、戦略計画学派と創発戦略学派の議論について詳しくは、Pascale et al. (1996) を参照。引用文はPascale et al. (1996), 112より。

20 クリス・アージリスのアイデアは、コンサルティング企業Action Design社（www.actiondesign.com）で掘り下げられている。Argyris (1977) には、ダブルループ学習の考え方が説明されている。

21 Grant (2021)。

第 3 部

両立思考の実践

私生活のジレンマに、どのように対処すれば良いだろうか。集団を派閥に分けるやっかいな争いに、どのように対応すべきだろうか。競合する要求を統合し、重んじ、達成するように、どのように組織を率いることができるだろうか。こうした状況は、両立思考の好機だ。ABCDシステムは、このような混沌とした問題のための枠組みを提供する。では、難題にどっぷり浸かっているときにツールをどのように実践できるだろうか。

第3部では、両立思考を採用するプロセスを探求する。各章では、個人、対人、組織という異なるレベルで、これらのプロセスに注目し、ABCDシステムを実際に活用するための具体的な例を挙げて説明する。

第8章 個人の意思決定

留まるべきか、進むべきか

パラドックスに出会ったのは、どれほど素晴らしいことだろう。いまや私たちには、進歩する望みがあるのだ。

――ニールス・ボーア

「人生で直面している問題を想像してみてください。仕事で取り組んでいることでしょうか。あるいは、家で苦労していることでしょうか。書き出してみましょう」

私たちが主催する両立思考のワークショップは、たいていこの質問から始める。まずは、直面している課題を大まかに説明するように促す。次に、より具体的なジレンマの枠組みを捉えてもらう。最後に、重要な点として、背後にあるパラドックスの認識に進む。この時点が、量子物理学者ニールス・ボーアの表現を借りると「進歩する望みがある」ところだ。

この章では、人々が直面する特に難しい問題に対処するため、背後にあるパラドックスを特定して前進するためのプロセスについて説明する。このプロセスを示すため、エラ・フランケが抱えるキャリアのジレンマを紹介しよう。フランケは仮名で、この体験談は私たちがこれまでに協力してきた数人の経験を合成したものである。キャリアをめぐるこのような問題は何度も見てきたので、パラドックスシステムを個人の意思決定に応用する方法を示す良い例になると思う。

ジレンマを定義する

エラ・フランケはようやく自分のキャリアに自信が湧き、元気が出てきたところだが、ここまで来るのは一筋縄ではいかなかった。財務、戦略、運営など、病院のさまざまな部署で働いてきた。それぞれの役割には良いところもあったが、嫌なところのほうが多かった。息詰まる官僚的組織、気疲れする同僚、有害な上司のためだ。

10年後、フランケは資金調達部門で働いていた。仕事は大好きで、一緒にいて元気になる人々に囲まれていた。病院の新たな取り組みに向けた資金調達は貴重な機会だと考えていた。寄付者とつながり、慈善活動の影響を伝えて喜んでもらう仕事も楽しかった。同僚と上司も素晴らしかった。このポストでは、全身全霊を発揮して仕事ができると本気で感じられた。ありのままの自分と、チームへの貢献のしかたに価値を認めてもらえた。仕事の成功を受けて、フランケは病院の大規模な資金調達活動のリーダーに抜擢された。これまで同僚と強力な関係を培ってきたので、資金調達のドリームチームを自ら編成することができた。チームは協力して、今後6カ月間の意欲的なゴールを設定した。

優れた業績は、必ず誰かの目に入る。ドリームチームが予定を大幅に前倒しして2カ月で目標額を達成すると、ヘッドハンターから電話がかかってきた。地域最大の病院で資金調達部門の責任者を務めて

1．ジレンマを定義する	自分に合った仕事が見つかるまで何年も苦労した。今は自分の仕事、役職、仲間がとても気に入っている。しかし、新たな、もっと良い仕事に移行するチャンスを得て、どうするか判断しなければならない。

表8-1　フランケのジレンマに取り組むための両立思考：ジレンマを定義する

みないか、という。

フランケは光栄に思ったが、迷っていた。ようやく仕事が軌道に乗ってきたばかりだ。仕事は大好きだ。移籍など考えもしなかった。しかし、転職の最適なタイミングは現在の役職での評価がピークにあるときだともわかっていた。第2章で詳しく説明したような、ひとつのS字曲線に長くとどまりすぎるマイナス面も認識していた。さらに、メンターからも後押しされた。新しいチャンスを探究することには常に価値がある、そのプロセスで何を学ぶことができるか予想がつかないからだ、という。フランケは新しいポストに応募した。大病院に受かるような経歴ではないと確信していたので、ダメで元々のつもりだった。しかし、信じられないことに内定が届いた。そして、難しい判断を下さなければならなくなった。

表8－1は、フランケが課題に対処するために両立思考を活用する最初のステップを示している。つまり、ジレンマの定義だ。フランケは、自らが直面している問題を認識し、ふたつの選択肢から選ぶ際の綱引きの感覚をメモした。皆さんがこのプロセスを一緒にたどるようであれば、少し時間を置いて私生活におけるジレンマを考え、この章の最後にある**表8－6**にそのジレンマを書き込んでみよう。

背後にあるパラドックスを表面化させる

フランケのジレンマは嬉しい悲鳴であり、価値のある選択肢が多すぎるという問題だ。それでも、意思決定が必要なジレンマであることには変わりない。フランケの課題をつきつめると、「留まるべきか、進むべきか」となる。私たちは皆、キャリア上の選択、引っ越し、人間関係など、何らかの形でこうした問いに直面してきた。パンクロックバンドのザ・クラッシュも、1981年に発表した「Should I Stay or Should I Go」(留まるべきか、進むべきか)という、そのままの名前の曲で、この普遍的なジレンマを捉えている。

皆さんは、現在体験しているどんなジレンマを思い浮かべただろうか。フランケと同じような、キャリアの分かれ道に関する問いだろうか。仕事と私生活の緊張関係《テンション》や、競合する優先順位だろうか。あるいは、多様な人材の採用、予算の確保、部下へのフィードバック(評価や改善点の指摘)など、職場での取り組みだろうか。

ジレンマの背後には、競合する要求として枠組みを設定されたパラドックスが組み込まれている。こうしたジレンマの多くには、時間、空間、資金などのリソースの不足が関係する。これらのリソースを割り当てる方法のあいだの綱引きを経験すると、パラドックスが浮上する。たとえば、仕事と私生活のあいだのジレンマは、時間の過ごし方をめぐって競合する要求が関わる。採用をめぐるジレンマをつきつめると、たいてい資金の使い方に関する選択肢に行きつく。ジレンマには、アイデンティティ、価値

2．背後にあるパラドックスを表面化させる	選択肢A：現在の仕事を続ける	選択肢B：転職する
	留まる 安定 義理 優れた業績	進む 変化 チャンス 新たな学び

表8-2 フランケのジレンマに取り組むための両立思考：背後にあるパラドックスを表面化させる

観、ゴール、アクションの対立要素間の緊張関係《テンション》もある。部下へのフィードバック方法をめぐる問いでは、アイデンティティの対立が持ち上がる。私たちは優しく、親しみやすく、思いやりがあるアイデンティティを高く評価し、好ましいと思っている。しかし、厳しいフィードバックを伝えると、場合によっては嫌われてしまうかもしれない。仕事と私生活のジレンマは、しばしばアイデンティティの一貫性に関する問題を伴う。優れたプロフェッショナルとして名を上げようとする一方で、良い親、良い子、共同体の優れた一員といった他のアイデンティティも維持したいからだ。こうした競合する要求により、背後にあるパラドックスが表面化し始める。択一思考から両立思考へ移行するにあたっては、こうした対立する選択肢をまず特定する必要がある。選択肢の枠組みを設定したら、前提とマインドセットを転換し、パラドキシカルな本質を大切にすることができる。選択肢同士が互いに競合しながらも、補強し合ったり、定義し合ったりしていることを認識できる。

表8－2に、フランケのジレンマの背後にあるパラドックスを示す。今の仕事を続けるか転職するかという意思決定の背後にあるのは、安定と変化、現在のチームへの義理と新しく挑戦するチャンス、優れた業績と新たな学びのあいだにある、相互に依存する緊張関係《テンション》

だ。ご自身のジレンマをたどっていて、課題を表8-6に書き込んだ方は、表に戻り、ジレンマに影響を与える、矛盾していながらも相互に依存する緊張関係《テンション》を考えてみよう。一般的に、パラドックスには自己と他者、現在と未来、安定と変化など、2つの選択肢を伴う。ただし、もっと多くの選択肢が関係しているジレンマもある。その場合は、自由に列を足して、追加の選択肢も書き込もう。

問いを両立思考にリフレーミングする

ジレンマを定義し、競合する要求を特定すると、私たちは一般的に、選択肢を排他的なものとして扱って、ひとつしか選べないと思いがちだ。ジレンマにリソース配分の緊張関係《テンション》が関わる場合、ついこうしたリソースを限定的でゼロサムだと考えてしまう。つまり、ひとつのことにリソースを費やすと、他に費やす分は残っていないというわけだ。また、アイデンティティ、ゴール、価値観に一貫性を求める傾向もある。一貫したアイデンティティを確立したいのなら、アイデンティティに合わせた行動を取る必要があるというわけだ。こうした論理は、私たちを択一思考に導く。

前提を切り替えて、より複雑な両立思考を採用するには、どうすればよいだろうか。そのためには、競合する要求を、矛盾しながらも相互に依存するパラドックスとして考えるようにする必要がある。こうした対立する力がどのように互いを定義し、影響を与え合うかを表面化させるようにする必要がある。本書全体を通じて論じてきたように、前提をシフトしパラドックスの活用を始める最も基本的で強力なツールは、問いを変えることである。問いの枠組みを変えると、択一的な選択肢の性質を考え直し、それらの相互依存性と違いを見抜くために役立つ。

前提を転換し、両立思考を可能にする手段として、問いの変更が秘める力は決して過小評価できない。実際、私たちはワークショップのファシリテーターを務める際に、この時点で少し間を置いて、参加者がこの考え方を聞いたことを確認する。少し集中力が途切れて、自分の作業予定について考えたり、スマートフォンやコンピューター上でメッセージやメールを確認したりしている人がいた場合、もう一度ワークショップに集中してもらって、この考え方を繰り返す。パラドックスを乗りこなすための最も基本的で強力なツールは、問いを変えることである。呼吸に集中することは、涅槃を求め、瞑想による至福を得るための第一歩になる。同様に、問いをひとつ変更するだけでも、両立思考を追い求めるためのきっかけになる。

競合する要求に直面したときに、「AとBのどちらを選ぶか」の代わりに「AとBの両方にどうやって取り組むか」と問うことができる。

問いの変更は、私たちの仕事の上で一種の条件反射になっている。ただし、見方によっては、災いのようなものかもしれない。択一型の選択肢を議論しているのが耳に入るたびに、私たちが割り込んで両立型の問いを提示するのは、すでに同僚たちにはおなじみになっている。それどころか、子供たちにまで知られている。私（ウェンディ）の双子が小さかった頃は、ケンカに介入するたびに、全員が必要なものを得る両立型の代替案を出すように促していた。ケンカに対する統合型ソリューションが見つかることはそうそうなかったが、少なくとも親の問いをうるさく思うその瞬間は、双子の絆も深まるというものだ。

さて、話を戻そう。フランケは、ジレンマにおける問いを変えることができる。「現在の仕事に留ま

3．問いを両立思考にリフレーミングする どうすれば競合する要求を両立できるだろうか。	現在の職に留まりながら、新しい職を受け入れるにはどうすればよいだろうか。

表8-3 フランケのジレンマに取り組むための両立思考：問いを両立思考にリフレーミングする

るか、新しい仕事に移行するか」から、「留まりながら動くにはどうすれば良いか」に問いを転換するのだ。表8－3は、このステップを表している。もちろん、新たな問いに応えるのは不可能なように思える。2カ所に同時に存在することはできないし、2つの仕事をフルタイムで両方一度に引き受けるわけにはいかない。だが、本当にそうだろうか。

問いを立てることによって、私たちはジレンマを深掘りして、背後にあるパラドックスを詳しく検討することができる。フランケの場合、「現在の仕事は、新しいポストにどんな影響を与え、そこでの潜在的な可能性を拡大してくれるか」、あるいは「新しい仕事に携わることが、現職にとってどう有益になりうるか」といった問いが考えられる。後述のように、競合する要求におけるさまざまな要素を深掘りすると、さらに細かい問いにたどりつく。しかし、現段階では、単に両立型の問いを立てるだけでも、考え方が変わってくるだろう。

ご自身のジレンマに取り組んでいる場合は、表8－6に両立型の問いを書いてみよう。不可能に思える問いでも、新しい思考の道を開いてくれるだろう。

データを分析する――分離と接続

従来の択一型アプローチを採用している場合、この状況を理解するために分離と分析を用いるだろう。つまり、各選択肢を分離して、その利点と欠点を分析する。これに対し、ABCDシステムでは、分離と分析の代わりに分離と接続を可能にする構造づくりを重視する。そのような構造をつくるためには、目的をはっきりさせた分析が役に立つ。

選択肢の分析アプローチは人によって異なる。ある人々はいくぶん合理的なアプローチを採り、それぞれの選択肢の詳細なデータを収集し、利点と欠点の幅広いリストをまとめる。もっと人のつながりに頼ったアプローチを採用する人もいるだろう。たとえば、メンター、アドバイザー、友人（あるいはインターネット）に、アドバイスや意見を聞くような方法だ。さらに別の人はより直感的なアプローチを採って、やる気と本能を信じて決断する。通常は、意識しているかどうかは別にして、これらのアプローチを何らかの形で組み合わせて採用することが多い。たとえば、本能で思いついた後で、それを裏付けるデータを探すことがある（これは確証バイアスとも呼ばれる）。

フランケはそれぞれの選択肢を容易に分離し、分析することができた。新しい仕事には胸が躍った。大病院は大幅な拡大を目指していた。幹部はフランケに資金調達戦略を策定し、優れたプロジェクトを通じて多くの新たな寄付者への接触を図ってもらおうとしていた。新しいポストは現職よりかなりの報酬アップとなり、さらに成功のためのリソースも追加で提供された。

しかし、転職をためらう重要な理由もあった。まず、人間関係の不安だ。面接ではみんな良い人に見えたが、大病院のカルチャーは現職よりもずっと競争的だった。前に働いていた人たちから、上級幹部に流れるぴりぴりとした雰囲気の噂を聞いていた。以前に有害な環境にいたので、この情報には懸念があった。

また、転職日についても不確かだった。フランケは非常に義理堅い性格だった。現在のチームメンバーと野心的なゴールを見捨てると思うと、心が痛んだ。しかし、新しい職場の幹部は、大規模な資金調達を迅速に進めるため、できるだけ早く来てほしいと希望していた。内定から数日間、フランケは不確かさの霧の中をさまよっていた。やめようと決めた次の瞬間には、やめるのをやめようとしている。択一思考のせいで、2つの選択肢のあいだでずっと板挟みになった気分だった。

両立思考を導入すると、評価プロセスがわずかに変化する。両立思考では、選択肢を分離して分析するだけではなく、分離して接続する。選択肢を分離して、それぞれを検討するのは変わりない。分離することで、選択肢のプラス面とマイナス面を詳しく検討できる。しかし、従来型のアプローチとは異なり、接点を探しながらデータ収集が続いていく。

つながりを探すひとつの方法は、ハーバード大学の心理学者、エレン・ランガーが「階層を一段階上げる」「階層を一段階下げる」と呼ぶ方法だ。[原注1] 階層を一段階上げるとは、選択肢をより大きい、包括的なビジョンと関連付けることを指す。フランケの「留まるべきか、進むべきか」のジレンマで言えば、階層を一段階上げるには、より普遍的な価値観と高次のパーパスを定義する作業が関わってくる。自分の人生にはどんな包括的ゴールがあって、この決断はゴールに向かって進むためにどのように役立つのだろうか。長期的な志は視野を広げ、競合する選択肢のあいだのつながりを探索するために不可欠になることがある。たとえば、フランケのビジョンが、インパクトの大きいキャリアを送り、ポジティブで有意義な違いをもたらすことであれば、そのゴールに現職と新たな職がどのような影響を与えるかを検討する方法を見つけることができる。

「階層を一段階下げる」では、それぞれの選択肢で実際に問題になっている内容を見つける。たとえばフランケは、「現在の資金調達活動を完了することが、新たな活動にどのような影響を与えうるか」を問うことができる。見込み寄付者との付き合いは、一筋縄ではいかない。２カ所以上に寄付する人もいる。しかし、義理、誠実さ、プロフェッショナリズムの観点から、ある寄付者が元の資金調達活動で元の病院とまだ打ち合わせしているあいだは、その人に連絡を取ることはできない。いったん寄付額が固まったら、その寄付者に新しい病院のための寄付をお願いしたり、寄付候補者とつないでもらったりすることはできるかもしれない。したがって、現行の資金調達活動を完了しておくのは、転職先にとってもメリットになる可能性がある。

また、「転職した場合、現在のチームにどのようなチャンスが生じるか」を問うこともできる。フランケは、義理とまじめさから、チームを見放すことを心配している。しかし、リーダーがチームを去れば、他の人がリーダーの地位に就くチャンスができる。実のところ、優れたリーダーはチーム内の他の人のリーダーシップを育て、自分が常にその場にいなくても済むようにするものだ。先に進むことで、フランケのチームにも新たなリーダーが生まれるかもしれない。あるいは、「既存のチームが、新しいチームでの自分の仕事にどのような影響を与えるか」を問うこともできる。フランケは現在のチームが大好きだ。チームメンバーを何人か引き抜いて転職し、成長とキャリア拡大の機会を作る選択肢も考えられる。**表8－4**は、ジレンマの対象となっている選択肢を分離・接続する方法を捉えている。

交渉を学んだことがあれば、こうした戦術を、ウィン・ウィンまたは統合型の意思決定に至るための戦略だと認識するかもしれない。交渉に関する古典、『ハーバード流交渉術』（三笠書房、１９８９年）で、ロジャー・フィッシャーとウィリアム・ユーリーは、自分の立場を押しつけると、相手と直接対立することになりがちだと述べる。[原注2] 自分自身のジレンマに直面したときに、最初に選択肢を挙げて、相手に直接ぶつかっていくと、こうした直接の対立を生み出しがちである。このことを踏まえ、交渉の各当

4．データを分析する	選択肢Ａ：留まる場合のプラス面とマイナス面	選択肢Ｂ：進む場合のプラス面とマイナス面
分離：競合する要求は、ゴール、コスト、便益の面で、それぞれ互いにどのように異なるだろうか。	・義理：プロジェクトを終わらせる ・人への注目：ドリームチームと一緒にいる ・他の人を優先する	・チャンス：新たなチャンスに取り組む ・職務への注目：夢の仕事への転職 ・自分自身を優先する
接続：両方を受け入れる包括的なビジョンにはどのようなものがあるだろうか。競合する要求同士は、互いにどのようなシナジーを生み出せるだろうか。	包括的ビジョン：インパクトのあるキャリアを過ごす シナジーの探求： ・現在のキャンペーンを完了することが、新たなキャンペーンにどのような影響を与えうるか。 ・転職した場合、現在のチームとそのメンバーにどのような新たなチャンスを作れるだろうか。 ・現在のチームは、新しいチームでの作業にどのような影響を与えるだろうか。	

表8-4 フランケのジレンマに取り組むための両立思考：データを分析する

事者が考えを深め、背後にある関心事を相手と共有すると、見解の一致点を見つけられる可能性がある。自分自身のジレンマに取り組んでいるなら、それぞれの選択肢の背後にある関心事を同じように探ればよい。つまり、選択肢を分離してそれぞれを深掘りすることで、より多くの接続の可能性を見いだせるわけだ。

たとえば、皆さんが家を買いたいとしよう。ある家が25万ドルで売りに出されている。しかし、あなたは20万ドル以上の価値があるとは思えない。売主との5万ドルのギャップを埋めるのは難しいだろう。この可能性を諦めて他の家を探そうと思うかもしれない。あるいは、売主とふたりで22万5000ドルで手を打つかもしれない。フィッシャーとユーリーはさらに、自分が本当に関心のある条件を見いだすことで、別の選択肢が生まれるという。たとえば、売主は家を売却したいが、通常の売却に必要な修理のマネジメントは一切やりたくないとする。この場合に、もし簡単に修理できる業者を皆さんが知っているとしたら（あるいは、自身がその業者だったら）どうだろうか。売主は、買主が修理を引き受けてくれるなら大幅に値引きするかもしれない。それほど修理代はかからないだろうと推定しているなら、良い取引だろう。あるいは、あなたがすぐにでも引っ越したい場合、売主が提案した日よりも早く成約するのであれば、多少上乗せしても構わないかもしれない。

ここで、皆さん自身のジレンマに戻ろう。階層を一段階上げて包括的ビジョンを特定することで、それぞれの選択肢の独自性と、対立する要求のあいだにつながりを見つける方法を検討する。それから、階層を一段階下げて、補強するシナジーを見つける。これを表8－6に追加できる。

結果を検討する

従来型の択一思考を採用した場合、ゴールは複数の選択肢のなかからひとつを「選ぶ」ことにある。これに対し、両立思考では、ゴールは「決める」ことにある。この違いは、選択をより広い文脈のなかでどのように理解するかに関わってくる。「選ぶ」という表現は、変更の余地がないように思える。一方、「決める」というと、将来的に選択肢の再評価や再検討を行う可能性があっても、前に進むことのできる実行可能なソリューションのように思える。決めるのであれば、背後にあるパラドックスを解決できなくとも、再び関われるよう常に認識しておくこともできる。また同時に、パラドックスの動態的な性質を認め、この動態性に価値を置くアプローチを活用することもできる。

本書では、決めるためのパターンとして、ラバ型と綱渡り型のふたつを定義した。理解しやすいソリユーションはラバ型だ。ラバとはウマとロバの混血で、クリエイティブな統合の象徴であり、競合する要求を同時に受け入れるエレガントな（かつ実用的な）ソリューションを提供する。フランケにはラバ型の選択肢がいくつかある。内定を受諾して、チームの何人かと一緒に転職すれば、新しい人間関係を心配せずに、新しい挑戦を重視することができる。また、内定先からのオファーに基づいて現在の会社と交渉し、職階を上げてもらうことで、現在の職場環境を離れずに新たな挑戦ができる。

また、綱渡り的な選択肢も考えられる。立場を細かく切り替えることで、長時間にわたって一貫した非一貫性を保つ選択肢だ。綱渡りをする人は、体重を左右に細かく移動しながら、全体的なバランスを取りつつ前進する。静的なバランスを取れる場所を見つけるのではなく、常にバランスを取り続けている。パラドックスを乗りこなすときにも同じ状況がみられる。つまり、選択肢のあいだで常に揺れ動いている。フランケには綱渡り型の選択肢がいくつかある。たとえば、内定先と交渉して、入社日を遅らせることができる。これにより、現職の引き継ぎ計画を作成し、現在の資金調達活動を完了する時間を取ることができる。また、元の病院で新たなリーダーが育つまで、元の職場のコンサルタントとして働く可能性も考えられる。さまざまな選択肢を表8－5に挙げる。

最終的に、フランケは大病院の内定を受諾した。ただし、新しい職場の上級リーダーと交渉し、移行期間中は旧病院のチームへのアドバイザーとして働けるようにしてもらった。この取り決めは、おおむねうまくいった。新しい上司は、フランケが元の職場に対して抱く義理と、既存の資金調達活動への献身ぶりを高く評価し、この性格は大病院のほうでも価値があると判断した。また、元の仕事の積み残しを消化できれば、新しい仕事にさらに全力で取り組めるだろうとも認識した。上司は最初の4週間、週1日を元のチームと作業する日にする案を提案してくれた。その間に、フランケは旧チーム内の急成長

5．結果を検討する ラバ型：クリエイティブな統合。要求の両方を満たすクリエイティブな選択肢はあるか。	ラバ型選択肢： ・内定を受諾し、チームメンバーを何人か連れていく ・内定先のオファーに基づいて現在の会社と交渉し、職階を上げてもらう
綱渡り型：一貫した非一貫性。競合する要求の間を細かく移動し続けるような選択肢はあるか。	綱渡り型選択肢： ・内定先と交渉して入社日をずらしてもらい、時間をかけて現職の後継者育成を確実に計画する ・新しい職場と両立する形で、元の職場のリーダーが育つまでコンサルタントとして働く方法を見つける

表8-5　フランケのジレンマに取り組むための両立思考：結果を検討する

中の若手を後継者に指名して育てた。しかし、同じチームにいる、もうひとりの成長著しいメンバーも気になっていた。能力はずば抜けているが、リーダー職には時期尚早の人物だ。この第二の成長株のスキルを熟知していて、また元の職場で同僚が新たなリーダーになることを嫌がるのではないかと思ったフランケは、この人物を新たなチームで採用することにした。これによって、人間関係も若干維持された。

さて、皆さんのジレンマに戻って、ラバ型選択肢と綱渡り型選択肢の可能性を検討してみよう。自分ならではのクリエイティブな統合と、一貫した非一貫性のための手法だ。引き続き表8-6を埋めてアイデアを整理してみよう。そのあいだに、ひとつ注意事項を挙げておきたい。ほとんどの人は、自分自身より他の人の両立機会がよく見えるものだ。個人のパラドックスには、前述した防衛感情が割り込み、緊張関係《テンション》にとらわれて感覚が麻痺してしまうおそれがある。それに比較すると、他人のジレンマに必要な感情の投資ははるかに少ない。不快のなかに若干の心地よさを見つけ、防衛機制を越えて前進するひとつの方法として、他の人に連絡をとり、ジレンマのブレーンストーミングを手伝ってもらうことが考えられる。

自分の択一思考に嵌まってしまったら、友達を誘って自分のジレンマについて考えてもらい、両立の可能性を提示してもらおう。そして、自分の反応を書き留めてみよう。防衛機制が割り込んで、友達のアイデアがうまくいかない理由を大量に語り出す可能性が高い。防衛的な脳に少し休みを取ってもらい、友達の意見に耳を傾けよう。びっくりするような可能性が見えてくるかもしれない。

原注

1 Langer (1989)。

2 Fisher and Ury (1981)。

1．ジレンマを定義する	私の中核的なジレンマは……	
2．背後にあるパラドックスを表面化させる	**選択肢Ａ：**	**選択肢Ｂ：**
3．問いを両立思考にリフレーミングする どうすれば競合する要求を両立できるだろうか。		
4．データを分析する	**選択肢Ａ：プラス面とマイナス面**	**選択肢Ｂ：プラス面とマイナス面**
分離： 競合する要求は、ゴール、コスト、メリットの面で、それぞれ互いにどのように異なるだろうか。		
接続： 両方を受け入れる包括的なビジョンにはどのようなものがあるだろうか。競合する要求同士は、互いにどのようなシナジーを生み出せるだろうか。	包括的ビジョン： シナジーの探求：	
5．結果を検討する		
・ラバ型：クリエイティブな統合。要求の両方を満たすクリエイティブな選択肢はあるか。	ラバ型選択肢：	
・綱渡り型：一貫した非一貫性。競合する要求の間を細かく移動し続けるような選択肢はあるか。	綱渡り型選択肢：	

表8-6　個人のジレンマに取り組む両立実践ワークシート

第9章 対人関係

拡大する分断を修復する

違いとは単に耐えるべきものではなく、対立極同士のあいだから、弁証法のように創造力が発揮される可能性がある、対立極の源泉として見るべきものです。このように見ることで、初めて相互依存の必要性が脅威ではなくなります。認められた平等な、異なる強みの相互依存性の中でのみ、この世界で生きるための新たな方法を探す力が生まれます……違いとはありのままの力強いつながりで、そこから私たち個人の力が鍛えられるのです。

――オードリ・ロード

パラドックスは、持続的な対人関係の緊張関係《テンション》、つまり個人または集団間のコンフリクトの温床となることがある。ひとりの個人またはひとつのグループがひとつの見方を採用し、別の個人またはグループがそれに反対する。私（ウェンディ）は、飛行機の長旅で隣の人と交わした会話を思い出す。私にはよくある状況だ。研究の内容について聞かれたときに、私は「組織のリーダー間における競合する要求」という概念について説明した。上級チームにはしばしば断絶が生じ、意見の違いがチームの集団力学に刻み込まれる場合がある、といった話だ。隣の女性は同意し、自分の経験からもよくわかると言った。彼女はサーカスのゼネラルマネージャーを務めていた。それから飛行機を降りるまで、彼女をはじめとしたマネージャー陣と、自分勝手な象のトレーナーや注文の多い曲芸師などのパフォーマー陣とのあいだの絶えないコンフリクトについて、つらい思いを語ってくれた。彼女が物語ったコンフリクトは新しいものではない。長年にわたって、組織の事務方とクリエイター、マネージャーと従業員のあいだには緊張関係《テンション》があった。しかしこうした持続的な緊張関係《テンション》のなかでも、人々がますます問題の両極端で敵味方に分かれるようになり、対人コンフリクトはさらに高まっている。政治的な二極化が強まり、政策の実行が阻害されるとともに、家族、友人、さらに職場までもが分断されている。[原注1]

　対人コンフリクトのマネジメント戦略については多くの論文が執筆されている。[原注2]私たちは、これらの断絶と、それを修復するための新たなアプローチへの理解を深めるために、パラドックスが重要なレンズの役割を果たすと信じている。対人コンフリクトには、しばしば、両極端の人々が異なる派閥に分断されるような緊張関係《テンション》を伴う。個人の経験や集団内の動態性によって、いともたやすく防衛的な感情が高まる。恐れが募り、不安が増幅され、悪循環へまっしぐらだ。背後にあるパラドックスを表面化させてから乗りこなし、見解の対立や緊張関係《テンション》の激化のなかでも協力して仕事をすることが課題となる。この章では、ＡＢＣＤシステムを用いて対人コンフリクトに対応する方法を示す。そのために、ポラリティ・パートナーシップス社に所属する研究者のバリー・ジョンソンとそのチームが開発したフレームワークとプロセスを活用する。ジョンソンとそのチームは、さまざまな状況下における対立陣営を引き合わせ、緊張関係《テンション》に組み込まれたパラドックスを認識し、シナジーを発揮してつながる点を見つけられるように促してきた。ジョンソンらが行う仕事は、課題を詳細に分析し、深い感情を認識し、新たなソリューションを見いだす。このアプローチを、ある成功事例を用いて紹介しよう。法執行機関と市民とのあいだにある、特に激しく、現代的で、難しい分断だ。また、その他の幅広い対人コンフリクトへの応用も提案する。[原注3]

チャールストン市における地域安全確保

2015年6月17日水曜日、サウスカロライナ州チャールストンにあるエマニュエル・アフリカン・メソジスト（AME）監督教会で週一回の聖書勉強会が開かれていたときに、若い白人男性が入ってきた。男性はクレメンタ・ピンクニー牧師の隣に座り、議論に参加した。勉強会が夜9時頃に終わると、集団は少人数で祈祷を始めた。そのとき先ほどの白人男性、ディラン・ルーフ（21歳）がウエストバッグから銃を抜き、人種差別的な暴言を浴びせながら勉強会の面々に銃を乱射し始めた。5回も弾を装填し、室内にいた12人のうち9人を殺害した。ある女性と孫娘は、テーブルの下で死んだふりをしていたおかげで助かった。別の女性は、他の人に事件の話ができるように命を助けてやると言われた。ルーフは自分の頭に銃をつきつけて自殺しようとしたが、弾切れを起こして逃走した。

その夜、チャールストン警察署のグレッグ・マレン署長は、この悲劇的なヘイトクライムを「私の職業人生において最悪の夜」だと語った。[原注4] ただし、これはチャールストン市における初めての人種犯罪ではなかった。実のところ、エマニュエル教会自体が、人種差別に起因する犯罪や人種間の不信が原因で成立した、黒人信徒を中心とする教会である。1822年に、元奴隷の自由黒人で教会の共同創設者のデンマーク・ヴィージーが、奴隷の反乱計画への関与を疑われた。反乱を鎮圧するために、白人社会のリーダーたちは教会に火を放ち、35人の信者を絞首刑にし、さらに35人の信者を州外あるいは国外に追放した。近年では、銃乱射事件のわずか数カ月前に、別の人種差別事件が地域社会の感情をかき立てた。黒人男性がチャールストン警察に殺されたのだ。その日、マイケル・スレーガー巡査は、ウォルター・スコットの車を止めた。ブレーキランプが壊れていたためだった。スコットは車を降りて警察から逃げようとし、揉み合いになった。スレーガーはスコットに向けてスタンガンを発射した。しかし、スコットがさらに逃げるので、スレーガーは銃を抜いて８発を発射。そのうち５発が致命傷になったという。スレーガーは、スコットがスタンガンを奪い取ろうとしたのでやむを得ず銃を抜いたと報告した。しかし、目撃者の動画はこの報告に反していた。この事件を受けて、エマニュエル教会のピンクニー牧師は、このような事件の全容を正確に把握できるよう、警官が装着するボディカメラを増やす運動に積極的に取り組んだ。

マレン署長は、チャールストン警察署に入庁した２００６年以来ずっと、黒人の地域社会の人々と警察との間の根深い不信と分断に対応しようと熱心に取り組んでいた。エマニュエル教会での悲劇によって、この取り組みの重要性はさらに増した。

法執行機関と市民――対立しながら同じ目標に向かう

人種的正義の文脈を背景にした、地域安全をめぐる法執行機関と市民のあいだの緊張関係《テンション》は、きわめて今日的で難しいテーマだ。実際に、読み進む前にここで1分間ほど間を置いて、この問題に対する皆さん自身の見方を考えてみてほしい。少なくとも米国の読者の方は、ご自身の知識や経験などに基づいて、おそらくすでにどちらかの側についているだろう。

もしそうであれば、ごく普通のことだ。黒人社会における警察活動は、米国の政治的二極化の矢面に立たされている。2020年夏、ジョージ・フロイドやブリオナ・テイラーなどの黒人男女が警察に殺害されたことで、断絶はさらに大きくなった。抗議活動が燃え上がり、続いて暴力沙汰も発生し、この議論は2020年度大統領選挙の中心となった。一方の陣営は警察への資金拠出を停止せよと主張し、対立陣営は取り締まりのさらなる強化を求めた。ブラック・ライブズ・マター（黒人の命は大切）運動のもとに多くの人が結集した一方で、ブルー・ライブズ・マター（警官の命は大切）を宣言する人々もいた。この持続的なコンフリクトによって、あらゆる陣営で根深い感情が強まった。

この例を選んだのは、地域安全を守ることと、地域の土台となる正義を保証することは、私たちの社会構造に不可欠であるにもかかわらず、すでに二極化していて今後もますます悪化するばかりのジレンマを提示しているからだ。集団間のコンフリクトは地域社会で始まるが、全国的な運動や国際的な運動の中で増幅し、強化される。マレン署長は、サウスカロライナ州で間違いなくこのコンフリクトを感じていたと思われる。両立思考は、対立陣営のどちらかを選ぶ代わりに両陣営を巻き込むことができれば、より創造力に富み、効果的で、持続的なソリューションにたどりつくことができることを示唆する。マレン署長は、ポラリティ・パートナーシップス社のコンサルタントと連携した。両者は協力して、チャールストンの地域社会の背後にあるパラドックスに対処しようとした。採用したアプローチは、ホームレス、人種やジェンダーの不公正、医療へのアクセスなどさまざまな問題について、ポラリティ・パートナーシップスがこれまで人々をまとめるために適用してきたプロセスである。

この章を読み進める前に、間を置いて、皆さんが体験している集団内コンフリクトについて考えてみよう。このコンフリクトは、国政に関する見方の対立に関係するかもしれない。あるいは、組織内、地域社会内、家族内で味わう、もっと局所的な緊張関係《テンション》かもしれない。皆さん自身の対人コンフリクトに、これから紹介するプロセスをぜひ試してみてもらいたい。

複雑なパラドックスを分析するためのモデル

ポラリティ・パートナーシップスのバリー・ジョンソンは、ポラリティ（対立極）を、次の特性を備えた相互依存的な対と定義する。（１）２つの極からなり、（２）相互に依存し、現在進行形の課題を伴う。[原注5] ジョンソンも指摘するとおり、ポラリティはパラドックスに類似している。ジョンソンの説明に沿った使い方に関しては、私たちもジョンソンと同じアイデアに取り組んでいるようだ。言い換えれば、表出しているジレンマの下に隠れていて、長時間持続する、矛盾していながらも相互依存性のある要素である。この章では、本書で紹介している考え方とポラリティ・パートナーシップスの業績のつながりを明確にするために、「パラドックス」と「ポラリティ」という用語を交換可能な形で用いる。

ジョンソンらは、複雑な状況におけるパラドックスを分析するためのモデルを開発し、動詞の頭文字をとってＳＭＡＬＬモデルと名づけている。

・ポラリティを認識する（See）
・ポラリティをマッピングする（Map）
・ポラリティを評価する（Assess）
・評価から学ぶ（Learn）
・ポラリティをてこにする（Leverage）

このプロセスは、ABCDシステムを適用するための卓越したアプローチとなっていて、特に対人コンフリクトで威力を発揮する。それは、対立する両陣営を明示的に招いて、その立場のプラス面とマイナス面についてじっくり考えるように促すからだ。SMALLモデルでは、小さなステップを踏んでポラリティを詳しく分析し、集団のあいだの違いを大切にし、統合を促す。表9-1は、SMALLプロセスの5つのステップを詳しく説明する。後続の節では、各ステップを詳しく検討し、ABCDシステムのツールと結びつける。

SMALLモデルの適用例

マレン署長のプロセス実施を支援したのは、ポラリティ・パートナーシップスのプロセスに関する訓練を受けた組織開発コンサルタントで、チャールストン市民のマーガレット・サイドラーである。エマニュエル教会での銃乱射事件の5年前にあたる2010年のことだった。サイドラーは、犯罪の増加に対処するために、チャールストン市内の町内会と協力していた。しかし、当初のプロセスが択一思考に

1．ポラリティを認識する (See)	・対立極を中立的またはポジティブな用語で表現する。
2．ポラリティをマッピングする (Map)	・グレーター・パーパス・ステートメント（包括的ビジョン）と、それぞれの極に関連付けられた価値を定義する。 ・奥底の恐れと、それぞれの極に関連付けられた具体的な恐れを特定する。 ・それぞれの極のプラス面とマイナス面を詳しく分析する。
3．ポラリティを評価する (Assess)	・現在のシステムにおいて、それぞれの極のプラス面とマイナス面がどのように発生しているかを評価する。
4．評価から学ぶ (Learn)	・データをじっくり検討し、緊張関係のパラドキシカルな特性を明るみに出す。
5．ポラリティをてこにする (Leverage)	・次の問いの考察を含む行動計画を開発する。 －それぞれの極のプラス面を維持するには、何ができるだろうか？ －それぞれの極のマイナス面を軽減するには、何ができるだろうか？

表9-1　ポラリティ・パートナーシップスのSMALLモデル

よってわき道にそれているように感じていた。町内会のメンバーには、一軒家の多い区域に住む人々が含まれていた。一軒家の人々は、犯罪を近くのアパート区域の住民のせいにし、警察に対して、もっと効果的にアパート区域をパトロールしてほしいと要請した。サイドラーは、住民たちが「われわれ対彼ら」の敵味方意識にとらわれていることを認識した。一軒家の住民たちは問題をアパート住民、つまり「彼ら」の責任にし、この課題における自分たちの役割を果たそうとせずに、第三者である警察に頼んで問題を解決しようとしていた。サイドラー自身も、択一思考の罠に陥りそうになっていた。

サイドラーは、パラドックスを通じた観察が、関係者すべてにとって方針を転換するために役立つと気づいた。そして、視点の対立する人々を引き合わせ、背後にあるパラドックスを理解するための対話を引き出す方法を考えた。サイドラーは、一軒家区域とアパート区域のリーダーを、対話の場に招待した。開催された夕食会の参加者は、全員が体験している緊張関係《テンション》と、地域安全の向上を願う共通の願いを、一緒に話し合った。

マレン署長もこの夕食会に参加していた。マレンは、自身の仕事で感じている緊張関係《テンション》が、サイドラーが対処している緊張関係《テンション》によく似ていることを認識した。夕食会の後、マレンはサイドラーと翌朝のアポを取りつけた。ふたりは共同で、チャールストンの警察と地域社会の緊張関係《テンション》に対応するための道に乗り出した。

ポラリティを認識する（See）

パラドックスを効果的に乗りこなすには、まずパラドックスを認識する必要がある。これまで見てきたように、パラドックスは、表出している課題の下に隠れていることがよくある。SMALLプロセスでは、まず前提をシフトさせて、人々が問題を深掘りできるようにする。

ポラリティ・パートナーシップスはポラリティマップを活用して、背後にあるパラドックスを明らかにする。第2章で説明したように、ポラリティマップは、対立する見方、あるいは対立極のプラス面とマイナス面を描写する。最初のステップでは、コンフリクトを観察し、それぞれの極を特定して用語を定義する。このステップでは、人々の前提を転換させ、敵味方に分断する択一思考から、分離と統合を大切にする両立思考に移行するように促す。

ポラリティマップに記入する個人ひとりひとりが、状況に最も適した用語を考案することが重要である。ただし、対立極は中立またはポジティブな用語で定義する必要がある。言葉は重要だ。一方のアプローチに好感を抱いていると、自分の側にとってポジティブで、相手の側にとってネガティブな用語を選んでしまう場合がよくある。たとえば、中絶をめぐる米国の議論を考えてみよう。信条によって、対立する見方を呼ぶのにまったく異なる用語を使うことがある。対立する立場の人を相手にわずかでも含みのある言葉を使うと、たちまち防衛機制が喚起され、議論が制限される。

ジレンマの背後にあるパラドックスが明らかでない場合、ジョンソンは人々にまず変化について考えてもらうことで、パラドックスの発見を促す。ジョンソンは、人々が思い描く未来について説明してもらう。課題が解決した場合、地域社会（仕事、組織、家族、生活など）は理想的にはどのようになるだろうか。次に、今の現実について説明してもらう。ジョンソンが指摘するように、私たちはしばしば今の現実とは正反対の未来を思い描き、そこに向かって進む。その際、現在地と目的地のあいだの違いにパラドックスが組み込まれる。たとえば、ある組織が、プロセスを遅くする過剰なお役所体質を脱し

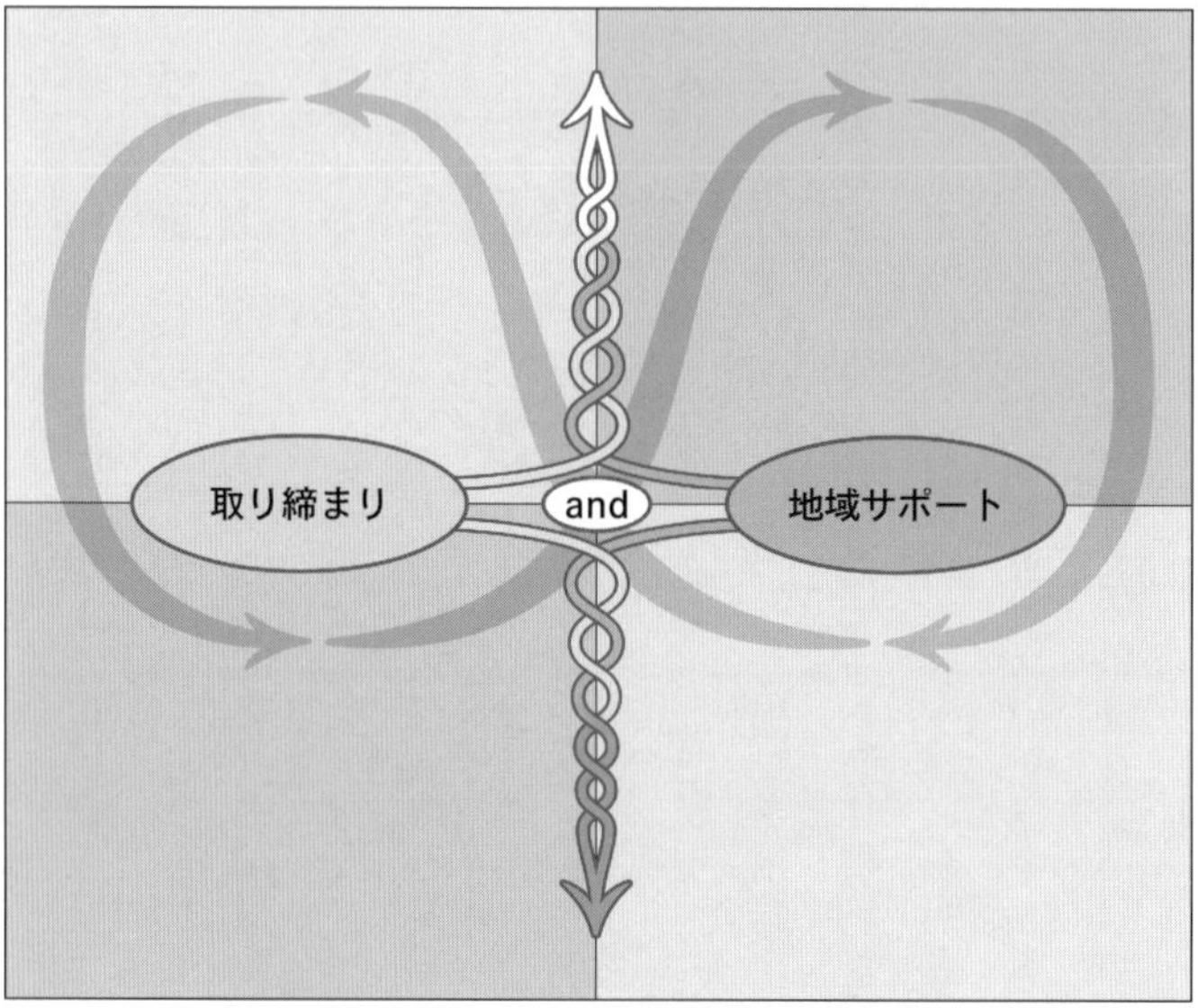

図9-1　チャールストン市の地域安全のためのポラリティマップ：ポラリティを認識する

出典：ポラリティマップ概念の提供：Barry JohnsonおよびPolarity Partnerships, LLC. ©2020. All rights reserved.

て、より俊敏なアプローチに向かおうとしているとする。この変化の背後にあるのは、柔軟性と管理のあいだの継続的な緊張関係《テンション》である。今の現実と思い描く未来を検討するこの戦術は、表出しているジレンマの下に隠れているパラドックスを表面化させるひとつの方法である。

　地域のリーダーの夕食会から一夜明けて、サイドラーはマレンと打ち合わせをした。マレンは長いあいだチャールストン市内の緊張関係《テンション》を生きてきて、地域安全を求める中で背後に生まれているパラドックスをあまりによく知っていた。マレンはサイドラーと協力し、コンフリクトの主な対立極を「取り締まり」と「地域サポート」と命名した（図9－1）。

　皆さんがご自身のグループや組織内のコンフリクトに取り組んでいる場合は、少し時間を取って、システム全体を考えてみよう。課題の背後にあるパラドックスの対立極を特定して、それぞれの極に中立またはポジティブな用語を見つける必要がある。白紙のポラリティマップはこの章の後半（図9－4）またはポラリティ・パートナーシップスのウェブサイトにある。

ポラリティをマッピングする（Map）

ABCDシステムでは、分離と接続を行うための構造（境界）を作成する必要性を強調している。つまり、対立極を分離してそれぞれの価値を示すとともに、両極を接続してシナジーが生まれる点も探す。SMALLプロセスを用いる際には、ポラリティをマッピングするステップが、対立極の分離と接続を促す。対人または対グループコンフリクトにおいては、これは最難関のひとつである。これを行うには、自分自身にとっての真実と正反対の真実に対して真剣に耳を傾け、尊重しなければならないからだ。注意深く耳を傾けるには、感情のマネジメントが必要になる。対立する見方に直面するときは、内在する防衛機制を認識して、折り合いをつけなければならない。本書で指摘してきたように、パラドックスを乗りこなす不快のなかに、心地よさを見いだす必要がある。

ABCDシステムでは、対立する要求を包含する高次のパーパスを強調することで、対立極のあいだに接点を見つけられると指摘した。ポラリティ・パートナーシップスでは、これを「グレーター・パーパス・ステートメント」と呼ぶ。志があり、やる気の出る内容が理想だという。グレーター・パーパス・ステートメントの価値を明確にするためには、ポラリティ・パートナーシップスが「奥底の恐れ」と呼ぶ要素もあわせて特定する必要がある。これは、集団で協力する方法が見つからなかったときに起こる現象、言い換えれば悪循環によって引き起こされる最悪の事態に関する不安である。グレーター・

パーパス・ステートメントと奥底の恐れを組み合わせると、対立項同士を保持する、統一のための境界が形成される。

マレンの場合、グレーター・パーパス・ステートメントは、自身の戦略プランを明確にする「地域社会の安全を強化する」とした。奥底の恐れは、その正反対だった。安全が失われると、不信感が高まり、犯罪が増え、無政府状態に行きつく。

これらの境界を定義したら、次のステップはそれぞれの対立極を深掘りし、区別することだ。パラドックスのそれぞれの極には、プラス面とマイナス面がある。たとえば、組織戦略の策定における相反するアプローチを考えてみてほしい。計画的アプローチと創発的アプローチだ。計画的アプローチのプラス面は、確かさが向上することと、一緒に協力して戦略を実行するように人々に促すことだ。一方、マイナス面は柔軟性が低く、変化への即応が難しいことだ。これに対し、創発的アプローチのプラス面は柔軟性と即応性で、マイナス面は戦略の実行を調整しにくくなることである。各対立極の全貌を知るには、プラス面とマイナス面の両方を詳しく調べる必要がある。

対人コンフリクトに向き合う際、対立極を詳しく知るために重要になるのは、幅広いステークホルダーと関わることだ。それぞれの極を支持する人々が、互いの意見を率直に交換し、耳を傾ければ、全員がコンフリクトをより詳しく理解できる。率直な対話は、対照的な見方の人々をひとつにまとめる強力なツールである。しかし、この深い分断の時代には、率直さを維持することもまた難しくなる場合がある。いまや世界中で、意見や見解の異なる人々が、敬意をもって相手に耳を傾ける代わりに、安全なソーシャルメディアの演説台から自説を叫んでいる。対立する複数の集団にわたるパラドックスを効果的に乗りこなせるかどうかは、それぞれと対話できるかどうかにかかっている。

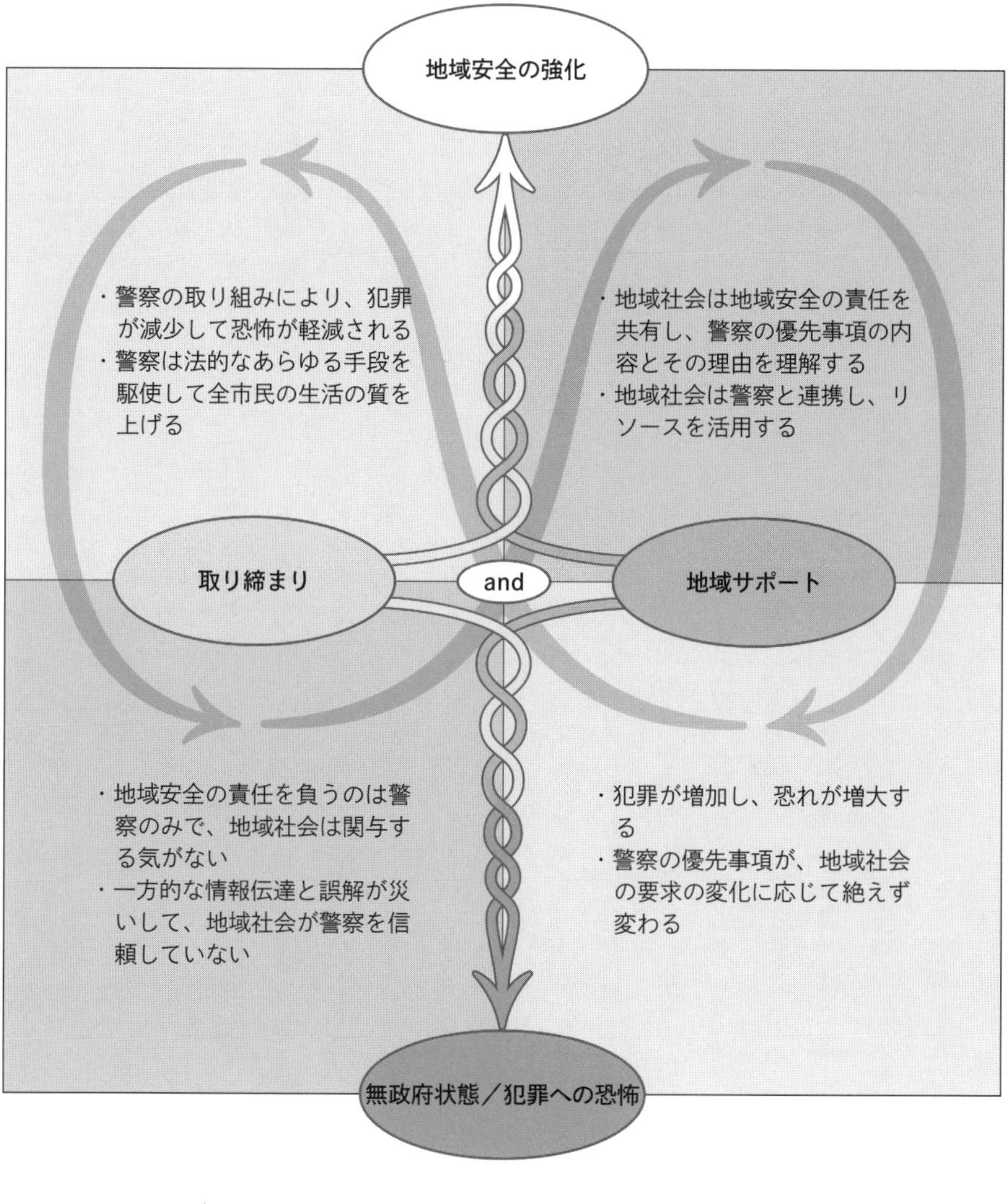
地域安全の強化
・警察の取り組みにより、犯罪が減少して恐怖が軽減される
・警察は法的なあらゆる手段を駆使して全市民の生活の質を上げる
・地域社会は地域安全の責任を共有し、警察の優先事項の内容とその理由を理解する
・地域社会は警察と連携し、リソースを活用する
取り締まり
and
地域サポート
・地域安全の責任を負うのは警察のみで、地域社会は関与する気がない
・一方的な情報伝達と誤解が災いして、地域社会が警察を信頼していない
・犯罪が増加し、恐れが増大する
・警察の優先事項が、地域社会の要求の変化に応じて絶えず変わる
無政府状態／犯罪への恐怖

図9-2　チャールストン市の地域安全のためのポラリティマップ：グレーター・パーパス、奥底の恐れ、プラス面、マイナス面

出典：ポラリティマップ概念の提供：Barry JohnsonおよびPolarity Partnerships, LLC.©2020.All rights reserved.

マレンとサイドラーは、それぞれの対立極をじっくり検討するために、警察署員35人をディスカッションに招いた。署員はさまざまな年齢にわたり、現場の警官も事務方も含まれていた。マレンとサイドラーは、地域社会一般に働きかける前に、ポラリティ思考の概念を署員に導入しなければ成功はままならないとわかっていた。

サイドラーは35人の署員を対象に初回のセッションを実施した。参加者は素早くポラリティマップに記入し、取り締まりと地域サポートに関するプラス面とマイナス面を指摘した（図9－2）。しかし、本書で何度か強調してきたように、パラドックスはもつれ合っている。パラドックスをひとつだけ感じるのは珍しく、互いに影響を与える複数のパラドックスを経験することのほうが多い。マレンとサイドラーは当初、取り締まりと地域サポートという2つの極を特定したが、地域安全の課題を深く掘り下げていくとともに、ワークショップに参加した署員は、もつれ合う他のパラドックスも次々と明らかにした。たとえば、署員は変化のパラドックスを特定し、署の従来の慣行を大切にすることと、新たな方向性を打ち出す必要性を認識することのあいだにコンフリクトがあると指摘した。サイドラーに促され、グループは地域安全に関する5つの異なるパラドックスを表面化させ、視野を広げた。数時間のうちに、5つのポラリティマップが完成した。各対立極の視点のさらに先にある複雑さと微妙な差異を描き出すことで、グループはこれらの極の境界を緩め、拘束力を弱めることもできた。

皆さんが対人コンフリクトから来るパラドックスに取り組んでいる場合は、少し時間を取って、図9－4にグレーター・パーパス・ステートメント（包括的ビジョン）と奥底の恐れを記入してみよう。次に、4つの区画について詳しく考えてみよう。それぞれの対立極のプラス面は何だろうか、またその極にだけ注力しすぎることのマイナス面は何だろうか。こうしたことを自問しながら、問題に関して新た

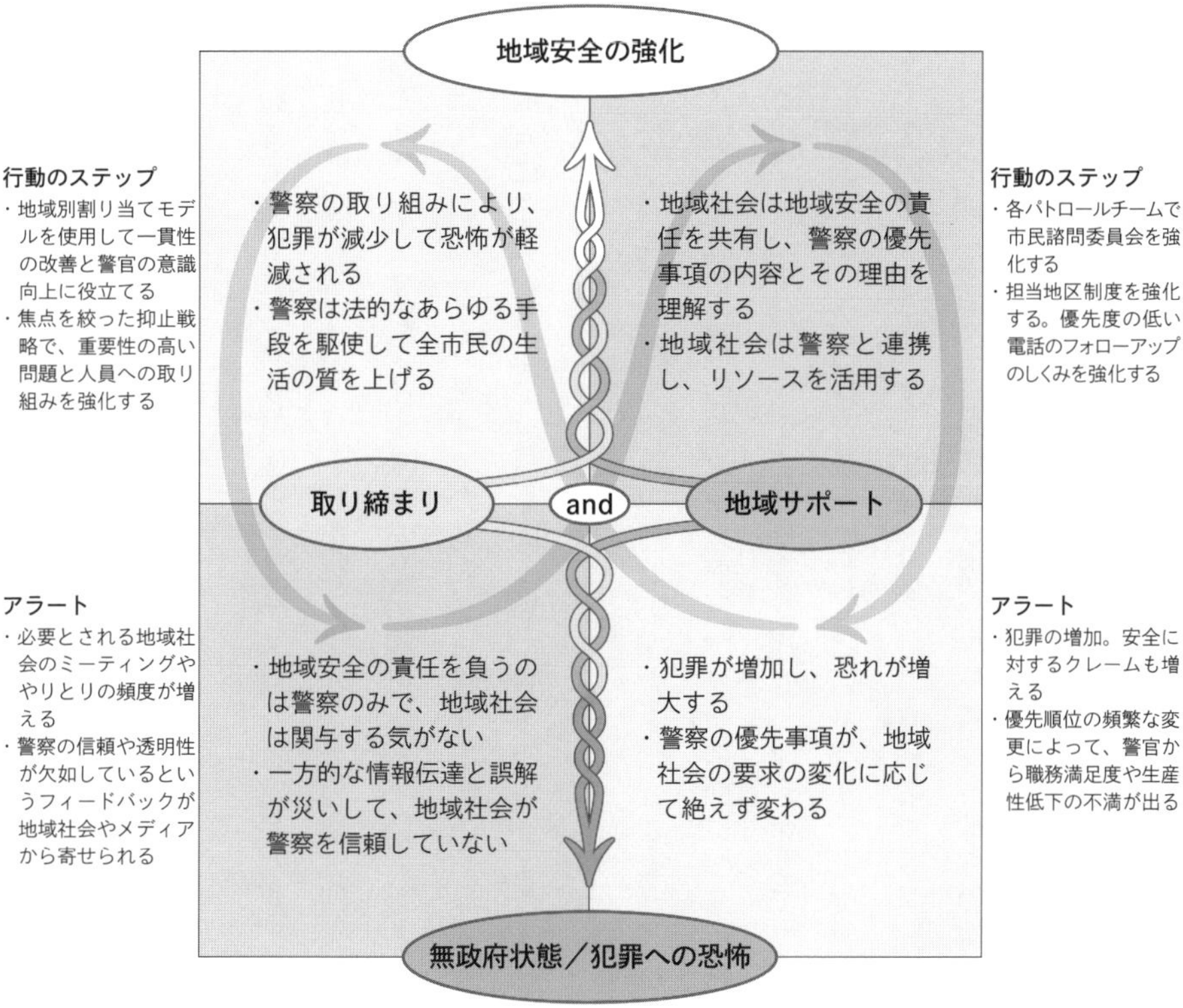
地域安全の強化
行動のステップ
・地域別割り当てモデルを使用して一貫性の改善と警官の意識向上に役立てる
・焦点を絞った抑止戦略で、重要性の高い問題と人員への取り組みを強化する
・警察の取り組みにより、犯罪が減少して恐怖が軽減される
・警察は法的なあらゆる手段を駆使して全市民の生活の質を上げる
・地域社会は地域安全の責任を共有し、警察の優先事項の内容とその理由を理解する
・地域社会は警察と連携し、リソースを活用する
行動のステップ
・各パトロールチームで市民諮問委員会を強化する
・担当地区制度を強化する。優先度の低い電話のフォローアップのしくみを強化する
取り締まり
and
地域サポート
アラート
・必要とされる地域社会のミーティングややりとりの頻度が増える
・警察の信頼や透明性が欠如しているというフィードバックが地域社会やメディアから寄せられる
・地域安全の責任を負うのは警察のみで、地域社会は関与する気がない
・一方的な情報伝達と誤解が災いして、地域社会が警察を信頼していない
・犯罪が増加し、恐れが増大する
・警察の優先事項が、地域社会の要求の変化に応じて絶えず変わる
アラート
・犯罪の増加。安全に対するクレームも増える
・優先順位の頻繁な変更によって、警官から職務満足度や生産性低下の不満が出る
無政府状態／犯罪への恐怖

図9-3 チャールストン市の地域安全のためのポラリティマップ：行動のステップとアラート

出典：ポラリティマップ概念の提供：Barry JohnsonおよびPolarity Partnerships, LLC.©2020.All rights reserved.

に浮かび上がった緊張関係《テンション》にも注意を払おう。

ポラリティを評価する（Ａｓｓｅｓｓ）

それぞれの極について考えられるプラス面とマイナス面を特定したら、ＳＭＡＬＬプロセスの次のステップでは、現在の状況に照らしてポラリティを評価する。今の現実は、それぞれの極のプラス面をどの程度活かしているだろうか、またマイナス面をどの程度示しているだろうか。

グループやチームは、今の現実を評価するためにさまざまなアプローチを採ることができる。対象者に集まってもらって形式にこだわらずに意見を聞くアプローチも、より正式なアンケートとして、さまざまな対象者に状況のランキングをつけてもらうアプローチも考えられる。警察署員との最初のミーティングで、サイドラーは今の現実に関する最初の反応を表面化させようとした。署員を小さなサブグループに分け、各参加者に、それぞれの極のプラス面とマイナス面に関する各自の評価を書き出してもらった。それからサブグループの参加者同士で評価を交換し、話し合ってコンセンサスを作り上げた。

ポラリティ・パートナーシップスのコンサルタントは、ポラリティマップ上の評価を、循環ループ上の位置で示す。図9-3のポラリティマップは、両方の対立極のプラス面が発揮され、マイナス面が回避されている、理想のループを示す。一方の対立極のプラス面と他方の対立極のマイナス面が表れている場合は、そのような現実を反映したループになる場合もある。ポラリティ・パートナーシップスのウェブサイト（https://www.polaritypartnerships.com/）には、さまざまな現実の状況を反映するポラリティマップの例が紹介されている。

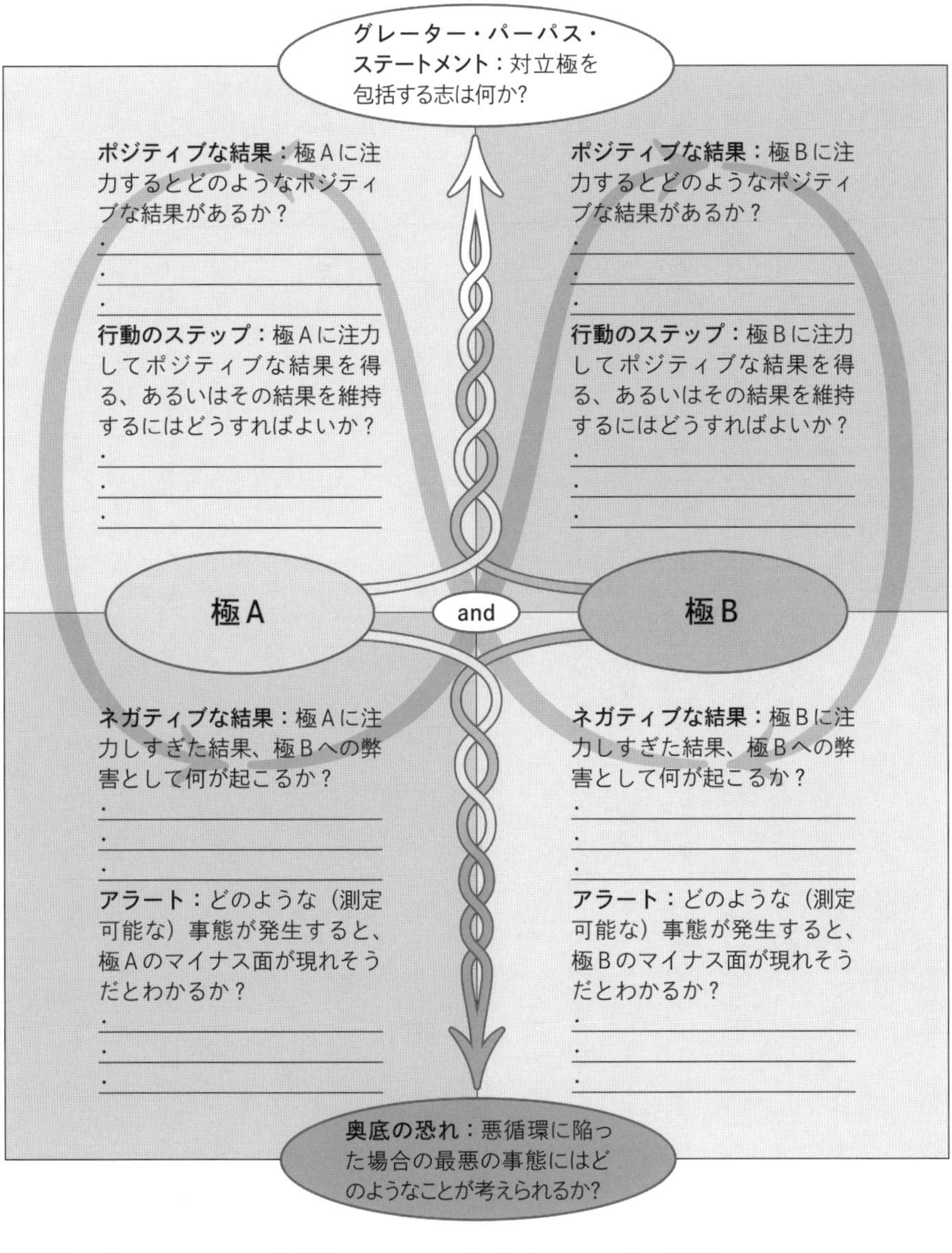
グレーター・パーパス・ステートメント：対立極を包括する志は何か?
ポジティブな結果：極Aに注力するとどのようなポジティブな結果があるか？
行動のステップ：極Aに注力してポジティブな結果を得る、あるいはその結果を維持するにはどうすればよいか？
ポジティブな結果：極Bに注力するとどのようなポジティブな結果があるか？
行動のステップ：極Bに注力してポジティブな結果を得る、あるいはその結果を維持するにはどうすればよいか？
極A
and
極B
ネガティブな結果：極Aに注力しすぎた結果、極Bへの弊害として何が起こるか？
アラート：どのような（測定可能な）事態が発生すると、極Aのマイナス面が現れそうだとわかるか？
ネガティブな結果：極Bに注力しすぎた結果、極Bへの弊害として何が起こるか？
アラート：どのような（測定可能な）事態が発生すると、極Bのマイナス面が現れそうだとわかるか？
奥底の恐れ：悪循環に陥った場合の最悪の事態にはどのようなことが考えられるか?

図9-4　ポラリティマップ（ポラリティ・パートナーシップス提供）
出典：ポラリティマップ概念の提供：Barry JohnsonおよびPolarity Partnerships, LLC.©2020.All rights reserved.

皆さん自身のポラリティマップでは、組織はそれぞれの極のプラス面とマイナス面をどのくらいうまく示しているだろうか。グループで作業している場合は、グループからデータを収集し、その結果に基づいて組織に関するコンセンサスに達することができる。図9－4は、それぞれの極のプラス面を強調するポラリティのループを示している。ただし皆さんは、現実の状況をより正確に反映するように、別のループを書き込んでも構わない。

評価から学ぶ（Learn）

パラドックスを効果的に乗りこなすためには、それぞれの極のマイナス面を最小限に抑えながらプラス面を活かすことが目標になる。ただ、現実的には、ほとんどの組織やチームは、一方の極のプラス面を推進しつつ、他方の極のマイナス面に注目する。これでは、択一型のアプローチになってしまう。第2章で説明したとおり、このようなアプローチは振り子のように作用し、悪循環につながってしまうおそれがある。時が経つにつれ、ひとつの極のプラス面のみを重視するとやがてマイナス面が引き出され、最初の極に対する欲求不満が募るとともに、人々は一転して他方の極を採用するようになる。本書の前半部分では、現在への注力と未来の計画のあいだの緊張関係《テンション》をマネジメントする際にこのような振り子にとらわれたレゴの例を説明した。1990年代後半に大成功を収めていたレゴの幹部は、組織を変化させる必要を感じていなかった。しかしまもなく、新しいテクノロジーが登場してレゴは置いていかれた。新しいS字曲線に移行するリソースがないまま、古いS字曲線に嵌まってしまったためだ。これを受けてレゴの幹部は方針を極端に転換したが、今度はイノベーション一辺倒になってしまった。規律なくイノベーションを生み出そうとしたため、組織にとっては前よりもさらに有害な結果になった。コストは急上昇し、利益は落ち込んだ。この例が示すように、極端な転換が原因で、人や組織が両方の極のマイナス面を行き来する悪循環に陥ることがある。

チャールストン市の警察署員たちは、現状におけるポラリティを詳しく分析するうちに、署の体制における緊張関係《テンション》、対立極のあいだの相互依存性、そして両方の極を積極的に重んじる必要性について、新たな理解を得た。また、署の活動によって法執行は推進されているものの、地域サポートのプラス面を発揮できるようになるにはかなりの取り組みが必要であることも認識した。

皆さんは、自分のポラリティマップからどのようなことが見えてきただろうか。グループで作業している場合、他の人はあなたの状況の現実についてどのようなことを学び取っているだろうか。あなたは、一方の極のプラス面を、もう一方の極のプラス面よりも重視しているだろうか。一方の極のマイナス面を、もう一方の極のマイナス面よりも強く味わっているだろうか。

ポラリティをてこにする（Leverage）

ＳＭＡＬＬプロセスの最後のステップは、ポラリティをてこにすることだ。そのために、それぞれの極のプラス面を大切にし、両者のあいだのシナジーを尊重する行動計画を策定する。ポラリティ・パートナーシップスは、この行動計画の情報源となる重要な質問を提供している。第一に、どの行動が、各極のプラス面を増大させるだろうか。第二に、どのアラートが、ひとつの極に傾倒しすぎてマイナス面が露呈したことを示唆するだろうか。また、それを避けるために、どのような是正措置が考えられるだろうか。これらの行動のステップは、パラドックスに対処するための動態的なアプローチを提供してくれる。これにより人々は、新しい戦略を試して両極のプラス面を増大させるとともに、マイナス面を露呈することがどれほどたやすいかを認識し、それが起こってしまった時に即応できるように備えておくことを促される。チャールストン警察署では、事前の対話によって、地域安全を達成するためには、警察官と地域住民のあいだに再び信頼を構築するための取り組みを強化する必要があることが明らかになった（図9－3）。この作業によって地域サポートが推進される。しかも法執行機関の取り組みに取って代わるのではなく、取り組みを補強する。

皆さんも、少し時間を取って自分自身の行動のステップを構築してみよう（図9－4）。自身の対人緊張《テンション》関係の克服に取り組む中で、それぞれの極のプラス面を活かせるようにするためのステップを検討しよう。次に、マイナス面の露呈に向かっているおそれがあることを示すアラートの兆候と、それを避けるための是正措置について考えてみよう。

ポラリティマッピングのインパクト

サイドラーが開催したチャールストン警察署向けのワークショップは、人々の視点とアプローチに変化をもたらした。警察署員は、地域安全のためには法執行と地域サポートの両方が必要であると認識し、両方を実現するための行動のステップに注力した。マレン署長は、地域パートナーシップを警察署の中心的戦略に据えた。この取り組みには、地域のグループとのつながりの構築、警察署の業務の透明性向上、法執行機関と市民との信頼関係の推進が含まれていた。

マレンは、両立思考の考え方とポラリティ・パートナーシップスの取り組みを、地域の他の組織にも導入した。クリエイティブな緊張関係《テンション》の力を確信したマレンは、チャールストン市の最高財務責任者に働きかけた。市の他の機関にもプロセスを導入し、ステークホルダーのグループ間の緊張関係《テンション》に対応して、市民生活を向上させた。

市の幹部は、チャールストン市のダウンタウンにある商業地区で発生していた激しいコンフリクトに、両立思考を試した。表出しているジレンマは、この地域のナイトカルチャーを拡大しようという動きに関係していた。バーやレストランのオーナーは、ナイトライフ拡大が生み出すビジネスに価値を見いだしていたが、周辺住民は人ごみ、雑音、地域安全への脅威による不満を募らせていた。そこで市の幹部は、これらの相反する視点に対応し、背後にあるパラドックスを引き出すため、ポラリティ・パートナーシップスのＳＭＡＬＬプロセスに頼った。市は視点の異なる21人からなる委員会を招集した。委員会は共同で、チャールストン市をこれまでと同様に、ナイトライフ・ビジネスを支援するとともに、近隣住民にも気を配る、活気のある前向きな街にするという目的に向かって取り組んだ。街を分断するような長期間のコンフリクトに陥る可能性もあった状況は、力強い強力関係につながり、新たな機会を生み出した。委員会は一連の重要な提案書を作成し、市議会の全面的なサポートを得た。

２０１５年６月17日にエマニュエル教会で起こった大規模なヘイトクライムはチャールストン市の地域社会を荒廃させ、動揺は世界中に広がった。地域社会と積極的に関わろうという数年前からの警察の取り組みが、この悲惨な事件に対する強力でポジティブな反応に結びついた。警官も民間人も、白人も黒人も、市役所の職員も地域社会の他の住民も、誰もがこの惨事を深く悲しんだ。わずか２日後に、被害者の遺族が法廷に立って、犯人のディラン・ルーフを赦《ゆる》した。チャールストン市は、ともに悲しむことのできる思いやりとつながりの町として知られるようになった。それでも、マレン署長はまだやることがあると考えていた。署長は次のように振り返る。

この恐ろしい夜は、チャールストン市と私の視点を永久に変えた。人間の精神の強さと立ち直る力を、いともはっきりと示した。私たちひとりひとりに善と悪のどちらかを選ぶ能力が備わっていることを、永遠に示してくれた。そして、私には行動を取るよう促した。恐ろしい事態だったが幸いにも争いや対立やさらなる暴力を起こさずに終わったと考えるのではなく、何かをしなければならない、と。素晴らしい対応だったからこそ、この悲劇の際に市民と警察が示した強い絆を契機として活かさないことは許されないと思った。[原注6]

マレンは、チャールストン市をはじめとするさまざまな地域の安全を推進するためには、法執行機関と市民のあいだの不信感が引き続き中心的な課題になるとわかっていた。分断されたグループ同士を引き合わせて両立の可能性を探索することが、市の発展と人々の癒しにつながることを見通していた。マレンは、エマニュエル教会の銃乱射事件の悲劇から、地域社会の変革へと移行する機会を見てとった。マレンとマーガレット・サイドラーは、チャールストン地域を構成する他の人々、そしてポラリティ・パートナーシップスのパートナーとともに、警察官と市民のあいだのつながりを深め、信頼を再構築するために取り組んだ。この作業の核心にあったのは、強力な地域社会は公衆安全と個人の権利の両方が大切であり、法執行機関と一般市民の両方が取り組む必要があるという認識だった。

２０１７年８月に、マレンやサイドラーらは「イルミネーション・プロジェクト」を立ち上げた。プロジェクトの根幹は、警官と地域住民が集まるヒアリングセッションだ。両立思考とパラドックスの力を中心に組み立てたこれらのセッションでは、地域安全に関するさまざまな体験を話すよう出席者に促した。そうすることで、参加者は異なる視点の正当性を認め、自己と他者の理解を増進し、信頼とつながりを深めた。[原注7] チャールストン市警のある警官は、地元紙のチャールストン・ポスト・アンド・クーリエに対し、警察に害を与えられるという恐怖を市民が口にしたのを聞いてショックを受けたと話した。多くの市民は、警察官の制服を着た自分の隣に座っただけで不安を覚えていたという。「私たちは一方の側から来ていますが、彼らが来ているほうの側を見なければならないのです。本当に目が覚めました」[原注8]

住民のひとりは、意見を聞いてもらえるインパクトを指摘すると同時に、警察を責めるだけではなく住民も安全に責任を持つ必要性を認識したと語った。

２０１８年１月から８月にかけて、イルミネーション・プロジェクトはチャールストン市内で33回のヒアリングセッションを開催し、地域安全を改善しながら個人の権利を守り、警察官と市民のあいだの信頼を増進するために２２２６件のアイデアを創出した。これらのアイデアの多くは、警察署によってまとめられ、実施された。イルミネーション・プロジェクトのリーダーたちは現在、この取り組みを米国内のさまざまな地域に広めている。

ポラリティ・パートナーシップスのＳＭＡＬＬモデルはグループの緊張《テンション》関係とパラドックスを考察する唯一の方法ではないが、競合する要求を尊重して敬意を払いながら対立極を引き合わせるために役立つ、構成のしっかりした強力なアプローチのひとつとなっている。

原注

1 私たちはどちらも、エズラ・クラインの『Why We're Polarized』(Klein, 2020) を読み、刺激を受けた。同書は、米国政治の二極化の進行について考察している。

2 対人コンフリクトについては、幅広い研究がある。Tajfelらによる、この論題に関する初期の研究 (Tajfel, 1970; Tajfel et al., 1979) では、個人はほんのわずかなきっかけで別々のグループに分かれることが指摘されている。グループのメンバーは、自分のグループのメンバーを、他のグループのメンバーよりも好意的に見ようとする。これらの緊張《テンション》関係を乗りこなすための戦略を、さまざまな研究者が指摘してきた。Sherif et al. (1961) による初期の研究では、包括的なビジョンの価値に注目する。Fiol, Pratt, and O'Connor (2009) は、相乗効果を高めるための差異に注目して、差別化と統合のプロセスを説明する。最近では、Goldman-Wetzler (2020) が、イスラエル人とパレスチナ人の間の緊張《テンション》関係などの非常に難しい歴史的・政治的コンフリクトに自身の研究を利用し、自らの感情とバックグラウンドをより深く掘り下げて他者とよりよくつながるための、個人レベルの実践方法を提唱している。

3 バリー・ジョンソンとポラリティ・パートナーシップスの取り組みについて詳しくは、Johnson (2020, 2021)、および同社のウェブサイトwww.polaritypartnerships.comを参照。Johnson (1992) は、ポラリティマッピングの基礎をわかりやすく説明する。また、これらのアイデアをさらに掘り下げ、ポラリティマッピングをより詳しく考察し (Johnson 2020)、個別の成功事例を紹介している (Johnson 2021)。

4 Horowitz, Corasaniti, and Southall (2015)。

5 ポラリティ・パートナーシップスについて詳しく学び、白紙のポラリティマップを入手するには、https://www.polaritypartnerships.comを参照。

6 Gregory G. Mullen、イルミネーション・プロジェクトの自己紹介より引用（２０２１年４月13日に確認、http://theilluminationproject.org/who-we-are/)。

7 Chris Hanclosky and Glenn Smith, From Tragedy to Trust: Can Charleston Achieve Unity after the Emanuel AME Church Shooting?, ドキュメンタリーフィルム、(脚本：Jennifer Berry Hawes)、Charleston (SC) Post and Courier、２０１５年６月15日、https://data.postandcourier.com/saga/oneyearlater/page/6。

8 Hanclosky and Smith, From Tragedy to Trust, 7:07より引用。

第10章 組織リーダーシップ

持続可能なインパクトを実現する

ビジョナリー・カンパニーは、たとえば、短期と長期のバランスをとろうとはしない。ビジョナリー・カンパニーは、理想主義と収益性のバランスをとろうとしているわけではない。高い理想を掲げ、かつ、高い収益性を追求する。つまり、ビジョナリー・カンパニーは陰と陽をないまぜにし、はっきりとした陰でも、はっきりした陽でもない灰色の輪をつくろうとしているわけではない。陰をはっきりさせ、かつ、陽をはっきりさせようとする。陰と陽を同時に、どんなときも共存させる。

——ジム・コリンズ、ジェリー・ポラス

規模の大小にかかわらず、組織を率いているならば、パラドックスを乗りこなさなければいけないプレッシャーがのしかかってくるのを感じているかもしれない。そのような人は、決して少なくない。2018年に、オックスフォード大学のマイケル・スメッツ教授とティム・モリス教授は、エグゼクティブ人材紹介会社のハイドリック&ストラグルズと協力して、世界各国の150人以上のCEOにインタビューし、各社が抱える最も難しい課題について尋ねた。両教授は、これらのリーダーが眠れぬ夜を過ごしている原因を知ろうとした。その結果浮かび上がったのが、パラドックスである。CEOたちは、進行中の変化に適応することと組織のミッションを忠実に守ることなど、持続的な綱引きに苦しんでいた。世界と関わりながら各地の市場で競争する難しさを実感していた。研究チームが特定したそれぞれの問題の核心に、パラドックスがあった。

「CEOは、競合し、かつ同じくらい正当な、ステークホルダーの要求に直面し、パラドキシカルな状況にますます直面するようになっている。選択肢は、『○○の正しさ』と『××の正しさ』だ。『両方の世界のいい所取り』をするには、CEOはまず個人としてのパラドックスのバランスを取り、自社に最適なバランスを見つけられるようにする必要がある」[原注1]

最近、2つのコンサルティング会社による研究で、組織のリーダーにとっての両立思考の重要性が強調された。プライスウォーターハウスクーパース（PwC）社によれば、効果的なリーダーは、グローバル思考のローカリスト、謙虚なヒーロー、テクノロジーに精通したヒューマニストなど、6つのパラドックスをうまく乗りこなす必要があるという。[原注2]一方、デロイト社の人的資本トレンドサーベイの主な所見では、リーダーは「パラドックスを超える」ことが求められるようになると強調している。[原注3]

リーダーがパラドックスを受容して繁栄することへの期待の高まりは、「でも一体どうすれば良いのだろうか」という喫緊の問いを投げかける。課題がパラドキシカルであるという指摘は重要だが、その扱い方を知ることはまた別の問題である。この問題によって、私たちは研究の旅の原点に戻ってくる。なぜなら、私たちもまた、両立という用語の先へ進み、リーダーが組織でパラドックスを効果的に乗りこなす方法を理解しようとしていたからだ。

ここまでお読みになった方なら、おわかりいただけるだろう。天才CEOや両立思考のシニアリーダー集団がいれば良いわけではない。組織の構造、ミッション、ゴール、ポリシーなどを適切に設定するだけでも不十分だ。そうではなく、パラドックスを乗りこなせるかどうかは、統合的なシステムを構築するツールを活用し、認知上のアサンプション（前提）とコンフォート（感情のマネジメント）の両方に対応し、かつ静的なバウンダリー（境界）を構築しながらダイナミクス（動態性）を実現できるかどうかにかかってくる。私たちは、こうしたツール自体がパラドキシカルであり、合理性と感情、静的アプローチと動的アプローチの両方に注目していることを認識している。これもまた本書全体を通じて論じてきたが、パラドックスを乗りこなすことはパラドキシカルなのである。

緊張関係《テンション》を受け入れるのは簡単ではないが、スタートアップからフォーチュン500社まで、さまざまな規模の企業のリーダーが成功している。この章では、組織をABCDシステムへと変革するためにリーダーが取れる行動について説明する。適用事例として、私たちの意欲をかき立てるポール・ポルマンのリーダーシップについて考察する。先日上梓されたアンドリュー・ウィンストンとの共著『ネットポジティブ』（日経BP、2022年）にも詳述されているが、ポルマンは2008年の金融危機で倒産寸前だったユニリーバを、持続可能な経営のモデル企業へと変革した。[原注4] 大企業か小企業か、営利か非営利か、その中間のどのような形態かを問わず、組織のリーダーを務めている方ならこの章がきっと参考になるはずだ。

ユニリーバの転換

２００９年にユニリーバがポルマンをＣＥＯとして採用したとき、同社は死のスパイラルに陥っていた。１００年以上にわたって成功を謳歌してきたが、悪循環に直面していた。Ｍ＆Ａによる企業の買い漁りが利益よりも損失を生み、短期的なコストカットを引き起こして製品品質、顧客ロイヤリティ、従業員のやる気の低下を招いた。こうした損失によって短期的な意思決定がさらに増え、損失がかさんだ。会社は自らを見捨て、社員は自社製品を信じなくなったように見えた。ポルマンの観察によれば、「会社のトイレではライバルの石鹸が使われ、カフェテリアではライバルの紅茶が出されていた」[原注5]。この時期にユニリーバのＣＥＯに就任する機会は、ポルマンにとって人生最大のチャンスだろうか、それともキャリアの終わりだろうか。

Ｐ＆Ｇとネスレの両方で豊富な経験を有するポルマンは、日用消費財企業における日々の苦悩を熟知していた。また、長期的な課題も認識していた。時は２００９年。世界はまだ金融危機の影響から抜け切れずにいた。グローバリゼーションとテクノロジーは当面の経済成長に望みを与えたが、一方で世界経済をきわめて無防備にし、先進国と途上国のあいだのギャップを際立たせ、不公平・不平等を強め、地球環境への脅威をむき出しにした。ポルマンが部下のシニアリーダーに繰り返し伝えたように、私たちは現在、不安定・不確実・複雑・曖昧さが募る、ＶＵＣＡ（vulnerable, uncertain, complicated, ambiguous）な世界に生きている。企業はこのような課題を無視するわけにはいかない。気候変動と、のちに発生したパンデミックは、企業が環境に大きく依存し、環境が企業の影響を受けている状況を一層強めた。生態系は脆い。ユニリーバが次の100年間にわたって成功するためには、会社と不安定な地球環境との相互作用をじっくりと考えなければならない、とポルマンは認識していた。

多くのリーダーは、こうした経済面や環境面の波乱含みの現実を自社がどのように耐え忍ぶかを考えていた。しかしポルマンは、ユニリーバのリーダーたちが問いを変えてみたらどうなるかを考えた。こうした世界的課題の中で成功する方法を模索するのではなく、こうした課題にポジティブなインパクトを与える方法を考えてみたらどうだろうか。組織が利益だけに注力するのではなく、利益を上げながらも世界の課題の解決を図ることはできるだろうか。ビジネスで社会に害を与えるのではなく、社会を進歩させられないだろうか。持続可能な会社とはすなわち、グローバルな持続可能性《サステナビリティ》に、より幅広くアプローチする会社である、ということにならないだろうか。ユニリーバもESG（環境の改善、社会の進歩、持続可能なガバナンス）に注力できないだろうか。どうしたら、「内向き」（社会を利用して会社に奉仕させる）ではなく、「外向き」（会社を利用して社会に奉仕する）になれるだろうか。

こうした数々の問いがやがて、ポルマンとそのチームによるユニリーバ・サステナブル・リビング・プラン（USLP）の策定につながった。地球環境を癒し、地球によって持続できている生活を進歩させるために工夫することで利益を上げられるようにする、大胆で統合的、かつ長期的なビジョンである。ポルマンはUSLPに、組織を現在の溝から救出する以上の力があるとわかっていた。このプランは、未来を見据えた新たな形の成功に向けて、同社を位置づけることができる。しかし、この成功を遂げるには、ユニリーバの豊かな伝統を活用するとともに、現代の要求に見合うように組織を変える必要がある。既存市場で成功しているブランドに頼るとともに、新たな製品をとりわけ途上国に導入し、市場を構築しなければならない。ポルマンが指摘するように、組織のリーダーは戦略の中核にサステナビリティを据える必要がある。ＣＳＲ（企業の社会的責任）を自社の戦略と並行して実施する体制から、ポルマンがＲＳＣ（Responsible Social Corporation、責任ある社会的企業）と定義するような組織になることを主要戦略に置く体制に変革を遂げなければならない。

ポルマンの大胆なアプローチは、途方もない成功につながった。２０１９年に同社を去ったときに、ポルマンは英雄として称えられた。会社を１８０度転換させ、期間中の株主は３００％のリターンに恵まれた。さらに、企業のサステナビリティに対する新たな基準を打ち立てた。そうするために、ポルマンは自ら先頭に立ってパラドックスを進み、成長する必要があった。

組織化パラドックスのもつれ

ＵＳＬＰを支えているのは、パラドックスである。プランの核心にあるのは、ミッションと市場のあいだの緊張関係《テンション》だ。ユニリーバは自社の環境負荷を半減させ、製品に使用するエネルギーや天然資源を削減し、地球上の10億人以上の人々の健康と幸福（ウェルビーイング）の向上を図った。これらのゴールが、社内の水利用の削減、廃棄物の最小化、サステナブルな原材料の調達、栄養の改善、小規模農家を入れて地球の繁栄に貢献するサプライチェーンの開発などのプロジェクトとして結実した。

ゴールがパラドキシカルになった理由は、ユニリーバの上級幹部が、会社の収益を倍増させながら、環境に配慮した社会的ゴールの達成に注力したからだ。『ネットポジティブ』で、ポルマンとウィンストンは、パーパス主導のサステナビリティへのコミットメントを採用したことで、ユニリーバはＥＳＧゴールが事業成績を悪化させると証明したくてたまらない保身的な株主からの批判にさらされたと述べている。ユニリーバの幹部はこれが逆であることの証明に乗り出した。「パーパスを目指すからこそ、高業績へのプレッシャーをいっそう大きく感じるようになった」という。[原注6]失敗が許されていないのはわかっていた。

しかし、ユニリーバにおける課題は、ミッションと市場のあいだに生じる緊張関係《テンション》のさらに先を行っていた。第1章で、パフォーマンス、学習、所属、組織化をめぐる4種類のパラドックスを紹介した。本書全体を通じて、これらの多様なパラドックスが私生活のさまざまな場面に現れる状況を説明してきた。同様に、あらゆる企業のリーダーも、多かれ少なかれこうしたパラドックスを経験している。私たちは組織が抱えるこれらの課題をオブリゲーション（義務）、イノベーション、グローバリゼーション、コーディネーション（調整）と名づけ、これらが4種類のパラドックスをどのように反映しているかを示す。[原注7]本質的に、ひとつの課題に関連するパラドックスは、他の課題に関連するパラドックスともつれ合い、1枚の布地を織り上げている。ひとつのパラドックスの糸を引っ張ると、別のパラドックスの糸も引っ張られる。

リーダーがさまざまなステークホルダーに対する義務《オブリゲーション》を果たそうとするのに伴い、ミッションと市場、経済的結果と社会的責任などのあいだの緊張関係《テンション》が高まる。パフォーマンス・パラドックスは、組織の成果、ゴール、期待をめぐる、対立しながらも絡み合った要求に関係する。従来の戦略では、視野を狭め、一方のステークホルダーにのみ力を入れる。一般的には株主だ。これに対しポルマンは、より広いステークホルダーへのコミットメントをＵＳＬＰに含めることで、パラドックスを組み込んだ。ポルマンの戦略では、市場での成果や株主に注目した利益目標が強調されていた。しかし同時に、ミッション主導の結果に注目した社会的・環境的ゴールへのコミットメントも記載されていた。

イノベーションの課題には、学習パラドックスが関係する。現在と未来、短期的な成功と長期的なビジョン、安定と変化の両方に向けて組織を率いなければならないからだ。ポルマンにとっては、成長とサステナビリティを目指すプランを達成するには、現行商品を新たな市場に向けて新たな方法で活用する必要があった。1日1ドルで生活している途上国の人々は、先進国のように1本のシャンプーに10ドルを使ったりしない。しかし、ポルマンはユニリーバのイノベーション戦略に、さらに条件を加えた。すべての取り組みにおいて資源の使用を削減し、環境への負荷を下げることを義務づけた。この押しの強さが、クリエイティブな緊張関係《テンション》を刺激した。このような問題に立ち向かうには、新たなプロセスや慣行が必要だった。ユニリーバのリーダーは、パームオイル、プラスチック包装、余分な紙、化石燃料、その他の資源の使用を最小限に抑えるために、さまざまな手段を開発した。イノベーションに富んだ方法により、費用も抑えられ、収益性が向上した。

こうした多種多様な問題に対応する際には、調整《コーディネーション》の課題が生まれ、集権化と分権化、協力と競争、創発性と計画性など、背後にある組織化パラドックスが表面化する。ポルマンは、自身の計画が、ステークホルダーのエコシステムからの支持なくして成功しないことを理解していた。新たな成長源を発見し、最難関の問題に取り組むためには、グリーンピース、WWF（世界自然保護基金）、ユニセフ、WFP（国際連合世界食糧計画）などの活動家団体と対決するのではなく、協力し合わなければならない。したがって、ポルマンは政府系と非政府系両方の機関と、基準を設定・維持して革新的な変化を創出するための協定を結んだ。また、森林伐採や海洋プラスチック汚染など人類の未来に関わる問題につ

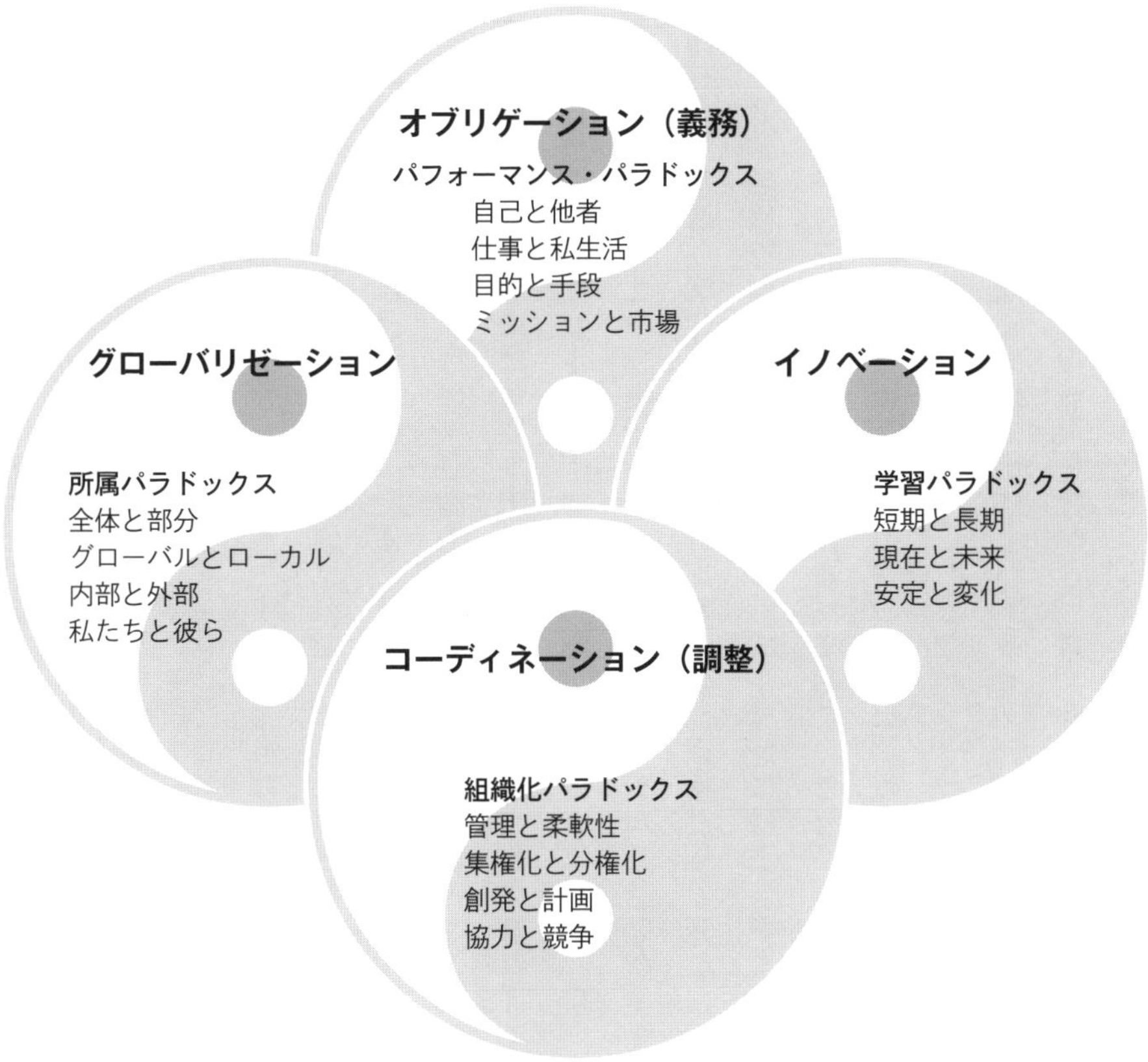

図10-1　組織の課題と４種類のパラドックスの関係

いては、競合他社にも関わってもらう必要があった。ポルマンは、計画に不可欠な辛抱強さと信頼を追い求め、育んだ。業界がサステナビリティ基準を採用するようになれば、コストもリスクも減少する。サステナビリティについて協力すれば、業界全体が競争力を増し、新たなチャンスにも恵まれる。そのように説いた。

テクノロジーが地域間のつながりを増やし、高速化するとともに、組織のリーダーはグローバル化の進行という課題に直面する。こうした課題に組み込まれているのは、所属パラドックスだ。これは、グローバルな統合と地域の独自性、自己と他者、全体と部分、内部と外部などの緊張関係《テンション》に影響される。ポルマンはこの緊張関係《テンション》を感じるとともに、意図的にそれを強めた。ポルマンはしばしば、地球上の何十億人もの暮らしを豊かにするためには、途上国における市場を確立しなければならないと強調した。これもまた、高く、かつパラドキシカルなハードルだ。ポルマンはユニリーバに、グローバルなブランドを活用して地域独自の需要に応え、先進国市場からのソリューションやスケールメリットを利用しながらそれぞれの地域社会の嗜好、文化、ニーズを尊重するよう求めた。

USLPの内在的な緊張関係《テンション》を探索すればするほど、ポルマンにはさまざまな事業における最もやっかいな諸問題にわたるパラドックスが見えるようになってきた。そして、ユニリーバとリーダーシップに関する自身の全般的な理解に影響を与えた、ひとつの重要な認識にたどりついた。すなわち、組織は内在的にパラドキシカルである、ということだ。こうしたパラドックスを明るみに出し、それを利用することで、コンフリクトの泥沼に嵌まるのを避け、パラドックスを利用して新たな考え方を推進するのが課題だった。ポルマンは、両立思考を体現しながら、ユニリーバにおける絡み合ったパラドックスを表面化させ、重点事項として全社的に取り組んだ。それから、組織として、パラドックスを乗りこなす人々を支援する環境を作り上げた。

ポルマンはこれらの課題について、私たちに次のように語ってくれた。

あらゆる組織には、内在的な複雑さが組み込まれています。たとえば、多様な事業分野や機能が絡み合っているマトリクス構造などです。あらゆる交差点には、摩擦が生じます。視点やニーズが異なり、場合によってはパフォーマンス達成の原動力も異なる人々が集まることは避けられないためです。摩擦をポジティブなエネルギーに変えることは、あらゆる組織の課題になっています。では、どのようにしてこれを達成し、どのように時間を割くのでしょうか。必要なのは、天才的なひらめきではなく地道な作業です。常に行う必要があり、決して完璧にはならない、集中的な作業なのです。ユニリーバでは、これらの緊張関係《テンション》に必ずしもうまく対応できているわけではありませんが、誤った方向より正しい方向に進むほうが多くなるようにしたいと考えています。[原注8]

パラドックスを乗りこなす組織に育てる

サステナブルな企業の構築には、天才のひらめきは必要ない。とはいえ、そのような企業の構築は簡単ではない。パラドックスにまみれているからだ。パラドックスを乗りこなすユニリーバ上級幹部の能力によって、同社には競争優位が生まれた。この章では、皆さんの組織でこの環境を創り上げるために取れる行動と、そのインパクトについて説明する（図10―1）。リーダーによるこれらの業務のゴールは、パラドックス・マネジメントのＡＢＣＤシステムの各ツールを組織に組み込み、アサンプション（前提）、バウンダリー（境界）、コンフォート（感情のマネジメント）、ダイナミズム（動態性）の機会を創出することだ。

両立思考を可能にする文脈を構築する

パラドックスを効果的に乗りこなせる組織に育てるには、両立思考を受け入れられる環境を構築してから、人々にこのアプローチを積極的に活用するように奨励する必要がある。そのための文脈を構築できるような実用的な方法を次に挙げる。

組織の緊張関係《テンション》を高次のパーパスに結びつける

ポルマンはこう語っている。

「私にとって第一に重要で、組織で常に長い時間をかけるのは、組織の方向性を高次のパーパスと一致させることです」[原注9]

高次のパーパス、つまり情熱的で包括的なビジョン・ステートメントは、パラドックスの礎を築き、対立する要求を取り入れられるように人々に動機と元気を与える。[原注10]ＡＢＣＤシステムでは、高次のパー

両立思考を可能にする文脈を構築する	人々を両立思考へと誘う
リーダーによる行動	
組織の緊張関係を高次のパーパスに結びつける（境界《バウンダリー》） ・包括的かつ情熱的で対立極を互いに結びつけるような長期的ビジョンを策定する **パラドキシカルな対立極の周りにガードレールを構築する（境界《バウンダリー》）** ・それぞれの極に関するゴールや役割を設定したり、代表して意見を表明できる人をアサインしたりする **ステークホルダーの多様性を上げる（境界《バウンダリー》）** ・競争相手や敵対的な立場になりうるような組織とも協業する ・経営幹部に多様性を組み込む **実験・試行錯誤を推奨する（動態性《ダイナミクス》）** ・新たな可能性を拓くために小さな実験を計画する ・小さな実験が推奨されるように、言葉、文化、報酬を活用する ・大きな意思決定を行う前に、小さな実験の学びを活かす ・失敗した場合は取りやめるのをいとわない	**背後にあるパラドックスを表面化させる（前提《アサンプション》）** ・緊張関係に名前を付ける ・緊張関係のパラドキシカルな性質をきちんと言語化する **不快感を尊重する（感情のマネジメント《コンフォート》）** ・傷つきやすさを歓迎する環境を醸成する ・従業員に、不確かさやコンフリクトの背後にある恐れ、不安、不快を特定するように促す **コンフリクトをマネジメントするスキルを高める（感情のマネジメント《コンフォート》）** ・何がコンフリクトを引き起こしているのかを明確にするスキルと、批判的なフィードバックを積極的にやりとりする姿勢を率先して示す ・建設的コンフリクトのスキルをリーダーに意識的に教える **従業員がパラドックスを自分ごととして捉えられるようにする（前提《アサンプション》）** ・競合する要求を、従業員個人のゴールと結びつける ・パラドックス・マインドセットを育むトレーニングを提供して人材開発を行う
結果的なインパクト	
・対立する両方の極のつながりとシナジーを構築することで緊張関係が保持され、そこから価値が生まれる ・継続的な学習と適応のための慣行やプロセスが推進される	・メンバーがパラドックスを大切にし、緊張関係の対応に習熟し、より簡単に乗り越えられるようになる

表10-1　組織にABCDシステムを取り入れるためにリーダーがやるべきこと

パスが、統合とつながりを促す構造的アプローチである境界をどのように構築するかに注目する。包括的ビジョンがあることでパラドックスを力強く取り入れられるようになる理由はいくつも挙げられる。何よりもまず、パラドックスは異なる利害関係者のあいだのコンフリクトを表面化させてしまうが、高次のパーパスがあると、人々はコンフリクトを超えて考え、目の前の摩擦を超えて対立する複数の要求を取り入れる、より包括的なアプローチを採用できるようになる。[原注11] 短期的なリソースを争う派閥同士も、長期的な結果を考えるとシナジーが見つかる場合も多い。[原注12] 第5章では、IBMのデータマネジメント事業部でゼネラルマネージャーを務めるジャネット・パーナを紹介した。パーナはすべてのシニアリーダー会議を高次のパーパスの再確認から始め、統合的思考の下地を整えていた。チームメンバーのあいだに緊張関係《テンション》が起こるべくして起こると、パーナはビジョンを思い出させ、視点の対立する人々がどのように協調してビジョンに向かうことができるかを考えるように促した。ポルマンが語るように、「パーパスがより高次であればあるほど、人々の方向性を素早く合わせることができる」のだ。[原注13]

高次のパーパスを創り上げるにあたって、ポルマンは、会社を未来へと後押しするための要素を求めて過去に注目した。ユニリーバは1885年に、英国の石鹸会社リーバ・ブラザーズ社として創業した。リーバ兄弟は、この会社を石鹸を作るだけの会社とは思っていなかった。「清潔さを暮らしの〝あたりまえ〟にし、女性の負担を軽減する」ことを目指した。[原注14] 同社は英国のポートサンライトという地区のまちづくりに欠かせない役割を果たした。学校、医療施設、劇場を作って、地域に住む人々の暮らしを豊かにした。さらに、当時はまだ一般的でなかった週休1日を保証し、年金を導入し、第一次世界大戦が勃発しても給与と仕事を保証した。[原注15] ビジネスを用いて地域の社会的ニーズを前進させるこの気風は、リーバ・ブラザーズが1929年にオランダのマーガリン・ユニ社と合併してからも続いた。

ポルマンは、会社を文字通りこの原点に戻した。第1回の経営幹部会議をポートサンライトで開催し、会社が紡いできた長い物語と幅広いインパクトを意識させた。ポルマンは同社の幹部を、収益を超えるインパクトを目指した創業当時の組織のあり方と再び結びつけようとした。リーバ兄弟の当初の思考と共鳴し、ポルマンと幹部チームは前向きな高次のパーパス・ステートメントを策定した。それが「サステナビリティを暮らしの〝あたりまえ〟に」である。高次のパーパスへのコミットメントを胸に、幹部たちは次に組織のカルチャー、構造、慣行の方向性を一致させ、このビジョンに基づいてパラドックスを効果的に乗りこなす必要があった。

パラドキシカルな極の周りにガードレールを構築する

野心的なビジョンはモチベーションを喚起し、団結を促すが、最も大胆で図太いビジョン・ステートメントがあってもなお、リーダーは認知、感情、行動の罠に直面し、択一思考にとらわれてしまう。たとえば、イノベーションを促す組織のゴールを取り入れるのは難しいが、現実の要求に直面しながらそうするには、また別の難しさがある。同様に、サステナビリティに寄与するミッションに注力するのは魅力的だが、利益を得ようとする動機があると、サステナビリティにはマイナス方向のインセンティブが働く。リーダーは、競合する要求を取り入れる包括的ビジョンを強調するだけではなく、従業員がこれらの対立する力と継続的に関われるような状況を整える必要がある。

組織のリーダーが競合する要求を継続的に取り入れられるようにするひとつの方法は、組織の構造にガードレールを組み込むことだ。ガードレールには、相反する要求のそれぞれを補強するような人、業務プロセス、慣行などが含まれる。これらの構造的特徴の一部は、パラドックスの一方の極へのコミットメントを支持し、他はもう一方の極へのコミットメントを支持する。道路にあるガードレールと同じように、これらの構造的特徴は、組織がいずれか一方の極へ行き過ぎることを防ぐ境界の役割を果たす。また、ガードレールは枠組みを作る。その中で、競合する要求が表面化し、より生成的で創造的なソリューションの発見が促される。

ユニリーバの場合、短期的な指標、市場や株主からの期待など、リーダーが経済的なゴールを目指すためのガードレールはすでに存在していた。しかし、社会的、環境的ゴールが持続的な経済的圧力にかき消されないようにするガードレールは、ポルマンと幹部が新たに構築しなければならなかった。この取り組みにとって重要だったのが、構想を立ち上げ、ＵＳＬＰを率いるために、経験豊富なリーダーのジェフ・シーブライトを最高サステナビリティ責任者に任命することだった。当初は、サステナビリティ構想に重点を置くためにシーブライトの役職をわざわざ別に作る必要があったが、やがてサステナビリティへの取り組みが社員全員の職務に組み込まれるようになった。また、幹部チームは、環境と社会に対するインパクトについて、具体的なゴールと指標を掲げた。ＵＳＬＰでは、３つの大目標の下に、具体的なターゲットを持つ小さなゴールがたくさん配置されている。どれも達成が難しい。事業の成功を収益で測る場合と比べ、サステナビリティに関するゴールは広く、抽象的で、長期的な場合が多い。しかし、よく言われるとおり、測定できるものはマネジメントできる。ユニリーバの幹部チームは、社会的・環境的ゴールに向けた短期結果の指標の策定に取り組んだ。この指標により、より長期的なゴールに向かって正しい軌道が保たれる。

重要な点として、ポルマンはこれらのサステナビリティに関するゴールに取り組みながら、同時期に事業規模を倍増させたのだ。さらに印象的な点として、ポルマンは、事業規模の倍増計画をサステナビリティと別物と考えたり、足かせと捉えたりすることなく、「サステナビリティのゴールを追いかけることを通して事業規模の倍増を実現しようとした」のである。ポルマンとウィンストンは、『ネットポジティブ』に、ＵＳＬＰは「ＣＳＲ（企業の社会的責任）のような本業への付け足しではなく、かつても今もれっきとした戦略だ。それは成長戦略にしっかり組み込まれている。本業から切り離されたものではないので、ＵＳＬＰが成功しなければ会社も成功できない。その逆もしかりだ」[原注16]と記している。経営とサステナビリティに関するゴールが、ともにユニリーバの事業の境界を形成していた。この境界の中で、幹部は事業全体を運営するための新たなアプローチを見いだす必要があった。

ポルマンの行動の中で最も大胆で賛否両論だったのは、サステナビリティ関連のミッションと財務報告書との方向性を一致させるためのガードレールを構築したことかもしれない。公開企業は四半期ごとの決算報告にこだわるが、この種の頻繁な報告は、有害な意思決定の原因となることがあった。[原注17]ポルマンは、部下の幹部たちに3カ月ごとに収益の報告を期待することが、ＵＳＬＰのパーパスと矛盾し、長期的なサステナビリティ・ゴールの考慮を減じてしまうと認識した。そこで、就任から1年以内に、四半期決算発表を取りやめた。投資家は動揺した。中には資金を引き揚げた者もあった。勇気の要る行動だったが、従業員に長期的な視点を持ってもらうためには財務報告の頻度を減らすことが不可欠だとポルマンは信じていた。また、ＵＳＬＰをマイナス要因ではなくプラス要因と考えて支えてくれる投資家が必要であることもわかっていた。

ステークホルダーの多様性を上げる

人は、パラドックスにとって重要なガードレールの役割を果たし、競合する複数の要求を支える境界となる。生い立ち、経験、役割などに基づく独自の視点を持っているため、パラドックスのひとつの極を守ることができる。重要なのは、多様なバックグラウンドを持つ人々を引き合わせ、それぞれの対立極が代表されるようにすることだ。しかし、多様性は諸刃の剣でもある。うまくやれば、さまざまな意見を一堂に集め、緊張関係《テンション》を明らかにし、違いをはっきりさせ、さらなるクリエイティブな統合を育むことができるが、多様な観点はまた、不和の温床ともなる。

ポルマンは、USLPのさまざまなゴールにうまく対応するために、多様な観点、スキル、経験を利用したかった。まず、取締役会の改革に着手した。多くの取締役は、ポルマンのパラドキシカルな戦略を理解しなかった。サステナビリティを重視して経済的成功ができるのか、まして死にかけた企業の再生など到底無理ではないかというわけだ。この取締役たちは、サステナビリティを望まないリスクを呼び込むものと捉えた。ポルマンは思考を拡張するため、気候変動や食糧不安をはじめとするサステナビリティ関連の問題に精通した取締役を新たに迎え入れた。こうした専門性は、USLPの行動の指針となってくれる。新任の取締役は、既存の取締役とつながり、緊張関係《テンション》に取り組んだ。また、ポルマンは既存の取締役たちと協力して、取締役会のジェンダーの多様性を推進した。これは正しいことであるだけでなく、賢明でもあった。上級幹部が完全にジェンダー平等になっている企業はまだ珍しいが、ジェンダー平等が進んでいる企業のほうが財務的な成果が良好である。[原注18] ポルマンとそのチームは、ジェンダー以外にも、人種、性的指向、国籍など他の面に関しても、取締役会と経営幹部の多様性の向上に取り組んだ。ユニリーバのインサイトと能力をさらに拡張するため、次にポルマンが目を向けたのが、国際機関、NGO、環境団体などとのパートナーシップ構築だった。こうした団体は営利企業の社会的・環境的影響を監視するため、フォーチュン500社の天敵と目されることも多い。USLPのゴールは多くの監視機関が設定した基準を上回っている。ユニリーバの成功には、これらの団体からの追及ではなく協力が必要だった。そこでポルマンは、ユニセフ、セーブ・ザ・チルドレン、持続可能な開発のための経済人会議（WBCSD）などの環境団体と強固な絆を築いた。

実験・試行錯誤を推奨する

競合する要求同士が絶えずぶつかり合い、新たな別のジレンマが持ち上がってくる状況下で、パラドックスはとてつもない不確かさを伴う変化を継続的に生み出す。たとえばIBMは、目が回るほど速いイノベーションに直面した。パーソナルコンピューティングとクライアント─サーバーの市場へ参入できるようになったばかりの1990年代に、今度はウェブベースのテクノロジーが急激に普及し、新たな課題が生まれた。

これらのパラドックスを乗りこなすには、動態的になる必要がある。常に身を機敏に保ち、完全な情報抜きで新たな可能性を試すのだ。動態性を保つためには、試行錯誤が欠かせない。『ネットポジティブ』の言葉を引用すると、「USLPは人々を導く星であったが、会社や世界の変化に応じて柔軟に進化した」[原注19]というわけだ。

透明性、謙虚さ、パートナーシップが、ユニリーバが変わり続けるために役立った。USLPに組み込まれたゴールは大胆かつ野心的で、情熱と好奇心をかき立てた。しかし、これらのゴールを達成するための詳細な計画は不明確だった。たとえば、サステナブルな原材料に移行すると定められていたが、そのためには学ぶべきことが膨大にあった。ポルマンは当初から、ユニリーバにはすべての答えがわかっているわけではなく、他の組織と連携して試行錯誤する必要があると認識していた。「私たちが直面する課題の多くは、ひとつの組織や業種、さらには政府にさえも、単独で解決するにはあまりに大きく複雑です。連携し一緒に取り組むことで初めて、必要な長期的ソリューションの開発が望めるのです」原注20とポルマンは指摘する。自社の限界を認識する謙虚さと、不足する要素を認める透明性をポルマンが兼ね備えていたことで、他者が議論に加わり、全員が自らをよりよく教育し、つながりを構築し、実験や試行錯誤を抵抗なく受け入れるようになった。

他のビジネスリーダーも、ダイナミクスを可能にするためのさまざまな慣行を導入している。たとえば、ネットフリックスは2014年に、従業員のプロセス管理を最小限に抑える人事慣行を策定した。これにより、創造力が向上し、パフォーマンスの改善につながった。CEOのリード・ヘイスティングスは、この慣行に関する125ページのマニフェストをオンライン公開したことで知られる。たとえば、このマニフェストでは、「ほとんどの企業は、成長とともに自由を抑え、官僚的になる」と論評している。他社がルールやプロセスを増やして創造力を減退させている中で、ネットフリックスのリーダーは次のように述べていた。

「カオスを避けよう。皆さんは、パフォーマンスのきわめて高い人々とともに成長できるのであって、

ルールとともに成長できるわけではない」[原注21]

プレゼンテーションは画像もほとんどなく文字ばかりだったが、あっという間に多数の人々に閲覧された（私たちが最後にチェックしたときには、閲覧数は２０００万弱に達していた）。この文書そのものが、試行錯誤の実践だった。ネットフリックスのリーダーたちは、あまり凝らずに人事に関するラフなアイデアの草稿を書き上げ、インターネットの読者から幅広い意見をもらってアイデアを発展させた。

また、アイデアそのものもダイナミズムの表明であった。基本的な境界を策定して、その内部で多大な柔軟性を確保した。ネットフリックスの人事慣行の基本的な境界は、「誠実であれ」「人々を大人として扱うべし」「ネットフリックスにとって最大の利益になるよう行動すべし」などの一連の指針だ。同社はこれらの原則を、柔軟な労働環境を形成する指針とした。有休休暇の日数の管理をやめ、従業員には、休暇の方針を設けないのが当社の休暇の方針だと伝えた。従業員は、必要に応じて自由に休暇を取ることができる。実のところ、ネットフリックスの経営幹部は、方針が乱用されることよりも、従業員が休暇を取らなくなるのではないかと心配していた。テック業界は、仕事熱心で休暇を潰しがちな人々を惹きつけてきた。燃え尽き症候群を心配した上級幹部は、率先して休暇を取り、それを表明することで、行動の手本を示した。また、経費と出張費の正式な計上をすべて取りやめ、「ネットフリックスにとって最大の利益になるよう行動すべし」とだけ念を押した。この結果、同社の文化規範も幸いして社員のコスト意識はおおむね低下するどころか向上し、幹部はお役所仕事を減らし経費の管理をなくしたことで、大幅にコストを削減した。こうした慣行によって、同社は自由と責任のあいだの継続的な緊張関係《テンション》を乗りこなしながら、体制に俊敏性を組み込むことができた。[原注22]

ジェレミー・ホッケンスタインは、デジタル・デバイド・データ（ＤＤＤ）の創業当時から、試行錯誤のカルチャーを組み込んだ。１９９９年にカンボジアで社会的企業を設立することは、未踏の地に踏み入るようなチャレンジだった。その道のりにおいて、幹部たちはミッションを実現させるために、誰もやったことのないような実験的なものも含め、あらゆることに積極的に取り組んだ。ビジネステクノロジーの事業に、最も恵まれない人々を採用したのも、そういった取り組みの一つである。しかしながら、そういった実験的な取り組みを中止しなければいけない場合もある。たとえば、同社の幹部の一部は、カンボジアで最も困窮している人々を事業の対象にしようと考えた。土壁の掘立小屋に住んでいて最も厳しい貧困に直面しているコメ農家だ。ある幹部は、これを「わらぶき小屋の夢」と呼んだ。この夢を推進するため、こうした地方の共同体向けにサービスを提供しているＮＧＯと提携して実験プログラムを設立した。しかしまもなく、まばらで信頼性の低いテクノロジーインフラ、社会規範上の困難、農民たちのＩＴスキルが著しく低い状況などが障害になり、この事業は最終的に会社を潰してしまうことに気づいた。ＤＤＤではガードレールとして、事業の持続可能性を維持しながら社会的ミッションを達成できるように組織を維持する人材を幹部に加えていた。この実験により、ＤＤＤの幹部は、「わらぶき小屋の夢」は実のところ悪夢であると学んだ。

ここで実験とは、どうしてもうまくいかないアイデアを放棄する意味であることに注目してほしい。それにもかかわらず、この実験によって幹部は、非常に不便な地方に住む人々に機会を提供する方法について、新たな知見を得た。当初の案に代わって、多くの農業地域の近くにある都市の中では最大の規模を誇るバッタンバン市に事務所を開くことにした。そうすることで、ＤＤＤはもともとの計画と同じように不便な地域の人々をある程度雇用し（このプロジェクトがなければ失業していた人々だ）、かつ予測可能で安定したインフラを確保できる。さらに、このアプローチによって、同社は人材の選定に多少慎重になり、より強力なスキルをより素早く身につけられる人を採用できるようになった。

これらの例ではそれぞれ、ガードレールなどの構造によってダイナミクスと変化が可能になる。境界は、パラドックスを包み込むだけではなく、パラドックスのクリエイティブな緊張関係《テンション》を活用するためにも役立つ。USLPは社会的ミッションと市場における目標の両方に注力し、目下進行中の変化に向けた慣行を刺激しながらも一定の限界を設けた。ネットフリックスは、柔軟な人事慣行を構築する際に、はっきりとした指針となる原則を中心に据えた。この原則は、自由と責任の両方を目指すプランを明確に表していた。DDDのガードレールには、社会的ミッションと事業目標の両方で確実に成功し、試行錯誤を行う柔軟性を実現するための、人々、外部のステークホルダー、慣行が含まれていた。これらの例が示すように、境界は動態性を定義し、かつ刺激する。そして、動態性によって、ゴールを達成するための慣行が形成される。まさに、パラドックスを乗りこなすことはパラドキシカルなのである。

人々を両立思考へ誘《いざな》う

組織に両立思考を導入しようとする上級幹部の方から連絡をいただくたびに、繰り返し登場するひとつの質問がある。「当社の社員のうち何人くらいが、パラドックスを理解して受け入れる必要がありますか」というものだ。この質問は意外ではない。パラドックスを乗りこなすには、不確かさや不合理と付き合う必要がある。ほとんどの人はこのような課題に取り組むのが好きではない。従業員はリーダーに簡潔で単純な指示を求め、パラドキシカルな複雑さを認識するとストレスを感じることが少なくない。

多くのリーダーは、従業員をこのようなストレスから守りたいと感じて、単純化した指示をしようとする。つまり、明確な命令で船を動かす船長のように行動する。一部のリーダーは、パラドキシカルな緊張関係《テンション》を自分自身あるいは上級幹部の中だけに留め、会社の残りの部分をコンフリクトから守れると考える。私たちは、上級幹部のさまざまな構成について研究し、緊張関係《テンション》を誰が維持しているかによってマネジメントチームをリーダー中心とチーム中心に分類した。[原注23] その結果、両立思考により幅広いグループを巻き込んでいるチームが、より大きな学びを実現し、効果的で長持ちする多くのソリューションを見いだしていた。ただし、パラドックスを受け入れるカルチャーを醸成するために両立思考を実践すべき最適な人数は、状況によって異なる。たとえば、私たちが協力したある大企業のCEOは、すべての上級幹部がパラドックスを乗りこなす必要があると見積もった。これは全従業員の約10パーセントにあたる。一方、ポール・ポルマンやジータ・コブなどは、すべての従業員がパラドックスに取り組むような状態を作り上げた。全社の従業員がパラドックスを受け入れられるようなカルチャーの醸成を可能にするリーダーのタスクとはどのようなものかを、私たちは模索している。

背後にあるパラドックスを表面化させる

ポルマンは、USLPに組み込まれた競合する要求に尻込みしなかった。むしろ、それらを明確にし、パラドキシカルな緊張関係《テンション》を受け入れた。USLPの開始直後に、ポルマンは私たちに対して次のように語っている。

「緊張関係《テンション》があるという事実は、しばしばネガティブに受け取られ、妥協やトレードオフといった言葉が使われます。私の考えでは、これは明らかに間違った緊張関係《テンション》の解釈です。会社を経営していれば、緊張関係《テンション》のマネジメントに挑戦し、そうしなかった場合と比べて高みに到達したくなるものです。これが、平均以下の企業と平均以上の企業の違いです」[原注24]

しかし、ＵＳＬＰを達成するためには、社員の背後にある前提をシフトし、パラドックス・マインドセットを身につけてもらえるように支援する必要があった。

一方、社会的企業のショアファストを創業したホテル支配人のコブは、自社に組み込まれたパラドックスについて考えるよう、常に促している。それは決して簡単ではない。人はしばしば、明確で直接的なビジョンを求める。その代わりにコブは、長期的で包括的なビジョンを提示する。ショアファストの幹部のひとりはこう語った。

「私たちはよくこんな冗談を言うんです。ジータ（Ｚｉｔａ）の名前はＺで始まってＡで終わる。ジータはＺに住んでいる。私はＡに住んでいる。私の仕事は、ＡからＺまで移動することだ、と。これは結構な緊張関係《テンション》です。なぜなら、ジータには実にたくさんアイデアがあるのに、私はＡからＢ、ＢからＣ、ＣからＤへと一歩ずつ進まなければならないからです」

さらに、コブはパラドックスと積極的に関わりながらも、他の人がパラドックスを受け入れることを手助けするために、根気強いアプローチを採っている。それぞれの人がゆっくりと自分の言葉でパラドックスの考え方に至れるようにしている。コブは物語を伝え、比喩を利用する。その際によく、人々の思考を拡張できるような詩やイメージを添える。物語や比喩は、玉ねぎのような層をなしている。人々は、自らが関わる準備ができているレベルでメッセージを解釈し、そのメッセージを自らの行動の指針にすることができる。さらに、物語や比喩は頭に残りやすく、包括的な考え方を思い出すための標語のように利用することもできる。たとえば、ショアファストの従業員がさまざまな方向に引き裂かれそうな思いをしているとき、コブはよく、ニュージーランドの詩人グレン・カフーンの作品『立って歩く技』（The Art of Walking Upright）の最終節を引用する。

立って歩く技は
両足を使う技。
片方は踏みしめるための足、
片方は離すための足。[原注25]

コブは物語を通じて社員に考え方を指示しているわけではない。社員ひとりひとりが状況の複雑さを受け入れて取り込めるように促している。ショアファストのシニアリーダーは全員この詩を知っていて、視点の対立によるコンフリクトに直面すると復唱しているという。ショアファストのシンボルには、カリフラワーが採用されている。地域の共同体はカリフラワーの小花のようにひとつひとつが違う存在だが、すべてが世界という1本の茎につながっている。こうした豊富なコミュニケーションツールが、競合する要求に関して、択一思考から両立思考へ前提をシフトすることを後押しする。ショアファストはフォーゴ島の地域共同体を支援しようとしているのか、グローバル資本主義の姿を変えようとしているのか。そんな問いが頭をもたげると、幹部たちはカリフラワーに立ち返って、自分たちは両方をやろうとしていると思い出すのだ。

ただし、リーダーに必ずしもマインドセットの変化を辛抱強く待つ贅沢が許されているとは限らない。ポルマンは、時間が物を言う状況に置かれていたため、迅速で集中的なアプローチを採用した。ユニリーバの課題に直面したポルマンは、上級幹部の一部に素早く新たなマインドセットを採用してもらわなければならなかった。ポルマンとウィンストンが『ネットポジティブ』で振り返るとおり、「建設的な懐疑派は構わないが、皮肉屋は百害あって一利なし」だ。[原注26] ポルマンは、社員が自分のビジョンを信じ、パラドックスの複雑さを抱えて生きる必要があるとわかっていた。ポルマンは外部の会社に依頼して上級幹部を評価した。すると、リーダー陣の考え方について、広範な体系的アプローチや組織のパーパスとのエンゲージメントなどの面でギャップがあることが判明した。このギャップのため、ユニリーバは100人の上級幹部のうち70人前後を解雇した。

人々のマインドセットをシフトするためにリーダーが採るスタイルは、比較的辛抱強いアプローチから大胆なアプローチまで多岐にわたる。いずれにしても、リーダーはパラドックスの背後にある前提を繰り返さなければならない。択一思考から両立思考への転換だ。採用する価値のあるアイデアは、時代の風雪にも耐える。「感謝」「自信」「快活さ」などのポジティブなメッセージを伝えるグッズ（壁掛けプレート、キーチェーン、ブレスレットなど）の巨大な市場が成り立っているのには理由がある。同様に、リーダーはパラドックスの伝え方を絶えず強化する必要がある。ジータ・コブが発見したように、比喩、物語、詩など、呼び起こしやすいイメージを使ったコミュニケーションはうまくいく。たとえば、第7章で、ゴア社のテリー・ケリーは自社の幹部に対し、呼吸の比喩を利用した。私たちが生きるためには、息を吸うこと、吐くことの両方ができなければならない。同じように、組織は過去と未来を見据え、大規模な組織と小規模な組織の両方の特性を備え、グローバルかつローカルでなければならない。息を吸って、吐き出そう。ゴアの幹部たちに、ケリーはそう説いた。

不快感を尊重する

パラドックスに対峙する際には、心の奥深くに感情が流れる。アサンプションが合理的思考に対応するなら、コンフォートは直感的な反応に関わる。しばしば、こうした直感が、競合する要求への反射的行動を引き起こす。パラドックスは不確かさをかき立て、背後にある恐れや不安といった感情の引き金になる。これが、自己防衛的な択一思考につながることがある。パラドキシカル思考を活用するには、恐れを大切にしながら、防衛反応を抑えなければならない場合がある。私たちは、不快の中に心地よさを見つけるためのツールを構築しなければならない。好循環を作れば、エネルギー、やる気、情熱が生まれてくる。

長いあいだ、ビジネスリーダーは、従業員は仕事の際に自らの感情を制御し、合理的思考にのみ集中できるとみなしていた。しかし、いまやこれは事実ではないとわかっている。偉大なリーダーは、感情を否認あるいは抑制できると考えるのではなく、人々の傷つきやすさを受け入れ、感情の機微を表出しやすくするような環境を構築する。

２００９年にポルマンがユニリーバのＣＥＯを引き継いだとき、同社の士気は落ちるところまで落ちていた。経費削減ばかりに力を入れ、従業員が十万人単位で減少している状況は、間違いなく全社員の精神的な負担になっていた。この重圧の中で、ＵＳＬＰを推進するために導入した多くの取り組みは著しい抵抗に遭った。前述のように、ポルマンが就任直後に四半期決算発表の取りやめを決定したことは、市場に衝撃を巻き起こした。猛然と同社を去った株主もいた。一方、取締役会では、ＥＳＧゴールへのコミットメントは組織を過剰なリスクにさらすのではないかという議論が巻き起こった。幅広い例と重要な学術研究でこの主張は否定されていたが、一部の取締役はこうした決定に反対して戦った。

高次のパーパスへのコミットメントは、時が経ってユニリーバが世界に及ぼすインパクトを従業員が認識し、各自のパーパスの方向性をユニリーバのゴールと一致させるようになれば、ポジティブなエネルギーを生む。ポルマンはそう信じていた。しかし、迅速に成果を上げる必要もあった。ポルマンは早くから方向性改善のための施策を導入した。価値を生まないコストを削減しながら主要事業への投資を大幅に増やす施策などが功を奏し、組織の信用を築くことができた。また、上級幹部１００名を対象に、１週間にわたるハーバード・ビジネススクールのエグゼクティブ向け教育プログラムも実施した。プログラムのまとめ役となったのは、メドトロニック社の元ＣＥＯで『オーセンティック・リーダーシップ』（ダイヤモンド社、２０１９年）の著者であるビル・ジョージなどの専門の研究者だ。１週間のプログラムの中心は、各幹部に自らの課題や恐れ、希望や情熱について熟考を促すことだ。幹部たちは、今の自分をつくった、人生における「試練の時」を遠慮なく述べるように促された。つながりと共同体の形成を推進するため、幹部たちは「試練の時」を共有しあった。ポルマンは、プログラムの開始にあたって、率先して自らの傷を披露した。子供のために２つの仕事を掛け持ちした父親を見て育ったこと、目が不自由な８人の人々とキリマンジャロに登ったこと、ムンバイのテロに遭遇したことなどを語った。ポルマンが自らの体験を伝えたことで、他の幹部も続いた。

他のリーダーも、パラドックスから生じる不快に対応するような慣行を実施している。リーダーシップとは、元来感情的なものである。パラドックスを乗りこなす際には、緊張感が伴う。私たちはこれまでさまざまなリーダーと連携してきた。その中には瞑想、ヨガ、週1回のセラピーなどの個人的習慣を利用して自らの感情を認識し、マネジメントしている人々がいる。一方、社員を支援するためにマインドフルネス研修を組織に導入しているリーダーもいる。さらには、感情を表明したり大切にしたりする機会を幅広く設けているリーダーもいる。上級幹部チームの継続的なコンフリクトに直面したあるリーダーは、防衛機制やコンフリクトの中心には恐れがあると気づいた。彼女は、あるミーティングで上級幹部全員に、自分にとって最も大きな恐れについて熟考し、紙に書き出すように促した。その際に、考える時間を長めにとった。多くの人は、不快、不安、怒りをかき立てる心の奥の恐れを振り返るために少し間を置く必要があるからだ。それから、パラドキシカルな緊張《テンション》関係に対応しなかった場合に起こりうることを考えてみるように勧めた。傷つきやすさを隠さず、熟考した内容を共有できるように、本人自ら口火を切った。このミーティングによって、上級幹部同士のあいだで、より深いつながりと、互いに対する共感が育まれた。コンフリクトと視点の対立は続いたが、この上級幹部チームは互いの率直な意見に耳を傾け、より生産的な形でコンフリクトを乗りこなすことができるようになった。

経営幹部は、パラドックスによって一層悪化するような感情面の課題に直面する。組織のリーダーの方には、ここで自己の感情をどのようにマネジメントするか、また他者の感情のマネジメントの機会をどのように作るかを考えてみることをお勧めしたい。自己の恐れと他者の恐れを尊重し、恐れにコントロールされるのではなく恐れをコントロールできるようにするには、どうしたら良いだろうか。自己の情熱と他者の情熱を刺激し、自分と社員にエネルギーとやる気を供給するには、どうしたら良いだろうか。感情を押し殺したほうが当初は楽な気がするが、押し殺した感情はいつか爆発する。優れたリーダーは、爆発を待ってから後始末をするのではなく、感情の流れを変えてポジティブな結果に向けるのだ。

コンフリクトをマネジメントするスキルを構築する

パラドックスを乗りこなす妨げになる要素のひとつが、コンフリクトのマネジメントだ。パラドキシカルなリーダーは、コンフリクトを尊重して受け入れる。マネジメントの予言者ともいわれるメアリー・パーカー・フォレットは、１９２０年代に次のように記している。

「コンフリクト自体が善であるとかあるいは悪であるとかと考えないこと、またコンフリクトは戦いであると考えないで、相違、すなわち意見の相違、利害の相違が表面に出たものと考えることである。（中略）コンフリクト——即ち相違——は、現にそれを避けることのできないものとして存在する。だから、むしろそれを利用することを考えなければならない」[原注27]

ミーティングでパラドキシカルな緊張関係《テンション》が持ち上がったときに起こることを考えてみよう。参加者は緊張関係《テンション》を明るみに出そうとするだろうか、それとも葬ろうとするだろうか。いずれかの選択肢に肩入れして擁護するだろうか、それとも対立する意見を尊重して敬意を払い、それぞれの異なる絡み合った側面に耳を傾け、それを学び、大切にしようとするだろうか。

パラドックスから発生するコンフリクトを効果的にマネジメントすることはスキルであり、手本を示して教えなければならない場合も多い。ポルマンは、対立に伴うコンフリクトを歓迎していると語ってくれた。実のところ、複数の対立極のステークホルダーがいて複雑なＵＳＬＰの性質は、必然的にコンフリクトを引き起こすとポルマンにはわかっており、幹部たちがコンフリクトを報告してこなければ、こちらから声をかけて報告を求めようと思っていたくらいだ。ナショナル・センター・フォー・ファカルティ・デベロップメント・アンド・ダイバーシティ（ＮＣＦＤＤ）のＣＥＯ、ケリー・アン・ロックモアの組織は、さらに一歩先を行っていた。ロックモアはトレーナーを招き、上級幹部チーム全体に、建設的コンフリクトのスキル、つまり防衛機制を働かせずにさまざまな視点を表面化させるテクニックに関する研修を行った。建設的コンフリクトに関与する能力は、この上級幹部チーム全員の必須スキルとなった。また、ネットフリックスのＣＥＯ、リード・ヘイスティングスは、著書で建設的批判とオープンな議論の習慣を育むやり方に触れている。『ＮＯ　ＲＵＬＥＳ』（日経ＢＰ、２０２０年）では、友好的かつ議論の活発なパラドキシカル環境は、意図的に育まなければならないと述べられている。[原注28] 雇用主は、入社から社内の人間関係、人事考課からリーダーシップの手本の提示に至るまで、コンフリクトの価値を学ぶだけではなく、学習とコラボレーションを育む期待や慣行も学ぶことになる。

パラドックスを従業員が自分ごととして考える

自分の問題に取り組むより、他の人の問題を解決するほうがずっと易しい。パラドックスについてもこれが言える。他人の緊張関係《テンション》を乗りこなす方法は楽に見いだせるが、自分がリングの真ん中にいて四方八方からパンチが飛んでいる中では、はるかに難しい。ここでリングサイドに下がると、うまくいくことがある。距離を置くと、コンフリクトの真っただ中にいる人に賢明なアドバイスを送れる場合がある。ただし、自分が支持している側に立って批判し、スナイパーのように後ろから撃ってしまうおそれも否めない。組織では、上級幹部からはるか遠くにいる従業員が優れたアイデアを持っていることもあれば、一方的な批判を浴びせてくることもある。パラドックスは至るところにある。私たちは、パラドックスを従業員が自分ごととして考える、つまり従業員が個人的および組織的な緊張《テンション》関係を探索するのを手助けすると、パラドックス・マインドセットが育ち、パラドックスに気づきやすくなることを発見した。

　ポルマンは、ＵＳＬＰのパラドックスを従業員個々の課題に結びつけようとした。そのために、ラリー・ボシディとラム・チャランが著書『経営は「実行」』（日本経済新聞出版、２０１０年）で説明している実践方法を適用した。[原注29] ポルマンは17万人の従業員に、自分のゴールを書き出すように求めた。会社の戦略に関係する３つのビジネスゴールと、ひとつの個人的ゴールだ。そうすることで、従業員が会社の高次のパーパスを思い出し、各自の仕事で、競合する要求を上級幹部と同じように経験していると自覚するために役立った。幹部チームは従業員のゴールのサンプルを読み上げ、いくつかを選んだ。そして、多くの従業員に直接呼びかけてこれらのゴールについて話し合う機会を設けた。いくつかのケースについては、幹部が従業員の志と関わりを褒めた。また、従業員に補足を求めたり、もっと説得力のあるゴールを目指すように伝えたりすることもあった。従業員から見ると、この慣行は上級幹部と同じリングに招かれるようなものだった。

　私たちは、従業員教育とパラドックスを乗りこなす指導を求めるリーダーの方から、ますます多くの相談を受けるようになっている。そのゴールはある程度一貫している。従業員自らのパラドックス・マインドセットの発達を手助けしながら、組織のパラドックスに関する共通言語と共通理解を育みたい、というものだ。私たちは、このような研修をいくつかのバリエーションで実施してきた。先日連携したある新任ＣＥＯの例を紹介しよう。このＣＥＯは、１００年の歴史を誇るリスクマネジメント企業の変革を先導しようとしており、幹部チームに素早くパラドックスを乗りこなせるようになってもらう必要があると認識していた。私（ウェンディ）は、同僚研究者のジョシュ・ケラーとともに、ＣＥＯと、同社アジア部門に属する１５０人の幹部の支援に取り組んだ。ＣＥＯは、オープンな思考を推進するための基調講演を最初に行う、思慮深い導入手法を提案し、私たちはそれを実施した。準備として、すべての幹部にパラドックス・マインドセット関連尺度（付録参照）を渡し、データを幹部と地域チーム間のトレンドを示す散布図として提示できるようにした。それから、両立思考のツールを詳しく学べるように、個人セッションとグループセッションでフォローアップした。しかし重要なのは、幹部たちがパラドックス・マインドセットの単なる評価を超え、仕事の場でパラドックスに取り組めるようなカルチャーを真に構築するということだった。

　皆さん自身の組織について考える際には、ご自身の競合する要求と、設定した境界に立ち戻ることをお勧めする。競合するどの要求が、組織にとって重要だろうか。組織の人々は、どのようにしてパラドックスについて学ぶだろうか。また、クリエイティブな緊張《テンション》関係を受け入れるように促されるだろうか。リーダーが状況を設定し、従業員がこの状況と積極的に関われるように促せば、全員が協力して、組織にＡＢＣＤシステムを確実に導入することができる。

パラドックス——自信をもって、謙虚に

組織と私生活にＡＢＣＤシステムを導入するにあたって、私たちは、すべての皆さんが——組織のリーダーあるいは個人として——大胆かつ自信に満ち、それでいて謙虚さと傷つきやすさを併せ持つことをお勧めしたい。両立思考的に言えば、終わりは新たな始まりでもある。クリエイティブな緊張関係《テンション》を受け入れる皆さんの成功を祈り、その道筋で多くの学びと繁栄があることを願っている。最後に、私たちの宝物になっている引用で締めくくろう。メアリー・Ｃ・モリソンの言葉は、最難関の課題を解決するためのパラドックスの力をあらためて認識させてくれる。

私たちは、矛盾の嵐のただなかに立ち、どのように扱うべきかさっぱりわかっていない。法と自由、富裕と貧困、右と左、愛と嫌悪——挙げていけばきりがない。パラドックスはこの領域に存在し、動いている。パラドックスとは、対立項が互いを打ち消し合うのではなく、両極にわたってひらめきの火花を起こすように、バランスを取る技術である。パラドックスは私たちが必死になっている択一要素を観察し、それが実際には両立可能であると教えてくれる——生は私たちが考えつくどのような概念よりも大きく、思いさえあれば矛盾を受け入れることができるのだ。[原注30]

原注

1　Heidrick & Struggles, “The CEO Report: Embracing the Paradoxes of Leadership and the Power of Doubt”, 2020年4月に確認、https://www.sbs.ox.ac.uk/sites/default/files/2018-09/The-CEO-Report-Final.pdf, 3。

2　PwC, “Six Paradoxes of Leadership: Addressing the Crisis of Leadership”、2020年4月に確認、www.pwc.com/paradoxes。

3　Deloitte, “The Social Enterprise at Work: Paradox as a Path Forward”、2020年4月に確認、https://www2.deloitte.com/global/en/pages/human-capital/articles/sap-response-human-capital-trends.html。

4　Polman and Winston（2021）。

5　Polman and Winston（2021）, 102。

6　Polman and Winston（2021）, 109。

7　これらのさまざまなパラドックスについて詳しくは、Smith, Lewis, and Tushman（2016）を参照。

8　ポール・ポルマン、両著者によるインタビュー、2021年7月13日。

9　ポール・ポルマン、両著者によるインタビュー、2021年7月13日。

10　パーパスの価値について詳しくは、Collins and Porras（2005）; Mourkogiannis（2014）を参照。

11　1950年代にムザファー・シェリフらによって実施された、いわゆる「泥棒洞窟実験」は、包括的なビジョンがコンフリクトを和らげることができるという古典的な例となっている。この実験では、少年たちを数日間のキャンプに連れてきて、チームに分け、チーム間で継続的に競争させた。シェリフらは、少年たちに、両チーム全員が参加する必要のある課題と、その課題を達成するための包括的ビジョンを提示することで、少年たちのチームへのコミットメントを切り替え、協力関係を築けることを発見した。Sherif, et al.（1961）を参照。さらに他の研究者も、よりインテグレーティブな交渉と協力的な振る舞いを可能にするための、包括的なビジョンの価値を発見している。Kane（2010）; Sonenshein, Nault, and Obodaru（2017）を参照。

12　研究仲間であるヴィクトリア大学のナタリー・スラウィンスキー教授とウェスタン大学のプラティマ・バンザル教授は、組織の戦略における競合する要求をまとめるには長期的な思考が不可欠であることを発見した。両教授は、アルバータ州のオイルサンド地域で操業する主要企業のマインドセットを比較した。この地域では、ビチューメンの抽出により大規模な原油生産が行われている。環境活動家は、ビチューメンを「汚れた原油」と非難し、産業の解散を要求してきた。はたして業界のリーダー層はこの抵抗を考慮し、大規模な森林伐採や大量の水利用を行わず、付近への健康的・経済的な損害を与えずにビチューメンを抽出できるように、ビジネスモデルを考え直すことができるだろうか。両教授は、リーダーたちがこの課題に対応した方法を理解しようとした。地域の60人の経営幹部にインタビューしたところ、幹部のマインドセットとインパクトに大きな違いがあることが判明した。ほとんどの組織は、短期的な利益を上げる圧力を感じていた。この主流型アプローチでは、環境面のイノベーションに真剣に投資することは難しかった。しかし、一部のリーダーは長期的な視点に立った。組織を未来へと前進させるあらゆる解決策は、こうした重要な環境問題に対応しなければならない。そう考えて、これらのリーダーはそのための新たなイノベーションに乗り出したのである。Slawinski and Bansal (2015) を参照。

13 ポール・ポルマン、両著者によるインタビュー、２０２１年7月13日。

14 ユニリーバの歴史を参照（https://www.unileverusa.com/brands/every-day-u-does-good/）。

15 ユニリーバの歴史についてさらに詳しくは、ユニリーバの英国およびアイルランドサイトにある“Our Histor,”（２０２０年４月に確認、https://www.unilever.co.uk/about/who-we-are/our-history/）、またはDavid Gelles, “He Ran an Empire of Soap and Mayonnaise. Now He Wants to Reinvent Capitalism,” Corner Office (blog), New York Times, ２０１９年８月29日、https://www.nytimes.com/2019/08/29/business/pau-polman-unilever-corner-office.htmlを参照。

16 Polman and Winston (2021), 121。

17 経営者の近視眼的行動の現象（リーダーが短期的利益を推進するために長期的な成功を犠牲にすること）は、研究の対象となってきた（Stein, 1988を参照）。Fuらによる研究（2020）では、四半期ごとに収益を報告しているリーダーは、半年ごとに報告しているリーダーと比較してイノベーションを諦めがちであることが示されている。

18 ジェンダー・ダイバーシティに関するマッキンゼーの研究では、経営幹部チームのジェンダー多様性が上位25%に入る企業は、下位25％の企業と比較して利益率が平均を上回る可能性が25％高い。詳しくは、Diversity Wins: How Inclusion Matters (May 19, 2020), https://www.mckinsey.com/featured-insights/diversity-and-inclusion/diversity-wins-how-inclusion-mattersを参照。

19 Polman and Winston (2021), 121。

20 Dan Schawbel, “Unilever’s Paul Polman: Why Today’s Leaders Need to Commit to a Purpose,” Forbes.com, ２０１７年11月21日、https://www.forbes.com/sites/danschawbel/2017/11/21/paul-polman-why-todays-leaders-need-to-commit-to-a-purpose/?sh=8e7284212761。

21 ネットフリックスのカルチャーと人事慣行は、Reed Hastings, “Culture,” PowerPointプレゼンテーション、２００９年8月1日、https://www.slideshare.net/reed2001/culture-1798664?from_action=saveに記載されている（45〜55ページを参照）。

22 ネットフリックス自身のカルチャーに関する説明については、“Netflix Culture”（Netflix Jobsページ）を参照（２０２２年１月22日確認、https://jobs.netflix.com/culture）。McCord (2014) も参照。

23 私（ウェンディ）は、Tushman, Smith, and Binns（2011）に登場するトップ企業がどのようにパラドックスを維持しているかを説明した。Smith and Tushman（2005）も参照。

24 ポール・ポルマン、両著者による電話インタビュー、2021年7月13日。

25 Colquhoun（1999）, 33。

26 Polman and Winston（2021）, 109。

27 Graham（1995）, 67（3点リーダーは原著者による付与）。メアリー・パーカー・フォレットは、コンフリクトをマネジメントする方法に関して、深い叡智をもたらしている。現代になってフォレットのアイデアを読むと、パラドックスを乗りこなす方法について話しているのだと示唆される。フォレットについて詳しくは、Tonn（2008）による伝記を参照。

28 Hastings and Meyer（2020）。

29 Bossidy, Charan, and Burck（2011）。

30 モリソンの印象深い言葉に初めて出会ったのは、Kenwyn K. Smith and David N. Berg（Smith and Berg, 1987）による魅力的な研究の中だった。元の引用文は、Mary C. Morrison, "In Praise of Paradox," Episcopalian、1983年1月から採用している。

付録 パラドックス・マインドセット関連尺度

　職場環境は、数々の要求で満たされている。それらの要求が競合することは、決して珍しくない。私たちは、創造力を発揮しながらタイムリーに問題を解決し、計画しながら柔軟性を保ち、新たなスキルを学びながらもともとの能力を活かし、自分の仕事に最高のパフォーマンスを発揮しながら他の人を手助けする必要がある。職場での成功は、こうした競合する要求を理解し、マネジメントできるかどうかにかかっている。パラドックス・マインドセット関連尺度は、これを行う際の姿勢を評価する。

　実施する前に、皆さんが感じている、競合する要求についていくつか考えてみよう。これらの要求を検討し、**表A-1**に示すそれぞれの文が当てはまるかどうかを評価しよう。

　この尺度は、競合する要求への関わりを評価するものであり、2部構成となっている。(1)緊張関係《テンション》の経験と(2)これらの緊張関係《テンション》に関わる際のマインドセットである。

緊張関係《テンション》の経験

スコア：スコアを計算するには、設問1〜7の回答のスコアを平均する。

平均スコア：ホワイトカラー専門職の平均スコアは4・38となっている。

人が感じる緊張関係《テンション》は、状況や個人によって異なる。私たちの研究では、次の要素が大きいほど緊張を感じることが判明した。

（1）変化――未来が急激に現在になるとき。（2）不足――限られたリソースを配分しなければならないとき。（3）多元性――多様な観点に直面したとき。この尺度のスコアが低い人と比較して、これらの条件によって競合する要求が引き起こされている状況にある可能性が高い。研究ではさらに、緊張関係《テンション》への適応性が他よりも高い人がいることも判明している。安定した環境でもこの傾向がみられる。この尺度のスコアが高い場合は、周囲の競合する要求に非常に敏感で、場合によっては自らそのような要求を探し求めている。スコアが低い場合は、競合する要求を単純に無視しているか、避けているか、注意しないようにしている可能性がある。

パラドックス・マインドセット

スコア：スコアを計算するには、設問8～16の回答のスコアを平均する。
平均スコア：ホワイトカラー専門職の平均スコアは4・9となっている。

競合する要求に直面したとき、人はさまざまなアプローチを採用する。この尺度のスコアが低い場合、二分法的なマインドセットを採用する傾向がある。競合する要求をトレードオフやジレンマと認識し、択一思考を用いている。スコアが高い場合、パラドックス・マインドセットを採用し、両立思考を用いる傾向がある。競合する要求を、矛盾し、かつ相互に依存していると認識している。つまり、同じ

		まったく当てはまらない	当てはまらない	やや当てはまらない	どちらでもない	やや当てはまる	当てはまる	非常に当てはまる
緊張関係《テンション》の経験								
1.	時として、同時に現れたら矛盾しているように見える2つの考えを、心に抱くことがある	1	2	3	4	5	6	7
2.	相反する要求の両方を同時に対処しなければならないことがよくある	1	2	3	4	5	6	7
3.	相互に矛盾する目標を持つことがよくある	1	2	3	4	5	6	7
4.	矛盾する要求の両方に応えなければいけない場面にたびたび遭遇する	1	2	3	4	5	6	7
5.	私の仕事は緊張と矛盾に満ちている	1	2	3	4	5	6	7
6.	対立する選択肢のどちらかに決めなければならないことがよくある	1	2	3	4	5	6	7
7.	私の考える問題の解決策は、たいてい矛盾しているように見える	1	2	3	4	5	6	7
パラドックス・マインドセット								
8.	相いれない複数の視点を持った方が、物事をよく理解できると思う	1	2	3	4	5	6	7
9.	相いれない要求に同時に応えることは苦にならない	1	2	3	4	5	6	7
10.	矛盾を受け入れることは、私が成功するのに必要なことだ	1	2	3	4	5	6	7
11.	矛盾したアイデアに遭遇することは、自身の活力になる	1	2	3	4	5	6	7
12.	相互に矛盾する複数の目標をなんとかやり遂げようとしている時に楽しさを感じる	1	2	3	4	5	6	7
13.	相いれない要求の両方を同時に受け入れることは、私自身よく経験している	1	2	3	4	5	6	7
14.	相互に矛盾するような仕事に取り組むことに抵抗がない	1	2	3	4	5	6	7
15.	相反する2つのことが両立できると感じると気分が高まる	1	2	3	4	5	6	7
16.	矛盾する問題をなんとか対処できた時に活力を感じる	1	2	3	4	5	6	7

表A-1　パラドックス・マインドセット関連尺度
※設問の日本語版は「京都大学経営管理大学院パラドキシカル・リーダーシップ産学協同講座」翻訳

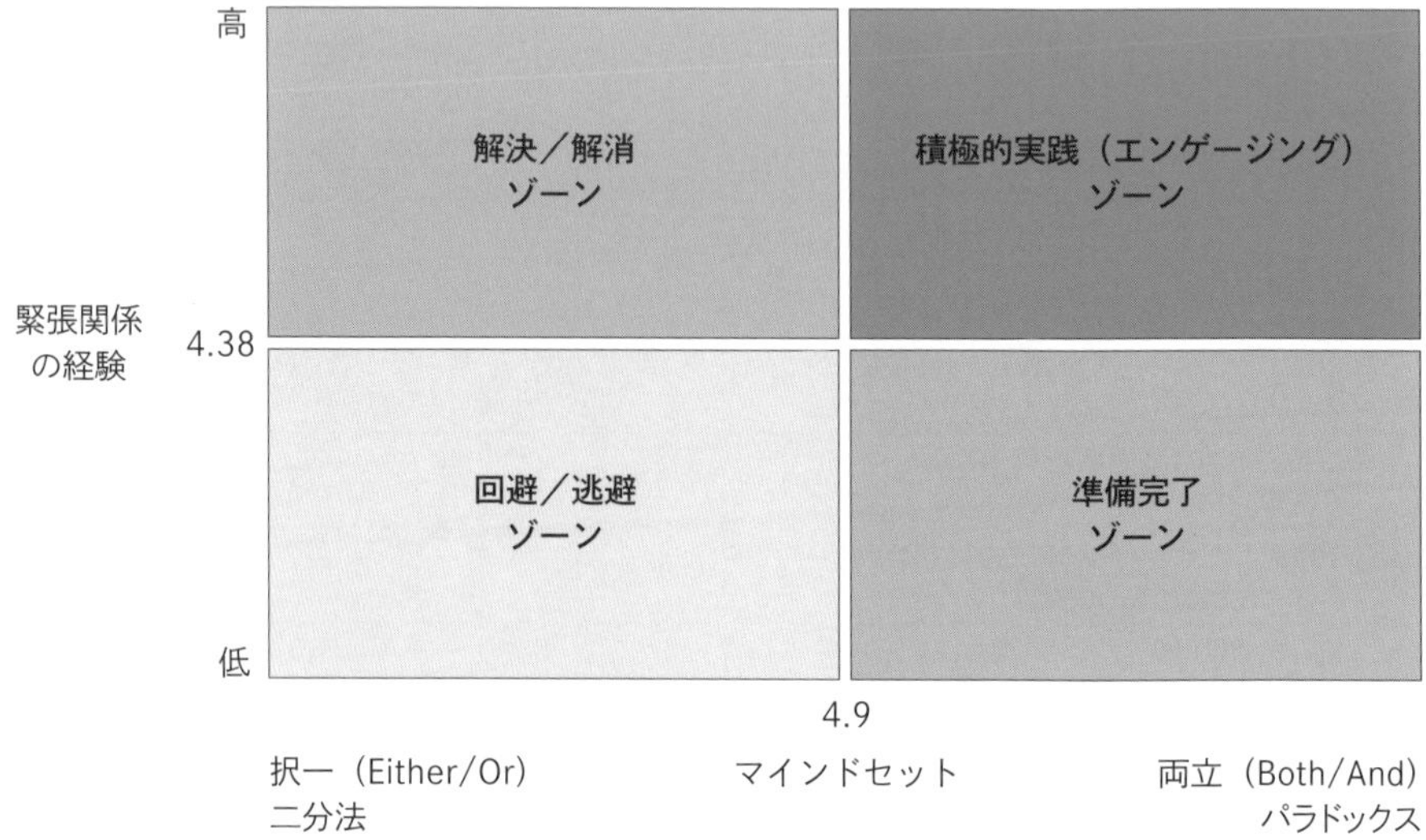

図A-1　パラドックス・ナビゲーション（両立実践）マトリクス

コインの表と裏であるとみなしている。競合する要求に対して、「どうしたら両立できるか」と自問し、両方の要求に関わる方法を見つけて対応する。クリエイティブな統合を見つける方法、あるいは一貫した非一貫性を保ち、対立する要求間で注意とリソースを頻繁にシフトする方法がある。

パラドックス・ナビゲーション・マトリクス

私たちの研究では、緊張関係《テンション》を抱えながら発展する能力は、緊張関係《テンション》を感じているかどうかと、緊張関係《テンション》にどのようにアプローチしているかの両方によって分類できる（図A－1）。これらの各要素——緊張関係《テンション》の経験と、緊張関係《テンション》へのアプローチ——は、認識を高めたり、研修を受けたり、別の環境へ移動したりすることによって変えられる。これら2つの要素の相互作用が、パラドックスを乗りこなせるかどうかを左右する（図A－1）。それでは早速、4種類の結果（ゾーン）を紹介しよう。

・**積極的実践（エンゲージング）ゾーン**：スコアが積極的実践（エンゲージング）ゾーンに入った方は、より緊張関係《テンション》を感じる機会が多く、ジレンマの背後に隠れているパラドックスを受け入れられる傾向がある。これらのパラドックスを、矛盾し、相互に依存し、持続的なものと認識している。また、パラドックスは決して解決できないが、生産的な形で関わることは可能だと認めている。対立する力が相互に依存しうること、互いを補強しうることを大切に思っている。積極的実践（エンゲージング）ゾーンは難しく、不確かで、恐ろしいかもしれないが、途方もないエネルギーとモチベーションを与えてくれる。私たちの研究は、両立思考を採用してパラドックスを乗りこなす人が、最大のパフォーマンスを上げ、イノベーションの度合いが最も高く、仕事にも満足していることを示している。

・**解決／解消ゾーン**：スコアが解決／解消ゾーンに入った方は、選択肢の利点と欠点を検討し、特定の状況下で最適な選択肢を選ぶことにより、緊張関係《テンション》を解決することを主に重視している。重要な緊張関係《テンション》を認識しているが、一般論として確かな答えを出したいと考えている。このような択一思考で問題を前に進められる場合もあるが、ひとつの選択肢にのみ注目すると、より創造的、生成的、統合的なアプローチが阻害されるおそれがある。さらに、選択肢の中から選ぶと、重要な緊張関係《テンション》や問題が再び表面化する傾向がある。私たちの研究では、緊張関係《テンション》を択一思考で素早く解決しようとすると、イノベーションの度合いが低くなり、仕事への満足度も低くなることが示されている。対立する力を同時に活用するチャンスとして緊張関係《テンション》にアプローチすれば、よりクリエイティブで長持ちする解決策を開発できる可能性が高い。

・**準備完了ゾーン**：スコアが準備完了ゾーンに入った場合、両立思考を採用する心構えはできているが、緊張関係《テンション》を感じる機会が少ないか、あるいは現在の環境における緊張関係《テンション》をあまり認識できていない。しかし、条件や認識は変化することがある。環境が変化すると、時間に追われるようになったり、金銭的リソースが減ったり、観点が多様化したりする。これらすべてによって、緊張関係《テンション》が高まる。ずっと存在していたが、これまでに目に入らなかったコンフリクトを発見する可能性もある。緊張関係《テンション》が生じたときに、両立思考のメリットを享受しやすい。緊張関係《テンション》を積極的に追い求め、対立する要求や考え方を並列させるチャンスを探すことで、さらにクリエイティブかつイノベーティブになれる。

・**回避／逃避ゾーン**：スコアが回避／逃避ゾーンに入った場合、緊張関係《テンション》を避けたい、かつ解決したいと同時に考えている可能性がある。あるいは、緊張関係《テンション》を感じる機会が限られているかもしれない。私たちの研究では、二分法的マインドセットを採用して択一思考を用いた場合、緊張関係《テンション》のない状況のほうがパフォーマンスが上がることが判明している。しかし、環境が変化し、時間に追われるようになったり、金銭的リソースが減ったり、観点が多様化したりした場合、これらの問題をチャンスとして見ずに、解決すべきジレンマとしてアプローチする可能性が高い。その結果、パフォーマンス、イノベーション、満足度が低下する。緊張関係《テンション》を積極的に追い求め、かつ、緊張関係《テンション》を対立する力を同時に活用するチャンスとして枠組みから捉え直すことで、さらにクリエイティブかつイノベーティブになれる。

人によって特定のゾーンの好みがあるかもしれないが、人は学び、変わることができる。まず、私たちはパラドックスへの意識を高め、パラドックスに心地よさを感じるようになれる。緊張関係《テンション》を積極的に追い求め、それを活用して創造力を高めることもできる。また、パラドックスを乗りこなす際に両立思考を採用することも学べる。こうしたアプローチを効果的に学ぶ最初のステップは、開始点を理解することだ。

パラドックス・マインドセット関連尺度をぜひ活用してもらいたい。紙に書いても良いし、paradox.lerner.udel.eduにてオンラインでも利用できる。また、私たちはこの尺度ツールを用いて、チームや組織内のスコアを集計してきた。チームまたは組織全体でパラドックス・マインドセット関連尺度を実施し、集計済みの結果を提供するサービスの詳細に関心がある場合は、気軽に著者まで連絡してほしい。

謝辞

本書の執筆は多くの面でパラドキシカルだった。このプロセスを通じて私たちが経験して受け入れた緊張関係《テンション》は、視野を広げ、機会を拡大してくれた。この旅路で私たちに力を与えてくれた皆様には、感謝してもしきれない。パラドキシカルではあるが、お世話になった方々を挙げていくと、必ず言及しそびれる方が出てしまうと、私たちは認識している。この点についてあらかじめお詫びするとともに、機会があれば直接お礼を申し上げたい。

　個々の創造力は、集団での対話を通じて湧き起こる。表紙には私たちの名前が載っているが、本書で紹介しているさまざまなアイデアは実に多くの方のインスピレーションとサポートから生まれた。学術界のメンターや同僚は、過去25年間にわたって、私たちがパラドックスと深く関わる手助けをしてくれた。これほど気前が良く、アイデアを次々生み出す研究者の共同体に属していることに感謝している。私たちはふたりとも、一見手に負えない博士論文のテーマを続けることを奨励してくれる指導教官と出会い、キャリアの最初の一歩を踏み出すことができた。マイケル・タッシュマン、エイミー・エドモンドソン、エレン・ランガー、リチャード・ハックマン、アンディ・グライムズ、キース・プロヴァンのメンターシップに心から感謝している。パラドックスに関するアイデアを発展させるにあたっては、私たちよりはるかに前からパラドックスに関するインサイトを広げてきた巨人たちの肩の上に乗ることとなった。ジーン・バートゥネク、マイケル・ビアー、デイヴィッド・バーグ、キム・キャメロン、スチユアート・クレッグ、キャスリーン・アイゼンハート、チャールズ・ハムデン＝ターナー、チャールズ・ハンディ、バリー・ジョンソン、アン・ラングレィ、リンダ・パットナム、ロバート・クイン、ケンウィン・スミス、トム・ピーターズ、ラス・ヴィンスをはじめとする実に多くの研究者と尊く活発な議論を交わしてきた思い出が、鮮やかによみがえる。ポーラ・ジャーザブコフスキーは、私たちがまだアイデアを育んでいた時期に、パラドックスを世界規模で研究することの力を認識していた。ポーラは、２０１０年に私たちが初めてＥＧＯＳ（ヨーロッパ組織学会）でサブトラックを主催したときに尽力してくれた。このサブトラックでは、世界各国の研究者が一堂に会した。これらの研究者による共同体は成長を続け、それを通じて私たちはきわめて重要な関係を培い、研究上のインサイトを深めてきた。コスタス・アンドリオプーロス、レベッカ・ベドナレク、マリア・ベシャロフ、ケン・ボイヤー、ゴードン・デーラー、マントー・ゴツィ、エイミー・イングラム、ジョシュ・ケラー、ロッテ・ルッシャー、エラ・マイロン＝スペクター、ミゲル・ピーニャ・エ・クーニャ、セバスチャン・ライシュ、ジョナサン・シャッド、マシュー・シープ、ナタリー・スラウィンスキー、チャム・スンダラムルシー、コニー・ヴァンダービル、アン・ウェルシュをはじめとする、研究プロセスに喜びと楽しみをもたらしながらパラドックス理論をともに発展させてきた多くの共著者は宝物だ。また、この世界規模のコミュニティの発展を促しながら、自身の研究でこれらのアイデアを育んできた方々に、心から敬意を表する。アイナ・オースト、マルコ・ベルティ、シモーン・カーマイン、ゲイル・フェアハースト、メダニー・ガイム、アンジェラ・グレコ、トバイアス・ハーン、カトリン・フーカー、マイケル・ジャレット、エリック・ナイト、マーク・クラウスバーガー、ジェーン・レ、バレリー・ミショー、ヴォニ・パンフィル、カミル・プラディース、ステファニー・シュラージ、ガリマ・シャーマ、ハラルド・タッカーマン、ロバート・ライトなど、数多くの素晴らしい研究者の方とつながり、学びを得た。そして次世代に目を向け、きわめて早くからパラドックス思考を使いこなしているシェイ・カマッツに感謝を申し上げたい。

さらに、幅広い分野の研究仲間が、助言、インサイト、意見、そして友情をもって、私たちの旅路を支えてくれた。これらの研究者の大半は、デラウェア大学アルフレッド・ラーナー・カレッジ・オブ・ビジネス・アンド・エコノミクス、シンシナティ大学リンドナー・カレッジ・オブ・ビジネス、ベイズ・ビジネススクール、ハーバード・ビジネススクール、ケンブリッジ大学、ノバ経済経営学院など、所属機関と訪問先機関を通じてつながった方々である。これらをはじめとする各機関に所属する多くの方にお礼を申し上げる。とりわけ、アンドリュー・ビンズ、ドリー・チュー、アマンダ・コーウェン、シャサ・ドブロウ、ローラ・エンプソン、エリカ・アリエル・フォックス、ジェニファー・ゴールドマン＝ウェッツラー、アダム・グラント、エレイン・ホレンズビー、ジョハンナ・イルフェルド、アダム・クラインバウム、スザン・マスターソン、ジェニファー・ペトリリエリ、トニー・シラード、ジョー・シルベスター、スコット・ソネンシェイン、ニール・ストット、ポール・トレーシー、ＢＪ・ズィルガーのサポートと友情に感謝したい。

本書の執筆は、挑戦であり、喜びでもあった。私（マリアンヌ）は、フルブライト奨学金プログラムに深く感謝している。同プログラムのおかげで、研究を立ち上げ、本書を執筆するための時間と場を得ることができた。このサバティカルによって、ビジネス、学問、自身のキャリアのあいだにある、より大きな緊張《テンション》関係に触れ、莫大なセレンディピティを得ることができた。

本書執筆中の最も重要な時期に、私（ウェンディ）は、デラウェア大学の女性リーダーシップ・イニシアティブのチーム、アマンダ・バロー、エリザベス・キャリオ、リン・エヴァンス、エイミー・ステンジェルに大変お世話になった。このチームの皆は、世界がどれほどパラドキシカルかを私に気づかせてくれるとともに、パラドックスを一緒に乗りこなすことがどれほど楽しくなりうるかを認識させてくれた。また、女性リーダーシップ・イニシアティブが主催する女性リーダーシップ・フォーラムで一緒に共同ファシリテーターを務めるバーバラ・ロシュにも感謝したい。バーバラは本書を完成させるため、夜遅くの雑談に付き合い、非公式にコーチングしてくれた。また、ナショナル・センター・フォー・ファカルティ・デベロップメント・アンド・ダイバーシティ（NCFDD）でのグループ仲間のモーリス・スティーブンス、クリス・デメトリー、ジョシー・ジョンストン、そして類まれなるコーチのレナ・セルチャーの叡智にも感謝している。これらすべての研究仲間は、本書を執筆するための時間と場を確保できるように手助けしてくれた。最後に、ボストン、マウントエアリー、イスラエル、イェール大学のさまざまなコミュニティの友人に恵まれたことを、幸せに思う。定期的な交流と継続的な友情が、私を支え、やる気に火をつけてくれた。

本書には学術的なインサイトと実世界の経験の相乗効果が表れている。その点に関して述べると、持続的なパラドックスを巧みに乗りこなし、経験とアプローチを共有する時間をとってくれたリーダーの皆様には、大いにお世話になった。ジータ・コブ、スティーヴン・コズグローブ、ジェレミー・ホッケンスタイン、バリー・ジョンソン、テリー・ケリー、ジャネット・パーナ、ポール・ポルマン、ケリー・アン・ロックモアに学ばせていただき、心から感謝している。インスピレーションに富む彼らの物語を世界中に共有したいという気持ちが、本書を執筆した理由のひとつだ。彼らのパラドキシカルなリーダーシップの勇気と叡智を、本書が正当に描写できていることを願っている。また、マイケル・チャートク、ダイアン・エシュルマン、ジェイソン・フィールド、ジェイソン・フォックス、タミー・ガンク、ステリオス・ハジ＝イオアノウ、ヴァーノン・ヒルズ、ダイアン・ホッジンズ、チャンドラ・アービン、ジェイク・ジェイコブス、ムタール・ケント、マービン・コロジク、スーザン・キルスビー、ニコス・モーコジャンニス、ジェフ・シーブライト、ディック・ソーンバーグ、マイク・ウルマン、マット・アターバック、マーティ・ウィクストロム、ナンシー・ジンファーなど、両立思考への理解を広げてくれたその他のリーダーにも感謝している。

アイデアは、幅広い読者と共有してこそ価値がある。この点に関しては、本書を世に出すのを手伝ってくれた出版界の人々に感謝している。エージェントのレイラ・カンポリと仕事をするようになってすぐ、私たちは自分の夢が現実になるとわかった。レイラは出版界を熟知している。また、本書のビジョンもすぐに把握してくれた。出版プロセスのあらゆる段階で、私たちのビジョンを現実化するために手を尽くしてくれた。編集者のケビン・エヴァースと仕事をするようになって、私たちは自分たちが思っていたよりも大きな夢を抱いていることに気づいた。ケビンは、絶妙な塩梅で私たちをサポートしながら課題を提示してくれた。私たちの中核的インサイトを高く評価しながら、より明確で、力強く、簡潔な表現にするよう促してくれた。レイラとケビン、ふたりは魔法のように素晴らしいコンビだった。ありがとう。また、デザイン、原稿整理、出版、営業、広報をはじめ、本のいのちに関わるさまざまな分野にすばらしい人材を擁し、本書をさらに良いものに仕上げてくれている、ハーバード・ビジネス・レビュー・プレスの「村」全体にも感謝している。

人生の陰陽において、家族は礎となり、そこを起点として私たちは知的探求を推し進めることができた。個人としての基盤は、まさに業績を上げるための力となってくれた。

私（ウェンディ）は、私を導き、忍耐強さと献身の模範となってくれた方々に感謝している。両親のジュエル・スミスとラリー・スミスは、受容と進歩の絶妙な組み合わせを与えてくれた。常にその時点の私を誇りに思いながら、成長し、学び、達成し続けられるように刺激してくれた。義母のローダ・ポスナー・プルースは、私の研究にいつも興味を示してくれた。両立に関するたくさんのアイデアをメールで送ってくれて、また、文章に細かい指摘をくれて、ありがとう。また、現実主義と楽観主義の完璧な調和と、うらやましくなるほどのユーモアのセンスを兼ね備えた、姉のヘザー・マーティンにも永遠に感謝している。これらすべての資質を、毎日の会話で（場合によっては一日に何度も！）体験できることはとても幸運である。子供たち、ヤエル、ジョナ、アリから日々得られる学びに、私は畏敬の念を抱いている。３人はいつも世の中で見かける両立（Both/And）の例を示してくれるうえに、両立思考が秘める創造力を、それぞれの発想、行動、関係の中で発揮している。子供たちがそれぞれ天賦のパラドキシカルな才能を発揮することで、世界はより良い場所になると確信している。最後にマイケルへ。あなたはまさに、私の「陽」に対する「陰」になってくれている。世界について考える新たな道を、私のために形づくる。また、より良い私になれるように促す。あなたは、この本について、私について、そして私がこれからやり遂げることについて、揺るぎない信頼を寄せてくれ、私を毎日力づけてくれている。

私（マリアンヌ）は、無条件の愛と支持によって強くなれる、高い水準と揺るぎない価値観の相乗効果を教えてくれた方々の恩恵を受けている。キムと子供たち――ジェイソン、サムソン、フラニー――への愛は、言葉では表せない。あなたたちこそが、私の行動原理の中心である。本書、その基になる研究、そして私のリーダーシップは、あなたたちの励ましと忍耐なしでは発展させることができなかった。また、両親のスティーブン・ウィールライトとマーガレット・ウィールライト、きょうだいのメリンダ・ブラウン、クリスティ・テイラー、マット・ウィールライト、スペンサー・ウィールライトも心から尊敬している。私は毎日あなたたちから学び、次世代のウェズリーとサイラスを育てながら、そのインスピレーションの価値を重く感じている。そして、一番大切なメンターである父に、特に感謝したい。模範となってくれてありがとう。思考《ソート》のリーダーとして、学問のリーダーとして、そして家族のリーダーとして、父は愛と規律、自信と謙虚、計画と革新、私生活と仕事の両方を受容するように教えてくれた。

そして最後に、読者の皆さんに感謝している。パラドックスを生き、乗りこなしている皆さんこそが、本書のアイデアを現実にしてくれた。誰もがパラドックスと主体的に関われるようになり、よりサステイナブルで、クリエイティブで、成長できる世界を実現できることを願っている。

監訳者あとがき

日本語版刊行に寄せて

本書は近年経営学において大変注目を浴びている「パラドックス研究」という領域を牽引するウェンディ・スミス教授とマリアンヌ・ルイス教授の共著であり、経営思想のアカデミー賞とも呼ばれるThinkers50において、Best New Management Books for 2023にも選出された名著である。

原書には、序文を書かれたエイミー・C・エドモンドソン教授（心理的安全性の権威）をはじめ、アダム・グラント教授（『Think Again』著者）、世界的コンサルタントのトム・ピーターズ（『エクセレント・カンパニー』共著者）などの錚々たる面々からの推薦文が寄せられており、その内容の素晴らしさに疑う余地はない。

しかしながら、本書が刊行された２０２３年秋の時点で、日本の多くの方々には、著者のふたりも、経営学分野における「パラドックス研究」という領域も、ほとんど知られていないというのが実情ではないだろうか。

そこで当解説では、まず、本書の下敷きとなっている「パラドックス」とは何か、経営学におけるパラドックス研究の歴史の中で、両著者がどのような貢献をしてきたのかを紐解いていく。その上で、なぜ多くの企業でパラドックスが重要なテーマとなりうるのかを解説したい。最後に、両著者の研究の現時点の集大成とも言える本書の内容に触れながら、ビジネスの現場における実践のポイントや注意点などについて解説していく。

パラドックス思想の長い歴史

本書では、パラドックスを「同時に存在し、長時間持続する、矛盾していながらも相互に依存する要素」と定義している。そもそも、人類がこのパラドックスについて思索をめぐらせてきた歴史は長い。本書内でも易経や道教に由来する陰陽太極図が繰り返しモチーフとして引用されているが、数千年前に生まれた道家の老荘思想をはじめ、西洋哲学で言えば、古代ギリシアの哲学者たちが考案した論理パラドックス、ヘーゲルの弁証法における正反合、あるいは止揚（アウフヘーベン）の考え方など、パラドックスと向き合う思想は、洋の東西を問わず、同時多発的に生まれ、発展を遂げてきた。

日本でのパラドックスに関する思想についても少し触れたい。

たとえば剣道や茶道などの稽古の世界には「守破離」という思想がある。型を学習する「守」、型を脱学習する「破」、型を使いながら使わない境地である「離」。この中で、「離」は型に《はまる》と《はまらない》ことの両方が同時に存在するパラドキシカルな状態と言える。[注1] これはパラドックスを扱った思想の中でも稽古という身体性を伴ったユニークなものと言える。

また京都大学哲学専修を発祥とする京都学派の創始者であり、日本を代表する哲学者である西田幾多郎もパラドックス思想には欠かすことのできないひとりである。西田は仏教をはじめとした東洋の論理は体験の中にあり、言語化されていなかったと指摘し、言語化された西洋の論理を学んだうえで、そのふたつの融合を目指した哲学者であった。[注2] この哲学者のあり方自体が、両立思考の体現であると言えるが、その西田は晩年、「絶対矛盾的自己同一」という概念を提唱している。これは、「相矛盾するものが同時に存在していることこそ、この世界の真実の姿である」ということを表した西田哲学の代名詞とも言える概念である。

さて、ここでひとつの問いが浮かぶ。なぜパラドックスにまつわる哲学や理論が、太古より洋の東西を問わず数多く生まれ、人を惹きつけ続けているのだろうか。

その答えがまさに西田の「絶対矛盾的自己同一」に含まれている。そもそも、現実はパラドキシカルで矛盾に満ちたものなのである。ところが、現実を自分に都合よく利用しようと考える人間（とりわけ、近代人）は、そうした現実に対して不安や違和感といった負の感情を抱いてしまう。それが人間の悩みの本質である。だからこそ、その苦しみへの答えを探して、さまざまな哲学や宗教がパラドックスという難題に挑んできたと言えるのではないだろうか。

経営学の世界におけるパラドックス研究の歴史と位置づけ

さて、ここで経営学の世界に立ち戻りたい。経営学にパラドックスが登場してきたのは1970年代ごろからである。チャールズ・ペロー、ロバート・クインとキム・キャメロン、マーシャル・スコット・プールとアンドリュー・ヴァン・デ・ヴェンなど数々の影響力のある経営学者が組織論の文脈でパラドックスを探求し、多くの論文が発表された。テーマは組織変革や効果的な組織運営であり、基本的な主張は「競合する要求の中から選択することで、短期的な業績は向上するかもしれないが、長期的な持続可能性を高めるためには、複数の多様な要求を満たすための継続的な努力が必要」というもので、今のパラドックス研究とも通じる魅力的なメッセージであった。

しかし残念ながら、そこからしばらく研究分野としては沈黙が続いた。研究がなかなか発展しなかった理由は三点ほど挙げられる。

一点目は、パラドックス概念の定義が曖昧であったこと。この時期までの論文では、パラドックス、ジレンマ、コンフリクトなど、似たような概念を表す言葉が複数あり、しかも論文によって使い方がバラバラであった。そのため論文が複数あっても研究として積み上がらず、分野としての深まりは限定的であった。

二点目は、実務で使える統合的で実践的な枠組みが存在しなかったこと。パラドックスのアイデアは魅力的で、啓発的ではあるものの、実務家が使える実践的な枠組みに落とし込まれていなかったため、実践が進まず研究としても深まらなかったと考えられる。

三点目の理由。それは当時、「ひとつの正解」を求める、いわゆる本書で言う「択一思考」が経営学のメインストリームであったこと。

たとえば組織論で言えば、初期の組織論はアンリ・ファヨールやフレデリック・テイラーに代表される「科学的管理法」が研究の主流であり、これは「成功するためにはたったひとつのベストな方法が存在する」という前提で研究を進めるという世界観であった。

しかしそれは時代の必然とも言えた。なぜなら当時はいわゆる工業化社会であり、価値を生み出す主役はモノであり、マネジメントの成否を分けるのはモノを安く大量に作るための経営資源（ヒト、モノ、カネ）の効率的なやりくりであった。わかりやすく言い換えるために極論をいうと、資源を最も効率的に活用出来ている「正解」の状態に近づけるのが経営とも言えた。人や組織はモノの動きに従属する存在であり、人に正解の行動をさせるためのルールや手順、指揮命令系統を定め、あたかも人や組織を機械に見立てて正しく動かすような経営の考え方が主流であった。そういった環境であれば、複数の選択肢の中から正解を選び出す「択一思考」の視点を提供することが経営学の役割であるのはごく自然であった。

その後、状況によって正解が異なると考える「コンティンジェンシー理論」などへの発展はあったが、「ひとつの正解」を提示するという世界観には変わりはなかった。

しかし、そこにいくつかの社会変化が重なり、世界観に変化が生じてきた。

一つ目は、ポスト工業化社会（知識社会、デジタル社会）への産業構造の変化である。経済発展が進んだ国ではモノが溢れ始め、価値の中心がモノからコト（体験）へ移行した。コトの価値の創出には、それに関わる人の意欲やクリエイティビティを高めることが重要である。結果としてマネジメント手法もルールや手順で人々の行動を縛る方法論から、人々の自律性を重視し、人を内発的に動機づけるような方法が重視されるようになっていった。

二つ目は、ダイバーシティを尊重する社会的な風潮である。発端は差別の解消、人権の尊重という文脈から始まったダイバーシティの運動であったが、昨今ではイノベーションの源泉という意味付けでも語られるようにもなってきた。これにより、ひとつの価値観で組織を染め上げるのではなく、さまざまな価値観を同居させつつも一体感を醸成するような組織づくりが重要になってきた。

モノによる縛り、ルールや手順による縛りを廃して人々に発想や行動の自由を与えれば与えるほど、先ほど指摘したような人間の悩みの本質でもあるパラドキシカルで矛盾に満ちた現実に直面することになる。またダイバーシティをめぐる多様性を保ったまま一体感を醸成するという問いは、その問い自体が極めてパラドキシカルである。こうなると、これまでの経営学の択一思考に基づくアプローチだけでは経営現場の課題に応えることが難しくなってくる。

そこに登場したのがパラドックス研究である。選択肢をただ評価して優劣をつけるのではなく、その背後にあるパラドックスに注目し、その相互依存性や持続性を受け入れた上でそれらを両立させるクリエイティブな方法を探求するという両立思考に基づいたパラドックス研究のアプローチが、これまでの経営学の限界を超える突破口になるのではないかと注目を浴びた。

しかし、それまでの択一思考の経営学のメインストリームはそんなに簡単には変わらない。パラドックスの研究者は周囲から奇異な目で見られたり、「そんな研究に意味があるのか」と問われることも少なくなかった。

そんな中、パラドックス研究が大きな注目を集め、経営学の主要な分野として確立されていく流れを作り出したのが本書の著者のふたりである。ふたりも上記の流れの例外ではなく、その頃の苦労を回顧録で書いているが、『両利きの経営』の著者のひとりであるマイケル・タッシュマンから「大きなアイデアに人々が尻込みするということは、それを追究することが重要であることを意味している」と勇気づけられ、研究にいそしんだ。

その結果書き上げられた、２０００年のマリアンヌ・ルイス教授の『Exploring Paradox: Toward a More Comprehensive Guide』（その年のＡＭＲ最優秀論文賞を受賞）と、２０１１年の、両著者による『Toward a theory of paradox: A dynamic equilibrium model of organizing』、特にこのふたつの論文が経営学の世界に大きなインパクトを与えた。

これらの論文の一体何がエポックメイキングだったのかというと、先ほどのパラドックス研究が発展しない理由の三点に見事に応え、パラドックス研究をメインストリームのひとつに押し上げたという功績に他ならない。

２０００年の論文で現在の概念の原型がすでに示されており、２０１１年の共著論文は以下のような内容が示されていた。

・過去20年（１９８９年〜２００８年）分の主要な12のマネジメントジャーナルの論文を調査してパラドックス研究が年平均10％ずつの割合で劇的に増加していることを発見し、択一思考的なコンティンジェンシー理論などとは異なる、両立思考的なパラドックス理論の潮流が立ち現れていることを明らかにした。

・過去の膨大なパラドックスに関する文献をレビューし、トレードオフ、ジレンマといった類似概念との違いを整理した。

・過去のパラドックス研究の成果を統合し、実務にも活かせる「動的平衡モデル（dynamic equilibrium model）」を提案した。

動的平衡とは、「細部ではさまざまな変化が起こっているが、それらがバランスを保つことで全体としては平衡状態にあるさま」であり、日本では生物学者の福岡伸一がベストセラー『生物と無生物のあいだ』で「生命とは動的平衡である」と表現したことで脚光を浴びた概念でもある。著者のふたりはこの論文で、組織の望ましいあり方を静的で固定的な構造として捉えるのではなく、動的で生成変化するプロセスとして捉えるモデルを示した。本書の中でも「綱渡り」や「一貫した非一貫性」といったような表現を用いて動的平衡によるパラドックス・マネジメントの考え方を分かりやすく説明している。

これらの論文が、世界的なトップジャーナルのひとつである『Academy of Management Review』に掲載されると、瞬く間に数多く引用がなされ、まさに経営学の世界での択一思考から両立思考へのパラダイムシフトが起こり始めた。

２０１１年の共著論文は、ジャーナル掲載の10年後の２０２１年、10年間で最も影響力のあった論文に送られる「AMR DECADE AWARD（ＡＭＲ10年賞）」を受賞した。また当論文は現在までに４００0件を超える驚異的な被引用数を誇っている。

さらに２０１５年に北京大学の张 燕（Yan Zhang）を中心とする研究チームがパラドキシカルなリーダーの行動を測定する尺度を[注3]、２０１９年にエラ・マイロン＝スペクターや著者らの研究チームがパラドックス・マインドセット関連尺度を[注4]発表すると、パラドックス研究がさらに加速した。パラドックス研究は現在の経営学の中では一大勢力となって研究の量産体制に入り、現在も日々新しい知見が生み出されている。

ここまで見てきたようにパラドックス研究は経営学のメインストリームのひとつになりつつある。日本で一大ブームを巻き起こした「両利きの経営」もパラドックス研究のひとつだと解釈することが可能であり、徐々にこの分野への関心と評価は高まりつつある。

日本企業の課題感から見える両立思考の意義とは

ここまでアカデミックな視点でパラドックス研究の歴史や位置づけを見てきた。

ここからは実務家視点で、日本企業をとりまく課題からパラドックスを理解する必要性や両立思考の有用性について述べたい。

最近、現場でよく耳にする経営の組織課題は以下のようなものである。

・中長期の戦略としてＥＳＧ経営やパーパス経営を掲げ、さまざまな施策に取り組んでいるが、現場は短期の売上さえあげればよいという意識から脱却しきれておらず、戦略の意図が実現できているとは言えない。

・企業と組織の関係性がこれまでの終身雇用による「囲い込み」から「選び選ばれる関係へ」へ変わるということが政財界の各方面から発信され、組織と個人、あわせて上司と部下の関係性がフラットに近づいている。しかしこれまでの上下関係がはっきりしていた時代の指揮命令型のマネジメントしか知らないため、管理職が機能不全に陥っている。

実はこれらの課題の背景には、「パラドックス（同時に存在し、長時間持続する、矛盾していながらも相互に依存する要素）に、両立思考ではなく択一思考で対応している」という共通のパターンがある。

最初の課題であれば、「短期（売上）と中長期（パーパスなど）」、２番目であれば「管理と柔軟性」や「全体（組織）と部分（個人）」というパラドックスが潜んでいる。これらの両極は、どちらも組織にとって必要な要素であり、両立する必要がある。それにも関わらず、リーダーが択一思考によって短期、管理、全体を選択してしまっている、もしくはそれ以外のやり方がわからないために課題が解決できていないと見立てることができる。

では、両立思考でこれらを両方大事にするべきということをリーダーだけに伝えればそれで解決するかというと、実はそんな単純な話ではない。

多くのリーダーが置かれているのは、より上位の経営陣やステークホルダーから短・中長期織り交ぜた複数の目標の同時達成、つまり両立が求められる一方で、部下からは「残業時間にも制約があり、どれを優先するのか決めてほしい。決めるのはリーダーの仕事」と択一を迫られる板挟みの状況である。そこに加え、「自分の要望やキャリアも尊重してほしい。そうでなければ退職する」という、難題まで突き付けられているのである。

こんな状況であれば、パラドックスをどう両立するかに向き合うより、シンプルに択一の答えを出してしまう。不安な状況から自身や周囲を解放したい衝動に駆られるのは無理もない。しかもそういう時は、たいてい短期的で、わかりやすく、これまで慣れ親しんだ、つまり今までの問題が繰り返されるような選択肢を選んでしまうだろう。もしくは日本企業によくある「本音と建前」を使い分けることによって、パラドックスに正面から向き合わずに、両立というよりも中途半端な妥協に甘んじていることも多い。

ここで賢明な読者の方であればお気づきだと思うが、この状況はリーダーだけが創り出しているのではない。部下が択一思考をリーダーに強いることによって創り出されているとも言える。もし部下が「どうしたら両立できるかをリーダーと一緒に考える」「リーダーが決める時もあれば、自分が提言して決めることがあってもよい」という両立思考を持っていれば、状況は変わりうる。

本書の中でも、全員が両立思考をするべきかという問いは扱われている。そこでは必ずしも全員が両立思考をする必要はなく、その割合は状況によって異なるという結論になっている。

しかし、日本企業は同調圧力が強いために、リーダーに追従することを求められる雰囲気が醸成されやすい。かつ「どちらが正しいのかを決めたがる」という正解志向とも言うべき択一思考に囚われがちな傾向もある。それらが相まって先述のようなリーダーを択一思考にがんじがらめにするような状況が創られやすいのではないだろうか。

日本企業で最近よく耳にする組織課題の解決策としてパラドックスの認識と両立思考の獲得は大いに役立つ。加えてそれはリーダーだけを対象とするのでなく、組織に広く共通言語として浸透させることがカギになるのではないか。

実践のポイント

ここからは、この本の実践に用いる際のポイントについて解説していきたい。

まずはもちろん書かれている事例を真似てみるということもあるが、そもそもパラドックスやそこへの対応はそれぞれの企業の固有の文脈と深く紐づいているので、事例で示されている打ち手がそのまま自社でも使えるとは限らない。

そこで、具体的には以下のような実践をお勧めしたい。

(1) 課題の背後にあるパラドックスを認識するため、エスノグラフィーを行ってみる
(2) ABCDシステムを活用し、両立の問いを立てる
(3) 組織で対話を通じてパラドックスの認識や両立の問いを共有する
(4) パラドックス・マインドセット関連尺度を用いて組織の状態を見立てながら試行錯誤し、両立思考を組織の中に根付かせていく

上記には監訳者が運営している「パラドキシカル・リーダーシップ養成講座」の内容も含むため、本文中に登場していない言葉もあるが、補足しながら説明していきたい。

(1) 課題の背後にあるパラドックスを認識するため、エスノグラフィーを行ってみる

エスノグラフィーとは、文化人類学などで使われる「現場を内側から理解するための調査、研究手法」のことである。異文化研究において暗黙の前提やパターンを明らかにすることを目的に用いられることが多かったが、昨今、そこから得られる深いインサイトを商品開発やマーケティングにも応用することを目的に、文化人類学者を採用したりその知見を活用する企業が増えている。

その代表的な手法がフィールドワークである。フィールドワークにおいて研究者は、参与観察、インタビューなどの方法でフィールドノートを書いていくのだが、その作成において重要なのは、「探索し

たことすべて（視覚、聴覚、触覚、嗅覚、味覚etc.）を描写し、いかに読者にその現場にいるかのような感覚にさせられるか」を意識して書くことであり、これを「厚い記述」と呼ぶ。厚い記述をするメリットとしては、観察者を観察に集中させるだけでなく、後で読み返した時にその場では気づいていなかった新たな視点を発見できることである。これは、知らず知らずのうちに囚われていた自文化の視点から抜け出す瞬間である。

このことが、見えていなかった課題の裏側のパラドックスを明らかにすることに大いに役立つ。パラドックスには論理的なものだけでなく、立場や価値観の違いによって生じる社会構成的なものも存在する。たとえば、ある営業リーダーがパーパスを果たすことと日々の売上を上げるための活動はまったく矛盾しないと捉えていて、パーパスに基づいた新しい施策をチームに当たり前のように展開したとする。しかし「売上の達成だけが自分の仕事」という世界観で働いているメンバーがいた時に、そのメンバーからは、売上をあげるための活動の時間を削ってパーパスとやらの何かを新しくやらなければならないなんて、リーダーの言っていることは矛盾している、と映るかもしれない。

このようにリーダーからは見えていないが、現場には確かに存在するパラドックスが課題を難しくしていることはよくあることだ。このようなパラドックスを発見するために現場をフィールドワークすることはとても有効である。もちろんリーダーに限らず、リーダーや他部署の方の言動の理解が難しいと感じている組織のすべての人にとって試していただきたい手法だ。

（2）ABCDシステムを活用し、両立の問いを立てる

パラドックスを見出したら、次はABCDシステムを活用し、両立の問いと向き合うことをお勧めす

る。以下は問いの例であるが、本書を読み進めると、事例などを通してたくさんの有効な問いが浮かぶことであろう。

【問いの例】

A－アサンプションの問い

・択一思考に陥って拙速な解決に囚われていないか

・両立が必要であるという文脈を社内外のステークホルダーにどう理解してもらうか

・リソースを自分に現在与えられた範囲だけで考えていないか。社内外にすでにあるリソースで活用できるものはないか。

B－バウンダリーの問い

・全体がパーパスに立ち戻ることで何らかの行き過ぎを防ぐことはできないか

・パラドックスの両極を適切に分離してそれぞれの動きを促すことはできるか

・分離したパラドックスはどう接続すれば全体として利益が得られるか

C－コンフォートの問い

・ひと呼吸おいて、落ち着いた心持で今の状況を眺めるとどうだろうか

・今の状況をそのまま受け入れ、味わいきってみると何が起こるだろうか

・より大きな目的や意義とつながると感じ方は変わるだろうか

D－ダイナミクスの問い
・新しいアイデアを小さく実験するとしたらどう始められるか
・これを新たな変化へのセレンディピティだと捉えるとどうだろうか
・これまでの当たり前の中で手放さなければならないものがあるとすれば何だろうか

(3) 組織で対話を通じてパラドックスの認識や両立の問いを共有する

先ほどパラドックスには論理的なものと社会構成的なものがあるとお伝えした。社会構成主義とは人間が共有する解釈を通じて現実が創られるという考え方のことで、社会構成主義に基づいた組織への介入手法として対話型の組織開発というものがある。チームでパラドックスに向き合うにあたっては、対話が有効であり、その重要性は本書でも紹介されているレゴ社を題材としたロッテ・ルッシャーと著者のマリアンヌ・ルイスの研究でも示されている[注5]。

ここまで、パラドックスを認識し、両立の問いを検討してきたが、ぜひそれを組織で共有するような対話の場を設計いただくとよいだろう。その際には、本書の第8章の最後に示されている両立実践ワークシートや、第9章で紹介されている「SMALLモデル」や「ポラリティマップ」は対話の進め方や問いを設計する際の参考になる。

（4）パラドックス・マインドセット関連尺度を用いて組織の状態を見立てながら試行錯誤し、両立思考を組織の中に根付かせていく

最後は、パラドックス・マインドセット関連尺度の活用について提案したい。第4章の図4－1パラドックスナビゲーション（両立実践）マトリックスで示されているように、パラドックス・マインドセットが高く、かつ緊張関係《テンション》を経験していると、積極的実践（エンゲージング）ゾーンという状態になり、両立思考を実践しやすい状態になるという。

これから組織で両立思考を実践していくということであれば、本書の巻末のパラドックス・マインドセット関連尺度を活用して、自社の状態を測定しながら、さまざまな啓蒙施策などを行っていくことをお勧めする。

※パラドックス・マインドセット関連尺度について、本章執筆時点では当講座の竹内規彦客員教授（早稲田大学大学院経営管理研究科・教授）により、日本語版尺度の妥当性・信頼性の検証作業が進められており、一定の信頼性があることが講座内の研究会で報告されている。

経営学におけるパラドックス研究のこれから

最後に、経営学におけるパラドックス研究のこれからについて触れたい。

メタ理論と表現されるほど適用範囲が非常に広いため、現在は以下のような領域での研究が行われているが、今後もこのパラドックス理論のレンズを通してさまざまな研究に新たな視点が加えられていくことが期待されている。

・リーダーシップ（複数の目的の同時追求）のパラドックス
・両利きの経営（探索と深化）のパラドックス
・社会的企業（事業性と社会性）のパラドックス
・キャリア自律と組織化のパラドックス
・コーペティション（協調と競争）のパラドックス

また監訳者が主催する「パラドキシカル・リーダーシップ産学共同講座」でも以下のような研究に取り組んでいきたいと考えている。共同研究にご興味のある企業があれば是非お気軽にご連絡いただきたい。

・企業におけるパラドックス・マネジメントの実践事例の研究および先行研究の実証研究
・パラドキシカル・リーダーシップを発揮するリーダーをどのように育成するかの実証研究
・パラドックス・マインドセットを組織としてどう育むかの実証研究
・京都大学哲学専修と連携しての哲学分野からの新たな知恵の創造
・文化人類学の知恵を応用してのパラドキシカル・リーダーシップ実践の知恵の創造
・キャリア自律と組織貢献のパラドックスに対するメカニズムの解明
・グローバル（資本主義経済）とローカル（地域・伝統社会）のパラドックスの探求
・エフェクチュエーションとコーゼーションのパラドックスの探究　など

最後に

矛盾を両立させようとする両立思考は経営学の中でさえ当初は簡単には受け入れられなかった、本質的だが難しいコンセプトである。本書を読み終わった方でも、すっきりしない気分にさいなまれている方もいらっしゃるかもしれない。

ただあえて、それがよい状態だとお伝えしたい。

すっきりしない事を問いとしてもっておく事、物事を見る時にパラドックスというレンズを通して眺めてみる事、そして本書で紹介しているABCDシステムなどのツールを実践で使ってみて、身体性を伴って理解していく事。それらを通して、ある時に「そういうことか」と腑に落ちる瞬間が訪れると確信している。

とりわけ、本書の枠組みやツールは、経営学の学術的知見に基づいて構築された信頼できるものである。この学問的裏付けのあるツールを実践に使うことで、きっとこれまでと違う顕著な効果が出せることを読者は実感するだろう。

多くの読者にとって本書との出会いが有意義なものになることを願ってやまない。

監訳者一同

注

注1　西平直『稽古の思想』（春秋社）２０１９

注2　西平直『東洋哲学序説　西田幾多郎と双面性』（未来哲学研究所/ぷねうま舎）２０１９

注3　Zhang, Y., Waldman, D. A., Han, Y. L., & Li, X. B. (2015). Paradoxical leader behaviors in people management: Antecedents and consequences. Academy of Management Journal, 58 (2), 538-566.

注4　Miron-Spektor, E., Ingram, A., Keller, J., Smith, W. K., & Lewis, M. W. (2018). Microfoundations of organizational paradox: The problem is how we think about the problem. Academy of Management Journal, 61 (1), 26-45.

注5　Lüscher, L. S., & Lewis, M. W. (2008). Organizational change and managerial sensemaking: Working through paradox. Academy of Management Journal, 51 (2), 221-240.

参考文献

Abedin, H. (2021). Both/And: A Memoir. New York: Scribner.
Andriopoulos, C., and M. W. Lewis (2009). "Exploitation-Exploration Tensions and Organizational Ambidexterity: Managing Paradoxes of Innovation." Organization Science 20 (4): 696–717.
________ (2010). "Managing Innovation Paradoxes: Ambidexterity Lessons from Leading Product Design Companies." Long Range Planning 43 (1): 104–122.
Argyris, C. (1977). "Double Loop Learning in Organizations." Harvard Business Review, September: 115–125.
Baghai, M., S. Coley, and D. White (2000). The Alchemy of Growth. Boulder, CO: Perseus Books.
Bartunek, J. (1988). "The Dynamics of Personal and Organizational Reframing." In Paradox and Transformation: Toward a Theory of Change in Organization and Management, edited by R. Quinn and K. Cameron, 127–162. Cambridge, MA: Ballinger.
Bateson, G. (1972). Steps to an Ecology of Mind: Collected Essays in Anthropology, Psychiatry, Evolution, and Epistemology. New York: Ballantine Books.(邦訳『精神の生態学へ』岩波書店、2023年)
________ (1979). Mind and Nature: A Necessary Unity. New York: Bantam Books.
Bazerman, M. (1998). Judgment in Managerial Decision Making. New York: Wiley.
Bennis, W. (2003). On Becoming a Leader, rev. ed. Cambridge, MA: Perseus.(邦訳『リーダーになる(増補改訂版)』海と月社、2008年)
Berti, M., and A. V. Simpson (2021). "The Dark Side of Organizational Paradoxes: The Dynamics of Disempowerment." Academy of Management Review 46 (2): 252–274.
Besharov, M., W. Smith, and T. Darabi (2019). "A Framework for Sustaining Hybridity in Social Enterprises: Combining Differentiating and Integrating." In Handbook of Inclusive Innovation, edited by G. George, T. Baker, P. Tracey, and H. Joshi. Cheltenham, UK: Edward Elgar Publishing: 394–416.
Binns, A., C. O'Reilly, and M. Tushman (2022). Corporate Explorer: How Corporations Beat Entrepreneurs at the Innovation Game. Hoboken, NJ: Wiley.(邦訳『コーポレート・エクスプローラー』英治出版、2023年)
Bolman, L. G., and T. E. Deal (2017). Reframing Organizations: Artistry, Choice, and Leadership. Hoboken, NJ: Jossey-Bass.
Bossidy, L., Charan, R., and Burck, C. (2011). Execution: The Discipline of Getting Things Done. New York: Random House.(旧版の邦訳『経営は「実行」』日本経済新聞出版、2010年)
Brach, Tara (2004). Radical Acceptance: Embracing Your Life with the Heart of a Buddha. New York: Bantam Books.(邦訳『ラディカル・アクセプタンス』金剛出版、2023年)
Brandenburger, A. M., and B. J. Nalebuff (1996). Co-opetition. New York: Doubleday.(邦訳『コーペティション経営』日本経済新聞出版、1997年)
Brown, B. (2012). Daring Greatly: How the Courage to Be Vulnerable Transforms the Way We Live, Love, Parent, and Lead. New York: Penguin.(邦訳『本当の勇気は「弱さ」を認めること』サンマーク出版、2013年)
Busch, C. (2020). The Serendipity Mindset. New York: Riverhead Books.(邦訳『セレンディピティ　点をつなぐ力』東洋経済新報社、2022年)
Cameron, K., and R. Quinn (2006). Diagnosing and Changing Culture: Based on the Competing Values Framework. San Francisco: Jossey-Bass.(邦訳『組織文化を変える』ファーストプレス、2009年)
Cameron, L. D. (2021). "Making Out while Driving: Relational and Efficiency Games in the Gig Economy." Organization Science 33 (1). https://doi.org/10.1287/orsc.2021.1547.
Cameron, L. D., and H. Rahman (2021). "Expanding the Locus of Resistance: Understanding the Co-constitution of Control and Resistance in the Gig Economy." Organization Science 33 (1). https://doi.org/10.1287/orsc.2021.1557.
Capra, F. (1975). The Tao of Physics: An Exploration of the Parallels between Modern Physics and Eastern Mysticism. Boulder, CO: Shambhala Publications.(邦訳『タオ自然学』工作舎、1980年)
Chabris, C., and D. Simons (2010). The Invisible Gorilla: And Other Ways Our Intuition Deceives Us. New York: HarperCollins.(邦訳『錯覚の科学』文藝春秋、2011年)
Cheng-Yih, C. (1996). Early Chinese Work in Natural Science: A Reexamination of the Physics of Motion, Acoustics, Astronomy, and Scientific Thoughts. Hong Kong: Hong Kong University Press.
Christensen, C. (1997). The Innovator's Dilemma. New York: HarperCollins.(邦訳『イノベーションのジレンマ』翔泳社、2001年)
Chugh, D., and M. H. Bazerman (2007). "Bounded Awareness: What You Fail to See Can Hurt You." Mind & Society 6 (1): 1–18.
Chugh, D. (2018). The Person You Mean to Be: How Good People Fight Bias. New York: HarperBusiness.
Cohen, B., J. Greenfield, and M. Maran (1998). Ben & Jerry's Double Dip: How to Run a Values-Led Business and Make Money, Too. New York: Simon & Schuster.(邦訳『ベン&ジェリーアイスクリーム戦略』プレンティスホール出版、1999年)
Collins, J., and J. Porras (2005). Built to Last: Successful Habits of Visionary Companies. New York: Random House.(初版邦訳『ビジョナリー・カンパニー 時代を超える生存の原則』日本経済新聞出版、1995年)

Colquhoun, G. (1999). The Art of Walking Upright. Wellington: Aotearoa New Zealand: Steele Roberts.
Cronin, T. E., and M. A. Genovese (2012). Leadership Matters: Unleashing the Power of Paradox. London: Paradigm Publishers.
Crum, A. J., and E. J. Langer (2007). "Mindset Matters: Exercise and the Placebo Effect." Psychological Science 18 (2): 165–171.
Cunha, M. P., and M. Berti (2022). "Serendipity in Management and Organization Studies." In Serendipity Science, edited by S. Copeland, W. Ross, and M. Sand. London: Springer Nature.
Cunha, M. P., S. R. Clegg, and S. Mendonça (2010). "On Serendipity and Organizing." European Management Journal 28 (5): 319–330.
Cyert, R. M., and J. G. March (1963). A Behavioral Theory of the Firm. Englewood Cliffs, NJ: Prentice-Hall. (邦訳『企業の行動理論』1967年、ダイヤモンド社)
Dacin, M. T., K. Munir, and P. Tracey (2010). "Formal Dining at Cambridge College: Linking Ritual Performance and Institutional Maintenance." Academy of Management Journal 53 (6): 1393–1418.
Dane, E. (2010). "Reconsidering the Trade-Off between Expertise and Flexibility: A Cognitive Entrenchment Perspective." Academy of Management Review 35 (4): 579–603.
Danesi, M. (2004). The Liar Paradox and the Towers of Hanoi: The 10 Greatest Math Puzzles of All Time. New York: Wiley. (邦訳『世界でもっとも美しい10の数学パズル』青土社、2006年)
Diamandis, P. H., and S. Kotler (2012). Abundance: The Future Is Better Than You Think. New York: Simon & Schuster. (邦訳『楽観主義者の未来予測』(早川書房、2014年)
Doren, C. (2019). "Is Two Too Many? Parity and Mothers' Labor Force Exit." Journal of Marriage and Family 81 (2): 327–344.
Dostoevsky, F. (2018). Winter Notes on Summer Impressions. Richmond, Surrey, UK: Alma Books. (邦訳『冬に記す夏の印象』筑摩書房、1970年など)
Dotlich, D. L., P. C. Cairo, and C. Cowan (2014). The Unfinished Leader: Balancing Contradictory Answers to Unsolvable Problems. New York: Wiley.
Drinko, C. (2013). Theatrical Improvisation, Consciousness, and Cognition. New York: Palgrave Macmillan.
________ (2018). "The Improv Paradigm: Three Principles That Spur Creativity in the Classroom." In Creativity in Theatre: Creativity Theory in Action and Education, edited by S. Burgoyne, 35–48. Cham, Switzerland: Springer.
________ (2021). Play Your Way Sane: 120 Improv-Inspired Exercises to Help You Calm Down, Stop Spiraling, and Embrace Uncertainty. New York: Tiller Press.
Duncker, K. (1945). On Problem Solving. Psychological Monographs, vol. 58. Washington, DC: American Psychological Association.
Durand, R. (2003). "Predicting a Firm's Forecasting Ability: The Roles of Organizational Illusion of Control and Organizational Attention." Strategic Management Journal 24 (9): 821–838.
Dweck, C. (2006). Mindset: The New Psychology of Success. New York: Random House. (邦訳『マインドセット』草思社、2016年)
Eden, D. (1990). "Pygmalion without Interpersonal Contrast Effects: Whole Groups Gain from Raising Manager Expectations." Journal of Applied Psychology 75: 394–398.
________ (2003). "Self-Fulfilling Prophecies in Organizations." In Organizational Behavior: State of the Science, edited by J. Greenberg, 91–122. Mahwah, NJ: Erlbaum.
Edmondson, A. C. (2012). Teaming: How Organizations Learn, Innovate, and Compete in the Knowledge Economy. New York: Jossey-Bass. (邦訳『チームが機能するとはどういうことか』英治出版、2014年)
Eisenhardt, K. M., and B. Westcott (1988). "Paradoxical Demands and the Creation of Excellence: The Case of Just in Time Manufacturing." In Paradox and Transformation: Toward a Theory of Change in Organization and Management, edited by R. Quinn and K. Cameron, 19–54. Cambridge, MA: Ballinger.
Fairhurst, G. T., and L. L. Putnam (2019). "An Integrative Methodology for Organizational Oppositions: Aligning Grounded Theory and Discourse Analysis." Organizational Research Methods 22 (4): 917–940.
Fayol, H., and C. Storrs (2013). General and Industrial Management. United Kingdom: Martino Publishing. (フランス語原題『Administration industrielle et générale』。邦訳『産業ならびに一般の管理』ダイヤモンド社、1985年など)
Felsman, P., S. Gunawarden, and C. M. Seifert (2020). "Improv Experience Promotes Divergent Thinking, Uncertainty Tolerance, and Affective Well-Being." Thinking Skills and Creativity 35.
Festinger, L., and J. Carlsmith (1959). "Cognitive Consequences of Forced Compliance." Journal of Abnormal and Social Psychology 58: 203–210.
Fiol, C. M., M. Pratt, and E. O'Connor (2009). "Managing Intractable Identity Conflicts." Academy of Management Review 34: 32–55.
Fisher, R., and W. Ury (1981). Getting to Yes: Negotiating Agreement without Giving In. New York: Penguin Books. (邦訳『ハーバード流交渉術』三笠書房、1989年)
Frankl, V. (1959). Man's Search for Meaning. London: Hodder and Stoughton. (邦訳『夜と霧』みすず書房、1956年など)

Fredrickson, B. L. (2001). "The Role of Positive Emotions in Positive Psychology." American Psychologist 56 (3): 218–226. _
______ (2010). Positivity: Groundbreaking Research to Release Your Inner Optimist and Thrive. New York: Simon & Schuster.（邦訳『ポジティブな人だけがうまくいく3:1の法則』日本実業出版社、2010年）
Freeman, R. E., K. Martin, and B. L. Parmar (2020). The Power of and: Responsible Business without Trade-offs. New York: Columbia University Press.
Friedman, M. (1970). "The Social Responsibility of Business Is to Increase Its Profits." New York Times Magazine, September 13, 122–126.
Friedman, T. L. (2005). The World Is Flat. New York: Farrar, Straus and Giroux.（邦訳『フラット化する世界』日本経済新聞出版、2008年、普及版2010年）
Frost, R. (1979). The Poetry of Robert Frost: The Collected Poems, Complete and Unabridged. Lanthem, E. C. (ed.). New York: Henry Holt and Company.（邦訳『対訳 フロスト詩集』岩波書店、2018年など）
Fu, R., A. Kraft, X. Tian, H. Zhang, and L. Zuo (2020). "Financial Reporting Frequency and Corporate Innovation." Journal of Law and Economics 63 (3): 501–530.
Gerstner, L. (2002). Who Says Elephants Can' t Dance? New York: Harper Collins.（邦訳『巨象も踊る』日本経済新聞出版、2002年）
Gharbo, R. S. (2020). "Autonomic Rehabilitation: Adapting to Change." Physical Medicine and Rehabilitation Clinics 31 (4): 633–648.
Gibson, C. B., and J. Birkinshaw (2004). "The Antecedents, Consequences and Mediating Role of Organizational Ambidexterity." Academy of Management Journal 47 (2): 209–226.
Goldman-Wetzler, J. (2020). Optimal Outcomes: Free Yourself from Conflict at Work, at Home, and in Life. New York: Harper Business.
Graham, D. W. (2019). "Heraclitus." In Stanford Encyclopedia of Philosophy, edited by Edward N. Zalta, September. https://plato.stanford.edu/archives/fall2019/entries/heraclitus.
Graham, P., ed. (1995). Mary Parker Follett: Prophet of Management. Boston: Harvard Business School Press.（邦訳『M・P・フォレット　管理の予言者』文眞堂、1999年）
Grant, A. M. (2013). Give and Take. New York: Viking.（邦訳『GIVE&TAKE』三笠書房、2014年）
___s___ (2021). Think Again: The Power of Knowing What You Don' t Know. New York: Viking.（邦訳『THINK AGAIN』三笠書房、2022年）
Grant, A. M., and J. W. Berry (2011). "The Necessity of Others Is the Mother of Invention: Intrinsic and Prosocial Motivations, Perspective Taking, and Creativity." Academy of Management Journal 54 (1): 73–96.
Greenough, P. M. (2001). "Free Assumptions and the Liar Paradox." American Philosophical Quarterly 38 (2): 115–135.
Haas, I. J., and W. A. Cunningham (2014). "The Uncertainty Paradox: Perceived Threat Moderates the Effect of Uncertainty on Political Tolerance." Political Psychology 35 (2): 291–302.
Hahn, T., and E. Knight (2021). "The Ontology of Organizational Paradox: A Quantum Approach." Academy of Management Review 46 (2): 362–384.
Hahn, T., L. Preuss, J. Pinkse, and F. Figge (2014). "Cognitive Frames in Corporate Sustainability: Managerial Sensemaking with Paradoxical and Business Case Frames." Academy of Management Review 39 (4): 463–487.
Hampden-Turner, C. (1981). Maps of the Mind. New York: Macmillan.
Handy, C. (1994). The Age of Paradox. Boston: Harvard Business School Press.（邦訳『パラドックスの時代』ジャパンタイムズ、1995年）
_______ (2015). The Second Curve: Thoughts on Reinventing Society. London: Penguin Random House UK.
Hargrave, T. J., and A. H. Van de Ven (2017). "Integrating Dialectical and Paradox Perspectives on Managing Contradictions in Organizations." Organization Studies 38 (3–4): 319–339.
Harreld, J. B., C. O' Reilly, and M. Tushman (2007). "Dynamic Capabilities at IBM: Driving Strategy into Action." California Management Review 49 (4): 21–43.
Harvey, J. B. (1974). "The Abilene Paradox: The Management of Agreement." Organizational Dynamics 3: 63–80.
Hastings, R., and E. Meyer (2020). No Rules Rules: Netflix and the Culture of Reinvention. New York: Penguin.（邦訳『NO RULES』日経BP、2020年）
Hayes, S. C., K. D. Strosahl, and K. G. Wilson (2009). Acceptance and Commitment Therapy. Washington, DC: American Psychological Association.（邦訳『アクセプタンス&コミットメント・セラピー（ACT）第2版』星和書店、2014年）
Heifetz, R., A. Grashow, and M. Linsky (2009). The Practice of Adaptive Leadership: Tools and Tactics for Changing Your Organization and the World. Boston: Harvard Business Press.（邦訳『最難関のリーダーシップ』英治出版、2017年）
Heifetz, R., and M. Linsky (2002). Leadership on the Line: Staying Alive through the Dangers of Leading. Boston: Harvard Business School Press.（邦訳『最前線のリーダーシップ』英治出版、2018年）
Henrich, J., S. J. Heine, and A. Norenzayan (2010). "The Weirdest People in the World?" Behavioral and

Brain Sciences 33 (2–3): 61–83.
Hill, L. A., and K. Lineback (2011). Being the Boss: The Three Imperatives for Becoming a Great Leader. Boston: Harvard Business Press.（邦訳『ハーバード流ボス養成講座』日本経済新聞出版、2012年）
Horowitz, J., N. Corasaniti, and A. Southall (2015). "Nine Killed in Shooting at Black Church in Charleston." New York Times. https://www.nytimes.com/2015/06/18/us/church-attacked-in-charleston-south-carolina.html.
Ibarra, H. (1999). "Provisional Selves: Experimenting with Image and Identity in Professional Adaptation." Administrative Science Quarterly 44 (4): 764–791.
_______ (2015a). "The Authenticity Paradox." Harvard Business Review, January–February: 53–59.
_______ (2015b). Act Like a Leader, Think Like a Leader. Boston: Harvard Business Review Press.（邦訳『誰もがリーダーになれる特別授業』翔泳社、2015年）
Jarzabkowski, P., J. Lé, and A. Van de Ven (2013). "Responding to Competing Strategic Demands: How Organizing, Belonging and Performing Paradoxes Co-Evolve." Strategic Organization 11 (3): 245–280.
Jaspers, K. (1953). The Origin and Goal of History. New Haven, CT: Yale University Press.（邦訳『歴史の起原と目標』河出書房新社、1972年など）
Johnson, B. (1992). Polarity Management: Identifying and Managing Unsolvable Problems. Amherst, MA: Human Resource Development Press.
_______ (2020). Foundations. Vol. 1 of And … Making a Difference by Leveraging Polarity, Paradox or Dilemma. Amherst, MA: Human Resource Development Press.
_______ (2021) Applications. Vol. 2 of And … Applications: Making a Difference by Leveraging Polarity, Paradox or Dilemma. Amherst, MA: Human Resource Development Press.
Jung, Carl G. (1953). "Psychology and Alchemy," in Collected Works, vol. 12. Princeton, NJ: Princeton University Press.（邦訳『心理学と錬金術』人文書院、2017年など）
Kane, A. (2010). "Unlocking Knowledge Transfer Potential: Knowledge Demonstrability and Superordinate Social Identity." Organization Science 21 (3): 643–660.
Keller, J., J. Loewenstein, and J. Yan (2017). "Culture, Conditions, and Paradoxical Frames." Organization Studies 38 (3–4): 539–560.
Kelley, T., and D. Kelley (2013). Creative Confidence: Unleashing the Creative Potential within Us All. New York: Crown.（邦訳『クリエイティブ・マインドセット』日経BP、2014年）
Kidder, T. (2011). The Soul of a New Machine. London: Hachette UK.（邦訳『超マシン登場』日経BP、2010年）
Kierkegaard, S. (1962). Philosophical Fragments. Translated by David F. Swenson. Princeton, NJ: Princeton University Press.（邦訳「哲学的断片」、『ワイド版　世界の大思想12 キルケゴール』河出書房新社、1966年などに収録）
Klein, E. (2020). Why We're Polarized. New York: Simon & Schuster.
Knight, E., and Hahn, T. (2021). "Paradox and Quantum Mechanics: Implications for the Management of Organizational Paradox from a Quantum Approach." In R. Bednarek, M. P. e Cunha, J. Schad, and W. K. Smith (Ed.) Interdisciplinary Dialogues on Organizational Paradox: Learning from Belief and Science, Part A (Research in the Sociology of Organizations, Vol. 73a). Bingley, UK: Emerald Publishing Limited. 129–150.
Kolb, D. A. (2014). Experiential Learning: Experience as the Source of Learning and Development. Upper Saddle River, NJ: FT Press.
Kramer, T., and L. Block (2008). "Conscious and Nonconscious Components of Superstitious Beliefs in Judgment and Decision Making." Journal of Consumer Research 34 (6): 783–793.
Kurlansky, M. (2011). Cod: A Biography of the Fish That Changed the World. Toronto: Vintage Canada.（旧版邦訳『鱈：世界を変えた魚の歴史』1999年）
Lager, F. (2011). Ben & Jerry's: The Inside Scoop: How Two Real Guys Built a Business with a Social Conscience and a Sense of Humor. New York: Currency.
Langer, E. J. (1975). "The Illusion of Control." Journal of Personality and Social Psychology 32 (2): 311–328.
_______ (1989). Mindfulness. Reading, MA: Addison-Wesley.（邦訳『心はマインド』フォー・ユー、1989年）
Langer, E. J., and J. Rodin (1976). "The Effects of Choice and Enhanced Personal Responsibility for the Aged: A Field Experiment in an Institutional Setting." Journal of Personality and Social Psychology 34 (2):191–198.
Larwood, L., and W. Whittaker (1977). "Managerial Myopia: Self-Serving Biases in Organizational Planning." Journal of Applied Psychology 62 (2): 194.
Leonard-Barton, D. A. (1992). "Core Capabilities and Core Rigidities: A Paradox in Managing New Product Development." Strategic Management Journal 13 (summer): 111–125.
Lewis, M. W. (2018). "Vicious and Virtuous Cycles: Exploring LEGO from a Paradox Perspective." Dualities, Dialectics, and Paradoxes of Organizational Life: Perspectives on Process Organizational Studies 8: 106–123.
_______ (2000). "Exploring Paradox: Toward a More Comprehensive Guide." Academy of Management

Review 25 (4): 760–776.
Lewis, M. W., and W. K. Smith (2014). "Paradox as a Metatheoretical Perspective: Sharpening the Focus and Widening the Scope." Journal of Applied Behavioral Science 50: 127–149.
Lord, C. G., L. Ross, and M. R. Lepper (1979). "Biased Assimilation and Attitude Polarization: The Effects of Prior Theories on Subsequently Considered Evidence." Journal of Personality and Social Psychology 37 (11): 2098–2109.
Lowens, R. (2018). "How Do You Practice Intersectionalism? An Interview with bell hooks," Black Rose Anarchist Federation.
Lüscher, L., and M. W. Lewis (2008). "Organizational Change and Managerial Sensemaking: Working through Paradox." Academy of Management Journal 51 (2): 221–240.
March, J. G. (1991). "Exploration and Exploitation in Organizational Learning." Organization Science 2 (1): 71–87.
Marcora, S., and E. Goldstein (2010). Encyclopedia of Perception. Thousand Oaks, CA: SAGE.
Markus, H., and S. Kitayama (1991). "Culture and the Self: Implications for Cognition, Emotion and Motivation." Psychological Review 98 (2): 224–253.
Martin, R. (2007). The Opposable Mind: How Successful Leaders Win through Integrative Thinking. Boston: Harvard Business School Press.（邦訳『インテグレーティブ・シンキング』日本経済新聞出版、2009年）
Maslow, A. H. (1968). Toward a Psychology of Being. New York: John Wiley & Sons.（邦訳『完全なる人間』誠信書房、1985年）
McCord, P. (2014). "How Netflix Reinvented HR." Harvard Business Review, January–February: 71–76.（邦訳「人を引きつけるための5つの理念 シリコンバレーを魅了したネットフリックスの人材管理」、『Diamondハーバード・ビジネス・レビュー』に収録、ダイヤモンド社、2014年）
McGregor, D. M. (1960). The Human Side of Enterprise. New York: McGraw-Hill.（邦訳『企業の人間的側面』産業能率大学出版部、1988年）
_______ (1967). The Professional Manager. New York: McGraw-Hill.（邦訳『プロフェッショナル・マネジャー』産業能率短期大学出版部、1968年）
McKenzie, J. (1996). Paradox—The Next Strategic Dimension: Using Conflict to Re-energize Your Business. New York: McGraw-Hill.
Miller, D. (1992). The Icarus Paradox: How Exceptional Companies Bring about Their Own Downfall. New York: Harper Collins.（邦訳『イカロス・パラドックス』亀田ブックサービス、2006年）
_______ (1993). "The Architecture of Simplicity." Academy of Management Review 18 (1): 116–138.
_______ (1994). "What Happens after Success: The Perils of Excellence." Journal of Management Studies 31 (1) 325–358.
Miron-Spektor, E., F. Gino, and L. Argote (2011). "Paradoxical Frames and Creative Sparks: Enhancing Individual Creativity through Conflict and Integration." Organizational Behavior and Human Decision Processes 116 (2): 229–240.
Miron-Spektor, E., A. S. Ingram, J. Keller, M. W. Lewis, and W. K. Smith (2018). "Microfoundations of Organizational Paradox: The Problem Is How We Think about the Problem." Academy of Management Journal 61 (1): 26–45.
Mitchell, S. (1988). Tao Te Ching. New York: Harper & Row.（邦訳『老子』岩波書店、2008年など）
Mourkogiannis, N. (2014). Purpose: The Starting Point of Great Companies. New York: St. Martin's Press.
Mynatt, C. R., M. E. Doherty, and R. D. Tweney (1977). "Confirmation Bias in a Simulated Research Environment: An Experimental Study of Scientific Inference." Quarterly Journal of Experimental Psychology 29 (1): 85–95.
Needham, J. (1948). Science and Civilization in China. Cambridge: Cambridge University Press.
Nhat Hanh, T. (2008). The Heart of Buddha's Teaching. New York: Random House.
Nisbett, R. (2010). The Geography of Thought: How Asians and Westerners Think Differently … and Why. New York: Simon & Schuster.（旧版邦訳『木を見る西洋人　森を見る東洋人』ダイヤモンド社、2004年）
O'Neill, J. (1993). The Paradox of Success: When Winning at Work Means Losing at Life. New York: G.P. Putnam's Sons.（邦訳『成功して不幸になる人びと』ダイヤモンド社、2003年）
O'Reilly, C. A., and M. L. Tushman (2016). Lead and Disrupt: How to Solve the Innovator's Dilemma. Palo Alto, CA: Stanford University Press.（邦訳『両利きの経営』東洋経済新報社、2022年）
_______ (2004). "The Ambidextrous Organization." Harvard Business Review, April: 74–83.
Osono, E., N. Shimizu, and H. Takeuchi (2008). Extreme Toyota: Radical Contradictions That Drive Success at the World's Best Manufacturer. Hoboken, NJ: Wiley.（邦訳『トヨタの知識創造経営』（日本経済新聞出版、2008年）
Pascal, O. (2018). "John McCain's Final Letter to America." Atlantic, August 28, https://www.theatlantic.com/ideas/archive/2018/08/john-mccains-final-letter-to-america/568669/.
Pascale, R. T., H. Mintzberg, M. Goold, and R. Rumelt (1996). "The Honda Effect Revisited." California Management Review 38 (4): 78–117.
Peters, T. (1987). Thriving on Chaos. New York: Knopf.（邦訳『経営革命 上・下』TBSブリタニカ、1989年）
Peters, T., and R. Waterman (1982). In Search of Excellence. New York: Harper & Row.（邦訳『エクセレン

ト・カンパニー』英治出版、2003年)
Petriglieri, J. (2018). "Talent Management and the Dual-Career Couple." Harvard Business Review, May–June: 106–113.
________ (2019). Couples That Work: How Dual-Career Couples Can Thrive in Love and Work. Boston: Harvard Business Review Press. (邦訳『デュアルキャリア・カップル』英治出版、2022年)
Polman, P., and A. Winston (2021). Net Positive: How Courageous Companies Thrive by Giving More Than They Take. Boston: Harvard Business Review Press. (邦訳『ネットポジティブ』日経BP、2022年)
Poole, M. S., and A. Van de Ven (1989). "Using Paradox to Build Management and Organizational Theory." Academy of Management Review 14 (4): 562–578.
Putnam, L. L., G. T. Fairhurst, and S. Banghart (2016). "Contradictions, Dialectics, and Paradoxes in Organizations: A Constitutive Approach." Academy of Management Annals 10 (1).
Quinn, R., and K. Cameron (1988). Paradox and Transformation: Toward a Theory of Change in Organization and Management. Cambridge, MA: Ballinger.
Raza-Ullah, T., M. Bengtsson, and S. Kock (2014). "The Coopetition Paradox and Tension in Coopetition at Multiple Levels." Industrial Marketing Management 43 (2): 189–198.
Robertson, D., and B. Breen (2013). Brick by Brick: How LEGO Rewrote the Rules of Innovation and Conquered the Global Toy Industry. New York: Crown Business. (邦訳『レゴはなぜ世界で愛され続けているのか』日経BP、2014年)
Roddick, A. (2001). Business as Unusual: The Triumph of Anita Roddick. London: Thorsons. (邦訳『ザ・ボディショップの、みんなが幸せになるビジネス。』トランスワールドジャパン、2005年)
Roethlisberger, F. (1977). The Elusive Phenomena: An Autobiographical Account of My Work in the Field of Organizational Behavior at the Harvard Business School. Boston: Division of Research, Graduate School of Business Administration, Harvard University; distributed by Harvard University Press.
Rosenthal, R., and L. Jacobson (1968). "Pygmalion in the Classroom." The Urban Review 3 (1): 16–20.
Rothenberg, A. (1979). The Emerging Goddess. Chicago: University of Chicago Press.
Rothman, N. B., and G. B. Northcraft (2015). "Unlocking Integrative Potential: Expressed Emotional Ambivalence and Negotiation Outcomes." Organizational Behavior and Human Decision Processes 126: 65–76.
Roy West, E. (1968). Vital Quotations. Salt Lake City: Bookcraft.
Schad, J., M. Lewis, S. Raisch, and W. Smith (2016). "Paradox Research in Management Science: Looking Back to Move Forward." Academy of Management Annals 10 (1): 5–64.
Schneider, K. J. (1990). The Paradoxical Self: Toward an Understanding of Our Contradictory Nature. New York: Insight Books.
Seligman, M. E. (2012). Flourish: A Visionary New Understanding of Happiness and Well-Being. New York: Simon & Schuster. (邦訳『ポジティブ心理学の挑戦』ディスカヴァー・トゥエンティワン、2014年)
Senge, P. (1990). The Fifth Discipline: The Art and Practice of a Learning Organization. New York: Currency Doubleday. (邦訳『最強組織の法則』徳間書店、1995年)
Sheep, M. L., G. T. Fairhurst, and S. Khazanchi (2017). "Knots in the Discourse of Innovation: Investigating Multiple Tensions in a Re-acquired Spin-off." Organization Studies 38 (3–4): 463–488.
Sherif, M., O. J. Harvey, et al. (1961). The Robbers Cave Experiment: Intergroup Conflict and Cooperation. Norman, OK: Institute of Group Relations.
Simon, H. (1947). Administrative Behavior: A Study in the Decision Making Processes in Administrative Organizations. New York: Macmillan. (邦訳『経営行動』ダイヤモンド社、1989年)
Simons, D. J., and C. F. Chabris (1999). "Gorillas in Our Midst: Sustained Inattentional Blindness for Dynamic Events." Perception 28 (9): 1059–1074.
Sinek, S. (2009). Start with Why: How Great Leaders Inspire Everyone to Take Action. New York: Portfolio/Penguin. (邦訳『WHYから始めよ!』日本経済新聞出版社、2012年)
Slawinski, N., and P. Bansal (2015). "Short on Time: Intertemporal Tensions in Business Sustainability." Organization Science 26 (2): 531–549.
Smets, M., P. Jarzabkowski, G. T. Burke, and P. Spee (2015). "Reinsurance Trading in Lloyd's of London: Balancing Conflicting-Yet-Complementary Logics in Practice." Academy of Management Journal 58 (3): 932–970.
Smith, K., and D. Berg (1987). Paradoxes of Group Life. San Francisco: Jossey-Bass.
Smith, W. K. (2014). "Dynamic Decision Making: A Model of Senior Leaders Managing Strategic Paradoxes." Academy of Management Journal 57 (6): 1592–1623.
Smith, W. K., and M. L. Besharov (2019). "Bowing before Dual Gods: How Structured Flexibility Sustains Organizational Hybridity." Administrative Science Quarterly 64 (1): 1–44.
Smith, W. K., and M. W. Lewis (2011). "Toward a Theory of Paradox: A Dynamic Equilibrium Model of Organizing." Academy of Management Review 36 (2): 381–403.
Smith, W. K., M. W. Lewis, and M. Tushman (2016). "Both/And Leadership." Harvard Business Review, May: 62–70.
Smith, W. K., and M. L. Tushman (2005). "Managing Strategic Contradictions: A Top Management Model

for Managing Innovation Streams." Organization Science 16 (5): 522–536.
Sonenshein, S. (2017). Stretch: Unlock the Power of Less—and Achieve More Than You Ever Imagined. New York: HarperBusiness.（邦訳『ストレッチ』海と月社、2017年）
Sonenshein, S., K. Nault, and O. Obodaru (2017). "Competition of a Different Flavor: How a Strategic Group Identity Shapes Competition and Cooperation." Administrative Science Quarterly 62 (4): 626–656.
Spencer-Rodgers, J., H. C. Boucher, S. C. Mori, L. Wang, and K. Peng (2009). "The Dialectical Self-Concept: Contradiction, Change, and Holism in East Asian Cultures." Personality and Social Psychology Bulletin 35 (1): 29–44.
Spencer-Rodgers, J., K. Peng, L. Wang, and Y. Hou (2004). "Dialectical Self-Esteem and East-West Differences in Psychological Well-Being." Personality and Social Psychology Bulletin 30 (11): 1416–1432.
Starbuck, W. (1988). "Surmounting Our Human Limitations." In Paradox and Transformation: Toward a Theory of Change in Organization and Management, edited by R. Quinn and K. Cameron, 65–80. Cambridge, MA: Ballinger.
Staw, B. (1976). "Knee-Deep in the Big Muddy: A Study of Escalating Commitment to a Chosen Course of Action." Organizational Behavior and Human Performance 16 (1): 27–44.
Stefan, S., and D. David (2013). "Recent Developments in the Experimental Investigation of the Illusion of Control. A Meta-analytic Review." Journal of Applied Social Psychology 43 (2): 377–386.
Stein, J. C. (1988). "Takeover Threats and Managerial Myopia." Journal of Political Economy 96 (1): 61–80.
Sundaramurthy, C., and M. W. Lewis (2003). "Control and Collaboration: Paradoxes of Governance." Academy of Management Review 28 (3): 397–415.
Tajfel, H. (1970). "Experiments in Intergroup Discrimination." Scientific American 223 (5): 96–103.
Tajfel, H., J. C. Turner, W. G. Austin, and S. Worchel (1979). "An Integrative Theory of Intergroup Conflict." Organizational Identity: A Reader 56 (65).
Takeuchi, H., and E. Osono (2008). "The Contradictions That Drive Toyota's Success." Harvard Business Review, June: 96.
Taylor, F. W. (1911). The Principles of Scientific Management. New York: Harper.（邦訳『科学的管理法　新訳』ダイヤモンド社、2009年）
Tonn, J. C. (2008). Mary P. Follett: Creating Democracy, Transforming Management. New Haven, CT: Yale University Press.
Tracey, P., N. Phillips, and O. Jarvis (2011). "Bridging Institutional Entrepreneurship and the Creation of New Organizational Forms: A Multilevel Model." Organization Science 22 (1): 60–80.
Tripsas, M., and G. Gavetti (2000). "Capabilities, Cognition and Inertia: Evidence from Digital Imaging." Strategic Management Journal 18: 119–142.
Tushman, M. L., and C. A. O'Reilly (1996). "Ambidextrous Organizations: Managing Evolutionary and Revolutionary Change." California Management Review 38 (4): 8–30.
Tushman, M. L., W. K. Smith, and A. Binns (2011). "The Ambidextrous CEO." Harvard Business Review, June: 74–80.
Tutu, D. (2009). No Future without Forgiveness. New York: Crown.
Van Vugt, M., R. Hogan, and R. Kaiser (2008). "Leadership, Followership, and Evolution: Some Lessons from the Past." American Psychologist 63 (3): 182.
Van Vugt, M., and M. Schaller (2008). "Evolutionary Approaches to Group Dynamics: An Introduction." Group Dynamics: Theory, Research, and Practice 12 (1): 1.
Vince, R., and M. Broussine (1996). "Paradox, Defense and Attachment: Accessing and Working with Emotions and Relations Underlying Organizational Change." Organization Studies 17 (1): 1–21.
Vozza, S. (2014). "Personal Mission Statements of 5 Famous CEOs (and Why You Should Write One Too)." Fast Company, February: 25.
Watzlawick, P. (1993). The Situation Is Hopeless but Not Serious. Norton: New York.（邦訳『希望の心理学』法政大学出版局、1987年）
Watzlawick, P., J. H. Weakland, and R. Fisch (1974). Change: Principles of Problem Formation and Problem Resolution. New York: Norton.（邦訳『変化の原理』法政大学出版局、1974年）
Weber, M., P. R. Baehr, and G. C. Wells (2002). The Protestant Ethic and the "Spirit" of Capitalism and Other Writings. New York: Penguin.（邦訳『プロテスタンティズムの倫理と資本主義の精神』岩波書店、1989年など）
Wegner, D. (1989). White Bears and Other Unwanted Thoughts: Suppression, Obsession, and the Psychology of Mental Control. New York: Penguin.
Wheelwright Brown, M. (2020). Eve and Adam: Discovering the Beautiful Balance. Salt Lake City, UT: Deseret Books.
Winfrey, O. (2014). What I Know for Sure. New York: Flatiron Books.
Yunus, M. (2011). "Sacrificing Microcredit for Megaprofits." New York Times, January 15.

著者紹介

ウェンディ・スミス

デラウェア大学アルフレッド・レーナー・カレッジ・オブ・ビジネス・アンド・エコノミクスの経営学教授で、同大学の女性リーダーシップ・イニシアティブのファカルティ・ディレクターを務めている。ハーバード・ビジネススクールで組織行動学の博士号を取得し、同大学で戦略的パラドックス（リーダーと上級チームが、矛盾しながらも相互に依存する要求に効果的に対応する方法）の集中的研究に着手した。世界各地の経営幹部や研究者と協力する中で、特定の研究分野において引用数の上位１パーセントに入ったことを示す、オンライン学術データベースWeb of Scienceの高引用論文著者賞を受賞したほか（2019、2020、2021年）、Academy of Management Review誌では過去10年間に最も引用された論文著者としてディケード賞を受賞した（2021年）。Academy of Management Journal、Administrative Science Quarterly、Harvard Business Review、Organization Science、Management Scienceなどの論文誌に研究を発表している。また、デラウェア大学、ハーバード大学、ペンシルベニア大学ウォートン・スクールで教鞭をとりながら、世界各地の上級幹部や中間管理職の人々に、対人ダイナミクス、チームパフォーマンス、組織変化、イノベーションの問題に対応できるよう支援している。夫、３人の子供、犬と一緒にペンシルベニア州に住んでいる。

マリアンヌ・ルイス

シンシナティ大学リンドナー・カレッジ・オブ・ビジネスの経営学教授であり、同カレッジの研究科長を務めている。以前にはロンドン大学シティ校キャス・ビジネススクール（現ベイズ・ビジネススクール）の研究科長を務め、フルブライト奨学金の受給者でもあった。組織パラドックスのソートリーダーとして、リーダーシップとイノベーションをめぐる緊張関係《テンション》や競合する要求を探究している。世界各地の研究者や経営幹部と協力し、製品開発や組織変化から、ガバナンスやキャリア開発に至るまで、さまざまな文脈におけるパラドックスマネジメントを研究している。この専門分野における最も引用数の多い研究者のひとりと認識されており（Web of Scienceデータベース）、Academy of Management Review誌の年間最優秀論文賞（2000年）、ディケード賞（2021年）を受賞している。また、Harvard Business Review、Academy of Management Journal、Organization Scienceなどの論文誌にも寄稿している。マリアンヌはインディアナ大学ケリー・スクール・オブ・ビジネスでＭＢＡを取得し、ケンタッキー大学ガットン・カレッジ・オブ・ビジネス・アンド・エコノミクスで博士号を取得している。シンシナティの自宅を拠点にし、３人の子供、２人の孫と楽しく過ごしている。

監訳者紹介

関口 倫紀

京都大学経営管理大学院教授、大学院経済学研究科教授（兼任）。
大阪大学大学院経済学研究科教授等を経て2016年より現職。専門は組織行動論および人的資源管理論。欧州アジア経営学会（EAMSA）会長、日本ビジネス研究学会（AJBS）会長、国際ビジネス学会（AIB）アジア太平洋支部理事、学術雑誌Applied Psychology: An International Review共同編集長、Asian Business & Management副編集長等を歴任。海外学術雑誌に論文多数。共編著書に『国際人的資源管理』（中央経済社）がある。

落合 文四郎

アルー株式会社 代表取締役社長 京都大学経営管理大学院 元特命教授。
東京大学大学院理学系研究科修了後、株式会社ボストンコンサルティンググループ入社。株式会社エデュファクトリー（現アルー株式会社）を創業し、代表取締役に就任。2018年12月に東証マザーズ（現グロース）上場を果たす。起業家としての経験から「経営は矛盾の両立」という哲学を持つに至り、パラドキシカルリーダーシップの研究に取り組んでいる。

中村 俊介

アルー株式会社エグゼクティブコンサルタント 京都大学経営管理大学院 客員准教授。
東京大学文学部行動文化学科社会心理学専修課程修了。大手損害保険会社を経て、株式会社エデュ・ファクトリー（現アルー株式会社）に入社。納品責任者、インド法人代表などを歴任し東証マザーズ（現グロース）上場に貢献。現在はビジネスリーダーの育成やプログラム開発に携わるほか、パラドキシカル・リーダーシップ産学共同講座の創設に主導的に関わり、研究に従事。

訳者紹介

二木 夢子

翻訳者。ソフトハウス、産業翻訳会社勤務を経て独立。 訳書に『OKR——シリコンバレー式で大胆な目標を達成する方法』『TAKE NOTES!——メモで、あなただけのアウトプットが自然にできるようになる』（日経BP）、『Creative Selection——Apple 創造を生む力』（サンマーク出版）、『オリンピック全史』（共訳、原書房）、『EMPOWERED——普通のチームが並外れた製品を生み出すプロダクトリーダーシップ』（日本能率協会マネジメントセンター）などがある。

両立思考

「二者択一」の思考を手放し、
多様な価値を実現するパラドキシカルリーダーシップ

2023年11月10日　　初版第1刷発行
2024年7月20日　　　第2刷発行

著　　者――ウェンディ・スミス、マリアンヌ・ルイス
監 訳 者――関口倫紀、落合文四郎、中村俊介
訳　　者――二木夢子 ©2023 Yumeko Futaki
発 行 者――張 士洛
発 行 所――日本能率協会マネジメントセンター
〒103-6009　東京都中央区日本橋 2-7-1 東京日本橋タワー
TEL　03(6362)4339(編集)／03(6362)4558(販売)
FAX　03(3272)8127(編集・販売)
https://www.jmam.co.jp/

装丁――――――西垂水敦（krran）
本文ＤＴＰ――株式会社明昌堂
印刷所――――広研印刷株式会社
製本所――――株式会社新寿堂

本書の内容の一部または全部を無断で複写複製（コピー）することは、法律で認められた場合を除き、著作者および出版者の権利の侵害となりますので、あらかじめ小社あて許諾を求めてください。

ISBN 978-4-8005-9150-0　C2034
落丁・乱丁はおとりかえします。
PRINTED IN JAPAN

JMAM の本

心理的安全性のつくりかた
「心理的柔軟性」が困難を乗り越えるチームに変える

石井　遼介 著

四六判336頁

本書では組織・チームにおいて注目を集める心理的安全性を理解し、心理的安全性の高い職場を再現できるよう、そのアプローチについて日本の心理的安全性を研究してきた著者が解説する。心理的安全性が「ヌルい職場」ではなく、健全な衝突を生み出す機能であることを解説し、日本における心理的安全性の4因子「話しやすさ」「助け合い」「挑戦」「新奇歓迎」を紹介。また、チームリーダーに必要な「心理的柔軟性」と、4因子を活性化させる行動分析によるフレームワークを解説する。
「個性を輝かせ、チームで学び成長する」。そんな現代のチームビルディングが、あらゆる組織・コミュニティで実践できる1冊。

日本能率協会マネジメントセンター